FACHBUCHREIHE
für wirtschaftliche Bildung

Arbeitskreis Dr. Kugler

Allgemeine Wirtschaftslehre
Ausgabe Baden-Württemberg

Verfaßt von Lehrern des kaufmännisch-beruflichen Schulwesens

VERLAG EUROPA-LEHRMITTEL · Nourney, Vollmer GmbH & Co.
KLEINER WERTH 50 · POSTFACH 20 18 15 · 5600 WUPPERTAL 2

Europa-Nr.: 93814

Mitarbeiter des Arbeitskreises

Böhmer, Ernst	Dipl.-Kfm., Studiendirektor	Bietigheim
Kümmel, Gerd	Dipl.-Hdl., Studiendirektor	Saulgau
Kugler, Gernot	Dr. oec. publ., Dipl.-Kfm., Oberstudiendirektor	Stuttgart
Kuhn, Harald	Dipl.-Hdl., Studiendirektor	Mannheim
Richtsteiger, Klaus-Jürgen	Dipl.-Hdl., Oberstudienrat	Freiburg
Uhl, Siegfried	Dipl.-Hdl., Studiendirektor	Ulm (Donau)
Weinreuter, Peter	Dipl.-Hdl., Studiendirektor	Freiburg
Ziegler, Dietmar	Dipl.-Hdl., Oberstudienrat	Heidelberg

Leiter des Arbeitskreises und Lektorat
Dr. Gernot Kugler, 7148 Remseck 2

Bildbearbeitung
Verlag Europa-Lehrmittel, 5600 Wuppertal 2

ISBN 3-8085-9381-4

Alle Rechte vorbehalten. Das Werk ist urheberrechtlich geschützt. Jede Verwertung außerhalb der gesetzlich geregelten Fälle muß vom Verlag schriftlich genehmigt werden.

© 1986 by Verlag Europa-Lehrmittel, Nourney, Vollmer GmbH & Co., 5600 Wuppertal 2
Satz und Druck: IMO-Großdruckerei, 5600 Wuppertal 2

Vorwort

Dieses Unterrichtswerk ist ein **Lehr- und Lernbuch** für **kaufmännische Ausbildungsberufe**. Es berücksichtigt die Lernziele und Lerninhalte für das Fach »**Allgemeine Wirtschaftslehre**«.

Grundlage für das vorliegende Buch ist der Lehrplan des Ministeriums für Kultus und Sport für die Kaufmännische Berufsschule in Baden-Württemberg.

Das Buch ist eine **Gemeinschaftsarbeit** von Lehrern des kaufmännischen Schulwesens. Auswahl und Darstellung der Lehrstoffe sind von folgenden Überlegungen beeinflußt:

- Durch die Lerninhalte der Allgemeinen Wirtschaftslehre sollen die Auszubildenden **grundlegende Kenntnisse, Einsichten und Fähigkeiten** in den **Teilbereichen Volks- und Betriebswirtschaftslehre sowie Rechtskunde** erwerben. Insbesondere sollen die Schüler erlernen,
  — in **gesamtwirtschaftlichen Zusammenhängen** zu denken,
  — erworbene **rechtskundliche Kenntnisse** mit Hilfe von Gesetzestexten einzusetzen,
  — bestimmte **kaufmännische Aufgaben, Arbeitsprozesse und Dispositionen** im Betrieb zu verstehen und einzuordnen sowie
  — **wirtschafts- und sozialpolitische Ziele, Interessen und Maßnahmen** von Politikern und Verbänden zu beurteilen.

- Das Buch soll den **Unterricht** des Lehrers **ergänzen**, nicht aber seinen pädagogischen Handlungsspielraum unangemessen einschränken. So haben die Verfasser teilweise auf einführende Situationsaufgaben und Problemfälle verzichtet; der Lehrer sollte diese, um die Schüler durch aktuellen und situativen Praxisbezug zu motivieren, den Problemen und Interessen der Schüler entsprechend auswählen und sie der Klassenstruktur gemäß variieren.

- Dadurch sollte das Buch auch eine in sich **geschlossene Form** erhalten und für den Lernenden übersichtlich werden.

Der Charakter des Lehrbuches als **Sachbuch** kommt in folgenden Merkmalen zum Ausdruck:

- Eine *straffe, einprägsame Darstellung* innerhalb der Stoffgebiete soll beim Lernenden klare Vorstellungen und Begriffe schaffen.
- *Zahlreiche Beispiele im Text* und *mehrfarbige Darstellungen* sollen schwierige Sachverhalte auf anschauliche Weise klar machen, *zusammenfassende und vergleichende Übersichten* den Überblick erleichtern.
- *Hinweise auf Gesetze und Paragraphen am Rand* sind als Hilfen beim Nachschlagen des Wortlautes der Gesetze gedacht.
- *Ausführliche Inhalts- und Stichwortverzeichnisse* erleichtern das Auffinden von Begriffen und Erläuterungen.
- Ein *Fach- und Fremdwortverzeichnis* soll dem Lernenden den Zugang zu fachspezifischen Ausdrücken erschließen.

Fragen und Aufgaben am jeweiligen Schluß der einzelnen Sachgebiete dienen der **Lernzielsicherung** und der **Lernerfolgskontrolle**. Sie sollen zu kritischem Denken anregen und Material für Wiederholungen und Hausaufgaben bieten.

Trotz aller Bemühungen werden dem Lehrbuch Unvollkommenheiten anhaften. Die Verfasser sind deshalb dankbar für jede Anregung und Stellungnahme.

Stuttgart, im Sommer 1986 **Die Verfasser**

Inhaltsverzeichnis

1	Grundlagen des Wirtschaftens	9
1.1	Notwendigkeit wirtschaftlichen Handelns	9
1.1.1	Bedürfnisse und Bedarf	9
1.1.2	Güter	10
1.1.3	Ökonomisches Prinzip	12
1.2	Beweggründe und Voraussetzungen wirtschaftlichen Handelns	12
1.2.1	Ziele erwerbswirtschaftlicher Betriebe	13
1.2.2	Ziele gemeinwirtschaftlicher Betriebe	14
1.2.3	Betriebswirtschaftliche Produktionsfaktoren	14
1.2.4	Kombination und Substitution der Produktionsfaktoren	16
1.2.5	Überbetriebliche Arbeitsteilung	17
1.3	Betriebliche Entscheidungsprozesse	20
2	Markt und Preis	23
2.1	Funktion des Marktes	23
2.2	Gliederung der Märkte	25
2.2.1	Märkte bei Beschaffung und Absatz	26
2.2.2	Zentralisierte und dezentralisierte Märkte	29
2.2.3	Marktformen nach der Zahl der Marktteilnehmer	31
2.3	Bestimmungsgründe der Nachfrage und des Angebots	34
2.3.1	Bestimmungsgründe der Nachfrage	35
2.3.2	Bestimmungsgründe des Angebots	36
2.4	Modelle der Marktpreisbildung	38
2.4.1	Preisbildung beim Polypol	39
2.4.2	Preisbildung beim Angebotsmonopol	45
2.5	Unvollkommene Märkte	48
2.5.1	Preisbildung bei unvollkommenem Polypol (Polypoloid)	49
2.5.2	Preisbildung beim Angebotsoligopol	50
3	Rechtliche Rahmenbedingungen des Wirtschaftens	52
3.1	Möglichkeiten rechtlicher Bindung	52
3.1.1	Willenserklärungen und Rechtsgeschäfte	52
3.1.2	Rechtsfähigkeit und Geschäftsfähigkeit	53
3.1.3	Verpflichtungsgeschäft und Erfüllungsgeschäft am Beispiel des Kaufvertrages	55
3.1.4	Eigentum und Besitz	61
3.2	Inhalt und Grenzen der Vertragsfreiheit	62
3.2.1	Inhalt der Vertragsfreiheit	62
3.2.2	Nichtigkeit und Anfechtbarkeit von Rechtsgeschäften	63
3.2.3	Gesetzliche Regelung der Allgemeinen Geschäftsbedingungen	65
3.3	Rechte des Käufers bei Sachmängeln	66
3.4	Verschiedene Vertragsarten	67
3.4.1	Werk-, Werklieferungs- und Dienstvertrag	67
3.4.2	Miet- und Pachtvertrag	69
3.4.3	Leih- und Darlehensvertrag	70
3.4.4	Vertragsarten im Überblick	71
3.5	Überblick über die Rechtsordnung	72
3.5.1	Rechtsquellen	72
3.5.2	Rechtsgebiete	73
4	Menschliche Arbeit im Betrieb	76
4.1	Der Einzelarbeitsvertrag	76
4.2	Sozialpartnerschaft und Tarifvertragsrecht	80
4.2.1	Tarifpartner	80
4.2.2	Tarifvertrag	81
4.2.3	Arbeitskampf und Schlichtung	83
4.2.4	Auswirkungen von Arbeitskämpfen	85
4.3	Arbeitsschutzgesetze	85
4.3.1	Jugendarbeitsschutz	85
4.3.2	Kündigungsschutz	87
4.3.3	Frauen- und Mutterschutz	88
4.3.4	Gesundheits- und Unfallschutz	88
4.4	Mitwirkung und Mitbestimmung der Arbeitnehmer	89
4.4.1	Betriebsrat	89
4.4.2	Betriebsvereinbarung	91
4.4.3	Mitbestimmung	91
4.5	Arbeitsgerichtsbarkeit	92
4.5.1	Zuständigkeit der Arbeitsgerichte	92
4.5.2	Instanzen der Arbeitsgerichtsbarkeit	92
4.6	Ziele und Probleme der Sozialversicherung	93
4.6.1	Ziele der Sozialversicherung	93
4.6.2	Zweige der Sozialversicherung	94
4.6.3	Probleme der Sozialversicherung	96
4.7	Stellung der Mitarbeiter im Betrieb	98
4.7.1	Leitende und ausführende Tätigkeit	98
4.7.2	Vollmachten	100

5	**Wirtschaftsordnungen**	104
5.1	**Modell der freien Marktwirtschaft**	104
5.1.1	Gesellschaftspolitische Grundlagen	104
5.1.2	Funktionsweise der freien Marktwirtschaft	105
5.1.3	Ordnungsmerkmale der freien Marktwirtschaft	106
5.1.4	Rolle des Staates in der freien Marktwirtschaft	107
5.2	**Probleme der freien Marktwirtschaft**	107
5.2.1	Mißbrauch der Vertragsfreiheit	107
5.2.2	Entstehen von Marktmacht in der freien Marktwirtschaft	107
5.2.3	Die soziale Frage in der freien Marktwirtschaft	108
5.3	**System der sozialen Marktwirtschaft**	109
5.3.1	Grundgesetz und Wirtschaftsordnung	109
5.3.2	Ordnungsmerkmale der sozialen Marktwirtschaft	110
5.3.3	Kooperations- und Konzentrationsformen	113
5.4	**Notwendigkeit ordnungspolitischer Maßnahmen in der sozialen Marktwirtschaft**	118
5.4.1	Staatliche Wettbewerbspolitik	118
5.4.2	Unlauterer Wettbewerb	122
5.4.3	Verbraucherschutz	123
5.5	**System der sozialistischen Planwirtschaft am Beispiel der DDR**	125
5.5.1	Wirtschaftsordnung und Gesellschaftsordnung	126
5.5.2	Ordnungsmerkmale der sozialistischen Planwirtschaft	127
5.6	**Überblick über die Realtypen der Wirtschaftsordnung**	132
6	**Volkswirtschaftliche Gesamtrechnung**	133
6.1	**Volkswirtschaftliche Produktionsfaktoren**	133
6.1.1	Arbeit, Natur und Kapital als Produktionsfaktoren	133
6.1.2	Gegenüberstellung der Produktionsfaktoren im volkswirtschaftlichen und betriebswirtschaftlichen Sinne	135
6.2	**Kapitalbildung und Investitionen**	136
6.2.1	Bedeutung der Kapitalbildung	136
6.2.2	Geldkapitalbildung	137
6.2.3	Investitionen	139
6.3	**Der Wirtschaftskreislauf**	141
6.3.1	Einfacher Wirtschaftskreislauf	141
6.3.2	Erweiterter Wirtschaftskreislauf	143
6.4	**Die volkswirtschaftliche Gesamtrechnung**	146
6.4.1	Sozialprodukt — Entstehungsrechnung	146
6.4.2	Sozialprodukt — Verteilungsrechnung	150
6.4.3	Sozialprodukt — Verwendungsrechnung	152
7	**Grundzüge der Wirtschaftspolitik**	155
7.1	**Geld und Geldwert**	155
7.1.1	Aufgaben und Arten des Geldes	156
7.1.2	Geldwertschwankungen und ihre Messung	156
7.2	**Schwankungen und Ungleichgewichte des Wirtschaftsablaufs**	162
7.2.1	Beschäftigungsschwankungen	163
7.2.2	Außenwirtschaftliche Ungleichgewichte	164
7.2.3	Konjunkturphasen und Konjunkturindikatoren	167
7.3	**Ziele und Zielkonflikte der Wirtschaftspolitik**	171
7.3.1	Gesamtwirtschaftliches Gleichgewicht	172
7.3.2	Konflikte zwischen den wirtschaftspolitischen Zielen (magisches Viereck)	177
7.3.3	Harmonische Zielverwirklichung	179
7.4	**Wirtschaftliche Grundprobleme der modernen Industriegesellschaft**	180
7.4.1	Grenzen des quantitativen Wachstums	181
7.4.2	Umweltschutz	187
7.4.3	Strukturelle Arbeitslosigkeit	192
7.4.4	Einkommens- und Vermögensverteilung	196
7.5	**Geldpolitik der Deutschen Bundesbank**	199
7.5.1	Stellung und Aufgaben der Deutschen Bundesbank	199
7.5.2	Geldpolitisches Instrumentarium	200
7.6	**Staatliche Konjunkturpolitik**	203
7.6.1	Fiskalpolitik	203
7.6.2	Antizyklische Finanzpolitik	204
7.7	**Außenwirtschaftliche Absicherung**	205
7.7.1	Zahlungsbilanz	205
7.7.2	Wechselkurspolitik	205
7.7.3	Außenhandelspolitik	207
	Stichwörterverzeichnis	211

Abkürzungen

AbzG	Gesetz betreffend die Abzahlungsgeschäfte
AFG	Arbeitsförderungsgesetz
AGB-G	Gesetz zur Regelung des Rechts der Allgemeinen Geschäftsbedingungen (AGB-Gesetz)
AktG	Aktiengesetz
AnVG	Angestelltenversicherungsgesetz
ArbGG	Arbeitsgerichtsgesetz
ArbPlSchG	Gesetz über den Schutz des Arbeitsplatzes bei Einberufung zum Wehrdienst (Arbeitsplatzschutzgesetz)
ArbZO	Arbeitszeitordnung
BBankG	Bundesbankgesetz
BErzGG	Gesetz über die Gewährung von Erziehungsgeld und Erziehungsurlaub (Bundeserziehungsgeldgesetz)
BetrVG	Betriebsverfassungsgesetz
BGB	Bürgerliches Gesetzbuch
GewO	Gewerbeordnung
GG	Grundgesetz
GWB	Gesetz gegen Wettbewerbsbeschränkungen
HGB	Handelsgesetzbuch
JArbSchG	Gesetz zum Schutz der arbeitenden Jugend (Jugendarbeitsschutzgesetz)
KFG	Gesetz über die Fristen für die Kündigung von Angestellten
KSchG	Kündigungsschutzgesetz
MG	Gesetz über die Mitbestimmung der Arbeitnehmer in den Aufsichtsräten und Vorständen der Unternehmen des Bergbaus und der Eisen und Stahl erzeugenden Industrie (Montan-Mitbestimmungsgesetz)
MitbestG	Gesetz über die Mitbestimmung der Arbeitnehmer (Mitbestimmungsgesetz)
MuSchG	Gesetz zum Schutze der erwerbstätigen Mutter (Mutterschutzgesetz)
PAngV	Preisangabenverordnung
RabG	Gesetz über die Preisnachlässe (Rabattgesetz)
RVO	Reichsversicherungsordnung
SchwbG	Gesetz zur Sicherung der Eingliederung Schwerbehinderter in Arbeit, Beruf und Gesellschaft (Schwerbehindertengesetz)
SGB	Sozialgesetzbuch
StWG	Gesetz zur Förderung der Stabilität und des Wachstums der Wirtschaft (Stabilitätsgesetz)
TVG	Tarifvertragsgesetz
UVNG	Unfallversicherungs-Neuregelungsgesetz
UWG	Gesetz gegen den unlauteren Wettbewerb
ZugabeVO	Zugabeverordnung

Fach- und Fremdwörterverzeichnis

Aktie	Anteilschein
alternativ	stellvertretend
anorganisch	nicht zum gleichen Organismus gehörend
Automatismus	sich selbst (automatisch) steuernder Ablauf
autonom	selbständig, unabhängig
Boom	starker Aufschwung
brutto	ohne Abzug
Datum, *pl.* Daten	etwas Vorgegebenes, Information(en)
Deponie	Lagerstätte (für Abfälle)
Depression	Niedergang
Devisen	ausländische Zahlungsmittel
Dezentralisation	organisatorische Aufgliederung auf verschiedene Stellen
differenziert	unterschiedlich, untergliedert
Differenzierung	Untergliederung, Abstufung
dispositiv	anordnend, entscheidend, verfügend
dynamisch	fortschreitend, vorwärtstreibend
elementar	grundlegend
Emission	Ausstoß (von Schadstoffen)
evolutorisch	sich weiter entwickelnd
Existenz	Dasein, Auskommen, Unterhalt
Faktor	mitwirkender Bestandteil
Flexibilität	Anpassungsfähigkeit
funktionell	nach Aufgabenbereichen eingeteilt
Funktion	Tätigkeit, Aufgabe
fusionieren	zu einer Einheit verschmelzen
Garantie	Gewähr, Gewährleistung
Gratifikation	Sonderzuwendung, Entschädigung
Harmonie	Einklang, Eintracht
homogen	gleichartig, gleichgeartet
horizontal	waagrecht, auf einer Ebene oder Stufe befindlich
immateriell	unstofflich, nicht aus einem körperlichen Stoff bestehend
Immission	Eingabe von Schadstoffen in die Umwelt (Luft)
Impuls	Anstoß, Antrieb, Anregung
Indikator	Anzeiger
Index, *pl.* Indizes	Verhältniszahl(en), Zahlenreihe(n)
individuell	rein persönlich, den einzelnen Menschen betreffend
Individuum	Einzelwesen
Initiator	Anreger
Instanz	zuständige Stelle
Intervall	Spanne, Zwischenraum
Investition	Kapitaleinsatz
Koalition	Bündnis, Verbindung
kollektiv	gemeinsam, gemeinschaftlich
Kollektiv	Gruppe, die gemeinsame Ziele verfolgt
Kombination	Verbindung, Vereinigung
Kondition	Bedingung, Zustand
Konflikt	innerer Zwiespalt, Streit, Auseinandersetzung
konform	übereinstimmend
Konjunktur	Wirtschaftsablauf
konsumtiv	den Verbrauch betreffend, verbrauchsbedingt, verbrauchsorientiert
Kontingentierung	Zuteilung von Anteilen
Kontor	Verkaufsraum, Niederlassung, Büro
konträr	gegensätzlich
Konzentration	Zusammenballung
Konzession	Erlaubnis, Zugeständnis, behördliche Genehmigung
Kooperation	Zusammenarbeit
Kosmos	Weltall
Kriterium, *pl.* Kriterien	unterscheidende(s) Merkmal(e)
liberal	freisinnig, frei, freiheitlich
liquid	flüssig, zahlungskräftig
Lizenz	Erlaubnis, Genehmigung (z. B. zur Nutzung eines Patents)
Manager	leitender Angestellter, Leiter eines (großen) Unternehmens
maximal	höchstmöglich

maximieren	möglichst groß machen
Mechanismus	selbständiger Ablauf
minimal	kleinstmöglich
minimieren	möglichst klein machen
Minorität	Minderheit
Mobilität	Bereitschaft zum Wechsel
Motivation	Antrieb
netto	nach Abzug
Objekt	Gegenstand, mit dem etwas geschieht; Ziel
Ökologie	Lehre von der Erhaltung der Natur
Ökonomie	Wirtschaft, Bewirtschaftung (der Erde)
optimal	bestmöglich
Order	Bestellung, Auftrag
Organ	Bestandteil
Potential	Leistungsvermögen
potentiell	der Sachlage nach möglich
Präferenz	Bevorzugung
primär	erstrangig
Prinzip	Grundsatz
Priorität	Vorrangigkeit
Prognose	Vorhersage
Proportion	Größenverhältnis
Provision	prozentuale Beteiligung an Umsatz oder Gewinn
qualitativ	die Güte (Qualität) betreffend, gütemäßig
quantitativ	die Menge (Quantität) betreffend, mengenmäßig
quartär	viertrangig
Quartal	Vierteljahr
quintär	fünftrangig
Quote	verhältnismäßiger Anteil
rational	vernunftgemäß
Rationalisierung	vernünftige, wirtschaftliche Gestaltung des Betriebsablaufs
real	wirklich, tatsächlich, rein gütermäßig
Recycling	Wiederverwertung, Wiederverwendung
Rehabilitation	Wiederherstellung
Reklamation	Beanstandung, Beschwerde, Rüge
Ressourcen	Quellen, Rohstoffvorkommen
Revision	Überprüfung, Nachprüfung, Änderung (einer Ansicht)
Rezession	Rückgang
Sektor	Ausschnitt, Abschnitt, Bereich
sekundär	zweitrangig
Service	Dienstleistung, (Kunden-)Dienst
sozial	die Gesellschaft betreffend, gemeinnützig, wohltätig
Standard	Normalmaß, durchschnittlicher Stand, durchschnittliche Qualität
standardisieren	vereinheitlichen, normieren
stationär	auf der Stelle stehend, starr, unbeweglich
Stimulierung	Anregung
Struktur	Aufbau, Gefüge
Subjekt	der Mensch, das mit Bewußtsein ausgestattete Wesen
substituieren	ersetzen
Subvention	Unterstützung, finanzielle Hilfe
Surrogat	Ersatzgut, Ersatzstoff
Tarif	Preisverzeichnis, Lohnvereinbarung
tertiär	drittrangig
Transparenz	Überschaubarkeit, Übersichtlichkeit, Durchsichtigkeit
vertikal	senkrecht, untereinander stehend, aufeinander aufbauend
Zentralisation	organisatorische Zusammenfassung verschiedener Stellen

1 Grundlagen des Wirtschaftens

1.1 Notwendigkeit wirtschaftlichen Handelns

Wirtschaftliches Handeln ist notwendig, um die *Wünsche* der Menschen nach Gütern, ihre **Bedürfnisse**, zu befriedigen.

1.1.1 Bedürfnisse und Bedarf

»Ein jeder Wunsch, wenn er erfüllt, kriegt augenblicklich Junge« (Wilhelm Busch).

> Der Mensch hat **Bedürfnisse**. Sie sind unbegrenzt, unterschiedlich, wandelbar, von verschiedenen Bedingungen abhängig und im einzelnen mehr oder minder dringlich.

Nach der Dringlichkeit der Bedürfnisse unterscheidet man:

a) **Existenzbedürfnisse.** Ihre Befriedigung ist notwendig zur Erhaltung des Lebens.

   Beispiele: Bedürfnisse nach ausreichender Nahrung, Kleidung, Wohnung und Grundbildung.

b) **Kultur- und Luxusbedürfnisse.** Ihre Befriedigung erhöht den Lebensstandard und steigert das Lebensgefühl.

   Beispiele: Bedürfnisse nach verfeinerter Kost, anspruchsvoller Kleidung, gehobener Bildung und vielfältigen Möglichkeiten der Urlaubs- und Freizeitgestaltung.

Die Bedürfnisse treiben den Menschen an, zu ihrer Befriedigung tätig zu werden. In welchem Maße die Menschen ihre Bedürfnisse befriedigen können, hängt ab von ihrer Leistungsfähigkeit, ihrer Leistungsbereitschaft und den verfügbaren Mitteln (Einkommen und Vermögen).

> **Bedarf** im wirtschaftlichen Sinne ist nur der Teil der Bedürfnisse, den der Mensch **mit den ihm zur Verfügung stehenden Mitteln** befriedigen will und kann.

Da nur der am Markt wirksam werdende Teil der Bedürfnisse zu Umsätzen führt, versuchen Industrie und Handel, den Bedarf insgesamt und in seiner Zusammensetzung zu beeinflussen. Dies gelingt umso mehr, als durch günstige Preise die Kaufkraft der Verbraucher erhöht wird.

Je nachdem, ob der Bedarf durch den einzelnen Menschen oder durch die Gemeinschaft gedeckt wird, unterscheidet man:

a) **Individuelle Bedarfsdeckung.** Dabei trifft der einzelne Konsument im Rahmen der verfügbaren Kaufkraft die Entscheidung, welche Güter aus dem Sozialprodukt er erwerben möchte (Freiheit der Konsumwahl). Er bezahlt sie *unmittelbar* mit seinem Geld.

   Beispiel: Jemand kauft einen Mantel, ein Paar Schuhe, ein Auto. Er wählt selbst, kauft und bezahlt.

   Sie gewährt dem einzelnen ein Höchstmaß an persönlicher Entscheidungsfreiheit beim Konsum und insgesamt ein Höchstmaß allgemeiner Güterversorgung.

b) **Kollektive Bedarfsdeckung.** Dabei wird der Bedarf einer größeren Gruppe von Menschen durch deren Körperschaft (Staat, Gemeinde, Verein) gedeckt. Die Konsumentscheidungen treffen die zuständigen Organe dieser Körperschaft nach deren

Haushaltsplan. Der Erwerb der Güter wird *mittelbar* durch Beiträge der Mitglieder (Steuern, Abgaben, Umlagen, Vereinsbeiträge) finanziert.

Beispiele: Der Bedarf an Verkehrswegen, Schulen, Krankenhäusern, Sportplätzen, Umweltschutzanlagen wird meist kollektiv gedeckt.

Dabei hat der einzelne keinen unmittelbaren Einfluß auf Art und Menge der Güter, die zum Zwecke der kollektiven Bedarfsdeckung produziert werden. Je mehr Bedarf kollektiv gedeckt wird, über desto größere Anteile des Einkommens, die in der Form von Steuern oder anderen Beiträgen an die Körperschaften abzuführen sind, entscheiden Dritte anstelle des einzelnen; Planungsirrtümer und Fehlentscheidungen gehen zu Lasten der Allgemeinheit. Auch wächst mit der Zunahme der Finanzmasse die Macht der zentralen Entscheidungsträger und damit die Gefahr des Machtmißbrauchs.

Aufgaben und Fragen:

1. a) Belegen Sie den oben zitierten Satz von Wilhelm Busch mit Beispielen aus Ihrem persönlichen Leben.
   b) Auf welche Eigenschaften der menschlichen Bedürfnisse können Sie daraus schließen?
   c) Nennen Sie Beispiele dafür, daß Bedürfnisse
      — individuell verschieden,
      — wandelbar,
      — von verschiedenen Bedingungen abhängig sind.
   d) Wie muß die Wirtschaft eines Landes beschaffen sein, damit sie den Eigenschaften der Bedürfnisse bei der Güterversorgung möglichst gerecht wird?
2. Versuchen Sie, die Bedürfnisse nach folgenden Gütern entsprechend ihrer Dringlichkeit als Existenz-, Kultur- oder Luxusbedürfnisse einzuordnen:
   a) Auto eines Schülers,
   b) Auto eines Handelsvertreters,
   c) Zigaretten,
   d) Schönheitsoperation,
   e) Theaterbesuch.
   Begründen Sie Ihre Entscheidungen.
3. Nennen Sie Beispiele für Existenzbedürfnisse, für Kultur- und Luxusbedürfnisse
   a) eines Deutschen und eines Inders.
   b) eines deutschen Arbeiters vor 35 Jahren und heute.
   Warum ergeben sich dabei wesentliche Unterschiede?
4. Welche Kulturbedürfnisse sind für Sie von Bedeutung?
5. Worauf können Sie in einer wirtschaftlichen Notsituation verzichten?
6. Mit welchen Mitteln versuchen Industrie und Handel, Bedürfnisse in Bedarf umzuwandeln?
7. Der Angestellte X wohnt am Rande eines Ballungsgebietes und arbeitet bei einer in der Stadtmitte gelegenen Bank (Entfernung 20 km). Es besteht eine gute Busverbindung. Preis der Wochenkarte 30,— DM. Trotzdem fährt er allein im eigenen Auto. Selbstkosten nach Abzug des Steuervorteils je km —,36 DM.
   a) In welcher Weise deckt X seinen Fahrbedarf?
   b) Erwägen Sie die Vor- und Nachteile seines Verhaltens für ihn und für die Gemeinschaft.

1.1.2 Güter

Die **Mittel, die zur Befriedigung der menschlichen Bedürfnisse** dienen können, nennt man **Güter**.

Einen Überblick über die Güter, unter denen man nicht nur materiale, sondern, auch immaterielle Güter (Rechte) und Dienstleistungen versteht, gibt Bild 1.

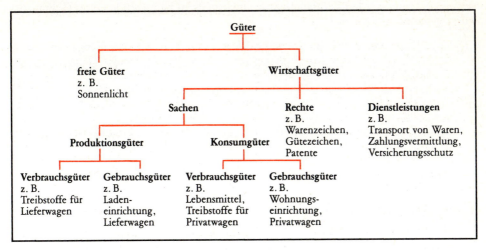

Bild 1

Es gibt freie und knappe Güter.

a) **Freie Güter** sind so reichlich vorhanden, daß der Mensch seine Bedürfnisse nach ihnen ohne Mühe und Aufwand befriedigen kann. Nur wenige Güter sind freie Güter (Sonnenlicht, Luft).

b) **Knappe Güter** sind solche Güter, die im Verhältnis zur Unbegrenztheit der menschlichen Bedürfnisse nicht in ausreichender Menge verfügbar sind. Die Gründe dafür sind:

1. Die meisten Stoffe und Kräfte kommen in der Natur nur in beschränkter Menge vor, so daß sich bei wachsendem Bedarf die Grenzen des Wirtschaftswachstums immer deutlicher abzeichnen.
2. Der Mensch muß die benötigten Stoffe und Kräfte der Natur erst mühevoll abringen, und zwar unter Einsatz seiner ebenfalls begrenzten Arbeitskraft und begrenzter technischer Mittel, die zuvor produziert werden müssen.
3. Die meisten Güter sind in den verschiedenen Wirtschaftsräumen in ungleicher Menge vorhanden. Politische Grenzen, die zugleich wirtschaftliche Grenzen sind, können gebietsweise die Knappheit verschärfen.

Die Knappheit der meisten Güter zwingt den Menschen zu **wirtschaften**, d. h. geistige und körperliche Kraft aufzubringen, um die Knappheit weitgehend zu überwinden. Dabei sind die hervorgebrachten Güter sparsam zu verwenden und, soweit möglich, nach ihrer Nutzung wiederum in die Güterproduktion zurückzuführen (Recycling). Nur so kann nachhaltig und dauerhaft der Unbegrenztheit der menschlichen Bedürfnisse eine möglichst große Gütermenge gegenübergestellt werden.

Beispiel: Gebrauchte Flaschen werden gesammelt, eingeschmolzen und wiederum zur Glasherstellung verwendet.

Nur die knappen Güter sind Gegenstand des Wirtschaftens. Man nennt sie deshalb **Wirtschaftsgüter**.

Im Gegensatz zu den *materiellen* Gütern, den **Sachen**, werden **Rechte** und **Dienstleistungen** häufig als *immaterielle* Güter bezeichnet.

Produktionsgüter werden zur Herstellung eines neuen Gutes benötigt, während *Konsum*güter unmittelbar der Befriedigung von Bedürfnissen dienen. Nur einmal verwendbare Güter werden Verbrauchsgüter, mehrmals zu benutzende Güter Gebrauchsgüter genannt.

> **Aufgaben und Fragen:**
> 1. Sonnenlicht und Atemluft sind als Beispiele für freie Güter genannt. Prüfen Sie, unter welchen Umständen diese Beispiele nicht zutreffen.
> 2. Elektrischer Strom ist ein knappes Gut. Wie könnte man die Knappheit mildern?
> 3. Welche Wirtschaftsgüter eignen sich für ein Recycling?
> 4. Welche Dienstleistungsgüter nehmen Sie täglich in Anspruch?
> 5. Suchen Sie nach Beispielen dafür, daß dasselbe Gut sowohl als Konsumgut als auch als Produktionsgut verwendet werden kann.
> 6. Prüfen Sie, ob ein Küchenherd ein Konsumgut oder ein Produktionsgut ist.
> 7. Erläutern und unterscheiden Sie die Begriffe »Konsumgut« und »Verbrauchsgut«.

1.1.3 Ökonomisches Prinzip

Um ein möglichst hohes Maß an Bedürfnisbefriedigung zu erreichen, bemühen sich die Menschen, die knappen Wirtschaftsgüter sparsam und vernünftig einzusetzen. Sie handeln damit nach dem **Vernunft-** oder **Rationalprinzip**. Für das wirtschaftliche Handeln lassen sich daraus folgende Grundsätze (Prinzipien) ableiten:

> a) **Das Maximalprinzip.** Es verlangt, daß mit *gegebenen* Mitteln eine *möglichst hohe* Leistung erzielt wird.

Beispiel: Die Werbeabteilung einer Großhandlung kann über 100 000,— DM verfügen. Sie soll damit einen möglichst hohen Umsatz vorbereiten.

> b) **Das Minimalprinzip** (Sparprinzip). Es verlangt, daß eine *vorbestimmte* Leistung mit *möglichst geringen* Mitteln erzielt wird.

Beispiel: Eine Möbelgroßhandlung beabsichtigt, in einer Sonderaktion 50 Küchen zu verkaufen. Der dafür erforderliche Werbeaufwand soll möglichst niedrig sein.

Ungeachtet des Unterschieds verwendet man für beide Grundsätze den Ausdruck

> **»Wirtschaftliches oder Ökonomisches Prinzip«**

> **Fragen:**
> 1. Welche der folgenden wirtschaftlichen Vorgänge zwingen zum Handeln
>   a) nach dem Maximalprinzip, b) nach dem Minimalprinzip?
>   — Sie wollen Ihren Urlaub in Spanien verbringen; dafür stehen Ihnen 1500,— DM zur Verfügung.
>   — Für den Bau eines Einfamilienhauses stehen 150 000,— DM Eigenkapital und 240 000,— DM Fremdkapital zur Verfügung.
>   — Ein Wohnhaus ist zum Verkauf ausgeschrieben. Als »Verhandlungsbasis« ist ein Preis von 480 000,— DM genannt.
> 2. Warum sollte in der Wirtschaft in der Regel das ökonomische Prinzip angewandt werden?
> 3. Welche Abweichungen vom ökonomischen Prinzip könnte es in Ihrem Betrieb geben?

1.2 Beweggründe und Voraussetzungen wirtschaftlichen Handelns

Durch planmäßigen Einsatz von Arbeit und sachlichen Mitteln versuchen die Menschen der Knappheit von Gütern entgegenzuwirken.

Man erzeugt aus diesem Grunde fortgesetzt Wirtschaftsgüter, die mittelbar oder unmittelbar der Bedarfsdeckung dienen.

Diese **Leistungserstellung (Produktion)** erfolgt in den **Betrieben**.

In aller Regel findet der betriebliche Leistungsprozeß in *privaten Unternehmungen* statt; aber auch die *öffentlichen Gemeinwesen* (Staat, Gemeinden) sind an der Produktion von Leistungen, insbesondere von Dienstleistungen, beteiligt.

1.2.1 Ziele erwerbswirtschaftlicher Betriebe

In der Marktwirtschaft wird die Güterproduktion hauptsächlich von privaten Unternehmungen getragen. Sie bestimmen ihre Produktionspläne selbst und orientieren sich dabei über die Preise nach der Nachfrage am Markt (Abschnitt 2.3.2).

Beispiel: In einer Unternehmung der Fahrzeugindustrie geht wegen starker ausländischer Konkurrenz und wegen der Benzinverteuerung der Pkw-Absatz nachhaltig zurück. Um die Lagerhaltung zu verringern, müssen beträchtliche Preisabschläge und kostspielige Sonderleistungen gewährt werden, so daß nicht mehr kostendeckend produziert werden kann.
Andererseits kann die gestiegene Nachfrage nach Motorrädern zur Zeit nur mit Lieferfristen befriedigt werden. Die Unternehmungsleitung plant, eines ihrer Automobilwerke auf Motorradproduktion umzustellen.

Die privaten Inhaber wollen durch die Unternehmertätigkeit ihren Lebensunterhalt *erwerben*. Sie sind deshalb persönlich daran interessiert, für die am Markt verkauften Produktionsleistungen so hohe Erlöse zu erzielen, daß die Kosten für den Einsatz der Produktionsfaktoren gedeckt und darüber hinaus ein Gewinn erzielt werden kann.

Das **Streben nach Gewinnerzielung** ist charakteristisches Merkmal für die **erwerbswirtschaftliche Zielsetzung** der *privaten Unternehmungen*.

Ob dabei immer auf den höchstmöglichen Gewinn (Gewinnmaximierung) hingearbeitet wird, ist umstritten. Vielfach gilt das erwerbswirtschaftliche Prinzip schon dann als befolgt, wenn ein angemessener Gewinn angestrebt wird.

Zum Wesen des Unternehmers gehört auch die Bereitschaft zur *Übernahme des Unternehmungsrisikos*. Dieses besteht in der Möglichkeit des Irrtums bei unternehmerischen Entscheidungen. Es beginnt schon bei der Gründung mit der Wahl des Betriebszweigs, des Standorts und der Betriebskapazität. Das Unternehmerrisiko kann dem Unternehmer nicht abgenommen werden. Er trägt es selbst mit dem Risiko des Kapitalverlustes.

Diese Tatsache bietet weitgehend die Gewähr, daß der Unternehmer bei seinen Entscheidungen den Grundsatz der Sicherheit und Vorsicht beachtet. Sein **Sicherheitsstreben** trägt zur Erhaltung von Arbeitsplätzen bei; es schützt daher nicht nur den Unternehmer, sondern auch die Gesamtwirtschaft vor Schäden und Verlusten.

Die Bereitschaft zur Risikoübernahme rechtfertigt aber auch den Anspruch des Unternehmers auf den Gewinn. Dem Risiko des Mißerfolges steht die Chance des Erfolges gegenüber.

Gesamtwirtschaftlich verwirklichen die Unternehmungen durch die erwerbswirtschaftliche Zielsetzung das ökonomische Prinzip (Abschnitt 1.1.3) und tragen zu einer insgesamt optimalen Leistungserstellung und gesamtwirtschaftlichen Bedarfsdeckung bei.

Fragen:
1. Warum bietet die Befolgung des erwerbswirtschaftlichen Prinzips eine gewisse Garantie für optimale Bedarfsdeckung in der Gesamtwirtschaft?
2. Ist es berechtigt, wenn Unternehmungen nach Gewinn streben (Begründung)?
3. Wer trägt den Jahresreinverlust einer erwerbswirtschaftlichen Unternehmung?

4. Nachdem ein Einzelunternehmer seine Erfolgsrechnung im Vorjahr mit 45 000,— DM Verlust abschließen mußte, gelang es ihm, durch unermüdlichen Arbeitseinsatz und geschickte Geschäftsführung in diesem Jahre 160 000,— DM Gewinn zu erwirtschaften.
Bei einem Eigenkapital von 400 000,— DM entspricht dieser Gewinn einer Kapitalverzinsung von 40%.
Ist es gerechtfertigt, daß der Unternehmer eine solche Gewinnspanne allein für sich beanspruchen darf?

1.2.2 Ziele gemeinwirtschaftlicher Betriebe

Neben den privaten Unternehmungen treten auch die öffentlichen Gemeinwesen (Staat, Gemeinde) als Produzenten von Gütern, insbesondere von Dienstleistungen, auf. Staatliche und kommunale Behörden verkaufen ihre Leistungen nicht, sondern stellen sie meistens ohne unmittelbare Gegenleistung zur Verfügung. Die erforderlichen Mitteln werden durch Steuern aufgebracht oder durch Kredite, die ihrerseits durch Steuereinnahmen zu verzinsen und zu tilgen sind. Eine Ausnahme bilden bestimmte Leistungen, für welche Gebühren oder Beiträge nach festgesetzten Sätzen erhoben werden.

Beispiel: Eine Gemeinde erstellt einen Bebauungsplan für ein neues Gewerbegebiet. Sie läßt mit Steuergeldern Straßen, Versorgungsleitungen und Abwasserkanäle bauen. Die neu errichteten Gewerbeunternehmungen kommen sofort in den Genuß dieser Anlagen, müssen aber Anliegerbeiträge und fortgesetzt Grund- und Gewerbesteuer bezahlen.
Für die Eintragung des Grundeigentums müssen sie Grundbuchgebühren entrichten.

Die öffentlichen Gemeinwesen können auch unmittelbar oder durch Beteiligung Träger von Wirtschaftsunternehmen sein. Solche Unternehmen streben, von Ausnahmen abgesehen, nicht nach Gewinn; sie zielen lediglich auf Kostendeckung. Soweit diese in Erfüllung der gestellten Versorgungsaufgabe nicht erreicht werden kann, suchen sie mit möglichst geringem Verlust zu wirtschaften (Verlustminimierung). Ein Verlust muß indes aus dem allgemeinen Steueraufkommen getragen werden.

Beispiele:
1. Größere Gemeinden betreiben gemeindeeigene Stadtwerke.
2. Viele Gemeinden sind durch Aktienerwerb Allein- oder Miteigentümer von Elektrizitätsunternehmen geworden.
3. Die Deutsche Bundesbahn, ein Staatsunternehmen, ist seit Jahrzehnten bemüht, ihren jährlichen Verlust durch gezielte Maßnahmen zu minimieren (Abbau unrentabler Strecken, Bau schneller Städteverbindungen).
4. Die Deutsche Bundespost erzielt im Fernmeldewesen einen hohen Gewinn, der unter anderem zur Deckung des Verlustes im Post- und Paketdienst verwendet wird.

Gemeinwirtschaftliche Betriebe arbeiten nach dem **Versorgungsprinzip**; sie streben dabei nach **Kostendeckung bzw. Verlustminimierung**.

Fragen und Aufgaben:
1. Welche Arten von Unternehmen sind häufig in der Hand von Staat oder Gemeinden? Warum?
2. Wer trägt den Jahresreinverlust eines gemeinwirtschaftlichen Unternehmens?
3. Überlegen Sie, weshalb es zu einer Staatsbeteiligung an einem großen Industrieunternehmen kommen kann.
4. Welche Maßnahmen kann eine Gemeinde zur Förderung der Gewerbeansiedlung ergreifen?
5. Warum wird die Bevölkerung von Staaten, in denen erwerbswirtschaftliche Unternehmungen vorherrschen, besser mit Gütern versorgt als in staatswirtschaftlichen Systemen?

1.2.3 Betriebswirtschaftliche Produktionsfaktoren

Produktionsfaktoren sind die **Grundkräfte** und **Mittel**, mit denen in Betrieben **Wirtschaftsgüter hergestellt** werden.

Die *Betriebswirtschaftslehre* unterscheidet bei den Produktionsfaktoren zwischen **Elementarfaktoren** und dem **dispositiven Faktor**.

a) **Elementarfaktoren:** Das sind

1. **Arbeitsleistung.** Darunter versteht die Betriebswirtschaftslehre hauptsächlich *körperliche* (ausführende) Arbeit.

    Die *geistige* (schöpferisch-planende, organisatorisch-anordnende, kontrollierende) Arbeit wird im dispositiven Faktor zusammengefaßt. Eine scharfe Trennung ist jedoch nicht möglich, da jede Arbeit körperliche, geistige und seelische Kräfte beansprucht, wenn auch in unterschiedlicher Gewichtung.

2. **Betriebsmittel.** Dies sind Anlagen und alle Einrichtungen, welche die technische Voraussetzung zur betrieblichen Leistungserstellung bilden. Dazu gehören

    — Grundstücke und Gebäude für Erzeugung, Lagerung, Verwaltung und Vertrieb,

    — Maschinen, maschinelle Anlagen und Werkzeuge,

    — Anlagen zur Versorgung des Betriebes mit Wasser, Wärme, Gas, Strom, Frischluft,

    — Beförderungseinrichtungen für Material, Erzeugnisse und Menschen,

    — Vorrichtungen zur Lagerung von Material, Waren, Schriftstücken, Zeitungen, Büchern,

    — Einrichtungen für die Betriebsangehörigen: Kantinen, Erholungsheime, Heime für jugendliche Arbeitnehmer, Wohnungen,

    — Einrichtungen zur Weiterbildung der Arbeitskräfte: Ausbildungsstätten, Büchereien,

    — Vorrichtungen zur Sicherung der Menschen und Anlagen: Feuerschutzgeräte, Unfallverhütungseinrichtungen,

    — Betriebsstoffe. Das sind Stoffe, die nicht in das Erzeugnis eingehen, aber bei Durchführung des Fertigungsprozesses verbraucht werden (Schmiermittel, Dieselöl).

3. **Werkstoffe und Waren.** Dies sind Güter, die verarbeitet oder unverarbeitet für den Umsatzprozeß verwendet werden. Dazu gehören

    — *Rohstoffe.* Das sind Stoffe, die im Fertigungsprozeß als Hauptbestandteile in das Erzeugnis eingehen (Holz in der Möbelfabrikation).

    — *Hilfsstoffe.* Das sind Stoffe, die als Nebenbestandteile in das Produkt eingehen (Leim und Lack bei der Möbelherstellung).

    — *Fertigteile.* Das sind Teile, die unverändert Bestandteil des Produkts werden (Beschläge, Schlösser).

    — *Waren.* Das sind Güter, die unverarbeitet dem Umsatzprozeß dienen.

4. **Rechte.** Darunter versteht man insbesondere behördliche Betriebsgenehmigungen (Konzessionen) sowie gewerbliche Schutz- und Nutzungsrechte (Patente, Lizenzen, Gebrauchsmuster und Warenzeichen).

b) **Dispositiver Faktor.** Es handelt sich dabei um die Fähigkeit des Menschen, die Elementarfaktoren zum Zwecke der Leistungserstellung zu kombinieren, also darum, Leitungsfunktionen auszuüben. Man unterscheidet folgende Leitungsfunktionen: Zielsetzung, Planung, Organisation, Kontrolle, Rechenschaftslegung, Repräsentation (Bild 2).

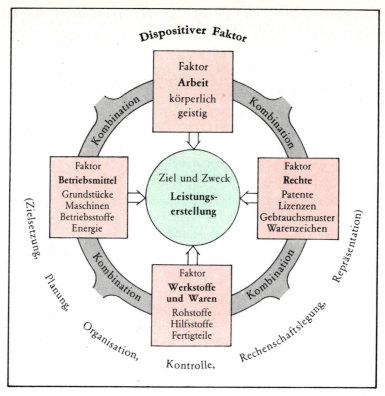

Bild 2

Fragen und Aufgaben:
1. Wodurch unterscheidet sich der Faktor Arbeitsleistung vom dispositiven Faktor?
2. Nennen Sie Arbeitskräfte der Unternehmung, die zum dispositiven Faktor beitragen.
3. Warum gehören Roh- und Hilfsstoffe zu den Werkstoffen, Betriebsstoffe aber zu den Betriebsmitteln?
4. Fertigen Sie eine Aufstellung
   a) der Betriebsmittel Ihres Ausbildungsbetriebes,
   b) der Werkstoffe bzw. Waren Ihres Ausbildungsbetriebes.
5. In welchen Wirtschaftszweigen gibt es keine Werkstoffe?
6. An welchen Produktionsfaktoren mangelt es in Entwicklungsländern?

1.2.4 Kombination und Substitution der Produktionsfaktoren

In der modernen Wirtschaft werden zur Leistungserstellung immer mehrere Produktionsfaktoren miteinander verbunden, die sich zweckmäßig ergänzen.

Die Erfahrung lehrt, daß die Ausstattung eines Betriebes mit Produktionsfaktoren verschiedene Kombinationen zuläßt.

Beispiele:
1. Um eine Tonne Weizen zu produzieren, genügt auf einer großen Bodenfläche ein verhältnismäßig geringer Einsatz an Düngemitteln, Maschinen und Arbeit. Steht aber wenig Bodenfläche zur Verfügung, kann der gleiche Ertrag erzielt werden, wenn der Boden unter reichlicher Verwendung von Dünger intensiv bearbeitet wird.
2. Durch Einsatz von automatisierten Anlagen in der Fertigung und von Datenverarbeitungsanlagen in der Verwaltung wurden in den vergangenen Jahrzehnten Arbeitsleistungen weitgehend durch Betriebsmittel (Kapital) ersetzt.

3. Zum Aushub einer Baugrube von 1600 m³ brauchten früher 20 mit Pickel, Schaufel und Schubkarren ausgerüstete Arbeiter 48 Stunden. Dies entspricht einer Leistung je Arbeiter und Stunde von 1,67 m³. Heute leisten 2 Arbeiter mit Hilfe eines Baggers die gleiche Arbeit in 12 Stunden, was einer Leistung je Arbeiter und Stunde von 66,7 m³ entspricht.

Die Unternehmungen sind auf den Absatzmärkten dem Wettbewerb ausgesetzt. Sie müssen daher dafür sorgen, daß die Kosten der Leistungserstellung unter dem Marktpreis bleiben. Da die Produktionsfaktoren Wirtschaftsgüter sind, deren Einsatz Kosten verursacht, sind sie von der Unternehmungsleitung so zu kombinieren, daß der Erlös der abgesetzten Güter die Gesamtkosten mindestens deckt. Je mehr Arbeitskräfte fehlen, und je stärker demzufolge die Arbeitskosten steigen, desto sorgfältiger ist zu prüfen, ob nicht der Einsatz von Maschinen kostengünstiger ist. Umgekehrt wäre es falsch, dann teure Maschinen einzusetzen, wenn genügend Arbeitskräfte zur Verfügung stehen und weniger Kosten verursachen als der Einsatz von Maschinen.

Beispiele: In der Bundesrepublik Deutschland sind Straßenarbeiter knapp und verursachen hohe Arbeitskosten. Die Folge ist der Einsatz von Baumaschinen, die zwar kostspielige Investitionen darstellen, aber so viele Arbeitskräfte ersparen, daß der Gesamtbetrag der Faktorkosten unter dem Absatzpreis für die Leistung bleibt.

In vielen Entwicklungsländern stehen für den Straßenbau so viele Arbeitskräfte zur Verfügung, daß beim Einsatz hochentwickelter Baumaschinen Vorsicht geboten ist, zumal dann auch viele arbeitswillige Menschen außerhalb des Produktionsprozesses und damit ohne Einkommen blieben.

Nach dem ökonomischen Prinzip kommt es darauf an, die einzelnen Produktionsfaktoren in solcher Güte und Menge bei der Faktorenkombination zu verwenden, daß der **Aufwand** für den Faktoreinsatz in einem **möglichst günstigen Verhältnis** zum **Ertrag** steht.

Unter dem Druck der Preiskonkurrenz werden dabei fortlaufend in den Betrieben teurer gewordene Produktionsfaktoren durch andere, verhältnismäßig kostengünstigere *ersetzt*. Man nennt diesen ständigen Prozeß des Austausches **Substitution der Produktionsfaktoren**.

Beim Austausch der Produktionsfaktoren dürfen soziale Gesichtspunkte nicht außer acht gelassen werden.

Fragen und Aufgaben:
1. In welchem Falle entspricht eine Faktorenkombination dem ökonomischen Prinzip?
2. Welche Leistungen erbringt Ihr Betrieb?
3. Welchen Einfluß haben Klima, Bildung und Lebenseinstellung der Menschen auf die Wirtschaftsverhältnisse eines Landes?
4. Nennen Sie Beispiele
    a) für unterschiedliche Faktorenkombinationen bei der Produktion eines Gutes,
    b) für die Substitution von Produktionsfaktoren in den vergangenen Jahren.
5. Welche Probleme entstehen beim Ersatz des Produktionsfaktors Arbeit durch Maschinen?
6. Was müßte geschehen, um die Verknappung und damit Verteuerung des Betriebsmittels Energie in den Betrieben aufzufangen?

1.2.5 Überbetriebliche Arbeitsteilung

Ursprünglich vollzog sich die Leistungserstellung und die Leistungsverwendung in demselben sozialen Gebilde, der Stammes- oder der Familiengemeinschaft. Wirtschaftlich gesehen, bildete sie eine in sich **geschlossene Einheit** ohne Außenbeziehungen.

Schon innerhalb solcher Gemeinschaften entstand **Arbeitsteilung**, hervorgerufen durch den Unterschied des Geschlechts, des Alters und dadurch, daß ein Teil der Mitglieder besondere Fertigkeiten entwickelte, z. B. im Aufbereiten von Fellen, in der Fertigung von Kleidungsstücken oder Waffen.

Nach und nach verbesserten die Menschen ihre Fertigkeiten und erhöhten die Güte und Menge der von ihnen produzierten Erzeugnisse.

Infolge zunehmender Spezialisierung auf bestimmte Fertigkeiten bildeten sich handwerkliche Grundberufe heraus (Töpfer, Schmied). Eine Familiengemeinschaft erzeugte von einzelnen Gütern Überschüsse, während andere Güter fehlten; diese mußten gegen Hingabe der Überschüsse im Tausch erworben werden. Es begann der **Güteraustausch** mit anderen Familiengemeinschaften, der allen Beteiligten Vorteile brachte, aber auch gegenseitige Abhängigkeiten schuf. Erzeugung und Verbrauch erfolgten weitgehend nicht mehr durch dieselbe Person.

Mit zunehmender Arbeitsteilung und wachsender Bevölkerung bildeten sich innerhalb der Volkswirtschaft deutlich getrennte **Produktionsstufen**.

Volkswirtschaftliche Arbeitsteilung

Die **Produktionsstufen** sind aus dem Werdegang eines Konsumgutes zu erkennen.

Beispiel: Ein Wäschestück aus Baumwolle durchläuft folgende Stufen:
1. Rohstoffgewinnung in der Baumwollplantage;
2. Verarbeitung in der
   — Spinnerei, die das Garn herstellt,
   — Weberei, die daraus den Stoff fertigt,
   — Wäschefabrik, die aus dem Stoff das fertige Wäschestück herstellt;
3. Handel, der das Wäschestück auf dem Konsumgütermarkt bereitstellt.

Der Handel sowie sonstige Dienstleistungen sind auch bei der Weitergabe der Güter von einer Stufe zur anderen erforderlich, z. B. Nachrichtenübermittlung, Gütertransport, Geldübertragungen.
Innerhalb der Stufen hebt sich ein weiterer Produktionszweig deutlich ab, der allen Wirtschaftsbereichen dient, nämlich die Erzeugung der technischen Mittel. Ohne sie wäre überhaupt keine Güterproduktion möglich.

Man unterscheidet demnach folgende **Wirtschaftsbereiche oder -sektoren**, die teils aufeinandergestuft sind, teils sich gegenseitig ergänzen:

a) **Stoffe- und Energiegewinnung (Urproduktion).** Dazu gehören Betriebe, deren Aufgabe der Anbau, der Abbau und die Nutzung der Naturkräfte ist.
   Beispiele: Land- und Forstwirtschaft, Bergbau und Energiewirtschaft.

b) **Be- und Verarbeitung von Stoffen.** Be- und Verarbeitungsbetriebe wandeln die Stoffe in gebrauchs- und verbrauchsfähige Güter um.
   Beispiele: Industrie, Handwerk.

c) **Dienstleistungen.** Dienstleistungsbetriebe ermöglichen und erleichtern die Verbindung zwischen Produktion und Konsum.
   Beispiele: Handel, Güter- und Nachrichtenverkehr, Geld- und Kapitalverkehr, Versicherung, Beratung.

d) **Herstellung von Produktionsmitteln.** Die Investitionsgüterindustrie dient durch die Produktion technischer Betriebsmittel allen Wirtschaftsbereichen.
   Beispiele: Maschinen-, Werkzeug-, Transportmittelindustrie.

Die einzelnen Wirtschaftssektoren sind in sich in **Wirtschaftszweige** oder **-branchen** aufgegliedert (Bild 3).

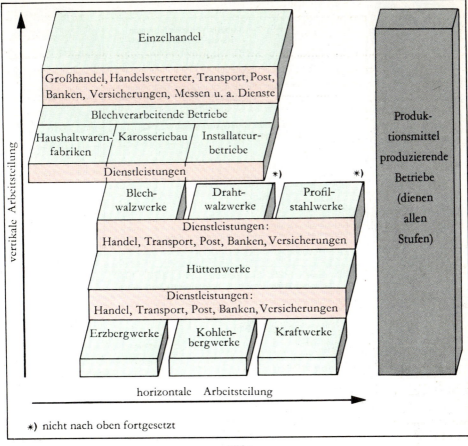

Bild 3

Bei folgender Einteilung der Wirtschaftssektoren spielen ebenfalls die Produktionsstufen eine ausschlaggebende Rolle (Bild 4):

a) **Primärsektor**: Stoffe- und Energiegewinnung.

b) **Sekundärsektor**: Stoffbe- und -verarbeitung sowie Investitionsgüterindustrie.

c) **Tertiärsektor**: Handel und Dienstleistungsbereich.

Der **vierte (quartäre) Sektor** ist mit der Tätigkeit der öffentlichen Gemeinwesen, der **fünfte (quintäre) Sektor** mit der Tätigkeit der privaten Haushalte ausgefüllt.

Aufgaben und Fragen:
1. Schildern Sie, warum man heute in einer Familiengemeinschaft nicht mehr ohne Außenbeziehungen leben kann.
2. Warum bringt der Güteraustausch allen Beteiligten Vorteile?
3. Worin sehen Sie die Ursache für die Entstehung von Betrieben?
4. Beschreiben Sie die Produktionsstufen, welche die Herstellung von Lederschuhen durchläuft.
5. Mit welchen Dienstleistungsbetrieben arbeitet Ihr Ausbildungsbetrieb zusammen?
6. Welche grundsätzliche volkswirtschaftliche Bedeutung hat die Arbeitsteilung?
7. Erklären Sie den Unterschied zwischen vertikaler und horizontaler Arbeitsteilung.
8. Auf welche Weise ist der Stand der Industriearbeiter entstanden?

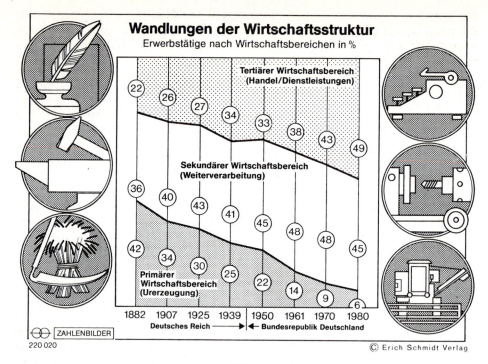

Bild 4

Internationale Arbeitsteilung

Infolge der unterschiedlichen Ausstattung mit Produktionsfaktoren und des unterschiedlichen Standes der Wirtschaftsentwicklung besteht auch Arbeitsteilung zwischen den einzelnen Staaten und Volkswirtschaften der Welt. Sie führt dazu, daß die Güter in den Ländern erzeugt werden, wo sie unter Berücksichtigung der Transportkosten am billigsten produziert werden können. Internationale Arbeitsteilung findet ihren Ausdruck im Außenhandel der Länder (Abschnitte 2.2.1 und 7).

Fragen und Aufgabe:
1. Welche Vorteile bietet die internationale Arbeitsteilung?
2. Welche Waren werden sehr häufig in die Bundesrepublik Deutschland eingeführt aus
   — Spanien,
   — Frankreich,
   — Niederlande,
   — Japan,
   — Südostasien,
   — Südamerika?
3. Nennen Sie deutsche Wirtschaftszweige, die ihre Existenz unter anderem der Ausfuhr verdanken.

1.3 Betriebliche Entscheidungsprozesse

Entscheiden heißt, aus verschiedenen Lösungsmöglichkeiten unter Abwägung der jeweiligen Vor- und Nachteile des Handelns eine Auswahl zu treffen.

Solche Entscheidungen gibt es in allen Bereichen eines Betriebes. Für einen Betrieb sind die Produktionsfaktoren Wirtschaftsgüter, die auf den einschlägigen Beschaffungsmärkten gegen Hingabe von Geld erworben werden müssen. Innerhalb der Betriebe vollzieht sich nach vorbedachtem Plan ein kürzerer oder längerer Prozeß der Verkoppelung und Verschmelzung von Wirtschaftsgütern, an dessen Ende die fertigen Leistungen stehen, die ihrerseits gegen Geld auf ihrem Absatzmarkt verkauft werden. Das für den Erwerb erforderliche Geld stammt vor allem aus den Verkaufserlösen der fertigen Leistungen, aber auch aus anderen Quellen (Einlagen des Unternehmers oder Fremdkapital). So laufen in jeder Unternehmung zwei Ströme gegeneinander,

a) der **Geldstrom** in Richtung auf die Beschaffungsmärkte,

b) der **Güterstrom** in Richtung auf die Absatzmärkte.

Überblickt man das Geschehen, so stellt man fest, daß in jeder Unternehmung weitgehend unabhängig vom Gegenstand der Leistungserstellung ihrer Betriebe bestimmte **Aufgaben (Funktionen)** zu erfüllen sind. Sie werden in Bild 5 dargestellt.

Funktionen im Güterstrom

a) **Beschaffung.** Sie umfaßt alle vorbereitenden und ausführenden Tätigkeiten, die der Bereitstellung von *Sachgütern, Rechten* und *Dienstleistungen* für Betriebszwecke dienen (Grundstücke, Maschinen, Werkstoffe, Waren; Patente; Arbeitskräfte; Transportleistungen; Geld und Kapital).

Bei der Beschaffung werden Kaufverträge sowie Dienstleistungsverträge (Dienst-, Transport-, Werk-, Werklieferungs-, Miet-, Pacht-, Leih-, Darlehensverträge) abgeschlossen (Abschnitt 3).

b) **Leistungserstellung (Produktion).** Durch planmäßigen Einsatz von Arbeit, Betriebsmitteln und Werkstoffen werden im Industriebetrieb durch **Gewinnung** und **Umformung von Gütern** neue Wirtschaftsgüter hergestellt. Die Fertigung ist somit die Hauptaufgabe des Industriebetriebes. Leistungen werden aber grundsätzlich auch in den Betrieben anderer Wirtschaftszweige erstellt, z. B. in Handels-, Bank-, Versicherungs- oder Verkehrsbetrieben.

c) **Absatz.** Darunter versteht man alle vorbereitenden und ausführenden Tätigkeiten, die der entgeltlichen Verwertung von *Betriebsleistungen* am Absatzmarkt dienen. Wenn auch der Absatz zeitlich der Leistungserstellung (Beschaffung, Produktion) folgt, so wirkt er doch nach Art und Umfang bestimmend auf die Leistungserstellung zurück.

Eine weitere Funktion im Güterstrom ist die **Lagerung**, die bei Beschaffung, Produktion und Absatz eine wichtige Rolle spielt.

Funktionen im Geldstrom

a) **Finanzierung.** Sie umfaßt alle Maßnahmen, die der Beschaffung und Bereitstellung von Geld und Sachmitteln für die betriebliche Leistungserstellung dienen. Sie ist nicht nur eine einmalige, bei der Gründung zu lösende Aufgabe, sondern eine laufende Tätigkeit des Beschaffens, Freisetzens und Wiedereinsetzens von Mitteln. Diese Finanzierungsmaßnahmen finden ihren Niederschlag in der Kapital- und Vermögensausstattung der Betriebe.

b) **Zahlung.** Sie hat vor allem die Aufgabe, den Geldstrom in Richtung auf die Beschaffungsmärkte weiterzuleiten. Außerdem dient sie zur Leistung von Abgaben (Steuern, Gebühren, Beiträge). Zahlungen werden mit Hilfe von Geldinstituten und Postämtern geleistet.

Zahlung und Finanzierung sind übergreifende Funktionen, d. h. sie spielen eine Rolle bei der Beschaffung (Finanzierung und Zahlung von Roh-, Hilfs- und Betriebsstoffen), Fertigung (Finanzierung und Zahlung von Löhnen) und beim Vertrieb (Finanzierung und Zahlung von Werbemaßnahmen).

Leitungsfunktionen

Beschaffung, Produktion und Absatz müssen wirtschaftlich erfolgen. Es bedarf daher der Lenkung durch die Leitungsorgane (dispositiver Faktor). Die wichtigsten Aufgaben der Leitung sind Zielsetzung, Planung, Organisation und Kontrolle.

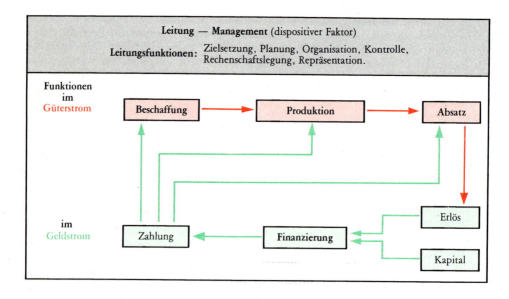

Bild 5

Fragen:
1. a) Welche Güter muß ein Industriebetrieb am Beschaffungsmarkt erwerben?
   b) Wie kann die Beschaffung finanziert werden?
2. Welche Funktionen einer Industrieunternehmung unterscheidet man
   a) im Güterstrom,
   b) im Geldstrom,
   c) in der Leitung?
3. Worin besteht die Leistungserstellung eines Handelsbetriebes?
4. Welche Güter muß ein Handelsbetrieb am Beschaffungsmarkt erwerben?

2 Markt und Preis

In der arbeitsteiligen Wirtschaft müssen fortwährend Güter ausgetauscht werden zwischen den aufeinanderfolgenden und sich ergänzenden Unternehmen und Haushalten. Der Austausch der Güter geschieht auf dem Markt.

2.1 Funktion des Marktes

Die Aufgabe des Marktes für die Wirtschaft wird deutlich erkennbar, wenn man sich die Entwicklung der Wirtschaft in einer Jahrtausende währenden Geschichte vergegenwärtigt.

Entstehung der Märkte in Wirtschaftsstufen

Die Bedarfsdeckung vollzog sich geschichtlich in folgenden **Wirtschaftsstufen:**

a) **Stufe der geschlossenen Hauswirtschaft.** In der Urform des Wirtschaftens erzeugten die Menschen im Rahmen einer familiären Hausgemeinschaft die Güter ihres Bedarfs selbst; sie waren Selbstversorger und damit von den Leistungen irgendwelcher Wirtschaftspartner unabhängig. Die Hauswirtschaft war zugleich Stätte der Produktion und des Konsums von Gütern. Leistungserstellung und Leistungsverwendung bildeten räumlich und funktionell eine Einheit. Eine Trennung der Wirtschaftseinheiten in Unternehmungen und Haushalte gab es nicht; der Wirtschaftskreislauf war innerhalb der Hauswirtschaft geschlossen.

Der Umfang der Güterversorgung und Bedarfsdeckung beschränkte sich auf das Notwendigste und war von den jeweiligen Fähigkeiten und Fertigkeiten der Mitglieder der Hausgemeinschaft abhängig. Arbeitsteilung bestand nur innerhalb der Hauswirtschaft.

Reste dieser Urform des Wirtschaftens haben sich bis in die heutige Zeit erhalten oder leben von Zeit zu Zeit neu auf.

Beispiele:
1. Landwirtschaftliche Familienbetriebe decken wesentliche Teile ihres Güterbedarfs aus eigener Produktion.
2. Manche Hausfrau bäckt neuerdings selbst wieder Brot.
3. Eine ‚Do-it-yourself'-Bewegung warb vor wenigen Jahren erfolgreich dafür, Reparaturen und Einrichtungen im Haus wieder selbst vorzunehmen.

b) **Stufe der Naturaltauschwirtschaft.** In den Hauswirtschaften entwickelten die Menschen nach und nach individuelle Fertigkeiten und Fähigkeiten. Auf Grund dieser besonderen Leistungen wurden über den eigenen Bedarf hinaus Überschüsse an bestimmten Gütern produziert, die dann bei benachbarten Hausgemeinschaften gegen deren überschüssige Leistungen eingetauscht werden konnten. Getauscht wurde zunächst Gut gegen Gut (Naturaltausch).

Durch die über die Hauswirtschaft hinaus erweiterte Arbeitsteilung verbesserte sich die Güterversorgung quantitativ und qualitativ. Die Zunahme der arbeitsteiligen Spezialisierung machte aber auch immer mehr Tauschvorgänge nötig. Oft entstanden Tauschschwierigkeiten, wenn es nicht sofort gelang, für das angebotene Gut den geeigneten Tauschpartner zu finden, der es gebrauchen konnte und ebenso ein gewünschtes Gut dagegen zu tauschen hatte.

Beispiel: Ein Bauer erzeugte mehr Getreide als er im eigenen Haushalt verbrauchte. Es fehlten ihm aber andere Güter, die er selbst nicht produzierte, z. B. ein Pflug. Er mußte einen Schmied als Tauschpartner finden, der fähig und bereit war, ein solches Arbeitsgerät gegen Getreide zu liefern.

Als entscheidende Hilfe bei der Tauschpartnerfindung und zur Beseitigung der Tauschschwierigkeiten wurden zu bestimmten Zeiten an bestimmten Orten Zusammenkünfte von Anbietern und Nachfragern nach Gütern veranstaltet. So entstanden die **Märkte**.

Überdies führte die Spezialisierung dazu, daß für die Güterproduktion besondere Produktionsstätten geschaffen wurden, die **Betriebe** oder **Unternehmungen**. In den Hauswirtschaften verblieb dann der Konsum; sie wurden zu Haushalten.

c) **Stufe der Geldtauschwirtschaft.** Der Markt, an dem nur Güter gegen Güter getauscht wurden, konnte auch nicht jede Tauschschwierigkeit beseitigen. Oft fanden sich Tauschwillige, von denen der eine zwar das angebotene Gut des anderen gebrauchen, der aber kein geeignetes Tauschgut dagegen liefern konnte.

In dieser Notlage übernahmen zwangsläufig bestimmte Güter, die *jedermann* gebrauchen konnte, die Funktion als Zwischentauschgut, in reinen Agrarstaaten z. B. das Vieh, in anderen Staaten Metalle. Diese Zwischentauschgüter waren **Geld**. Man tauschte nunmehr Gut gegen Geld und zu einem späteren Zeitpunkt wieder Geld gegen Gut.

In der Stufe der Geldwirtschaft befinden sich die modernen arbeitsteiligen Volkswirtschaften. In ihnen ist das Geld als Zwischentauschgut unentbehrlich geworden.

Aufgabe des Marktes

Die Entwicklung der Wirtschaftsstufen macht sichtbar, welche Bedeutung der Markt in einer arbeitsteiligen Volkswirtschaft hat. Der Markt dient darin der **Tauschpartnerfindung**

— in **sachlicher** Hinsicht: Er führt leistungsbereite Anbieter und beschaffungsbereite Nachfrager bestimmter Güter zusammen;

— in **räumlicher** Hinsicht: Er verbindet den Ort der Leistungserstellung mit dem Ort der Leistungsverwendung;

— in **wertmäßiger** Hinsicht: Er ermöglicht den Ausgleich verschiedenwertiger Tauschgüter durch Bildung von Wertmaßstäben (Preisen) und Einschaltung eines gegenseitig anerkannten und beliebig teilbaren Zwischentauschgutes, des Geldes.

Angebot und Nachfrage

Die Entwicklung zur arbeitsteiligen Tauschwirtschaft ließ notwendigerweise Märkte entstehen, damit tauschwillige Anbieter mit tauschwilligen Nachfragern zusammenfinden konnten.

Bild 6

Das **Gesamtangebot**, das sich aus den Güterangeboten *zahlreicher Einzelanbieter* zusammensetzt, und

die **Gesamtnachfrage**, die sich aus den Bedarfsvorstellungen *unzähliger Einzelnachfrager* herausbildet,

werden meist nur als **Angebot** und **Nachfrage** bezeichnet.

Aufgabe des Preises auf dem Markt

Eine entscheidende Rolle auf den Märkten spielt der **Preis**, der sich **auf Grund von Angebot und Nachfrage** bildet:

— Ein *hoher* Preis ist Ausdruck einer verhältnismäßig hohen Nachfrage und eines verhältnismäßig geringen Angebots. Es müßte mehr produziert werden. Tatsächlich werden die Anbieter durch den hohen Preis angeregt, mehr zu produzieren und so die vorhandene Bedarfslücke zu schließen. Nachfrage und Angebot werden über den hohen Preis kurzfristig ins Gleichgewicht gebracht.

— Ein *niedriger* Preis signalisiert ein verhältnismäßig hohes Angebot und eine verhältnismäßig geringe Nachfrage. Es sollte weniger produziert werden. Tatsächlich reagieren die Produzenten auf den niedrigen Preis durch Produktionseinschränkungen oder Produktionsumstellungen. Nachfrage und Angebot werden über den niedrigen Preis kurzfristig ins Gleichgewicht gebracht.

> Die gesamtwirtschaftliche **Funktion des Marktes** besteht darin,
> — das **Gesamtangebot**, das sich aus den Güterangeboten *zahlreicher Einzelanbieter* zusammensetzt, mit
> — der **Gesamtnachfrage**, die sich aus den Bedarfsvorstellungen *unzähliger Einzelnachfrager* herausbildet,
> über den Preis ins Gleichgewicht zu bringen.

Diese Überlegungen machen deutlich, daß **vom Staat festgesetzte** Preise, die sich *nicht* nach dem Verhältnis von Angebot und Nachfrage richten können, diese Funktion des Marktes *nicht* erfüllen.

> **Fragen:**
> 1. a) Welche Güter (Sachgüter, Dienstleistungen) werden auch heute noch häufig in Haushalten produziert?
>   b) Welche Gründe veranlassen die Menschen, produktive Leistungen im Haushalt zu erstellen?
> 2. a) Welche Bedeutung hat im Wirtschaftskreislauf das Geld?
>   b) Was für Güter können Geldfunktion erfüllen?
> 3. a) Welche Bedeutung haben die Märkte für die Bedarfsdeckung?
>   b) Welche Aufgabe hat dabei der Marktpreis zu erfüllen?
>   c) Wie müssen die Preise gebildet werden, damit sie diese Aufgabe erfüllen können?

2.2 Gliederung der Märkte

Die Märkte können unter folgenden Gesichtspunkten eingeteilt werden (Bild 7):

a) **Sachlich:** Angebot und Nachfrage beziehen sich immer auf Objekte, entweder auf Sachgüter oder Dienstleistungen.

b) **Funktionell:** Die Unternehmung ist nach zwei Richtungen hin mit dem Markt verbunden. Entsprechend den betrieblichen Funktionen unterscheidet man den Beschaffungs- und den Absatzmarkt.

c) **Räumlich-zeitlich:** Das Zusammentreffen von Angebot und Nachfrage erfolgt häufig an bestimmten Orten und zu bestimmten Zeiten.

Markt = Zusammentreffen von Angebot und Nachfrage		
a) sachlich	b) funktionell	c) räumlich-zeitlich
Arbeitsmarkt Gütermärkte — Werkstoffe und Waren — Betriebsmittel Geld- und Kapitalmarkt	Beschaffungsmarkt — Binnenmarkt — Importmarkt Absatzmarkt — Binnenmarkt — Exportmarkt	Zentralisierte Märkte — Allgemeine Märkte — Versteigerung — Einschreibung — Messe — Ausstellung — Börse Dezentralisierte Märkte

Bild 7

2.2.1 Märkte bei Beschaffung und Absatz

Beschaffungsmärkte

Die Unternehmen treten auf den Beschaffungsmärkten als *Nachfrager* nach Arbeitsleistungen, Geld und Sachgütern auf, die sie zur Erstellung von Produktions- und Konsumgütern benötigen. Sie finanzieren die Beschaffungsgüter vornehmlich aus den Verkaufserlösen. Zur Erstausstattung und für den laufenden Betrieb werden aber zusätzliche Geldmittel benötigt; sie werden aus Ersparnissen der Haushalte gewonnen und über das Bankensystem den Unternehmen zur Verfügung gestellt.

Beschaffungsmärkte sind diejenigen Märkte, auf denen **Produktionsfaktoren** »eingekauft« werden können. Sie sind der Produktion **vorgelagert**.

Bei der Beschaffung der Produktionsfaktoren sind die Betriebe also von folgenden Beschaffungsmärkten abhängig (Bild 8):

a) **Arbeitsmarkt.** Er dient der Beschaffung von Arbeitsleistungen und des dispositiven Faktors (Abschnitt 1.2.3). Die von den Betrieben benötigten Arbeitskräfte können durch Stellenangebote und aus Stellengesuchen in der Presse oder durch Vermittlung der Arbeitsämter gefunden werden.

Innerhalb eines Wirtschaftsbereichs sind die Anbieter von und die Nachfrager nach Arbeitsleistungen meistens zu Verbänden zusammengeschlossen, den Arbeitgeberverbänden und Gewerkschaften. Der Preis für die Arbeitsleistung, Lohn genannt, und die Arbeitsbedingungen sind das Ergebnis von Verhandlungen oder Arbeitskämpfen zwischen diesen beiden Verbänden.

Die Löhne sind *für die Haushalte* **Einkommen**, *für die Betriebe* aber **Kosten**.

b) **Gütermarkt.** Neben den Arbeitskräften werden zur Produktionsausstattung der Betriebe auch Betriebsmittel und Werkstoffe benötigt. Die technischen Betriebsmittel werden von der Investitionsgüterindustrie produziert, die Werkstoffe von Betrieben der Urproduktion (Abschnitt 1.2.5). Investitionsgüter werden also auf den Märkten von Unternehmen angeboten, die sie produzieren, und von anderen Unternehmen nachgefragt, die sie investieren. Eine besondere Rolle als Gütermärkte spielen bei standardisierbaren Gütern die Warenbörsen (Abschnitt 2.2.2).

c) **Geld- und Kapitalmarkt.** Zur Bereitstellung von Arbeitskräften und Investitionsgütern werden von den Unternehmen zunächst einmal Geldmittel benötigt, die dann nach dem jeweiligen wechselnden Bedarf in Arbeitskräfte, Betriebsmittel und Werkstoffe investiert werden. Der Ausstattung mit Geldmitteln dient der Geld- und Kapitalmarkt.

— Der **Geldmarkt** ist der Markt für *kurzfristige* Kredite mit einer Laufzeit bis zu einem halben Jahr; er versorgt die Unternehmen mit *liquiden Mitteln*. Anbieter kurzfristiger Kredite sind in erster Linie die Kreditinstitute (Banken).

Der Preis für die Überlassung von Geld wird Zins genannt. Er ist je nach den Kreditfristen unterschiedlich hoch. Die Kreditzinsen richten sich nach Angebot und Nachfrage auf dem Geldmarkt und liegen in der Nähe des Diskontsatzes der Deutschen Bundesbank.

— Der **Kapitalmarkt** ist der Markt für *langfristige* Finanzierungsmittel; er versorgt die Unternehmen mit *Eigenkapital* und *langfristigem Fremdkapital*. Kapitalanbieter sind Banken und andere Finanzierungsinstitute (Bausparkassen, Versicherungen) sowie Privatpersonen und Unternehmungen, die längerfristige Kredite und Beteiligungen bereitstellen.

Das Entgelt für die Überlassung von Kapital ist der Kapitalmarktzins und der Gewinn aus Beteiligungen.

Absatzmärkte

Die Unternehmen treten auf den Absatzmärkten als *Anbieter* von Investitionsgütern und Konsumgütern auf.

Absatzmärkte sind diejenigen Märkte, auf denen die von den Unternehmen **erstellten Leistungen verkauft** werden können. Sie sind der Leistungserstellung **nachgelagert**.

Beim Absatz ihrer Leistungen sind die Unternehmen von folgenden Absatzmärkten abhängig:

a) **Investitionsgütermarkt.** Investitionsgüter werden von ihren Abnehmern im *Betrieb* eingesetzt. Es sind Produktionsgüter (Abschnitt 1.1), die der Erhaltung, Erweiterung und Verbesserung der **Produktionsausrüstung** der Betriebe dienen.

Beispiele:
1. Gebäude für Herstellung, Lagerung, Verwaltung und Vertrieb.
2. Maschinen, Fahrzeuge, Geräte, Werkzeuge.
3. Geschäftsausstattung wie Schränke, Möbel, Regale.
4. Notwendige Bestände an Werkstoffen.

Auf den Investitionsgütermärkten sind die Unternehmen also nicht nur Anbieter, sondern auch Nachfrager. Manche Investitionsgüter können aber auch von Haushalten verwendet werden und sind daher anhand der Abnehmergruppe nicht eindeutig als Investitionsgüter auszuweisen.

Beispiele:
Ein Pkw oder eine Schreibmaschine können sowohl in Betrieben als auch in Haushalten verwendet werden.

b) **Konsumgütermarkt.** Als Konsumgüter bezeichnet man diejenigen Produkte, die von ihren Abnehmern für den Verbrauch bzw. für den Gebrauch in *Haushalten* verwendet werden. Sie verlassen nach ihrer Herstellung den Produktionsbereich endgültig, um **konsumtiven Zwecken** zu dienen.

Beispiele:
Nahrungsmittel, Bekleidung, Haushaltseinrichtungen, Möbel.

Den Anbietern von Konsumgütern stehen auf den Konsumgütermärkten in aller Regel Haushalte als Nachfrager gegenüber.

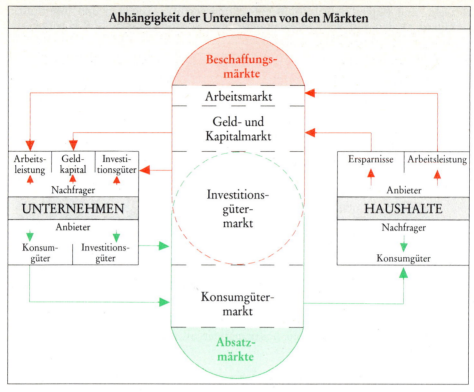

Bild 8

Die Existenz eines Unternehmens stützt sich in erster Linie darauf, daß der Absatzmarkt die produzierten Leistungen abnimmt. Gelingt es einem Unternehmen, seine produzierten Leistungen zu einem angemessenen Preis abzusetzen, fließen in den Verkaufserlösen die Geldmittel in das Unternehmen zurück, die es zur Finanzierung des Faktoreneinsatzes benötigt.

Abhängigkeit von internationalen Verbindungen

Die Bundesrepublik Deutschland ist ein dicht besiedeltes Land, dem auf Grund der wirtschaftsgeographischen Gegebenheiten zu einer ausreichenden Versorgung der Bevölkerung mit Gütern viele Rohstoffe und andere Produkte fehlen. Sie ist deshalb auf den Import dieser Güter angewiesen. Diese müssen vor allem durch den Export hochwertiger, »veredelter« Produkte bezahlt werden können. Außerdem werden durch hohe Ausfuhren in vielen Wirtschaftsbereichen Arbeitskräfte beschäftigt und Arbeitslosigkeit verhindert.

Deshalb sind internationale Geschäftsverbindungen für die Wirtschaft und Bevölkerung der Bundesrepublik Deutschland **lebenswichtig**.

Außenhandel der Bundesrepublik Deutschland nach Warengruppen Quelle: Statistisches Jahrbuch 1985				
Einfuhr 1984		Warengruppe	**Ausfuhr 1984**	
Mio. DM	%		Mio. DM	%
139 640	32,6	Rohstoffe, Halbwaren	48 471	10,0
233 330	54,6	Fertigwaren	409 872	84,5
54 605	12,8	Nahrungs- und Genußmittel	26 673	5,5
427 575	100,0		485 016	100,0

Bild 9

Fragen und Aufgaben:

1. Ein Unternehmen möchte eine Sekretärin einstellen. Mit welchen Mitteln und bei welchen Stellen kann sie die erforderlichen Marktkontakte herstellen?
2. Der Preis für Arbeitsleistungen wird als »Lohn« bezeichnet. Wie kommt dieser Preis zustande?
3. Wie wirken sich Lohnerhöhungen aus
   a) für die Arbeitskraft,
   b) für den Betrieb?
4. Stellen Sie in einer Wirtschaftszeitung fest,
   a) welche Güter an Warenbörsen gehandelt werden,
   b) wo sich solche Börsen befinden.
5. Welche Unterschiede bestehen zwischen dem Geldmarkt und dem Kapitalmarkt?
6. Auf welche Weise kann eine Industrieunternehmung Geldmittel beschaffen?
7. Welche Marktpartner stehen den Anbietern
   a) von Investitionsgütern,
   b) von Konsumgütern gegenüber?
8. Warum gehört der Investitionsgütermarkt zu den Absatz- und zu den Beschaffungsmärkten?
9. Nennen Sie Erzeugnisse, die sowohl zur Produktionsausrüstung der Betriebe gehören als auch konsumtiven Zwecken dienen können.
10. Welche Folgen hat es für eine Unternehmung, wenn sie ihre Erzeugnisse nicht zu einem angemessenen Preis am Markt absetzen kann?
11. Stellen Sie die Einfuhren und Ausfuhren nach Warengruppen mit Hilfe der Angaben in Bild 9 einander graphisch und maßstäblich gegenüber.
12. Welches sind die wichtigsten Warengruppen
    a) beim Import,
    b) beim Export
    der Bundesrepublik Deutschland?
13. Welche Leistungen des Auslands müssen mit den Überschüssen der Exporte über die Importe bezahlt werden?
14. Welche Folgen hätte es für die Wirtschaft der Bundesrepublik Deutschland, wenn die deutsche Exportindustrie ihre internationale Wettbewerbsfähigkeit verlieren würde?

2.2.2 Zentralisierte und dezentralisierte Märkte

Die räumlich-zeitliche Aufgliederung (Dezentralisation) oder Zusammenfassung (Zentralisation) bedingt eine geringere oder größere Übersicht über das Marktgeschehen (Markttransparenz).

Der zentralisierte Markt

Angebot und Nachfrage eines größeren Wirtschaftsraumes konzentriert sich zu festgelegten Zeiten an bestimmten Marktorten. Anbieter wie Nachfrager können sich verhältnismäßig rasch und bequem einen Überblick über die Verkaufs- oder Kaufmöglichkeiten verschaffen. Der *zentralisierte* Markt ist **transparent** (lat. durchsichtig, übersichtlich).

Zu den zentralisierten Märkten zählen neben den allgemeinen Märkten (Jahrmarkt, Großmarkt) auch spezielle Märkte (Versteigerung, Einschreibung, Messe, Börse).

Allgemeine Märkte

Ein Markt im ursprünglichen Sinne ist ein *genau bestimmter Ort,* an dem sich zu *bestimmten Zeiten* Käufer und Verkäufer treffen, um Geschäfte über »*ortsanwesende*« *Waren* abzuschließen.
Der Jahrmarkt wird an bestimmten Tagen des Jahres abgehalten (Ostermarkt, Martinimarkt). Vor allem Wanderhändler bieten ihre Waren an.
Der Wochenmarkt versorgt die städtische Bevölkerung vorwiegend mit Landesprodukten.

Der Großmarkt. Hier decken Einzelhändler und Großverbraucher ihren Bedarf an landwirtschaftlichen Erzeugnissen bei Erzeugern, Großhändlern und Importeuren.

Sondermärkte. Auf ihnen wird nur eine bestimmte Art von Erzeugnissen angeboten (Vieh- und Pferdemarkt, Hopfenmarkt, Fischmarkt, Blumenmarkt).

Versteigerung (Auktion)

Die Versteigerung ist eine Veranstaltung, in der ortsanwesende Waren, die man vorher besichtigen kann, durch Zuschlag an Meistbietende verkauft werden.

Bei Waren, deren Beschaffenheit stets wechselnde und größere Unterschiede zeigt (Wolle, Häute, Felle, Gemüse, Obst, Fische, Blumen, Tabak), ist der Käufer auf genauen Augenschein angewiesen, damit er beurteilen kann, ob sich die Ware in Güte und Preis für seinen Zweck eignet.

Beispiele: Wollauktion in Bremen, Paderborn, Neu-Ulm, Sidney; Fischauktion in Cuxhaven; Weinversteigerungen in Trier und Koblenz; Häuteversteigerungen in Stuttgart und Wiesbaden.

Einschreibung

Die Einschreibung ist eine Sonderform der Versteigerung, die im Tabakhandel (Bremen, Offenburg, Amsterdam, Antwerpen) üblich ist. Der aus den Erzeugungsgebieten ankommende Tabak wird nach Einteilung in Lose zur Besichtigung und Taxierung freigegeben. Auf Grund von entnommenen Proben gibt der Interessent seinen Antrag mit Preisgebot in einem verschlossenen Briefumschlag ab. Damit entfällt die Vergleichsmöglichkeit mit anderen Preisgeboten. Im allgemeinen erhält das Höchstgebot den Zuschlag, wenn der Verkäufer es nicht vorzieht, mit dem Verkauf zu warten, bis die Preise die von ihm erwartete Höhe erreichen.

Messe

Die Messe bietet ein umfassendes Angebot eines oder mehrerer Wirtschaftszweige und findet im allgemeinen in regelmäßigen Zeitabständen am gleichen Ort statt. Wesentliches Merkmal der Messe ist der Verkauf aufgrund von Mustern für den Wiederverkauf oder für gewerbliche Verwendung. Auf der Messe haben Aussteller und Kunden die Möglichkeit des Waren- und Preisvergleichs, der Information und der Kontaktaufnahme. Der Zutritt zur Messe ist grundsätzlich dem Fachbesucher vorbehalten.

Beispiele:
1. **Mehrbranchenmessen:** Internationale Frankfurter Messe, Hannover-Messe, Leipziger Frühjahrs- und Herbstmesse, IHM — Internationale Handwerkermesse München.
2. **Fachmessen:** Internationale Lederwarenmesse Offenbach, Internationale Spielwarenmesse Nürnberg, ISPO — Internationale Sportartikelmesse München.

Ausstellung

Ausstellungen vermitteln ein anschauliches Bild vom Leistungsstand eines Wirtschaftsraumes (allgemeine Ausstellungen) oder einzelner Wirtschaftszweige (Fachausstellungen). Sie wenden sich an Fachkreise, aber auch an die Allgemeinheit, und dienen der Werbung oder der Aufklärung über bestimmte Probleme (Umweltschutz).

Beispiele:
1. **Allgemeine Ausstellung:** IBO-Messe Internationale Bodensee-Messe Friedrichshafen.
2. **Fachausstellung:** Internationale Grüne Woche Berlin.

Börse

Die Börse ist ein Markt, an dem sich zugelassene Vollkaufleute regelmäßig zu bestimmten Zeiten treffen, um Handelsgeschäfte über »abwesende«, vertretbare (fungible) Güter nach besonderen Geschäftsregeln abzuschließen.

Die Börse kann als der Markt der Märkte angesehen werden. Die großen Börsenplätze, auf denen sich Angebot und Nachfrage der Welthandelsgüter konzentrieren, bieten die Möglichkeit der Markttransparenz und des Meinungsaustausches. Der Börsenpreis als Ergebnis des freien Spiels von Angebot und Nachfrage ist richtungsweisend für die übrigen Märkte. Mit der Empfindlichkeit eines feinen Meßinstrumentes reagiert die Börse auf die leisesten Erschütterungen des wirtschaftspolitischen Lebens. Aus den Börsenberichten lassen sich Erfolgsaussichten und Risiken der einzelnen Wirtschaftszweige ablesen.

a) **Warenbörse.** Zum börsenmäßigen Handel eignen sich vertretbare Waren, deren Anwesenheit nicht erforderlich ist, weil die Qualität durch Standardmuster gekennzeichnet wird. Man unterscheidet:
 1. *Allgemeine Börsen* (Produktenbörsen) für landwirtschaftliche Erzeugnisse: Frankfurter Getreide- und Produktenbörse, Mannheimer Produktenbörse.
 2. *Sonderbörsen* für eine bestimmte Warenart: Für Kaffee in Hamburg, für Baumwolle in Bremen, für Zucker in Hamburg, für NE-Metalle in London.

b) **Wertpapierbörse.** Sie ist der Markt für Aktien und Schuldverschreibungen.

c) **Devisenbörse.** Sie ist der Markt für ausländische Zahlungsmittel, auf dem sich die Devisenkurse nach dem Verhältnis von Angebot und Nachfrage bilden. Devisenbörsen befinden sich in Berlin, Düsseldorf, Frankfurt (Main), Hamburg, München.

Der dezentralisierte Markt

Weitaus die meisten Güter werden auf dezentralisierten Märkten gehandelt.

Anbieter und Nachfrager eines größeren Wirtschaftsraumes können den Austausch der Güter im Rahmen der ortsüblichen Geschäftszeiten frei an vielerlei Stellen, vor allem unmittelbar in den Liefer- oder Kundenbetrieben, besorgen. Durch die räumliche Aufspaltung entbehrt der dezentralisierte Markt weitgehend der gewünschten Einheitlichkeit und Übersichtlichkeit des gesamten Marktgeschehens. Der *dezentralisierte* Markt ist **nicht transparent**.

Beispiele: Aufteilung des Lebensmittelhandels einer Stadt auf viele Ladengeschäfte; briefliche oder telefonische Geschäftsabschlüsse zwischen Industrie- und Handelsunternehmungen, deren Standorte voneinander entfernt sind.

Aufgaben und Fragen:
1. Beschreiben Sie, auf welchen Märkten Ihr Ausbildungsbetrieb tätig ist
    a) sachlich,
    b) funktionell,
    c) räumlich-zeitlich.
2. Nennen Sie Beispiele für zentralisierte Märkte, die in Ihrem Heimatort oder -kreis stattfinden.
3. Wie kann man sich auf dezentralisierten Märkten die für eine Marktübersicht erforderlichen Informationen beschaffen?
4. Welche Bedeutung hat Markttransparenz für Kunden und Konkurrenten?
5. Wodurch unterscheiden sich Ausstellung und Messe?

2.2.3 Marktformen nach der Zahl der Marktteilnehmer

Kriterien für die Einteilung in Marktformen

Ob und inwieweit der Preisbildungsprozeß am Markt zur Entstehung einheitlicher Gleichgewichtspreise führt, ist von folgenden Bedingungen abhängig:

a) **Markttransparenz** (Abschnitt 2.2.2). Auf zentralisierten Märkten können Anbieter und Nachfrager verhältnismäßig rasch und bequem einen Überblick über die Verkaufs- und Kaufmöglichkeiten gewinnen. Demzufolge müßte ein Unternehmen, das die Preise gegenüber den Konkurrenten erhöhen wollte, mit einer raschen Abwanderung von Kunden zur Konkurrenz rechnen; es wird daher die Maßnahme unterlassen und sich preislich der Konkurrenz angleichen.

Auf dezentralisierten Märkten können Anbieter und Nachfrager nur unter Mühen und mit zeitlicher Verzögerung die für eine Marktübersicht erforderlichen Informationen beschaffen. Demzufolge kann ein Unternehmen durchaus den Preis für seine Leistungen vorübergehend und in begrenztem Ausmaß gegenüber der Konkurrenz erhöhen, ohne einen Absatzrückgang befürchten zu müssen.

b) **Homogenität der Leistungen.** Die auf dem Markt von Konkurrenten angebotenen Güter sind selten völlig gleichartig (homogen). Häufig werden konkurrierende Produkte nach Güte, Form, technischer Ausstattung und Service bewußt und gezielt unterschiedlich gestaltet (Leistungsdifferenzierung Abschnitt 2.5.1). Auf diese Weise sollen jeweils andere Käuferschichten erreicht werden. Die Unterschiedlichkeit der Konkurrenzprodukte ermöglicht und rechtfertigt entsprechende Preisunterschiede. Anstelle einheitlicher Preise bilden sich am Markt für ähnliche Produkte Preisklassen heraus, die den jeweiligen Qualitätsklassen zuzuordnen sind.

c) **Wettbewerbssituation.** Auf die Höhe und Einheitlichkeit der Preise ist auch die Zahl und wirtschaftliche Stärke der Anbieter von wesentlichem Einfluß, die sich um die Gunst der Nachfrager bewerben. Nur bei einer größeren Zahl konkurrierender Anbieter mit ungefähr gleichen Marktanteilen ist der einzelne Anbieter gezwungen, die Preise seiner Leistungen denen der Mitbewerber anzugleichen.

Da die genannten Gesichtspunkte für die Preisbildungsprozesse von ausschlaggebender Bedeutung sind, werden danach die volkswirtschaftlichen **Marktformen** unterschieden.

Strukturformen

Nach dem Grade des Wettbewerbs bzw. nach der Zahl der Konkurrenten unterscheidet man folgende Marktformen:

a) **Polypol** (griech. poly- = viel-, polein = kaufen, verkaufen): Viele Konkurrenten stehen miteinander im Wettbewerb. Handelt es sich um so viele Wettbewerber, daß eine Erhöhung oder Verminderung der Gütermengen den Preis nur unerheblich beeinflußt, spricht man von einer *vollkommenen Konkurrenz*.

b) **Oligopol** (griech. oligo- = wenig): Einige wenige Wettbewerber beherrschen den Markt.

c) **Monopol** (griech. mono- = allein-, ein-): Das gesamte Angebot (Angebotsmonopol) oder die gesamte Nachfrage (Nachfragemonopol) auf dem Markt eines Gutes befindet sich in einer Hand. Preise und Geschäftsbedingungen unterliegen einer einheitlichen Willensbildung und werden durch keinen Wettbewerb beeinflußt.

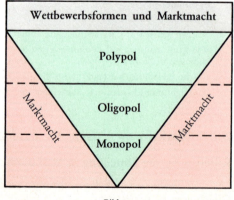

Bild 10

Da die Zahl der Konkurrenten sowohl auf der Angebotsseite als auch auf der Nachfrageseite verschieden sein kann, ergeben sich folgende **Strukturformen des Marktes:**

Anzahl der Nachfrager \ Anzahl der Anbieter	sehr viele	wenige	einer
sehr viele	Polypol	Angebotsoligopol	Angebotsmonopol
wenige	Nachfrageoligopol	beiderseitiges Oligopol	beschränktes Angebotsmonopol
einer	Nachfragemonopol	beschränktes Nachfragemonopol	beiderseitiges Monopol

Bild 11

Beispiele für wesentliche Strukturformen:
1. **Polypol:** Lebensmittelmarkt einer Großstadt.
2. **Angebotsoligopol:** Lebensmittelmarkt einer Kleinstadt mit nur wenigen Lebensmittelgeschäften.
3. **Angebotsmonopol:** Einziges Schuhgeschäft einer Kleinstadt.
4. **Nachfragemonopol:** Markt für militärische Bekleidung.
5. **Beiderseitiges Monopol:** Tarifverhandlungen auf dem Arbeitsmarkt.

Die Unterscheidung der Marktformen ist vor allem wichtig für eine Analyse des Marktverhaltens der Anbieter und Nachfrager, insbesondere für eine Untersuchung ihres preispolitischen Verhaltens (Abschnitte 2.4 und 2.5).

Vollkommene und unvollkommene Märkte

Konkurrenten sind in aller Regel bemüht, ihre Leistungen mit besonderen Vorzügen (Präferenzen) auszustatten, so daß am Markt mehr oder weniger unterschiedliche Leistungen miteinander konkurrieren. Mangelnde Homogenität und unzureichende Markttransparenz, aber auch behördliche Eingriffe in die Preisbildung führen dazu, daß auf vielen Märkten nur ein unvollkommener Wettbewerb entsteht.

Ein **vollkommener Markt** (Polypol, Oligopol, Monopol) würde also voraussetzen:

a) vollkommen gleichwertige (homogene) Leistungen der Anbieter,
b) das Fehlen von Bevorzugungen (Präferenzen) bestimmter Anbieter durch die Nachfrager,
c) volle Überschaubarkeit des Marktes (Markttransparenz),
d) keinerlei behördliche (kommunale, staatliche, überstaatliche) Eingriffe auf die Gestaltung der Preise und Geschäftsbedingungen.

Es gibt nur wenige Märkte, die diesen Voraussetzungen hinreichend entsprechen (Börse). Fast alle Märkte sind mehr oder weniger **unvollkommene Märkte** (Polypoloid, Oligopoloid, Monopoloid).

Vollkommene und unvollkommene Märkte			
Anzahl der Anbieter und Nachfrager	sehr viele	wenige	einer
vollkommener Markt:	Polypol (vollkommene Konkurrenz)	Oligopol	Monopol
unvollkommener Markt:	Polypoloid (unvollkommene Konkurrenz)	Oligopoloid	Monopoloid

Bild 12

Aufgaben und Fragen:
1. Beschreiben Sie die Marktverhältnisse
   a) auf dem Benzinmarkt,
   b) auf den Märkten Ihres Ausbildungsbetriebes.
   Berücksichtigen Sie dabei Markttransparenz, Homogenität und Wettbewerbsverhältnisse.
2. Beschreiben Sie den Markt des Stromlieferanten Ihrer Gemeinde.
3. 250 Zuckerrübenanbauer verkaufen die Jahresproduktion an die einzige Zuckerfabrik des Anbaugebietes. Welche Marktform liegt vor?
4. Bei welcher Marktstruktur besitzt ein Anbieter
   a) viele Einflußmöglichkeiten,
   b) wenig Marktmacht?
5. Ist die Bundesbahn ein Monopolunternehmen? Begründen Sie Ihre Ansicht.
6. Weshalb sind in der Bundesrepublik Deutschland die Märkte für
   a) Personenkraftwagen,
   b) Fahren mit der Deutschen Bundesbahn oder
   c) Lebensversicherungen
   unvollkomme Märkte?
7. In der Gemeinde Adorf befindet sich eine Tankstelle mit und eine Tankstelle ohne Reparaturwerkstätte. Viele Bewohner mit Pkw kaufen regelmäßig das teurere Benzin der Tankstelle mit Reparatureinrichtung, da sie im Falle einer Reparatur dort rasch bedient zu werden hoffen. Bezeichnen Sie den Benzinmarkt der Gemeinde mit den richtigen Fachbegriffen.
8. Weshalb trägt der oligopolistische Benzinmarkt gelegentlich monopolistische Züge?
9. Welche Aussage über vollkommene Märkte ist richtig?
   a) Vollkommene Märkte findet man in der Wirklichkeit nur annäherungsweise.
   b) Bei Supermärkten handelt es sich um vollkommene Märkte.
   c) Stehen in einer Stadt zwei Kaufhäuser im Wettbewerb zueinander, so handelt es sich um einen vollkommenen Markt.
   d) Das Bundeskartellamt genehmigt vollkommene Märkte.
   e) Der Benzinmarkt der Bundesrepublik Deutschland ist ein vollkommener Markt.

2.3 Bestimmungsgründe der Nachfrage und des Angebots

Auf Art, Menge und Güte des gesamtwirtschaftlichen Angebots und der gesamtwirtschaftlichen Nachfrage haben die Verhaltensweisen der vielen Einzelanbieter und -nachfrager bestimmenden Einfluß.

Beispiel: Wochenmarkt

Ein Bewohner der Bundesrepublik Deutschland verbraucht jährlich im Durchschnitt 70 kg Kartoffeln. Ein großer Teil des Bedarfs, vor allem des Bedarfs städtischer Haushalte, wird auf dem Wochenmarkt gedeckt. Dort bieten zahlreiche Händler und Produzenten an bestimmten Wochentagen auf überschaubarem Raum unter anderem Speisekartoffeln an.

Die folgenden Vorgänge sollen zeigen, welche Gründe die Anbieter bzw. Nachfrager zu solchem Verhalten veranlassen könnten.

Vorgang	Grund für das Verhalten der Anbieter bzw. Nachfrager
1. In den vergangenen Jahren konnten die Händler infolge einer anhaltend starken Nachfrage steigende Kartoffelpreise erzielen; deshalb bringen sie in diesem Jahr mehr Kartoffeln als bisher auf den Markt.	Die Anbieter (Händler und Produzenten) können bei steigenden Preisen und größeren Umsatzmengen einen höheren Gewinn erzielen.
2. Da die günstige Preissituation anhält, setzen die Produzenten größere und auch weniger fruchtbare Ackerflächen für den Kartoffelanbau ein.	Die Anbieter setzen auch kostenungünstigere Produktionsfaktoren ein, da der Preis auch diese Kosten deckt.
3. Da viele Händler und Produzenten mit der gleichen günstigen Entwicklung rechneten, entsteht am Markt ein Überangebot von Kartoffeln, das zu Preisunterbietungen führt. Einige Händler suchen daraufhin kostengünstigere Bezugsquellen; einige Produzenten pflanzen qualitativ bessere Kartoffelsorten an, die sie auch weiterhin zu höheren Preisen verkaufen können.	Die Anbieter versuchen, die Kosten zu senken bzw. die Qualität ihres Angebots zu steigern, um ihre Wettbewerbsfähigkeit zu erhalten.
4. Als die Kartoffelpreise anhaltend stiegen, entschlossen sich viele Verbraucher, ihren Winterbedarf an Einkellerungskartoffeln noch rasch zu relativ günstigen Preisen zu decken.	Den Nachfragern geht es um die Befriedigung von Existenzbedürfnissen, die in der Skala der Zielvorstellungen weit oben stehen.
5. Andere Verbraucher, die statt Kartoffeln auch gerne Reis oder Teigwaren essen, schränkten infolge der gestiegenen Preise vorübergehend ihren Kartoffelverbrauch ein.	Nachfrager berücksichtigen bei ihren Kaufentscheidungen meist auch die Preise der Güter.
6. Über die später eingetretenen Preisunterbietungen freuten sich vor allem Nachfrager mit geringerem Einkommen und Kinderreiche, die daraufhin bei besonders preisgünstigen Anbietern mehr Kartoffeln als vorher kauften.	Maßgeblich für die Nachfrage ist immer auch das verfügbare Einkommen der Nachfrager, das ihre Verbrauchsausgaben begrenzt.

Bild 13

2.3.1 Bestimmungsgründe der Nachfrage

Die Gesamtnachfrage bestimmt sich vor allem aus folgenden wirtschaftlichen Überlegungen und Verhaltensweisen der Einzelnachfrager:

a) **Zielvorstellungen der Nachfrager:** Freie Konsumwahl ist tragendes Prinzip einer freiheitlichen Wirtschaftsordnung. Deshalb muß die Nachfrage nach Konsumgütern in erster Linie durch die vielfältigen, stets steigerungsfähigen und wechselnden Konsumwünsche der Menschen bestimmt sein. Jeder Haushalt gestaltet seine Kaufpläne selbst entsprechend der Dringlichkeit des Bedarfs und der Nutzenerwartung, die mit dem Konsum bestimmter Güter verknüpft wird. Auch die Nachfrage nach Produktionsgütern ist von Kaufplänen abhängig, welche die Unternehmen selbst gestalten, wobei ebenfalls der Nutzen, den die Produktionsgüter für die Produktion bringen sollen, ausschlaggebend ist.

Beispiele:

1. Wird der Bedarf hinsichtlich eines Gutes allgemein als dringlich angesehen und die Nutzenerwartung hoch eingeschätzt, z. B. der Bedarf an Wohnungen, so wird das Gut in den Konsum- oder Beschaffungsplänen vor anderen Gütern an eine bevorzugte Rangstelle gesetzt und auch unter beträchtlichen Opfern vordringlich angeschafft. Die Nachfrage ist auch bei hohen Preisen entsprechend groß.
2. Wird andererseits der Bedarf hinsichtlich eines Gutes allgemein als wenig dringlich eingeschätzt und ist die Nutzenerwartung gering, z. B. bei Wohnwagen, so wird das Gut im Haushalts- und Beschaffungsplan zugunsten wichtigerer Anschaffungen auf eine nachgeordnete Rangstelle gesetzt. Die Nachfrage ist bei hohen Preisen verhältnismäßig begrenzt.

Die Bedeutung, die ein Gut wegen seiner Dringlichkeit in den Bedarfsplänen allgemein besitzt, schlägt sich in seinem Preis nieder. Die Preisentwicklung signalisiert den Produzenten, welche Bedarfsziele aus der Sicht der Verwender vordringlich sind. Der Preis erfüllt damit die Funktion, den Produzenten die allgemeine **Dringlichkeit des Bedarfs anzuzeigen (Informationsfunktion)**. Stimmen diese ihre Produktionspläne mit den Bedarfsplänen ab, ist damit langfristig eine optimale Bedarfsdeckung gewährleistet.

b) **Preise der Güter.** Nachfrage besteht nur in seltenen Fällen unabhängig vom Preis des gefragten Gutes; im Regelfall beziehen die Konsumenten und die Produzenten bei ihren Entscheidungen für oder gegen einen Kauf den Preis des Gutes mit ein.

Beispiele:

1. Sinkt der Preis eines Gutes, weil das Angebot im Verhältnis zur Nachfrage zugenommen hat, wird er für neue Käuferschichten interessant, die der höhere Preis bisher vom Kauf abgehalten hat; alle Käuferschichten verstärken möglicherweise noch ihre Nachfrage, insbesondere wenn sie mit dem preisgünstiger gewordenen Gut ein teureres ersetzen können. Die Nachfrage steigt.
2. Steigt der Preis eines Gutes, weil das Angebot im Verhältnis zur Nachfrage knapp ist, werden bisherige Käuferschichten nunmehr vom Kauf abgehalten, sofern ihre Nutzeneinschätzung den höheren preislichen Aufwand nicht mehr rechtfertigt. Die Nachfrage geht zurück.

Damit erfüllt der Preis, der jeweils am Markt gefordert wird, die Funktion, **die Nachfrage den jeweiligen Produktions- und Angebotsmöglichkeiten anzugleichen (Gleichgewichtsfunktion)**. Bei Gleichgewicht zwischen Angebot und Nachfrage ist größte Zufriedenheit auf beiden Seiten gewährleistet: Wer anbietet, kann verkaufen; wer nachfragt, kann kaufen.

c) **Kaufkraft der Nachfrager.** Um Marktpreise bezahlen und somit Bedarf am Markt decken zu können, müssen die Nachfrager mit der entsprechenden Kaufkraft in Form von Geldeinkommen, Geldvermögen oder Krediten ausgestattet sein. Die Kaufkraft, über die ein Nachfrager verfügt, entscheidet letztlich darüber, welche und wie viele Güter er kaufen kann.

Beispiele:

1. Werden die Geldeinkommen erhöht oder die Kreditbeschaffungsmöglichkeiten erleichtert, so können zunehmend mehr Nachfrager ihren Bedarf auch an weniger dringlichen Gütern decken. Die Nachfrage steigt.
2. Steigen die Preise in stärkerem Maße als die Geldeinkommen oder verschlechtern sich die Kreditbeschaffungsmöglichkeiten, müssen immer mehr Nachfrager ihren Bedarf vor allem bei weniger dringlichen Gütern zurückstellen. Die Nachfrage sinkt.

Das verfügbare Geld hat also die Funktion, das vorhandene **Güterangebot** über die Preise am Markt **auf die Nachfrage zu verteilen (Zuteilungsfunktion)**. Ob die Verteilung der Güter auf die einzelnen Nachfrager leistungsgerecht und sozial ist, ist ein Problem der Einkommensverteilung.

2.3.2 Bestimmungsgründe des Angebots

Für das Gesamtangebot ergeben sich aus den wirtschaftlichen Überlegungen und Verhaltensweisen der Einzelanbieter folgende Bestimmungsgrößen:

a) **Zielsetzung der Produzenten.** In der marktwirtschaftlichen Ordnung bestimmen die Unternehmer ihr Produktions- und Verkaufsprogramm selbst. Da erwerbswirtschaftliche Unternehmungen Gewinn erwirtschaften wollen, müssen sie bei Festlegung der Produktionsziele die Absatzmöglichkeiten berücksichtigen, d. h. sie müssen solche Güter anbieten, nach denen Nachfrage besteht. Andere Unternehmungsziele, wie etwa die Verwirklichung technischer Ideen oder die Bereitstellung und Erhaltung von Arbeitsplätzen, müssen sich dem erwerbswirtschaftlichen Prinzip unterordnen.

Auch gemeinwirtschaftliche Unternehmen können mit ihrem Angebot die bedarfsorientierte Versorgung des Marktes nicht gänzlich außer acht lassen, da sie immerhin Kostendeckung oder wenigstens Verlustminimierung erstreben (Abschnitt 1.2.2).

Beispiele:

1. Ist der Bedarf und damit die Nachfrage nach einem bestimmten Gut im Verhältnis zum Angebot groß, so steigt der Preis des Gutes und damit die Möglichkeit, Gewinn zu erzielen. Der günstige Preis ist also der entscheidende Anreiz, das Gut in größerer Menge zu produzieren. Das Angebot steigt bedarfsgemäß.
2. Ist dagegen der Bedarf und damit die Nachfrage nach einem Gut im Verhältnis zum Angebot gering, so sinkt der Preis des Gutes und damit die Möglichkeit, Gewinn zu erzielen. Der ungünstige Preis mindert den Anreiz, dieses Gut zu produzieren. Das Angebot sinkt bedarfsgemäß.

Die Preisentwicklung zeigt also den Produzenten an, welche Produktionsziele aus der Sicht der Nachfrager vordringlich sind. Damit erfüllt der Preis, der jeweils am Markt erzielt werden kann, die Funktion, das Angebot nach der Nachfrage, d. h. **die Produktion entsprechend dem Bedarf auszurichten (Informationsfunktion)**. Die marktwirtschaftliche Preisbildung bietet somit die Gewähr für eine insgesamt optimale Güterversorgung.

b) **Faktorkosten.** Grundsätzlich können mehrere unterschiedliche Kombinationen von Produktionsfaktoren die Produktion eines Gutes bewerkstelligen (Abschnitt 1.2.4). In begrenztem Maße kann ein Produktionsfaktor durch einen anderen ersetzt werden (Substitution).

Ausschlaggebend dafür, in welchem Umfang ein Produktionsfaktor substituiert wird, sind die Faktorkosten. Die Unternehmungen sind fortwährend bestrebt, einen verhältnismäßig teuren Produktionsfaktor durch einen billigeren weitgehend zu ersetzen. Ihr Ziel ist damit, durch die jeweils günstigste Faktorenkombination mehr Gewinn zu erzielen.

Beispiele:

1. Steigt der Preis eines Gutes, weil die Nachfrage im Verhältnis zum Angebot zugenommen hat, so deckt er zunehmend die Kosten ungünstigerer Faktorkombinationen. Die Möglichkeit, auch mit höheren Faktorkosten Gewinn zu erzielen, bietet einen entscheidenden Anreiz, mehr in die Produktion dieses Gutes zu investieren, also die Produktion auszuweiten. Das Angebot steigt durch vermehrten Produktionsmitteleinsatz bedarfsgemäß.
2. Sinkt der Preis eines Gutes, weil die Nachfrage im Verhältnis zum Angebot abgenommen hat, werden die Kosten solcher Faktorkombinationen, die bisher nur knapp gedeckt waren, nunmehr nicht mehr gedeckt. Damit geht der Anreiz, diese Faktorkombination weiterhin für die ursprüngliche Produktion einzusetzen, verloren. Die Produktion wird eingestellt oder umgestellt. Das Angebot sinkt infolge des verringerten Produktionsmitteleinsatzes bedarfsgemäß.

Der Preis, der jeweils am Markt erzielt werden kann, erfüllt damit die Funktion, **den Einsatz der Produktionsfaktoren entsprechend dem sich ändernden Bedarf zu lenken (Lenkungsfunktion)**. Ständige Produktionsausweitungen und -einschränkungen tragen damit insgesamt und längerfristig zu einer optimalen Güterversorgung bei.

c) **Wettbewerbssituation.** Das Anbieterverhalten wird auch in starkem Maße von der Konkurrenzsituation am Markt bestimmt. Wenn andere Konkurrenten mit günstigeren Preisen und Vertragsbedingungen um die Gunst der Nachfrager kämpfen, werden die Anbieter gezwungen, ebenfalls mit niedrigeren Kosten oder besseren Leistungen einen Vorsprung gegenüber den Konkurrenten zu erlangen.

Beispiele:
1. Sinkt der Preis eines Gutes, weil wettbewerbsstarke Konkurrenten in den Kampf um den Kunden eingetreten sind, müssen die bisherigen Anbieter ebenfalls den Preis senken oder die Leistungen verbessern. Der Preis ist damit Anreiz, fortschrittlichere Produktionsmethoden zu suchen oder neue, schöpferische Produktionsideen zu verwirklichen.
2. Fehlt am Markt eine hinreichend wettbewerbsstarke Konkurrenz, so besteht für den konkurrenzlosen Anbieter auch kein Anreiz, Marktchancen aufzuspüren und in schöpferischer Weise zum Produktionsfortschritt beizutragen.

Der Preis- und Qualitätswettbewerb erfüllt damit die Funktion, **neue Produktionskräfte zu entfalten und kostengünstigere Produktionsmethoden zu entwickeln (Fortschrittsfunktion)**. Beides trägt langfristig zu einer optimalen Güterversorgung bei.

Fragen und Aufgaben:
1. Welche grundsätzliche Bedeutung hat der Preis für das Funktionieren des Marktes?
2. Versuchen Sie, 10 persönliche Anschaffungswünsche der Reihenfolge nach in einen Bedarfsplan einzuordnen. Wonach richtet sich die Reihenfolge?
3. Warum wird die Gleichgewichtsfunktion des Preises häufig auch Anpassungsfunktion genannt?
4. Wovon hängt es ab, welche und wie viele Güter ein Verbraucher aus dem Sozialprodukt erhalten kann?
5. Wie wird in einer Marktwirtschaft entschieden, was produziert werden soll?
6. Wie lenkt der Preis den Einsatz der Produktionsfaktoren?
7. Gelegentlich wird auch bei uns die Forderung nach staatlicher Investitions- und Produktionslenkung erhoben. Nehmen Sie dazu Stellung.
8. »Wettbewerb ist der Motor der Wirtschaft.« Erklären Sie dieses Schlagwort.

2.4 Modelle der Marktpreisbildung

Beispiele:
Im Herbst vergangenen Jahres suchten mehrere hundert Konsumenten einer Kleinstadt den dortigen Wochenmarkt auf, um ihren Winterbedarf an Einkellerungskartoffeln zu bestellen. Auf einem Rundgang informierten sie sich über das vorhandene Angebot, verschafften sich also die erwünschte Markttransparenz, um dann möglichst preisgünstig einzukaufen.
Beurteilen Sie folgende Verhaltensweisen der Anbieter und ordnen Sie diese einer typischen Marktsituation zu (Bild 14):

Verhalten der Anbieter	Analyse der Anbieterpolitik	Marktsituation (Marktform)
1. Anbieter bemerken das preisbewußte Verhalten der Nachfrager, vergleichen daher ebenfalls die zahlreichen Konkurrenzangebote und entscheiden sich für einen Kartoffelpreis, der nicht von dem der Konkurrenten abweicht. Einige Anbieter, denen dieser durch die Marktlage „aufgezwungene" Preis nicht kostendeckend erscheint, ziehen das Angebot zurück und verwenden die Kartoffeln zur Schweinemast. Andere Anbieter, denen dieser Preis gewinnbringend erscheint, verhandeln mit ihren Zulieferern um Nachlieferungen, um durch höhere Verkaufsmengen noch mehr Gewinn erzielen zu können.	Preis ist von der Marktlage vorgegeben. Anbieter sind *preispolitisch inaktiv*, passen aber die Angebotsmengen der Marktlage an: **Mengenanpassung**	Sehr viele Anbieter und sehr viele Nachfrager (vollkommene Konkurrenz): **Polypol**
2. Als ein Anbieter eines Tages feststellt, daß überraschenderweise keine Konkurrenten am Markt sind, nimmt er einen höheren Kartoffelpreis, der einerseits zwar einen höheren Gewinn verspricht, andererseits die Kunden aber nicht abschreckt; schließlich will er die vorhandenen Bestände auch absetzen können.	Anbieter ist *preispolitisch aktiv*, berücksichtigt dabei aber die Auswirkung auf die Absatzmengen: **Preisanpassung**	Nur ein Anbieter (keine Konkurrenz) und sehr viele Nachfrager: **Angebotsmonopol**

Bild 14

2.4.1 Preisbildung beim Polypol

Bei vollkommener Konkurrenz auf beiden Seiten des Marktes entsteht, *durch Angebot und Nachfrage bestimmt*, der **Gleichgewichtspreis**.

Wechselwirkung von Angebot, Nachfrage und Preis

Angebots- und Nachfrageregel

Aus dem Verhalten der Anbieter und Nachfrager gegenüber Preisentwicklungen (Abschnitt 2.3) lassen sich folgende Regeln ableiten:

a) **Angebotsregel:**
Je mehr der Preis eines Gutes steigt, desto größer wird das Angebot.
Je mehr der Preis eines Gutes fällt, desto geringer wird das Angebot.

law of supply

Der steigende Preis bietet lieferfähigen Anbietern einen wachsenden Anreiz, mehr Güter auf den Markt zu bringen. Mehr Anbieter werden das teurer gewordene Gut produzieren und auf den Markt bringen.
Der sinkende Preis vermindert den Anreiz, ein Gut zu produzieren und auf den Markt zu bringen.

b) **Nachfrageregel:**
Je mehr der Preis eines Gutes steigt, desto geringer wird die Nachfrage.
Je mehr der Preis eines Gutes sinkt, desto größer wird die Nachfrage.

law of demand

Der sinkende Preis erleichtert den Kaufentschluß und ermöglicht auch weniger kaufkräftigen Nachfragern den Kauf.
Der steigende Preis vermindert den Anreiz und die Fähigkeit, ein Gut zu erwerben.

Graphisch lassen sich diese Regeln in typischen Kurvenverläufen darstellen:

a) Angebotskurve

b) Nachfragekurve

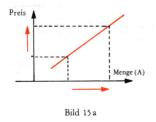
Bild 15 a

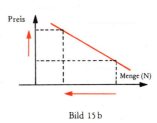
Bild 15 b

Die typische **Angebotskurve** *steigt an*, die typische **Nachfragekurve** *fällt*.

Marktpreisbildung

Beispiel (Bild 16):

Auf dem Wochenmarkt unterhalten sich Händler über die Preise für Einkellerungskartoffeln. Dabei werden Preise zwischen 40 DM und 52 DM genannt. Auf Grund des regelmäßigen Angebots- und Nachfrageverlaufs wären zu den jeweiligen Preisen folgende Angebots- und Nachfragemengen zu erwarten:

Preis DM je dz	Zu erwartendes Angebot dz	Zu erwartende Nachfrage dz	Marktlage	Jeweils möglicher Umsatz dz
40	15 000	17 900	Nachfrageüberhang	15 000
42	16 000	17 700	=	16 000
44	16 500	17 400	Angebotslücke	16 500
46	17 000	17 000	Gleichgewicht	17 000
48	17 400	16 600	Angebotsüberhang	16 600
50	17 700	16 100	=	16 100
52	18 000	15 600	Nachfragelücke	15 600

Bild 16

Analyse der jeweiligen Marktlage:

— Angenommener Preis von 40 — 44 DM: Nachfrageüberhang.

Bei transparenter Marktlage bemerken die Anbieter einen fließenden Absatz, die Nachfrager Warenknappheit. Dies gibt den Anbietern Anlaß, einen höheren Preis zu fordern; die Nachfrager sind bereit, einen höheren Preis zu zahlen. **Der Preis steigt.** Es besteht ein »**Verkäufermarkt**«.

— Angenommener Preis von 48 — 52 DM: Angebotsüberhang.

Bei transparenter Marktlage bemerken die Anbieter schleppenden Absatz, die Nachfrager Warenfülle. Die Nachfrager verhalten sich abwartend; die Anbieter sind bereit, mit dem Preis nachzugeben. **Der Preis fällt.** Es besteht ein »**Käufermarkt**«.

— Marktpreis von 46 DM: Gleichgewicht von Angebot und Nachfrage. Bei diesem Preis, bei dem weder ein Angebots- noch ein Nachfrageüberhang besteht, tritt **Preisberuhigung** ein. Er ist der **Gleichgewichtspreis** (Bild 17).

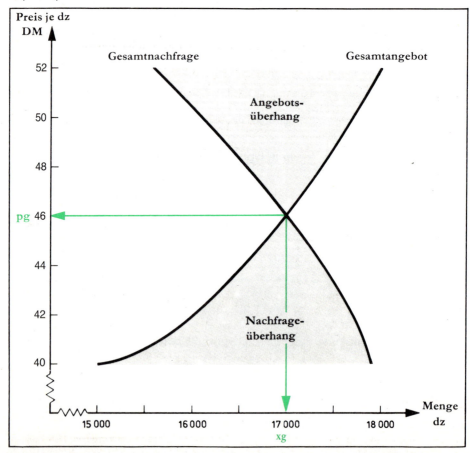

Bild 17

Aus diesem Beispiel und seiner Analyse ergibt sich das marktwirtschaftliche

Preisbildungsgesetz:
Das gegenseitige Verhältnis von Angebot und Nachfrage bestimmt den Preis.
Angebot und Nachfrage bilden den Preis.

Da der **Gleichgewichtspreis** von den marktwirksamen Kräften, nämlich von Angebot und Nachfrage *am Markt* gebildet wird, nennt man ihn auch den **Marktpreis**. Damit ist zugleich zum Ausdruck gebracht, daß er **nicht von** irgendwelchen staatlichen **Behörden** gebildet wird, wie dies in Zentralverwaltungswirtschaften die Regel ist (Abschnitt 5.5.2).

Änderungen des Gleichgewichtspreises

Das Gesamtangebot am Markte ändert sich fortwährend, da die Erwartungen der Produzenten über die künftige Wirtschaftslage, über die erzielbaren Gewinne und die zu erwartenden Produktionskosten zu ständig neuen Produktionsbedingungen führen, sowie mit der Zahl der Anbieter. Auch die Gesamtnachfrage ändert sich mit der Zahl der Nachfrager, mit deren Kaufvorstellungen und Einkommen.

Die Preisberuhigung, die nach Beseitigung des Angebots- oder Nachfrageüberhangs eintritt, ist also nicht von anhaltender Dauer.

Mit jedem neuen Angebots-Nachfrage-Verhältnis muß sich aber auch ein neuer Gleichgewichtspreis herausbilden. **Marktpreise** müssen sich also **ständig ändern**.

Beispiele:
1. Es wird angenommen, daß die Nachfrage infolge gestiegener Einkommen gewachsen ist. Die Nachfragekurve verschiebt sich von N_1 nach N_2.

   Bei gleichbleibender Angebotssituation steigt der Gleichgewichtspreis $pg1$ auf $pg2$ (Bild 18).

2. Es wird angenommen, daß das Angebot infolge von Rationalisierungsmaßnahmen im Produktionsbereich gestiegen ist. Die Angebotskurve verschiebt sich von A_1 nach A_2.

   Bei gleichbleibender Nachfragesituation fällt der Gleichgewichtspreis $pg1$ auf $pg3$ (Bild 19).

Bei fallender Nachfrage bzw. bei fallendem Angebot würden sich umgekehrte Preisänderungen ergeben.

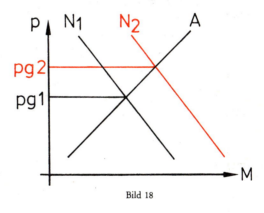

Bild 18

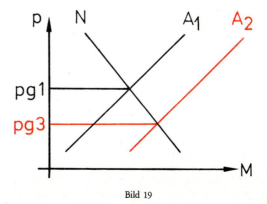

Bild 19

Wirkung des Gleichgewichtspreises

Beispiel: Die Bilder 16 und 17 lassen erkennen, daß bei jedem denkbaren Preis die kleinere Größe im Verhältnis von Angebot und Nachfrage bestimmt, welche Warenmenge tatsächlich umgesetzt werden könnte.

Beim **Gleichgewichtspreis**, und *nur* bei diesem, ist der **Güterumsatz am höchsten**.

> »Der Gleichgewichtspreis räumt den Markt.« (W. Röpke)

Der Gleichgewichtspreis, der sich durch das Spiel von Angebot und Nachfrage bildet, räumt den Markt

— von der größtmöglichen Gütermenge, die nur bei diesem Preis umgesetzt werden kann, und damit auch

— von der größtmöglichen Zahl zufriedener Anbieter, die zu diesem Preis ihre Ware verkaufen konnten, und

— von der größtmöglichen Zahl zufriedener Nachfrager, die zu diesem Preis die Ware kaufen konnten.

> **Größtmögliche Umsatztätigkeit** auf allen Märkten bedeutet in gesamtwirtschaftlicher Hinsicht **optimale Bedarfsdeckung**. Dieses wichtigste volkswirtschaftliche Ziel wird also **nur bei freier Preisbildung** erreicht.

Jeder staatliche Preiseingriff führt in der Regel zu einem Preis über oder unter dem Gleichgewichtspreis, bei dem der mögliche Umsatz niedriger ist. **Staatliche Preisfestsetzung verhindert also die optimale Bedarfsdeckung**.

Unternehmenspolitik beim Polypol

Bei einer großen Zahl von Konkurrenten mit gleichartigen Angeboten und überschaubaren Marktverhältnissen wird der Preis durch **Gesamt**angebot und -nachfrage, also »vom Markt« vorgegeben. Der Marktpreis ist ein »Datum« (lat. datum = etwas Vorgegebenes). Die anbietende Unternehmung ist an diesen Preis gebunden; sie kann den Marktpreis selbst kaum beeinflussen. Ihre Marktpolitik richtet sich weniger auf den Preis als auf die Absatzmenge.

> Bei vollkommener Konkurrenz ist der **einzelne Anbieter ein »Mengenanpasser«**; er betreibt nur Mengenpolitik, keine aktive Preispolitik.

Funktionen des Gleichgewichtspreises

Die folgende Zusammenstellung zeigt, auf welche Weise der Gleichgewichtspreis die Aufgabe erfüllt, Anbieter und Nachfrager zufriedenzustellen (Bild 20). Da sich mit Hilfe des Gleichgewichtspreises also ein Ausgleich zwischen den Anbieter- und Nachfragerzielen *von selbst* einstellt, nennt man das Zusammenspiel der Marktkräfte auch **Marktautomatismus** oder **Marktmechanismus**.

Bestimmungsgrößen für Angebot und Nachfrage		Funktion des Marktpreises (Gleichgewichtspreises)	
		Wirkungsweise	Benennung
Bestimmungsgrößen für das Angebot:	Anbieterziel:		
1. Zielsetzung der Produzenten	Erzielung eines angemessenen Gewinnes (erwerbswirtschaftliches Primärziel)	— Steigender Preis zeigt den Produzenten an, wo durch vermehrte Produktion der Gewinn noch verbessert werden kann. — Sinkender Preis zeigt den Produzenten an, wo infolge Marktsättigung der bisherige Gewinn nicht mehr erzielt werden kann.	Informationsfunktion des Preises
2. Faktorkosten der Produzenten	Finden eines günstigeren Verhältnisses zwischen Erlösen und Kosten	— Steigender Preis lenkt Produktionsfaktoren in die Produktion der Güter, für die Bedarf, Nachfrage und damit Gewinnchancen bestehen. — Sinkender Preis lenkt Produktionsfaktoren aus derjenigen Produktion heraus, bei der bereits Marktsättigung erreicht ist.	Lenkungsfunktion des Preises
3. Wettbewerbssituation der Produzenten	Erhaltung der Wettbewerbsfähigkeit	— Starke Preiskonkurrenz zwingt die Produzenten zu fortschrittlicher Produktionsweise. — Fehlende Preiskonkurrenz behindert Produktionsfortschritt und Wettbewerbsfähigkeit.	Fortschrittsfunktion des Preises
Bestimmungsgrößen für die Nachfrage:	Nachfragerziel:		
4. Zielvorstellung der Nachfrager	Bedarfsdeckung gemäß Dringlichkeit der Bedürfnisse	— Steigende Preise zeigen an, wo noch dringlicher Bedarf vorhanden ist. — Sinkende Preise zeigen an, wo Dringlichkeit des Bedarfs zurückgegangen ist.	Informationsfunktion des Preises
5. Preise der Güter für die Nachfrager	Möglichst preisgünstige Bedarfsdeckung	— Bei Nachfrageüberhang steigen die Preise, bewirken Kaufzurückhaltung, bis die Nachfrage wieder mit dem Angebot im Gleichgewicht ist. — Bei Nachfragelücke sinken die Preise, bewirken Kaufzunahme, bis die Nachfrage wieder mit dem Angebot im Gleichgewicht ist.	Gleichgewichtsfunktion des Preises
6. Verfügbares Einkommen der Nachfrager	Erlangung eines angemessenen Anteils am Sozialprodukt	— Steigender Preis bewirkt bei gleichbleibendem Einkommen eine geringere Güterzuteilung. — Sinkender Preis bewirkt bei gleichbleibendem Einkommen eine vermehrte Güterzuteilung.	Zuteilungsfunktion des Preises

Bild 20

Fragen und Aufgaben:

1. Weshalb ist
   a) die Angebotskurve in der Regel ansteigend,
   b) die Nachfragekurve in der Regel fallend?
2. Welches Angebots-Nachfrage-Verhältnis besteht bei einem
   a) Käufermarkt,
   b) Verkäufermarkt?
3. Welche Marktsituation ist für den Käufer am günstigsten?
   a) Die Nachfrage nach Fisch ist größer als das Angebot.
   b) Das Angebot an Obst ist größer als die Nachfrage.
   c) Das Angebot an Heizöl entspricht der Nachfrage.
   d) Das Angebot an Kalbfleisch ist geringer als die Nachfrage.
   e) Der Nachfrage nach Baugrundstücken in einer Gemeinde steht kein Angebot gegenüber.
4. Welches Marktverhalten kennzeichnet einen Verkäufermarkt?
   a) Der alleinige Hersteller einer Haushaltsmaschine wird durch ein Substitutionsprodukt vom Markt gedrängt.
   b) Wegen einer überdurchschnittlich reichen Weinernte werden großen Mengen Wein zu Schleuderpreisen verkauft.
   c) Die Großbanken geben zinsgünstige Kredite, um die Kreditnachfrage zu beleben.
   d) Die Rohölpreise werden von den Ölförderländern drastisch angehoben. Trotzdem sinkt die Nachfrage der Endverbraucher nicht.
   e) Trotz gestiegener Nachfrage sind die Preise in den Hobby-Märkten gefallen.
5. Begründen Sie, bei welcher Marktlage
   a) Preise sinken,
   b) Preise steigen müssen.
6. Wie wird bei einem Polypol der Preis gebildet?
7. a) Wie könnten in Bild 17 die zu den jeweiligen Preisen erzielten Umsätze eingezeichnet werden?
   b) Wodurch wäre die Höhe der Umsätze bestimmt
   — bei Preisen *über* dem Gleichgewichtspreis,
   — bei Preisen *unter* dem Gleichgewichtspreis?
   c) Wie beurteilen Sie den Umsatz beim Gleichgewichtspreis im Verhältnis zu allen übrigen denkbaren Umsätzen?
   d) Welchen Schluß folgern Sie daraus für die Preisbildung?
8. Ermitteln Sie mit Hilfe eines Diagramms den Gleichgewichtspreis und die dazugehörige Umsatzmenge.

Angebotene Menge in Stück	100	150	200	300	400	550	700	900
Preis in DM	10	20	30	40	50	60	70	80
Nachgefragte Menge in Stück	900	700	550	400	300	200	150	100

9. »Der Gleichgewichtspreis räumt den Markt.« Was besagt dieser Satz?
10. Warum ist der Gleichgewichtspreis der optimale Preis?
11. Stellen Sie entsprechend den Bildern 18 und 19 die Preisänderungen bei fallender Nachfrage und bei fallendem Angebot graphisch dar.
12. Erklären Sie folgende Vorgänge und Erscheinungen in einer Volkswirtschaft:
    a) Im Sommer und Herbst fallen die Preise für Obst beträchtlich.
    b) Trotz Steigens der Produktionskosten und erheblicher Werbekosten für ein Gut ist sein Preis gefallen.
    c) Trotz Nachfragerückgang steigt der Preis eines Gutes.
13. Welche Aussage zur Marktpreisbildung bei vollkommener Konkurrenz ist richtig?
    a) Sinkende Nachfrage und gleichbleibendes Angebot führt zu steigenden Preisen.
    b) Sinkende Nachfrage und steigendes Angebot führt zu sinkenden Preisen.
    c) Gleichbleibende Nachfrage und steigendes Angebot führt zu steigenden Preisen.
    d) Steigende Nachfrage und sinkendes Angebot führt zu sinkenden Preisen.
    e) Steigende Nachfrage und gleichbleibendes Angebot führt zu sinkenden Preisen.

14. Welche Funktion hat der Preis im Modell der vollständigen Konkurrenz?
   a) Er gibt dem Verbraucher die Qualität der Produkte an.
   b) Er führt den Ausgleich von Angebot und Nachfrage herbei.
   c) Er lenkt die Nachfrage nach den Wünschen des Staates.
   c) Er ermöglicht eine Verteilung der Konsumgüter nach sozialen Gesichtspunkten.
   e) Er lenkt das Güterangebot nach den Wünschen des Staates.

2.4.2 Preisbildung beim Angebotsmonopol

Entstehung des Monopolpreises

Dem alleinigen Angebot des Monopolisten steht die gesamte Nachfragemenge des Marktes gegenüber. Der Absatz des Monopolisten ist durch das Gesamtverhalten der Nachfrager bestimmt. Übersteigt der Monopolpreis den Gebrauchswert, den die kaufkräftigsten Nachfrager seiner Leistung zuerkennen, so verliert er jeglichen Absatz. Je niedriger aber der Monopolpreis angesetzt wird, desto mehr nimmt die Absatzmenge zu. Unterschiedliche Absatzmengen setzen aber unterschiedliche Leistungsmengen voraus, bedingen also auch unterschiedliche Kosten.

Der Monopolist muß demnach berücksichtigen

a) das jeweilige Produkt aus Preis und Absatzmenge, den **Gesamterlös**, und

b) die jedem Gesamterlös entgegenstehenden **Gesamtkosten**.

Will er einen möglichst hohen Gewinn erzielen, muß er den Preis und die damit zusammenhängende Absatzmenge so festlegen, daß das Verhältnis von Gesamterlös und Gesamtkosten besonders günstig ist. Man nennt diesen Preis den **optimalen Monopolpreis** und die dazugehörige Leistungsmenge den **optimalen Beschäftigungsgrad** des Monopolisten.

Beispiel:

Die monatliche Kapazität eines Monopolunternehmens beträgt 400 Leistungseinheiten eines Produktes. Eine Kosten-Erlös-Untersuchung ergab folgende Werte:

Produktions- und Absatzmenge (LE)	50	100	150	200	250	300	350	400
Preis je LE (DM)	2000	1750	1500	1250	1000	750	500	250
Kosten je LE (DM)	2000	1100	800	700	600	550	500	450

Aus diesen Angaben lassen sich der Gesamterlös und die Gesamtkosten und damit auch der jeweilige Gesamtgewinn wie folgt ermitteln:

Produktions- und Absatzmenge (LE)	50	100	150	200	250	300	350	400
Gesamterlös (TDM)	100	175	225	250	250	225	175	100
Gesamtkosten (TDM)	100	110	120	140	150	165	175	180
Gesamtgewinn (TDM)	0	65	105	110	100	60	0	-80

Auswertung der Tabellen:

1. Menge 50 LE, Preis 2000 DM: An diesem Punkt deckt der Gesamterlös gerade die Gesamtkosten. Es entsteht weder Gewinn noch Verlust. Dieser Punkt ist die **Nutzenschwelle**. Hier verläßt der Betrieb bei steigender Produktion die Verlustzone und gelangt in die Gewinnzone.
2. Menge 350 LE, Preis 500 DM: An diesem Punkt deckt der Gesamterlös gerade noch die Gesamtkosten. Es entsteht weder Gewinn noch Verlust. Dieser Punkt ist die **Nutzengrenze**. Hier verläßt der Betrieb bei steigender Produktion die Gewinnzone und gerät in die Verlustzone.

Zwischen diesen beiden Punkten, also zwischen den Preisen 2000 DM und 500 DM, liegt das **monopolistische Preisintervall**. In diesem Bereich kann der Monopolist Gewinn erzielen.

3. Menge 200 LE, Preis 1250 DM: An diesem Punkt ist der Gesamtgewinn am höchsten. Der Preis von 1250 DM ist also der **optimale Monopolpreis**, die Menge 200 LE der **optimale Beschäftigungsgrad** des Monopolisten.

Unternehmenspolitik beim Monopol

> Im Gegensatz zum Anbieter bei polypolistischer Konkurrenz kann der Angebotsmonopolist **entweder** mit *Preisen* **oder** mit *Absatzmengen* operieren; er kann also **auch aktive Preispolitik** betreiben.

Wenn auch der Preiswillkür durch das Verhalten der Nachfrager eine Grenze gesetzt ist, so kann die Monopolunternehmung dennoch **den günstigsten aus mehreren** möglichen Preisen (**monopolistische Preisspanne**) für ihre Leistung auswählen. Dies verleiht ihr eine **wirtschaftliche Machtstellung**, die zum Nachteil der Geschäftspartner genützt werden könnte. Der Monopolist beherrscht den Markt.

Ein monopolistisch beherrschter Markt hat folgende gesamtwirtschaftlichen **Nachteile**:

a) Geht man davon aus, daß der Monopolist das Nutzenmaximum erstrebt, wird er für seine Leistung einen **höheren Preis** verlangen als es zur Kostendeckung erforderlich wäre. Ein Monopolpreis ist also *unsozial*.

b) Bei diesem Preis ist die **Produktions- und Absatzmenge geringer** als bei voller Auslastung der Kapazität. Die *Versorgung* des Marktes *mit Gütern* ist bei monopolistischer Marktlage also *schlechter* als sie sein könnte.

c) Da der Monopolist nicht unter Konkurrenzdruck steht, bringt er auch **weniger Leistung**, zum Schaden der gesamten Volkswirtschaft.

d) Da der Konkurrenzdruck fehlt, ist der Monopolist auch **nicht** gezwungen, sich dem **technisch-ökonomischen Fortschritt anzupassen**.

Praktische Bedeutung der Monopole

Unter marktwirtschaftlichen Gesichtspunkten sind Monopole unerwünscht. Marktwirtschaftliche Politik muß darauf ausgerichtet sein, Monopolbildungen zu verhindern und Konkurrenz zu fördern.

Alle Erzeugnisse und Dienstleistungen einer Unternehmung konkurrieren jedoch mit Gütern anderer Art. Monopolistische Märkte sind daher in der Regel **unvollkommene Märkte**.

a) **Surrogatkonkurrenz** (lat. surrogatum = Ersatz): In aller Regel haben die Käufer bei zu hohen Preisen eines Gutes die Möglichkeit, auf andersartige Ersatzgüter auszuweichen, die demselben Zweck dienen.

> **Beispiele:** Teppichböden als Ersatz für Linoleumböden; Konkurrenz für die Deutsche Bundesbahn durch den privaten Straßenverkehr, den Wasserstraßen- und Luftverkehr; Konkurrenz zwischen Gas und Heizöl als Energieträger in den Haushalten.

b) **Außenseiterkonkurrenz:** Neben einem monopolistischen Großunternehmen bestehen kleinere Konkurrenzunternehmen (Teilmonopol). Da die finanzschwächeren Kleinunternehmen einen Preiskampf nicht bestehen können, verhalten sie sich als Mengenanpasser, anerkennen die Preisführerschaft des Teilmonopolisten und beschränken ihren Wettbewerb auf Leistungsdifferenzierung.

Beispiel: Kleinere Stahlwerke neben großem Stahlkonzern.

c) **Potentielle Konkurrenz** (potentiell = möglich, im Gegensatz zu tatsächlich): Ein monopolistisch überhöhter Preis regt Konkurrenten dazu an, Ersatzgüter zu entwickeln und auf den Markt zu bringen und damit das Monopol zu brechen.

Beispiel: Einfuhr ausländischer Konkurrenzerzeugnisse, um gegen ein im Inland durch Patent geschütztes Monopolerzeugnis anzugehen.

d) **Totale Konkurrenz:** Sämtliche Leistungen aller Unternehmungen stehen miteinander im Wettbewerb um die in einer Volkswirtschaft verfügbare Kaufkraft. Die Käufer können ihren Bedarf nach einem teuren Monopolgut zugunsten eines völlig anders gearteten Bedarfs zurückstellen.

Beispiel: Ein Haushaltsvorstand verzichtet auf die teure Einrichtung eines Telefonanschlusses und verwendet die eingesparten Haushaltsmittel zum Kauf von Wein.

e) **Staatliche Gesetzgebung gegen Monopolbildung** (Abschnitt 5.4.1).

Aus diesen Gründen ist es unwahrscheinlich, daß Monopolunternehmen eine Preispolitik mit dem Ziel der Gewinnmaximierung betreiben können. Dennoch gehören staatliche Maßnahmen zur Förderung des Wettbewerbs auf allen Märkten und gegen unsoziale Folgen einer monopolistischen Marktlage zur Wirtschaftspolitik einer sozialen Marktwirtschaft.

Fragen und Aufgaben:

1. Welche Aussagen über die Angebotsseite der Marktform der vollständigen Konkurrenz ist richtig?
   a) Es existiert nur ein Anbieter, der bei seiner Preisfestsetzung keine Konkurrenten berücksichtigen muß.
   c) Es existieren wenige große Anbieter, die den Marktpreis beeinflussen können, aber die Reaktionen über Konkurrenten berücksichtigen müssen.
   d) Es existieren viele kleine Anbieter, die miteinander in einem starken Preiswettbewerb stehen.
   e) Es existieren viele kleine Anbieter, deren Wettbewerb durch staatliche Eingriffe eingeschränkt ist, um ruinöse Konkurrenz zu vermeiden.

2. a) Wie kann
      — ein Konkurrenzanbieter,
      — ein Monopolist
      am Markt auftreten?
   b) Wodurch unterscheiden sich die marktmäßigen Handlungsspielräume?

3. Warum kann ein Monopolist den Markt nicht »willkürlich« bestimmen?

4. Welche Gesichtspunkte sprechen gegen eine monopolistische Marktstruktur?

5. Die Post hat ein gesetzliches Monopol für die Nachrichtenbeförderung. An welchen Beispielen können Sie dies erkennen?

6. Die Post erzielt im Brief- und Paketverkehr Verlust, im Fernmeldeverkehr Gewinn. Nehmen Sie unter diesem Gesichtspunkt Stellung zur Preispolitik der Post.

7. Ein Monopolunternehmen ermittelte durch eine Kosten-Erlös-Untersuchung für ein Produkt folgende Ergebnisse:

Preis	1 000	900	800	700	600	500	400	300	200
Produktionsmenge	10	20	30	40	50	60	70	80	90
Gesamtkosten	15 000	18 000	21 000	24 000	27 000	30 000	33 000	36 000	39 000

Stellen Sie anhand dieser Zahlen fest:

a) Menge und Preis der Nutzenschwelle,

b) Menge und Preis der Nutzengrenze,

c) das »monopolistische Preisintervall«,

d) den »optimalen Preis« und den »optimalen Beschäftigungsgrad« des Monopolisten.

8. Warum ist die Bildung von Preiskartellen in der Bundesrepublik Deutschland grundsätzlich verboten?

9. Nennen Sie weitere Beispiele für

a) Surrogatkonkurrenz,

b) Außenseiterkonkurrenz,

c) Potentielle Konkurrenz.

10. In welchem Fall herrscht Wettbewerb?

a) 12 Bauunternehmer einer Stadt beschließen, daß abwechselnd immer einer von ihnen bei städtischen Ausschreibungen den Auftrag bekommen soll.

b) Ein Einzelhändler senkt die Preise einiger Waren, weil das Konkurrenzunternehmen mit mehreren Sonderangeboten wirbt.

c) Die Hersteller von Transformatoren sprechen miteinander und legen dabei fest, daß jeder einen bestimmten Absatzbezirk erhält, in dem die anderen nicht als Konkurrenten auftreten.

d) Die ölproduzierenden Länder beschließen, gemeinsam den Preis für Rohöl um 10% zu erhöhen.

e) Der empfohlene Richtpreis für den Markenartikel »Star Reiniger« wird von keinem Einzelhändler unterboten.

11. Begründen Sie, ob folgende Behauptungen richtig sind:

a) Der ideale Markt besteht, wenn viele Nachfrager durch viele Anbieter versorgt werden.

b) Wenn sich am Markte die Preise frei bilden können, ist die Umsatztätigkeit am höchsten.

c) Die Deutsche Bundesbahn ist ein typisches Monopolunternehmen.

d) Ein Angebotsmonopolist hat keine Konkurrenz zu befürchten.

e) Ein Angebotsmonopolist kann beliebig hohe Preise fordern.

f) Die Marktwirtschaftsordnung befürwortet Monopole.

g) In der Zentralverwaltungswirtschaft gibt es keine Monopole.

2.5 Unvollkommene Märkte

In der gesamtwirtschaftlichen Realität ergeben sich nur selten Marktsituationen, die den Modellen des vollkommenen Polypols und des Monopols entsprechen. In aller Regel sind die Märkte aus unterschiedlichen Ursachen unvollkommen (Abschnitt 2.2.3).

Beispiele:

Auf dem Markt einer Kleinstadt (siehe auch Abschnitt 2.4) wird das Angebot an Einkellerungskartoffeln durch nachfolgende Verhaltensweisen der Anbieter geprägt. Ordnen Sie diese Verhaltensweisen wiederum einer typischen Marktsituation zu (Bild 21).

Verhalten der Anbieter	Analyse der Anbieterpolitik	Marktsituation (Marktform)
1. Ein Produzent, der früher den Wochenmarkt belieferte, vereinbart nun mit einem Supermarkt im Neubaugebiet eine Wochenaktion für Einkellerungskartoffeln. Er beliefert das Geschäft mit besonders schönen, großen und wohlschmeckenden Kartoffeln. Mit Anzeigen in der örtlichen Tageszeitung und mit Handzetteln wirbt der Supermarkt unter dem werbewirksamen Slogan: „Die gute Sieglinde bewahrt im Winter Ihre Figur" für die Kartoffeln. Er bietet Lieferung „frei Keller" an, verlangt aber gegenüber den Konkurrenten am Wochenmarkt bewußt einen um 5 DM/dz höheren Preis.	Anbieter ist auf Grund der Leistungsdifferenzierung *in beschränktem Umfang preispolitisch aktiv*: **Preisanpassung** innerhalb einer **Preisklasse**	Ein Anbieter, der durch mehrere Vorzüge mit vielen anderen Anbietern nur begrenzt konkurriert (unvollkommene Konkurrenz), und sehr viele Nachfrager: **Polypoloid**
2. Ein Anbieter am Wochenmarkt stellt fest, daß der einzige Mitbewerber während der Marktzeiten den Kartoffelpreis herabgesetzt hat. Er senkt den Preis ebenfalls und bietet seinen Kunden außerdem Lieferung „frei Keller" an. Zwei Stunden später senkt der Mitbewerber nochmals den Preis weit unter Selbstkosten, um die Ware loszuwerden. Anderntags verhandeln die beiden Konkurrenten über einen tragbaren Preis, den sie dann beharrlich beibehalten.	Anbieter sind zunächst in ruinöser Weise *preispolitisch aktiv*, vereinbaren dann aber einen einheitlichen Preis: **Preiskampf** mit Leistungsdifferenzierung, später **Preisanpassung**	Wenige Anbieter (eingeschränkte Konkurrenz) und sehr viele Nachfrager: **Angebotsoligopol**, wird später kollektives **Angebotsmonopol**

Bild 21

2.5.1 Preisbildung bei unvollkommenem Polypol (Polypoloid)

In der Praxis ist die Konkurrenz selten so vollkommen, daß die Konkurrenten vollständig gleichartige Leistungen auf transparenten Märkten anbieten. Konkurrierende Unternehmen sind eher bestrebt, ihre Leistungen (Produkte oder Dienstleistungen) zu individualisieren und von vergleichbaren Konkurrenzleistungen abzuheben. Die konkurrierenden Leistungen werden mit bestimmten Vorzügen (Präferenzen) ausgestattet, die jedoch noch einen Vergleich des Käufers zulassen.

Eine **Leistungsdifferenzierung** ergibt sich, wenn die Produkte oder Dienstleistungen sich unterscheiden durch

a) **sachliche** Vorzüge: Ausstattung der Leistung mit besonderen Eigenschaften, z.B. besondere Ausstattung von Kraftfahrzeugen derselben Wagen- und Preisklasse;

b) **werbliche** Vorzüge: Schaffung eines Firmenwertes und von Marken durch besondere Werbemaßnahmen, Public Relations und hervorragenden Kundendienst;

c) **zeitliche** Vorzüge: Wahl eines für die Käufer günstigen Standortes und Bereitstellung von Parkmöglichkeiten.

Solche Vorzüge verschaffen den Unternehmungen bei den Käufern eine besondere Anziehungskraft und monopolähnliche Stellung (**Meinungsmonopol, Bequemlichkeitsmonopol, Raummonopol**). Das bedeutet, daß sich bei der Preisbildung differenzierter Leistungen konkurrenzwirtschaftliche mit monopolistischen Regeln verbinden. Anstelle des einheitlichen Gleichgewichtspreises entstehen **Preisklassen**, innerhalb derer die Preise konkurrierender Leistungen differieren. Die monopolistische Preisspanne ist um so breiter, je größer die Vorzüge der einzelnen Leistungen, je stärker also die Bindungen der Käufer an die verschiedenen Unternehmungen sind. Man kann außerdem feststellen, daß bei niedrigen Preislagen die monopolistische Preisspanne enger ist, da das Preisbewußtsein bei kaufkraftschwächeren Käuferschichten stärker wiegt als besondere Qualitätsansprüche. Mit steigender Preislage verliert der Preis an Einfluß auf die Kaufentscheidungen, während besondere Vorzüge die kaufkräftigeren Käufer anziehen, so daß die monopolistische Preisspanne größer wird.

Beispiele:
1. Kleine monopolistische Preisspanne; einfacher Wollmantel.
2. Große monopolistische Preisspanne: Persianer-Pelzmantel.

Fragen und Aufgabe:
1. Welche Ursachen können dazu führen, daß am Markt für vergleichbare Güter verschiedener Anbieter unterschiedliche Preise bestehen?
2. Nennen Sie weitere Beispiele für die verschiedenen Formen der Leistungsdifferenzierung.
3. Welche unterschiedlichen Handlungsspielräume haben Anbieter bei vollkommener und unvollkommener Konkurrenz?

2.5.2 Preisbildung beim Angebotsoligopol

Setzt ein Unternehmen, das wie seine **wenigen Konkurrenten** einen **beträchtlichen Marktanteil** für sich beanspruchen kann, den Preis für seine Leistungen herab, so ruft dies eine Kette von Wirkungen und Gegenwirkungen bei den Konkurrenten hervor, die der Oligopolist bei seinem Preisverhalten im voraus einkalkulieren muß.

Grundsätzlich sind folgende Gegenreaktionen denkbar:

a) Die Konkurrenzprodukte werden durch technische Veränderung oder geeignete Werbung *attraktiver* gemacht, um die entstandene Preisdifferenz zu rechtfertigen (Leistungsdifferenzierung). Es entsteht dann ein unvollkommener oligopolistischer Konkurrenzmarkt.

b) Die Konkurrenz antwortet mit *entsprechenden Preisherabsetzungen*, um ein Abwandern ihrer Kunden zu verhindern.

c) Die Konkurrenz nimmt den *Kampf* auf mit dem Ziel, den lästigen Mitbewerber vom Markte zu verdrängen, indem sie billiger, unter Umständen vorübergehend sogar mit Verlust, verkauft. Wer den größeren finanziellen Rückhalt hat, wird diesen Kampf bestehen.

d) Je weniger Aussicht auf einen Erfolg im Preiskampf besteht (etwa bei gleichstarken Unternehmungen), um so eher werden sich die Oligopolisten auf ausdrückliche oder stillschweigende *Preisvereinbarungen* einlassen. So entsteht ein monopolistisches Preiskartell (Abschnitt 5.3.3).

Preiskartell. Bei einem Preiskartell verpflichten sich die beteiligten Unternehmungen, die Verkaufspreise für ihre Erzeugnisse gemeinsam festzusetzen (**horizontale Preisbindung**).

Bei den Preisverhandlungen versucht jedes beteiligte Unternehmen, seinen individuellen gewinngünstigsten Preis als Kartellpreis durchzusetzen. Ist keines der Unternehmen so stark, daß es die Preisführung übernehmen kann, so muß ein einheitlicher Preis ausgehandelt werden. Hierbei geben Machtverteilung, Gruppenbildung und Abstimmungsergebnisse den Ausschlag.

Da nicht alle Beteiligten mit dieser Form der Preisbildung voll zufrieden sein werden, besteht jederzeit die Möglichkeit, daß solche Kollektivmonopole wieder auseinanderfallen. Außerdem verbietet das Kartellgesetz grundsätzlich die Bildung von Preiskartellen (Abschnitt 5.4.1).

GWB
§ 1

Aufgabe und Fragen:
1. Nennen Sie oligopolistische Märkte in der Bundesrepublik Deutschland.
2. Wie kann ein Oligopolist auf Preisherabsetzungen seiner Konkurrenten reagieren?
3. Warum ist die Bildung von Preiskartellen in der Bundesrepublik Deutschland grundsätzlich verboten?

3 Rechtliche Rahmenbedingungen des Wirtschaftens

3.1 Möglichkeiten rechtlicher Bindung

Die Rechtssicherheit erfordert, daß man sich rechtlich bindet. Solche Bindungen kommen durch Willenserklärungen und Rechtsgeschäfte zustande.

3.1.1 Willenserklärungen und Rechtsgeschäfte

Rechtsgeschäfte sind **Geschäfte, aus denen sich Rechtsfolgen ergeben.**

Beispiel: Beim Kaufvertrag ergibt sich für den Verkäufer die Verpflichtung, dem Käufer die Kaufsache zu übergeben und ihm das Eigentum daran zu übertragen.

Willenserklärungen (WE)

Wer ein Rechtsgeschäft tätigen will, muß dazu seinen Willen äußern. Dies kann geschehen durch:
— mündliche Äußerung,
— schriftliche Erklärung,
— schlüssiges Handeln, d.h. durch eine Handlung, aus der man auf einen bestimmten Willen schließen muß.
   Beispiele: Hinzeigen auf ein Buch in einer Buchhandlung; Handheben bei einer Versteigerung; Einsteigen in einen Bus.

Rechtsgeschäfte entstehen hauptsächlich durch Willenserklärungen, die darauf gerichtet sind, Rechtsverhältnisse zu **begründen**, zu **ändern** oder **aufzuheben**.

Rechtsgeschäfte (Bild 23)

Beim Zustandekommen von Rechtsgeschäften unterscheidet man:

a) **Einseitige Rechtsgeschäfte.** Sie entstehen durch die Willenserklärung einer Person.
   1. **Empfangsbedürftige** Willenserklärungen müssen *in den Herrschaftsbereich des Empfängers* gelangen, um rechtswirksam zu werden.
      Beispiel: Eine Kündigung muß zum Kündigungstermin im Briefkasten oder auf dem Schreibtisch des Empfängers angekommen sein.
   2. **Nicht empfangsbedürftige** Willenserklärungen werden bereits *mit ihrer Abgabe* rechtswirksam.
      Beispiel: Erben sind häufig nicht von der Erstellung eines Testaments unterrichtet.

b) **Mehrseitige Rechtsgeschäfte.** Es können sein:
   1. **Verpflichtungsgeschäfte (Verträge)**, die den Vertragspartnern *Verpflichtungen* auferlegen (Bild 23).
      Beispiel beim Kaufvertrag:
      Verpflichtung des Verkäufers zur Übergabe und Eigentumsübertragung, Verpflichtung des Käufers zur Annahme und Zahlung.

Verträge kommen durch *übereinstimmende* **Willenserklärungen** von zwei oder mehr Personen **zustande.**

Die zuerst abgegebene Willenserklärung heißt **Antrag**. Er kann von jedem Partner ausgehen. Die zustimmende Willenserklärung heißt **Annahme**. Ein Vertrag ist mit der Annahme des Antrags abgeschlossen.

Beispiel: Bei Vermietung einer Wohnung kann der Vermieter durch Abgabe der Mietbedingungen die Wohnung »antragen«. Mit der Annahme dieses Antrages durch den Mieter ist der Mietvertrag abgeschlossen. Der Mieter kann aber auch dem Vermieter gegenüber den Mietantrag stellen; dann wird durch Annahme des Antrages seitens des Vermieters der Mietvertrag abgeschlossen (Bild 22).

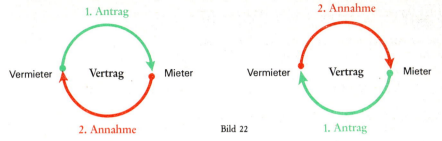

Bild 22

2. **Verfügungsgeschäfte**, durch welche unmittelbare Rechtsänderungen an Gegenständen bewirkt werden (Eigentumsübertragungen). Sie kommen durch **Willenserklärungen** (Einigung) *und* **Handlungen** (Übergabe, Grundbucheintragung) zustande.

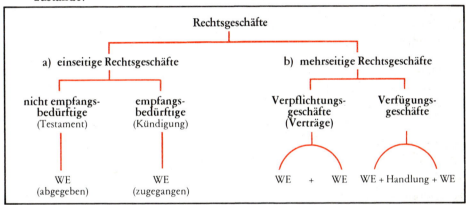

Bild 23

Fragen und Aufgabe:
1. Wie kommt ein Vertrag zustande?
2. Nennen Sie Beispiele für einseitige und mehrseitige Rechtsgeschäfte.
3. Ein Mieter kündigt den Mietvertrag:
    a) Er läßt das Kündigungsschreiben auf seinem Schreibtisch liegen.
    b) Er übergibt das Schreiben rechtzeitig persönlich dem Vermieter.
    c) Er wirft das Kündigungsschreiben rechtzeitig in den Briefkasten des Vermieters, weil sich dieser zur Zeit im Urlaub befindet.
Wie ist die jeweilige Rechtslage?

3.1.2 Rechtsfähigkeit und Geschäftsfähigkeit

Rechtsfähigkeit

Rechtsfähigkeit ist die Fähigkeit von Personen, Träger von Rechten und Pflichten zu sein.

BGB § 1

Jede natürliche Person ist von der Geburt bis zum Tode rechtsfähig.

Beispiele: Ein zweijähriges Kind wird durch Erbfolge Eigentümer eines Hauses mit allen Rechten und Pflichten; jeder Jugendliche hat das Recht auf Schulbildung; bis zur Vollendung des 18. Lebensjahres ist der Jugendliche berufsschulpflichtig.

Geschäftsfähigkeit

Geschäftsfähigkeit ist die Fähigkeit, rechtsgeschäftliche Willenserklärungen abzugeben und entgegenzunehmen.

Diese Willenserklärungen sind dazu bestimmt und geeignet, Rechtsverhältnisse zu begründen, zu ändern und aufzuheben.
Beispiele: Vertragsantrag, Vertragsannahme, Kündigung.

Man unterscheidet:
a) Geschäftsunfähigkeit,
b) beschränkte Geschäftsfähigkeit,
c) unbeschränkte Geschäftsfähigkeit.

BGB § 104   a) **Geschäftsunfähig** sind
1. Personen bis zum vollendeten 7. Lebensjahr,
2. dauernd Geisteskranke,

§ 6   3. Personen, die wegen Geisteskrankheit entmündigt sind.

§ 105   **Die Willenserklärung eines Geschäftsunfähigen ist nichtig** (Mangel der Geschäftsfähigkeit).

Beispiel: Ein fünfjähriges Kind ist nicht imstande, sein Fahrrad rechtsgültig zu verschenken. Die Eltern können die Rückgabe verlangen.

§ 106   b) **Beschränkt geschäftsfähig** sind
1. Personen vom vollendeten 7. bis zum vollendeten 18. Lebensjahr,

§ 114   2. Personen, die wegen Trunksucht, Verschwendungssucht oder Geistesschwäche entmündigt wurden,

§ 1906   3. Personen, die unter vorläufige Vormundschaft gestellt wurden.

§ 107   **Die Willenserklärung eines beschränkt Geschäftsfähigen bedarf in der Regel der Zustimmung des gesetzlichen Vertreters.**

§ 108   Ein von einem beschränkt Geschäftsfähigen ohne Einwilligung des gesetzlichen Vertreters abgeschlossenes Rechtsgeschäft ist bis zur Genehmigung *schwebend unwirksam*. Durch die nachträgliche Zustimmung wird es voll wirksam.

Folgende Rechtsgeschäfte eines beschränkt Geschäftsfähigen sind ohne Zustimmung rechtswirksam:

§ 107   1. Rechtsgeschäfte, durch die er nur Vorteile (in rechtlicher Hinsicht) erlangt (Mahnung, Annahme einer Schenkung).

§ 110   2. Verträge, die er mit Mitteln erfüllt, welche ihm vom gesetzlichen Vertreter zu diesem Zweck oder zur freien Verfügung überlassen wurden (Taschengeldparagraph).

§ 113   3. Erlaubt ihm der gesetzliche Vertreter, einen Dienstvertrag (Arbeitsvertrag) abzuschließen, so braucht er für solche Rechtsgeschäfte keine besondere Zustimmung mehr, die sich aus dem genehmigten Dienstvertrag ergeben (Lohn- und Gehaltsabsprachen, Kündigung).

c) **Unbeschränkt geschäftsfähig** sind Personen, die das 18. Lebensjahr vollendet haben, sofern sie nicht zu den Geschäftsunfähigen oder beschränkt Geschäftsfähigen gehören.

Die Willenserklärungen eines unbeschränkt Geschäftsfähigen sind voll rechtswirksam.

Fragen:

1. Die 17jährige Hildegard G. steht in Ausbildung zum Großhandelskaufmann.
   a) Von der Ausbildungsvergütung stehen ihr monatlich 300,— DM als Taschengeld zur Verfügung. Eines Tages schließt sie mit dem Vertreter einer Bettwäschefabrik einen Kaufvertrag für Aussteuerartikel im Wert von 3800,— DM ab. Wie ist die Rechtslage?
   b) Ein Onkel hat ihr für diesen Zweck 4000,— DM geschenkt. Wie ist die Rechtslage?
   c) Unter welchen Voraussetzungen könnte sie nach Beendigung des Ausbildungsverhältnisses den Betrieb wechseln?
   d) Unter welchen Voraussetzungen könnte sie das Großhandelsgeschäft des kranken Vaters übernehmen?
2. In welchen Fällen können auch Erwachsene beschränkt geschäftsfähig oder sogar geschäftsunfähig sein?

3.1.3 Verpflichtungsgeschäft und Erfüllungsgeschäft am Beispiel des Kaufvertrages

Beispiel: Familie Müller beschließt, ein Auto zu kaufen.

Vorgang	Bezeichnung	Rechtliche Bedeutung
Herr Müller erkundigt sich bei verschiedenen Autohändlern nach Preis, Ausführung, Bedingungen.	Anfrage	keine
Die Autohändler teilen Herrn Müller Preise, Ausführungen, Bedingungen usw. mit	Angebot	Antrag ⎫ Vertrags-
Herr Müller erteilt an das Autohaus Kirchbauer den Auftrag, den gewünschten Pkw so bald wie möglich zu liefern.	Bestellung	Annahme ⎭ abschluß
Autohaus Kirchbauer schickt Herrn Müller die Auftragsbestätigung über die Autobestellung	Bestellungsannahme	In diesem Fall keine rechtliche Bedeutung
Nach 8 Wochen wird das Auto durch die Firma Kirchbauer an Herrn Müller ausgeliefert.	Übergabe des Kaufgegenstandes	Vertragserfüllung durch Verkäufer
Gleichzeitig wird Herrn Müller der Kraftfahrzeugbrief übergeben.	Übereignung	
Herr Müller nimmt Pkw und Kfz-Brief gegen Unterschrift entgegen.	Annahme des Kaufgegenstandes	Vertragserfüllung durch Käufer
Am folgenden Tag überweist Herr Müller den Rechnungsbetrag an die Firma Kirchbauer.	Zahlung des Kaufpreises	

Bild 24

Anfrage

Anfragen dienen der **Einholung von Angeboten**. Damit soll festgestellt werden, ob und zu welchen Preisen und Bedingungen eine Ware von den Lieferern bezogen werden kann.

Inhalt der Anfrage. Die Anfrage kann *allgemein* gehalten sein. Der Lieferer wird um Zusendung einer Preisliste oder eines Kataloges oder um den Besuch eines Vertreters gebeten. Der Kunde will sich über die zur Verfügung stehende Auswahl orientieren, oder er möchte sich vor der Anschaffung beraten lassen.

Die Anfrage kann auch *eindeutig bestimmte Waren* betreffen. Diese sind dann genau zu beschreiben oder zu kennzeichnen durch Angabe der Verwendung, der verlangten Eigenschaften, der Marke, durch Mitgabe von Mustern, Proben oder Zeichnungen, u. U. durch Angabe der bereits bekannten Katalog- oder Bestellnummer.

Form der Anfrage. Die Anfrage ist formfrei. Sie kann somit mündlich, schriftlich, fernmündlich, fernschriftlich oder telegrafisch erfolgen.

Rechtliche Wirkung der Anfrage.

> Der **Anfragende** ist **rechtlich nicht gebunden**.

Daher ist es möglich, gleichzeitig an mehrere Lieferer Anfragen zu richten, um so die günstigste Bezugsquelle zu ermitteln.

Prüfung der Anfrage durch den Lieferer. Der Lieferer wird nach Eingang einer Anfrage prüfen, ob er die Ware zu den gewünschten Bedingungen liefern *kann* und überhaupt liefern *will* (Lieferzeit, Zahlungsfähigkeit). Er kann es ablehnen, eine Geschäftsverbindung einzugehen, oder er kann in sein Angebot Bedingungen aufnehmen, die ihn vor Schaden schützen.

Angebot

> **Das Angebot** ist eine **an eine bestimmte Person** gerichtete **Willenserklärung**, Waren zu den angegebenen Bedingungen zu liefern.

Zu diesen Bedingungen gehören Angaben über Art, Beschaffenheit und Güte, Menge, Preis, Lieferungs- und Zahlungsbedingungen, Erfüllungsort und Gerichtsstand.

Anpreisungen von Waren, die nicht an eine bestimmte Person, sondern **an die Allgemeinheit** gerichtet sind, gelten nicht als Angebot im rechtlichen Sinn. Sie sollen lediglich die Kunden anregen, ihrerseits einen Kaufantrag abzugeben, der jedoch noch der Annahme durch den Verkäufer bedarf. Solche Anpreisungen finden sich beispielsweise in Zeitungsanzeigen, Prospekten, Katalogen, Plakaten oder auch in Schaufensterauslagen. Daher hat der Kunde keinen Anspruch auf Aushändigung des Ausstellungsstücks. Auch das Aufstellen von Waren im Selbstbedienungsladen gilt noch nicht als Angebot. Hier macht der Käufer durch Verbringen der Ware an die Kasse einen Kaufantrag. Die Aufstellung eines Automaten gilt als Angebot an jeden, der die richtige Münze einwirft.

Form des Angebots

Für das Angebot gelten keine Formvorschriften. Es kann abgegeben werden

a) **unter Anwesenden:** mündlich oder fernmündlich oder durch schlüssiges Handeln durch Geschäftsinhaber oder Verkäufer, Reisende oder Vertreter;

b) **unter Abwesenden:** schriftlich durch Brief oder Fernschreiben.

Mündliche oder fernmündliche Angebote werden häufig *schriftlich bestätigt*, damit Irrtümer durch Verhören, Versprechen und Übermittlungsfehler vermieden werden und bei Rechtsstreitigkeiten schriftliche Unterlagen vorhanden sind.

Bindung an das Angebot

BGB § 145
> Wer einer **bestimmten Person** ein **Angebot ohne Einschränkung** abgibt, ist an dieses **Angebot gebunden**.

a) **Einschränkungen der Bindung an das Angebot.**

1. **Gesetzliche Bindungsfrist:**

§ 147 (1) Das einem *Anwesenden* gemachte Angebot wird *sofort* mit der Abgabe wirksam und bindet den Anbietenden, solange die Unterredung dauert.

Beispiele: Angebote in der Verkaufsstelle, auf dem Markt, durch Fernsprecher. Der zögernde und später wiederkehrende oder anrufende Kunde muß damit rechnen, daß der Gegenstand nicht mehr verfügbar oder nur zu anderen Bedingungen zu haben ist.

Das einem *Abwesenden* gemachte Angebot wird erst wirksam, wenn es ihm *zugeht*, und bindet den Anbietenden nur so lange, bis der Eingang der Antwort unter regelmäßigen Umständen erwartet werden darf (Beförderungsdauer und Überlegungsfrist). BGB § 147 (2) § 130

Gewöhnlich beträgt die Frist bei brieflichem Angebot etwa eine Woche. Ein fernschriftliches Angebot muß entsprechend schnell bearbeitet und mindestens auf gleich schnelle Weise beantwortet werden. Bei fernschriftlichem Angebot z. B. ist Antwort innerhalb 24 Stunden handelsüblich.

2. **Vertragliche** Bindungsfrist:

Bei Angeboten unter Anwesenden oder unter Abwesenden kann der Anbietende für die Annahme des Angebots eine Frist bestimmen, z. B. »gültig bis 25. Mai« (befristetes Angebot). Die Annahme kann nur innerhalb dieser Frist erfolgen. Die Bestellung muß bis zum angegebenen Zeitpunkt *zugegangen* sein. § 148

3. **Freizeichnung.** Der Anbietende kann die Bindung an das Angebot durch *Freizeichnungsklauseln* einschränken oder ganz ausschließen: § 145

„Liefermöglichkeit vorbehalten" } = Menge unverbindlich, Preis verbindlich
„solange der Vorrat reicht"

„Preis freibleibend" = Menge verbindlich, Preis unverbindlich

„freibleibend", „unverbindlich" = völlig unverbindlich

b) **Erlöschen der Bindung an das Angebot.** Die Bindung an das Angebot erlischt,
— wenn es vom Empfänger ausdrücklich oder stillschweigend *abgelehnt*, § 146
— wenn es von ihm *abgeändert*, § 150
— wenn es von ihm *nicht rechtzeitig* angenommen wird. § 146

Auch wenn die Verspätung der Annahme durch unverschuldete Zwischenfälle (Verkehrsunfall, Störung der Nachrichtenübermittlung) verursacht wird, ist der Anbietende nicht mehr an sein Angebot gebunden. Mußte er allerdings erkennen, daß die Verspätung durch die Post verursacht wurde, so muß er den Besteller unverzüglich davon benachrichtigen, da dieser sonst mit der Lieferung rechnet. § 149

c) **Widerruf des Angebots.** Da ein Angebot erst wirksam wird, wenn es dem Empfänger zugegangen ist, so kann es bis zum Eintreffen beim Kunden widerrufen werden. Der Widerruf muß möglichst vor, spätestens gleichzeitig mit dem Angebot beim Kunden eingehen. Es empfiehlt sich also, ein briefliches Angebot fernmündlich oder fernschriftlich zu widerrufen.

Statt dessen könnte der Anbietende auch versuchen, den bei der Post aufgegebenen Angebotsbrief zurückzurufen. Dieser Weg hat den Vorteil, daß das Angebot dem Kunden gar nicht zu Gesicht kommt (nur bei Einschreibsendungen und Wertbriefen möglich).

Bestellung

Die **Bestellung** ist die **Willenserklärung des Käufers,** eine bestimmte Ware zu den angegebenen Bedingungen zu kaufen.

Zu diesen Bedingungen gehören wie beim Angebot Angaben über Art, Beschaffenheit und Güte, Menge, Preis, Lieferungs- und Zahlungsbedingungen, Erfüllungsort und Gerichtsstand. Liegt der Bestellung ein ausführliches Angebot zugrunde, mit dessen Bedingungen der Käufer einverstanden ist, so genügt es, wenn er sich auf dieses bezieht.

Die Bestellung wird häufig auch **Auftrag** genannt.

Form der Bestellung

Die Bestellung ist an keine besondere Form gebunden. *Schriftlich* kann sie durch Postkarte, Brief, auf vorgedrucktem *Bestellschein* oder Ordersatz erfolgen.

Mündliche oder *fernmündliche* Bestellungen sollten schriftlich wiederholt werden, wenn die Gefahr eines Irrtums besteht und ein Beweismittel erwünscht ist.

Rechtliche Wirkung der Bestellung

Wie der Anbietende an sein Angebot, so ist der **Besteller an seine Bestellung gebunden.**

Die Bindung wird erst wirksam, wenn die Bestellung dem Empfänger zugegangen ist (empfangsbedürftige Willenserklärung). Ein Widerruf muß daher spätestens gleichzeitig mit der Bestellung beim Lieferer eingehen.

Bestellungsannahme

Die **Bestellungsannahme** ist eine **Willenserklärung des Verkäufers,** mit der er sich bereiterklärt, die bestellte Ware **zu den angegebenen Bedingungen zu liefern.**

Die Bestellungsannahme ist rechtlich erforderlich, sofern der Kaufvertrag nicht bereits durch Angebot und Bestellung zustande gekommen war.
Die Bestellungsannahme wird häufig auch **Auftragsbestätigung** genannt.
Form der Bestellungsannahme. Die Bestellungsannahme kann mündlich, schriftlich, fernmündlich oder durch schlüssige Handlung erfolgen. Häufig ist sie mit Lieferschein und Rechnung verbunden.

Abschluß des Kaufvertrags

Jeder Vertrag kommt zustande durch Übereinstimmung von
1. Antrag und 2. Annahme.

Da der Antrag sowohl vom Verkäufer als auch vom Käufer ausgehen kann, kommt ein

Kaufvertrag
zustande durch
1. Angebot des Verkäufers und **2. Bestellung des Käufers**
oder durch
1. Bestellung des Käufers und **2. Bestellungsannahme des Verkäufers.**

Es ergeben sich somit für den Abschluß eines Kaufvertrags folgende Möglichkeiten:

a) **Der Verkäufer macht ein Angebot, der Käufer bestellt** rechtzeitig und ohne Änderungen. Damit ist der Kaufvertrag zustande gekommen (Bild 25).

BGB § 150

b) **Der Verkäufer macht ein Angebot, der Käufer bestellt** zu spät oder mit Abänderungen (Erweiterungen und Einschränkungen). Die verspätete Annahme eines Antrags und eine Annahme mit Änderungen gelten als neuer

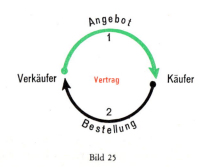

Bild 25

Antrag. Der Kaufvertrag kommt erst durch Annahme des neuen Antrags zustande (Bild 26).

Besonders bei großen und bedeutsamen Kaufabschlüssen sind oft längere Verhandlungen nötig. Dann ist der Vertrag erst abgeschlossen, wenn sich die Parteien über alle Punkte geeinigt haben.

c) **Der Verkäufer macht ein freibleibendes Angebot, der Käufer bestellt.** Der Vertrag kommt zustande, wenn der Lieferer nicht ablehnt. Stillschweigen gilt hier als Annahme der Bestellung (Bild 27).

d) **Der Verkäufer sendet unbestellte Ware zu.** Die Warensendung stellt nur ein Angebot dar. Der Vertrag kommt zustande, wenn der Empfänger den Kaufpreis bezahlt, die Ware in Gebrauch nimmt oder erklärt, daß er die Ware annehme.

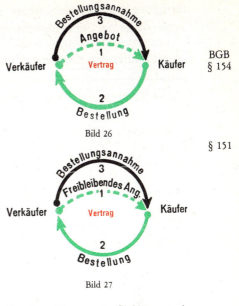

Bild 26

Bild 27

BGB § 154

§ 151

Ist der Empfänger ein Privatmann, dann gilt sein *Stillschweigen* als *Ablehnung*. Er ist zur Aufbewahrung, aber nicht zur Rücksendung oder Bezahlung verpflichtet, auch dann nicht, wenn der Lieferer schreibt: »Wenn die Rücksendung nicht bis ... erfolgt, wird der Rechnungsbetrag durch Nachnahme erhoben«.

Die Zusendung unbestellter Waren an einen *Privatmann* gilt als Verstoß gegen die gute kaufmännische Sitte und damit gegen das UWG.

e) **Der Käufer bestellt ohne vorhergehendes Angebot, der Verkäufer nimmt die Bestellung an.** Der Vertrag kommt mit der Annahme der Bestellung zustande (Bild 28) und zwar

— durch Bestätigung der Bestellung oder
— durch unverzügliche Lieferung der Ware (schlüssiges Handeln).

Bild 28

Pflichten der Vertragspartner

Die Abgabe eines Antrages und dessen Annahme sind für Käufer und Verkäufer *freiwillig*. Durch den Abschluß des Vertrages aber werden beide Teile *verpflichtet*, den Vertrag zu erfüllen. Der Kaufvertrag ist ein **verpflichtendes Rechtsgeschäft** (Abschnitt 3.1.1).

§ 242

Der Verkäufer ist verpflichtet,	**Der Käufer ist verpflichtet,**
1. dem Käufer den Kaufgegenstand mängelfrei und rechtzeitig zu übergeben,	1. den vereinbarten Kaufpreis rechtzeitig zu zahlen,
2. dem Käufer das Eigentum daran zu verschaffen,	2. den Kaufgegenstand abzunehmen.
3. den Kaufpreis anzunehmen.	

Erfüllung des Kaufvertrags

Das durch den Abschluß des Kaufvertrags (Verpflichtungsgeschäft) entstandene Schuldverhältnis *erlischt*, wenn die *geschuldeten Leistungen* an die Gläubiger *bewirkt* sind

(Erfüllungsgeschäft), d. h. wenn
a) der Verkäufer Besitz und Eigentum am Kaufgegenstand auf den Käufer übertragen und das Entgelt angenommen,
b) der Käufer den Kaufgegenstand angenommen und das Entgelt bezahlt hat.

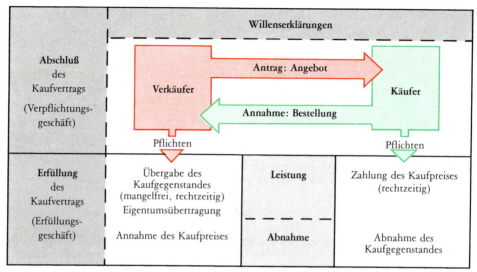

Bild 29

Fragen und Aufgaben:

1. Warum gibt ein Kaufmann seinen Kunden häufig freibleibende Angebote ab?
2. Wie kann sich ein Lieferer verhalten, der kurz nach Abgang seines brieflichen Angebotes erfährt, daß der Preis für die angebotene Ware gestiegen ist?
3. Der Weingroßhändler Karl Lang, Mainz, macht dem Kunden Fritz Kaiser, Kassel, ein schriftliches Angebot von Flaschenwein zu 4,— DM für 1 Flasche, bei Abnahme von mindestens 100 Flaschen zu 3,60 DM. Der Brief wird am 20. 5. zur Post gegeben.
   a) Kaiser antwortet auf das Angebot überhaupt nicht. Welche rechtliche Wirkung ergibt sich daraus?
   b) Da am 30. 5. keine Bestellung vorliegt, verkauft Lang die Ware anderweitig. Am 31. 5. trifft von Kaiser eine Bestellung ein. Wie ist die Rechtslage?
   c) Aus dem Poststempel und dem Briefdatum ergibt sich, daß Kaiser seinen Bestellbrief am 23. 5. abends zur Post gegeben hat. Die Zustellung ist offensichtlich durch die Post verzögert worden. Wie wird sich Lang verhalten?
   d) Am 22. 5. bestellt Kaiser 40 Flaschen Wein zu 3,60 DM für 1 Flasche. Wie stellt sich Lang dazu?
   e) Lang, dessen Angebot am 20. 5. abging, kann noch am selben Tag die Ware günstiger an einen anderen Kunden verkaufen. Wie kann er sich verhalten?
4. Aus welchen Gründen und unter welchen Voraussetzungen kann der Lieferer eine Bestellung ablehnen?
5. Was kann einen Kunden veranlassen, seine Bestellung zu widerrufen?
6. Begründen Sie, ob folgende Behauptungen richtig oder falsch sind:
   a) Jeder Partner beim Kaufvertrag ist sowohl Schuldner als auch Gläubiger.
   b) Durch die Anfrage eines Kunden und ein darauffolgendes Angebot des Lieferers kommt ein Kaufvertrag zustande.
7. Die Textilgroßhandlung Xaver Gerhard, Breite Straße 2, 6400 Fulda, erwartet größere Absatzmöglichkeiten für Skianzüge. Sie erkundigt sich bei der Textilfabrik Günter Holk, Wilhelmstr. 1, 3500 Kassel, nach den derzeitigen Mustern, Preisen, Lieferungs- und Zahlungsbedingungen. Um Vertreterbesuch wird gebeten. Schreiben Sie die Anfrage.
8. Die Firma Schäfer & Co., Textilgroßhandlung, ..., unterbreitet dem Bekleidungshaus Wilhelm Kaufmann, ..., auf die vorausgegangene Anfrage vom ... ein Angebot nach beiliegendem Musterbuch und Preisliste. Die Preise verstehen sich ab Werk einschließlich Verpackung. Lieferung innerhalb 6 Wochen nach Auftragseingang möglich. Zahlung 2 Monate nach Rechnungserteilung ohne Abzug, innerhalb 14 Tagen mit 3% Skonto. Eine Auswahl von Stoffproben liegt bei.
   Verfassen Sie das Angebotsschreiben. Weisen Sie dabei besonders auf die Güte der Stoffe und der Verarbeitung hin.

3.1.4 Eigentum und Besitz

Der Eigentümer hat die rechtliche Herrschaft über einen Gegenstand. BGB § 903

Ihm *gehört* der Gegenstand. Er kann ihn verkaufen, verschenken oder vermieten.

Der Besitzer hat die tatsächliche Gewalt über einen Gegenstand. § 854

Er *hat* den Gegenstand. Der Besitzer eines Autos kann damit fahren; der Besitzer einer Wohnung kann darin leben.

Im allgemeinen ist der Eigentümer einer Sache auch ihr Besitzer. Vermietet der Hauseigentümer jedoch eine Wohnung, so bleibt er Eigentümer, der Mieter wird Besitzer. Verleiht jemand ein Buch, so bleibt er Eigentümer, der Entleiher wird Besitzer. Der Besitzer muß dem Eigentümer die Sache unbeschädigt zurückgeben. Der Eigentümer hat gegenüber dem Besitzer einen Herausgabeanspruch. § 872

§ 985

Diebe sind widerrechtliche Besitzer der gestohlenen Sache.

Eigentumsübertragung

Eigentumsübertragung erfolgt § 929

a) **an beweglichen Sachen**
   — durch *Einigung* zwischen Erwerber und Veräußerer, daß das Eigentum übergehen soll, und *Übergabe* der Sache.

   Beispiel: Der Buchhändler gibt dem Käufer das gekaufte Buch. Sie sind sich einig über die beabsichtigte Eigentumsübertragung.

   — durch *bloße Einigung*, daß der Besitzer Eigentümer werden soll, wenn sich die Sache bereits bei ihm befindet.

   Beispiel: Jemand hat Möbel gegen Ratenzahlung unter Eigentumsvorbehalt gekauft. Er wird durch Einigung mit dem Verkäufer Eigentümer, nachdem er *alle* Raten und Kosten gezahlt hat.

b) **an unbeweglichen Sachen** (Grundstücken) § 925
   — durch notariell beurkundete *Einigung* zwischen Erwerber und Veräußerer, daß das Eigentum auf den Erwerber übergehen soll (Auflassung), und *Eintragung* des Eigentümerwechsels im Grundbuch.

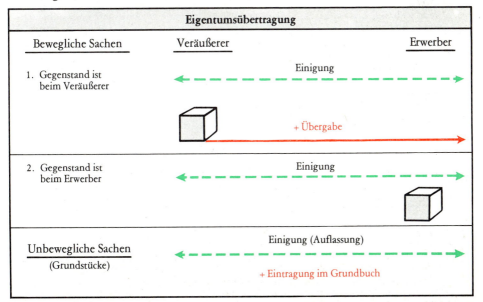

Bild 30

Gutgläubiger Eigentumserwerb

BGB § 932 Verkauft jemand eine Sache, die ihm nicht gehört, so erwirbt der Käufer dennoch das Eigentum, wenn er im »guten Glauben« ist. Gutgläubig ist der Käufer, wenn er den Verkäufer für den Eigentümer halten darf.

Beispiel: Ein Textileinzelhändler verkauft ein Kleid, für das sich der Kleiderfabrikant das Eigentum noch vorbehalten hat, im Laden zum normalen Preis an eine Kundin. Die Kundin ist gutgläubig. Sie wird Eigentümerin des Kleides.

§ 935 Gutgläubiger Erwerb ist **nicht** möglich an *gestohlenen* und *verlorengegangenen* Sachen.

Fragen:
1. Welcher Unterschied besteht zwischen Eigentum und Besitz?
2. Wie ist die jeweilige Rechtslage?
   a) Es wird Ihnen Ihr eigenes oder ein entliehenes Fahrrad entwendet. Sie haben den Dieb auf frischer Tat ertappt oder nach zwei Tagen entdeckt.
   b) Der Mieter eines Lagerhauses gibt den Raum nicht frei, obwohl der Vermieter rechtzeitig gekündigt hat.
   c) Der Mieter macht ohne Erlaubnis des Vermieters bauliche Veränderungen.
3. Wann und wo geht das Eigentum einer Ware in folgenden Fällen auf den Käufer über?
   a) Der Käufer kauft die Ware im Laden und nimmt sie mit (Handkauf).
   b) Der Verkäufer sendet die Ware dem Käufer am gleichen Platz zu (Platzkauf).
   c) Verkäufer und Käufer wohnen an verschiedenen Orten, und der Verkäufer sendet die Ware mit der Bahn zu (Versendungskauf).
4. Frau Reich kauft einen Perserteppich gegen sofortige Zahlung.
   a) Wann würde sie normalerweise das Eigentum erwerben?
   b) Nach einigen Tagen erhält sie die polizeiliche Aufforderung, den Teppich abzuliefern, da er aus einem Einbruchdiebstahl stamme. Was kann sie bezüglich des Teppichs oder des gezahlten Kaufpreises unternehmen?
   c) Welche Lage ergäbe sich, wenn sie den Teppich von einem »fliegenden« Händler an der Haustür erworben hätte?
   d) Welche Folgerungen ziehen Sie daraus bezüglich Käufen bei »fliegenden« Händlern?
5. Ein Angestellter hat ein Leben lang für ein Eigenheim gespart. Ein Jahr vor seinem Ruhestand schließt er mit der Solidbau GmbH & Co. einen notariellen Grundstückskauf- und Aufbauvertrag für ein Haus in reizvoller Aussichtslage. Im Vertrauen darauf, hierdurch Grundstückseigentum erworben zu haben, zahlt er der Solidbau einen Betrag von 120 000,— DM an. Einige Wochen später, der Bau ist noch nicht begonnen, wird über die Solidbau, deren Haftungskapital 50 000,— DM beträgt, der Konkurs eröffnet.
   a) Wie stellt sich der Käufer im Konkurs der Solidbau, wenn eine Auflassung noch nicht stattgefunden hatte?
   b) Wie hätte er sich vorher verhalten sollen?

3.2 Inhalt und Grenzen der Vertragsfreiheit

3.2.1 Inhalt der Vertragsfreiheit

Das Leben in Freiheit schließt das Recht der Menschen mit ein, ihre Beziehungen zueinander durch Verträge frei und eigenverantwortlich zu regeln. Die Vertragsfreiheit ist wesentliches Merkmal der Marktwirtschaft.

a) **Abschlußfreiheit.** Sie bedeutet, daß geschäftsfähige Personen ihre Vertragspartner frei wählen können.

Beispiel: Niemand wird daran gehindert, ein Auto bei einem Händler zu kaufen, der das gewünschte Fabrikat führt.

b) **Inhaltsfreiheit.** Verträge können inhaltlich frei gestaltet werden.

Beispiel: Der Kunde kann beim Autokauf Sonderausstattung und Zahlungsweise nach seinem Wunsch mit dem Händler vereinbaren.

c) **Formfreiheit.** Ein Rechtsgeschäft kann in jeder beliebigen Form abgeschlossen werden.

Beispiel: Der Kaufvertrag über ein Auto kann mündlich abgeschlossen werden. Meistens wird jedoch wegen der besseren Beweiskraft bei Streitigkeiten die Schriftform gewählt.

BGB und HGB gehen weitgehend von bestehender Vertragsfreiheit aus, d.h. viele Regelungen sind **nachgiebiges** Recht und können von den Vertragspartnern abgeändert werden (Abschnitt 3.5.2).

Grenzen der Vertragsfreiheit. Die Vertragsfreiheit hat dort ihre Grenzen, wo der einzelne bzw. die Allgemeinheit schutzbedürftig ist. Deshalb enthält unsere Rechtsordnung Regelungen, die **zwingendes** Recht sind und durch die Vertragspartner nicht abgeändert werden können.

Beispiele:
1. Die Zustimmung des gesetzlichen Vertreters, ohne die ein Vertrag mit einem beschränkt Geschäftsfähigen nicht rechtswirksam ist, kann durch vertragliche Vereinbarung nicht ausgeschlossen werden.
2. Ein Vertrag, der Rauschgifthandel zum Inhalt hat, ist nichtig.
3. Beim Grundstückskauf wird zum Schutz der Vertragspartner die notarielle Beurkundung vorgeschrieben.

Die Bestimmungen über Nichtigkeit und Anfechtbarkeit sowie das AGB-Gesetz schützen in besonderem Maße vor Mißbrauch der Vertragsfreiheit.

Fragen:
1. Warum ist das System der Marktwirtschaft nicht ohne Vertragsfreiheit denkbar?
2. Warum enthält unsere Rechtsordnung Bestimmungen, die auch durch Vertrag nicht geändert werden können?

3.2.2 Nichtigkeit und Anfechtbarkeit von Rechtsgeschäften

Nichtigkeit von Willenserklärungen und Rechtsgeschäften

Folgende Willenserklärungen und Rechtsgeschäfte sind *von Anfang an* nichtig: BGB § 105 (1)

a) Willenserklärungen von Geschäftsunfähigen.

Beispiel: Ein 6jähriges Kind kann sein Dreirad nicht rechtswirksam seiner Freundin schenken. Die Eltern können die Herausgabe verlangen.

b) Willenserklärungen, die im Zustand der Bewußtlosigkeit oder vorübergehender Störung der Geistestätigkeit abgegeben wurden.   § 105 (2)

Beispiel: Jemand verschenkt »im Rausch« seine Armbanduhr.

c) Willenserklärungen, die zum Schein abgegeben wurden.   § 117

Beispiel: Der Käufer eines Hauses läßt beim Notar in den Kaufvertrag nicht die tatsächlich verabredete Kaufsumme von 150 000,— DM eintragen, sondern nur 100 000,— DM, um die Grunderwerbsteuer zu vermindern. Der Scheinvertrag über 100 000,— DM ist nichtig.

d) Rechtsgeschäfte von beschränkt Geschäftsfähigen, wenn der gesetzliche Vertreter die erforderliche Zustimmung nicht erteilt.   § 108

Beispiel: Eine 17jährige Auszubildende bucht in einem Reisebüro ohne Erlaubnis der Eltern eine Reise nach Mallorca zu 598,— DM. Der Vertrag ist nichtig, wenn die Eltern ihre Zustimmung versagen.

e) Rechtsgeschäfte, die gegen ein gesetzliches Verbot verstoßen.   § 134

Beispiel: Ein 19jähriger Schüler bestellt 100 g Haschisch bei einem Rauschgifthändler. Er verweigert die Abnahme und Bezahlung, da Rauschgifthandel verboten ist.

f) Rechtsgeschäfte, die gegen die guten Sitten verstoßen.   § 138

Beispiel: Jemand verlangt für ein Darlehen 30% Zinsen. Der Darlehensvertrag ist nichtig (Wucher).

BGB	g) Rechtsgeschäfte, die gegen die gesetzlichen oder rechtsgeschäftlich bestimmten Formvorschriften verstoßen.
§ 125	

Beispiel: Ein mündlich abgeschlossener Grundstückskauf ist nichtig.

Anfechtung der Rechtsgeschäfte

§ 142 Gültig zustande gekommene Rechtsgeschäfte werden **durch Anfechtung** mit *rückwirkender Kraft* nichtig. Anfechtungsgründe sind:

§§ 119-122

a) Irrtum

1. Irrtum in der *Erklärung*. Die Äußerung des Erklärenden entspricht nicht dem, was er äußern wollte.

   Beispiel: Bei einem Angebot wird als Preis 15,— DM durch Versprechen oder Verschreiben angegeben.

2. Irrtum in der *Übermittlung*. Die Willenserklärung ist durch die mit der Übermittlung beauftragte Person oder Anstalt unrichtig weitergegeben worden.

   Beispiel: Als Angebotspreis werden von der Post in einem Telegramm versehentlich 1 250,— DM statt 2 150,— DM gedruckt.

3. Irrtum über *wesentliche Eigenschaften* der Person oder Sache. Die Eigenschaften, über die man sich geirrt hat, müssen für die Abgabe der Willenserklärung wesentlich gewesen sein.

   Beispiele:
   1. Ein Geschäftsmann stellt einen Kassierer ein und erfährt nachträglich, daß er wegen Unterschlagung vorbestraft ist.
   2. Ein Kunsthändler verkauft die Fälschung eines Gemäldes; Verkäufer und Käufer halten die Fälschung zunächst für das Original.

Anfechtungsberechtigt ist, wer sich geirrt hat. Die Anfechtung muß *unverzüglich* nach Entdeckung des Irrtums erfolgen. Entsteht durch die Anfechtung ein Schaden, so ist der Anfechtende ersatzpflichtig.

Kein Anfechtungsrecht besteht bei Irrtum im *Beweggrund (Motiv)*, der zur Abgabe der Willenserklärung geführt hat, sowie bei schuldhafter Unkenntnis.

Beispiele:
1. Jemand kauft Aktien in der irrigen Annahme, daß der Kurs steigen werde.
2. Ein Kaufmann unterschreibt einen Bestellschein, ohne vorher die auf der Rückseite abgedruckten Verkaufsbedingungen gelesen zu haben, und stellt nachher fest, daß diese mit den mündlichen Absprachen nicht übereinstimmen.

§ 123
§ 124

b) Arglistige Täuschung oder widerrufliche Drohung

Die Anfechtung hat binnen Jahresfrist ab Entdeckung der Täuschung oder seit Wegfall der Zwangslage zu erfolgen.

Beispiele:
1. Ein Gebrauchtwagenhändler verkauft einen Unfallwagen als »garantiert unfallfrei«.
2. Ein Arbeitnehmer droht dem Arbeitgeber mit einer Anzeige wegen Steuerhinterziehung, falls er seine Forderung auf Gehaltserhöhung ablehnt.

Aufgaben: Wie ist die Rechtslage in folgenden Fällen:
1. Ein »Schwarzhändler« schließt einen Kaufvertrag über die Lieferung von Waffen ab.
2. Beim Schreiben eines Angebots vertippt sich die Sekretärin und gibt als Einzelpreis 58,— DM statt 85,— DM an. Der Kunde bestellt darauf 80 Stück zu je 58,— DM.
3. Der Vorstand eines Kegelclubs hat vor 4 Wochen für eine Wochenend-Ausflugsfahrt einen Omnibus bestellt. Der Wetterbericht kündigt am Freitag vor dem Ausflug naßkaltes, regnerisches Wetter an. Der Vorstand möchte deshalb die Bestellung wegen Irrtums anfechten.

3.2.3 Gesetzliche Regelung der Allgemeinen Geschäftsbedingungen

Die Möglichkeit, Verträge inhaltlich frei zu gestalten, wird immer mehr durch Allgemeine Geschäftsbedingungen eingeengt.

> Unter **Allgemeinen Geschäftsbedingungen** versteht man Vertragsbedingungen, die für eine **Vielzahl von Verträgen vorformuliert** und auf der Vertragsurkunde (Angebots-, Bestellformular) oder auf einem besonderen Blatt abgedruckt werden.

AGB-G
§ 1

Sie sollen, ohne im einzelnen ausgehandelt zu sein, Vertragsbestandteil werden.

Bedeutung der AGB

Mit Hilfe der AGB wird der Vertragsabschluß beim Verkauf und Einkauf wesentlich erleichtert. Die Vertragsinhalte können vorausgeplant und im Bedarfsfall verwendet werden. Dadurch, daß der einzelne Vertrag nicht mehr ausgehandelt werden muß, dienen die AGB der Rationalisierung des Absatzes und der Beschaffung.

Die Gefahr der AGB liegt darin, daß vor allem Nichtkaufleute durch ungünstige AGB benachteiligt werden können. Kaufleute könnten, um zu einem möglichst reibungslosen Vertragsabschluß zu kommen, mit der Sorglosigkeit und Unkenntnis der Kunden rechnen, die das »Kleingedruckte« meistens nicht lesen.

Gesetz zur Regelung des Rechts der AGB

Das AGB-Gesetz soll eine Benachteiligung des wirtschaftlich Schwächeren durch vorformulierte Bedingungen verhindern.

a) **Allgemein** gelten folgende Regelungen: §4
 — Individuelle Vertragsabreden haben Vorrang vor den AGB. §9
 — Bestimmungen der AGB, die den Vertragspartner unangemessen benachteiligen würden, sind unwirksam.

b) **Zum Schutz der Nichtkaufleute** legte das AGB-Gesetz fest, daß AGB nur dann Vertragsbestandteil werden, wenn der Kaufmann ausdrücklich auf die AGB hinweist bzw. diese deutlich sichtbar am Ort des Vertragsabschlusses aushängt. §§ 2, 24

Außerdem sind u. a. folgende Bestandteile von AGB bei Verträgen mit Nichtkaufleuten unwirksam: §§ 11, 24
 — Die Möglichkeit der Preiserhöhung innerhalb von 4 Monaten nach Vertragsabschluß,
 — die Vereinbarung einer Vertragsstrafe, die vom Nichtkaufmann zu bezahlen wäre,
 — der Ausschluß des Rücktritts bzw. des Rechts auf Schadenersatz beim Lieferungsverzug,
 — Ausschluß oder Beschränkung von Gewährleistungsansprüchen,
 — Verkürzung der gesetzlichen Gewährleistungsfristen.

Solche Vertragsbestandteile haben gegenüber Nichtkaufleuten nur Gültigkeit, wenn sie besonders vereinbart wurden.

Frage und Aufgabe:
1. Warum gelten einige Bestimmungen des AGB-Gesetzes nur gegenüber Nichtkaufleuten?
2. Entscheiden Sie, ob folgende Klauseln in den AGB eines Händlers gegenüber Nichtkaufleuten Gültigkeit haben:
   a) Mängel an der Ware können nur innerhalb von 14 Tagen geltend gemacht werden.
   b) Vereinbarte Preise gelten nur bei Lieferung innerhalb von 2 Monaten nach Vertragsabschluß.
   c) Rücktritt vom Kaufvertrag wird als Gewährleistungsanspruch ausgeschlossen.
3. Was kann ein Händler gegenüber einem Nichtkaufmann unternehmen, um Bestimmungen, die in AGB unwirksam wären, rechtswirksam zu vereinbaren?

3.3 Rechte des Käufers bei Sachmängeln

BGB
§ 459

Der Verkäufer ist verpflichtet, den verkauften Gegenstand mängelfrei zu liefern. Der Gegenstand darf im Zeitpunkt des Gefahrübergangs nicht mit Mängeln behaftet sein, die den Wert oder die Tauglichkeit zum bestimmungsgemäßen Gebrauch mindern oder aufheben.

Beispiele: Verdorbene Sachen, technische Fehler, Bruchschäden, Fehlen einer zugesicherten Eigenschaft (kochfest, stoß- und bruchsicher).

Der Verkäufer trägt die **Gewährleistungspflicht** für Mängel.

§§
460-464

Die Gewährleistungspflicht des Verkäufers **tritt nicht ein,**

a) wenn der Käufer den Mangel kennt, ohne sich seine Rechte aus der Mängelrüge ausdrücklich vorzubehalten.

b) bei Versteigerungen.

Gewährleistungsfristen und Rügepflicht

Gewährleistungsfristen. Der Verkäufer muß für Sachmängel zeitlich nicht unbegrenzt haften. Aus Gründen der Rechtssicherheit sind deshalb im Gesetz Gewährleistungsfristen festgelegt. Die Frist beträgt *gesetzlich* **sechs Monate** vom Zeitpunkt der Lieferung an, kann aber *vertraglich* verlängert werden **(Garantie)**. Für *arglistig verschwiegene Mängel* gilt die **dreißigjährige** Verjährungsfrist.

§ 477

§ 195

Beispiel: Ein Gebrauchtwagenhändler verkauft einen Unfallwagen als unfallfrei. Nach zwei Jahren stellt der TÜV fest, daß der Wagen aufgrund eines Unfalles Schweißstellen am Rahmen aufweist. Der Käufer kann jetzt noch Ansprüche aus Sachmängelhaftung geltend machen.

Rügepflicht. Der Käufer muß die Mängel beim Verkäufer innerhalb der Gewährleistungsfrist anzeigen (Mängelrüge, Reklamation). Läßt er die Gewährleistungsfrist verstreichen, verwirkt er seine Ansprüche.

Sofern der Käufer Kaufmann ist, muß er die Ware unverzüglich prüfen und den Mangel unverzüglich rügen.

Der Käufer muß die Mängel genau bezeichnen. Ein allgemeiner Hinweis wie „Ware unverkäuflich", „Ware schlecht", „Ware nicht vertragsgemäß" genügt nicht.

Rechte des Käufers

Auf Grund der Mängelrüge kann der Käufer nach seiner Wahl verlangen

§ 462

a) **Wandelung, d.h. Rückgängigmachung des Vertrages.** Der Kaufgegenstand ist zurückzugeben und der etwa schon bezahlte Kaufpreis zurückzuzahlen.

Beispiel: Der Käufer einer Hose entdeckt zu Hause einen Webfehler. Da der Verkäufer keine gleichartige Ersatzhose liefern kann, bringt er die Hose zurück und läßt sich den Kaufpreis auszahlen.

§ 462

b) **Minderung des Kaufpreises.** Der Kaufvertrag bleibt bestehen. Der Käufer kann jedoch eine Herabsetzung des Kaufpreises verlangen.

Beispiel: Ein gelieferter Anzugstoff hat nur leichte Webfehler, so daß er trotzdem noch für die Weiterverarbeitung verwendet werden kann.

§ 480

c) **Ersatzlieferung mangelfreier Ware.** Sie ist nur beim Kauf vertretbarer Sachen (Gattungskauf), nicht beim Stückkauf möglich.

Beispiel: Der Käufer einer Hose, der zu Hause einen Webfehler festgestellt hat, tauscht die mangelhafte Hose in eine mangelfreie um.

Sehr häufig versuchen die Verkäufer einer Ware, das gesetzliche Recht auf mangelfreie Ersatzlieferung vertraglich auszuschließen und durch ein Nachbesserungsrecht zu ersetzen. Deshalb sollten Käufer auf die Vertragsbedingungen achten und gegebenenfalls auf ihrem gesetzlichen Recht bestehen.

d) Schadenersatz wegen Nichterfüllung kann statt Wandelung und Minderung geltend gemacht werden, wenn dem Gegenstand eine zugesicherte Eigenschaft fehlt oder ein Mangel arglistig verschwiegen wurde.

BGB § 463

> **Beispiel:** Kleidungsstücke mit der zugesicherten Eigenschaft »licht- und waschecht« verfärben beim Waschen andere Wäschestücke. Der entstandene Schaden muß ersetzt werden.

Nicht selten werden einzelne Gewährleistungsrechte des Käufers durch die vereinbarten Vertragsbedingungen ausgeschlossen oder eingeschränkt. Derartige Bestimmungen sind jedoch gegenüber Nichtkaufleuten unwirksam, wenn sie nicht im einzelnen ausgehandelt sind, sondern durch »Allgemeine Geschäftsbedingungen« zum Vertragsbestandteil wurden (Abschnitt 3.2.3).

AGB-G §§ 11, 24

Fragen:
1. Von welchem Recht wird der Käufer in folgenden Fällen Gebrauch machen:
   a) Das Furnier eines gekauften Schrankes hat leichte Kratzer an der Seitenwand.
   b) Das Furnier eines gelieferten Schrankes ist an der Vorderseite stark beschädigt. Der Möbelhändler kann keinen gleichartigen Schrank liefern.
   c) Die zu einem vorhandenen Geschirr gekauften neuen Teile weichen erheblich ab.
   d) Eine Kundin kauft einen roten Mantel mit der zugesicherten Eigenschaft »licht- und waschecht«. Beim Tragen im Regen wird das weiße Kleid der Kundin verfärbt.
2. a) Bei einem gekauften Schrank bricht nach zwei Monaten das Scharnier. Über Garantie wurde nichts vereinbart. Kann der Käufer jetzt noch seine Rechte aus Sachmängelhaftung geltend machen?
   b) Bei einem Mikrowellenherd funktioniert acht Monate nach dem Kauf die Auftauautomatik nicht mehr. Unter welcher Voraussetzung kann der Käufer seine Rechte noch wahrnehmen?
   c) Beim Kauf eines Gebrauchtwagens wird dem Käufer der Eindruck vermittelt, daß an dem Fahrzeug noch keine wesentlichen Reparaturen vorgenommen wurden. Nach zwei Jahren wird der Motor defekt. Es stellt sich heraus, daß die Ventile bereits einmal eingeschliffen wurden. Besteht noch Sachmängelhaftung?
3. Ein Käufer tauscht eine Krawatte nach Weihnachten um, weil diese dem Beschenkten nicht gefällt. Ein anderer Kunde tauscht eine Krawatte um wegen eines Webfehlers. Welcher Unterschied besteht bei den beiden Fällen?
4. Bei welchen Sachmängeln kommt Schadenersatz wegen Nichterfüllung in Frage?

3.4 Verschiedene Vertragsarten

Außer dem Kaufvertrag spielen im Wirtschaftsleben auch andere Verträge eine wichtige Rolle.

3.4.1 Werk-, Werklieferungs- und Dienstvertrag

Von vielen Betrieben werden keine fertigen Waren geliefert, sondern besondere auftragsgemäße Leistungen erbracht. Deshalb unterscheidet die Rechtsordnung Werk-, Werklieferungs- und Dienstvertrag.

Werkvertrag

> Im Werkvertrag verpflichtet sich der *Unternehmer* zur Herstellung eines versprochenen Werkes, der *Besteller* zur Entrichtung der vereinbarten Vergütung.

BGB § 631 (1)

Gegenstand des Werkvertrages ist der versprochene *Erfolg*, das „Werk". Dies kann sein

§ 631 (2)

— die Herstellung oder Veränderung einer Sache.
> **Beispiele:** Anfertigung eines Maßanzugs, zu dem der Besteller den Stoff liefert, Errichtung eines Bauwerks, Reparatur eines Autos.

— die Herbeiführung eines anderen Erfolgs durch Arbeits- oder Dienstleistung.
> **Beispiele:** Beförderung von Personen oder Gütern, Auskunftserteilung durch eine Auskunftei, Ausarbeitung eines Gutachtens, Aufführung eines Konzerts.

Pflichten des Unternehmers

BGB
§ 633 (1) a) Das versprochene Werk ist mit den zugesicherten Eigenschaften mangelfrei und rechtzeitig herzustellen. Der Unternehmer braucht es nicht persönlich herzustellen (Bauunternehmer), es sei denn, er hat dies dem Besteller ausdrücklich zugesagt oder das Werk kann seiner Art nach nur persönlich von ihm selbst geschaffen werden (Portrait).

§ 634 Bei mangelhafter Herstellung des Werkes kann der Besteller Beseitigung des Mangels (Nachbesserung) und nach fruchtlosem Ablauf einer dafür gesetzten Frist Wandelung oder Minderung verlangen.

b) Der Unternehmer hat dem Besteller das Eigentum am Werk zu verschaffen.

c) Er hat die vereinbarte Vergütung anzunehmen.

Pflichten des Bestellers

§ 640
§ 646 a) Er hat das vertragsgemäß hergestellte Werk anzunehmen, sofern nach der Beschaffenheit des Werkes eine Abnahme überhaupt möglich ist.

§ 642 b) Der Besteller muß gegebenenfalls an der Herstellung des Werks mitwirken, z.B. Anprobe eines Maßanzugs, Sitzung beim Portraitmaler.

§ 641 c) Er hat die vereinbarte Vergütung zu zahlen.

Werklieferungsvertrag

§ 651 **Im Werklieferungsvertrag** verpflichtet sich der *Unternehmer* zur **Herstellung eines** versprochenen **Werkes** aus einem *von ihm zu beschaffenden Stoff*.

Beispiele: Anfertigen eines Maßanzugs, zu dem der Schneider Stoff und Zutaten liefert; oder Lieferung eines kalten Buffets, zu dem der Fleischer die Zutaten besorgt.

Bei Werklieferungsverträgen über die Herstellung *vertretbarer* Sachen (Konfektionsanzüge) gelten ausschließlich die Vorschriften über den **Kaufvertrag**. Sind *nicht vertretbare* Sachen herzustellen (Maßanzug, Werbefilm), so gelten grundsätzlich die Vorschriften über den **Werkvertrag**.

Für manche Werkverträge gibt es Sondergesetze, die ergänzende oder abweichende Bestimmungen gegenüber dem BGB enthalten, z.B. für Kommissions-, Speditions-, Fracht-, Personenbeförderungsverträge und Verträge über Bauleistungen.

Dienstvertrag

§ 611 **Der Dienstvertrag** ist ein Vertrag, durch den sich der *Dienstverpflichtete* (Arbeitnehmer) zur **Leistung der** vereinbarten **Dienste**, der *Dienstherr* (Arbeitgeber) zur **Entrichtung der** vereinbarten **Vergütung** verpflichtet.

Gegenstand des Dienstvertrags ist eine Dienstleistung, also die bloße Verpflichtung zum Tätigwerden *ohne* Rücksicht auf den Erfolg.

Beispiele: Beschäftigung einer Hausgehilfin, Erteilung von Nachhilfeunterricht.

Ein großer Teil der Dienstverträge sind **Arbeitsverträge**.

Fragen und Aufgabe:
1. a) Welche Rechte hat der Käufer eines Werkes bei mangelhafter Lieferung?
   b) Wodurch unterscheiden sich diese Rechte von den Rechten aus mangelhafter Lieferung bei der Erfüllung des Kaufvertrags?
2. Wie nennt das Gesetz die Vertragspartner beim Werk-, Werklieferungs- und Dienstvertrag?

3. Um welche Vertragsarten handelt es sich in folgenden Fällen:
   a) Eine Frau läßt sich beim Friseur Dauerwellen legen.
   b) Eine Schülerin ist als Babysitterin tätig.
   c) Ein Hausbesitzer bestellt bei einem Schreiner einen Einbauschrank.
4. Der Berufsschüler Franz Maier nimmt vor der Abschlußprüfung Nachhilfeunterricht. Trotzdem besteht er die Prüfung nicht. Begründen Sie, ob er das Nachhilfehonorar zurückfordern kann.

3.4.2 Miet- und Pachtvertrag

Im Wirtschaftsleben nimmt die Bedeutung von Miet- und Pachtverträgen zu, insbesondere das Mieten von Anlagen und Fahrzeugen.

Mietvertrag

> Im **Mietvertrag** verpflichtet sich der *Vermieter* zur **Gebrauchsüberlassung** einer Sache und der *Mieter* zur **Bezahlung des** vereinbarten **Mietzinses**.

BGB § 535

Gegenstand eines Mietvertrages können bewegliche und unbewegliche Sachen sein.
Beispiele: Autos, Maschinen, Datenverarbeitungsanlagen; Lagerplätze, Garagen, Gebäude, Wohnungen, Räume.

Die Verpflichtung des **Vermieters** besteht darin, dem Mieter die Sache in einem fehlerfreien, d. h. zum vertragsgemäßen Gebrauch geeigneten Zustand zu überlassen und sie während der Mietzeit in diesem Zustand zu erhalten. §536

Der **Mieter** hat je nach Vereinbarung zu Beginn oder nach Ablauf des vereinbarten Zeitabschnittes den Mietzins zu bezahlen. Nach Beendigung des Mietverhältnisses hat er die Sache zurückzugeben. §551

In vielen Fällen werden Gegenstände deshalb gemietet, weil sich die Aufwendungen auf die Gebrauchsdauer verteilen und die hohe Anschaffungsausgabe vermieden wird.

Der Abschluß der Mietverträge erfolgt meistens mit Hilfe von Formularen, in denen die Mietbedingungen oft abweichend vom Gesetz formuliert sind.

Pachtvertrag

> Durch den **Pachtvertrag** wird der *Verpächter* verpflichtet, dem Pächter **den Gebrauch des Pachtgegenstandes und die Erträge** daraus zu **überlassen**. Der *Pächter* hat den **Pachtzins zu entrichten**.

§581

Gegenstand eines Pachtvertrages kann im Gegensatz zur Miete nicht nur eine Sache, sondern auch ein Recht sein. Der Pachtvertrag unterscheidet sich vom Mietvertrag außerdem dadurch, daß bei ihm nicht nur der Gebrauch des Gegenstandes, sondern auch die Erträge daraus überlassen werden.
Beispiele: Ernte aus gepachtetem Ackerland, Gewinn aus gepachteter Gastwirtschaft oder gepachtetem Handwerksbetrieb, Gewinn aus Patentverwertungen.

Der Verpächter hat den Pachtgegenstand dem Pächter in einem Zustand zu überlassen, der die Ertragsnutzung möglich macht. Er haftet aber nicht für einen lohnenden Ertrag.
Im einzelnen finden die Vorschriften für den Mietvertrag entsprechende Anwendung.

Fragen:
1. Aus welchen Gründen könnte sich ein Autokäufer dafür entscheiden, ein Auto zu mieten anstatt zu kaufen?
2. Worin besteht der Ertrag beim Pachten
   a) einer Metzgerei,
   b) eines Weinberges,
   c) einer patentrechtlich geschützten Erfindung?
3. Der Inhaber einer Bäckerei möchte seinen Betrieb altershalber aufgeben. Welche Möglichkeiten bieten sich ihm, sich von seinem Betrieb zurückzuziehen?

3.4.3 Leih- und Darlehensvertrag

BGB
§ 598

Während der Leihvertrag hauptsächlich im privaten Bereich eine Rolle spielt, ist der Darlehensvertrag im Wirtschaftsleben von Bedeutung.

Leihvertrag

> Der **Leihvertrag** ist ein Vertrag, durch den sich der *Verleiher* zur **unentgeltlichen Gebrauchsüberlassung** einer Sache, der *Entleiher* zur **Rückgabe** *derselben Sache* verpflichtet.

Gegenstand des Leihvertrages können wie bei der Miete bewegliche und unbewegliche Sachen sein.

Beispiele: Kostenlose Überlassung eines Schulbuches durch den Schulträger; kostenlose Überlassung einer Ferienwohnung.

Der **Verleiher** ist verpflichtet, den vertragsgemäßen Gebrauch der Sache zu ermöglichen. Er haftet dafür aber nur für Vorsatz und grobe Fahrlässigkeit.

§ 601
§ 604

Der **Entleiher** ist wie bei der Miete berechtigt, die Sache zu gebrauchen. Im Gegensatz zum Pachtvertrag darf er keinen Ertrag damit erwirtschaften. Er hat die Sache ordnungsgemäß aufzubewahren, die üblichen Erhaltungskosten zu tragen und die Sache nach Ablauf der vereinbarten Zeit zurückzugeben.

Die Begriffe Leihe und Miete werden oft nicht klar unterschieden. So wird zum Beispiel von Leihbücherei gesprochen, auch wenn für das »Ausleihen« der Bücher Gebühren erhoben werden.

Darlehensvertrag

§ 607

> Der **Darlehensvertrag** ist ein Vertrag, durch welchen sich der *Darlehensnehmer* verpflichtet, dem Darlehensgeber die ihm überlassenen **vertretbaren Sachen** in *Sachen gleicher Art, Güte und Menge* zurückzuerstatten.

Gegenstand des Darlehensvertrages ist im allgemeinen Geld, kann aber auch eine andere vertretbare Sache sein.

Beispiele: Ein Hobbygärtner »borgt« sich einen Ballen Torf vom Grundstücksnachbar. Eine Hausfrau holt sich bei der Nachbarin 1 kg Zucker.

Im Darlehensvertrag kann ein Entgelt vereinbart sein (Zins für ein Gelddarlehen), die Überlassung der Sache kann aber auch unentgeltlich sein.

Fragen und Aufgabe:
1. Der Berufsschüler Karl Müller hat von seiner Schule das Lehrbuch »Allgemeine Wirtschaftslehre« erhalten. Am Ende der Schulzeit
   a) kann er das Buch nicht zurückgeben, da er es verloren hat;
   b) gibt er es in leicht abgenutztem Zustand zurück;
   c) gibt er es in zerschlissenem Zustand und mit handschriftlichen Eintragungen versehen zurück.
   Wie ist jeweils die Rechtslage?
2. Finden Sie Beispiele für zinslose Darlehen.
3. Welche Bedeutung können Darlehen im Geschäftsleben haben?
4. Ein Geschäftsmann erwirbt mit Hilfe eines Kredits eine Maschine. Welche Verträge werden dabei abgeschlossen?

3.4.4 Vertragsarten im Überblick

Beispiel	Vertragsart	Vertragsgegenstand	Pflichten der Vertragspartner	§§ BGB
Eine Familie kauft ein Auto.	Kaufvertrag	Erwerb eines Gegenstandes gegen Entgelt	**Verkäufer:** Übergabe des Gegenstandes und Verschaffung des Eigentums. **Käufer:** Annahme des Gegenstandes und Bezahlung des Kaufpreises.	433-458
Jemand bestellt einen Maßanzug, zu dem er den Stoff liefert.	Werkvertrag	Herstellung eines Werkes gegen Entgelt	**Unternehmer:** Zustandebringen eines bestimmten Arbeitserfolges. **Besteller:** Beschaffung des Stoffes, Annahme des Werkes, Bezahlung der vereinbarten Vergütung	631-650
Jemand bestellt einen Maßanzug, zu dem der Schneider den Stoff liefert.	Werklieferungsvertrag	Herstellung eines Werkes aus vom Unternehmer zu beschaffendem Stoff	**Unternehmer:** Herstellung eines Werkes. **Besteller:** Annahme des Werkes, Bezahlung der vereinbarten Vergütung.	651
Ein kaufmännischer Angestellter tritt eine neue Stelle an.	Dienstvertrag	Leistungen von Diensten gegen Entgelt	**Arbeitnehmer:** Verrichtung einer Arbeit. **Arbeitgeber:** Bezahlung der vereinbarten Vergütung	611-630
Ein Unternehmen spendet dem Roten Kreuz einen Notarztwagen.	Schenkungsvertrag	Unentgeltliche Zuwendung von Sachen oder Rechten, durch die der Beschenkte bereichert wird	**Schenker:** Übereignung der Sache. **Beschenkter:** Annahme der Sache.	516-534
Ein Auszubildender nimmt sich ein Zimmer.	Mietvertrag	Überlassung von Sachen zum Gebrauch gegen Entgelt	**Vermieter:** Übergabe der Sache im vertragsgemäßen Zustand. **Mieter:** Bezahlung der Miete, Rückgabe *derselben* Sache.	535-580
Ein Koch übernimmt eine Gastwirtschaft.	Pachtvertrag	Überlassung von Sachen und Rechten zum Gebrauch und Fruchtgenuß gegen Entgelt	**Verpächter:** Übergabe der Sache im vertragsgemäßen Zustand. **Pächter:** Bezahlung der Pacht, Rückgabe *derselben* Sache.	581-597
Ein Schüler erhält von seiner Schule kostenlos die Lehrbücher.	Leihvertrag	Überlassung von Sachen zum Gebrauch ohne Entgelt	**Verleiher:** Überlassung der Sache im vertragsgemäßen Zustand. **Entleiher:** Rückgabe *derselben* Sache.	598-606
Ein Kaufmann nimmt bei der Bank einen Kredit auf.	Darlehensvertrag	Unentgeltliche oder entgeltliche Überlassung von vertretbaren Sachen, z.B. Geld	**Darlehensgeber:** Übereignung der Sache. **Darlehensnehmer:** Rückgabe einer *gleichartigen* Sache.	607-610

Bild 31

Aufgabe und Frage:
1. Stellen Sie die wesentlichen Unterschiede folgender Verträge gegenüber:
    a) Kaufvertrag — Mietvertrag,
    b) Kaufvertrag — Werkvertrag,
    c) Werkvertrag — Dienstvertrag,
    d) Mietvertrag — Pachtvertrag,
    e) Mietvertrag — Leihvertrag,
    f) Leihvertrag — Darlehensvertrag.

2. Welche Vertragsarten liegen vor?
   a) Jemand »leiht« bei einer Bank 10 000,— DM.
   b) Jemand »leiht« ein Auto und zahlt 0,50 DM je gefahrenen km.
   c) Jemand »leiht« ein Buch von einem Freund.
   d) Eine Hausfrau »leiht« bei der Nachbarin 10 Eier.
   e) Der Kaufmann Hahn läßt seinen Geschäftswagen reparieren.
   f) Für die Zeit der Reparatur besorgt sich Hahn einen Wagen von der Firma »Autoverleih Knocke & Kober«.
   g) Hahn hilft seinem Verkäufer Kurz finanziell bei der Anschaffung von Möbeln. Kurz zahlt monatlich 100,— DM zurück.
   h) Für den Umzug stellt Hahn seinem Angestellten kostenlos den Kleintransporter des Geschäfts zur Verfügung.
   i) Hahn stellt zwei Angestellte ein.

3.5 Überblick über die Rechtsordnung

Die Natur des Menschen verlangt Freiheit in der Entfaltung und Gestaltung seiner Beziehungen zu anderen Menschen. Der Mißbrauch dieser Freiheit führt jedoch zu Ungerechtigkeit. Der Anspruch jeder Person auf Gerechtigkeit erfordert aber, daß die Freiheit des einzelnen durch allgemein gültige Regeln abgegrenzt wird.

Beispiel: Ein Achtzehnjähriger hat die Freiheit, sich ein Auto zu kaufen. Beim Fahren hat er sich aber »so zu verhalten, daß kein anderer geschädigt, gefährdet oder mehr als nach den Umständen unvermeidbar behindert oder belästigt wird«.

Die *Gesamtheit* des in einem Staate geltenden Rechts bezeichnet man als **Rechtsordnung**.

3.5.1 Rechtsquellen

Regeln des Zusammenlebens, die durch langdauernde **Gewohnheit** von allen als Recht anerkannt wurden, hat es schon immer gegeben. Da dieses Recht schriftlich nicht festgelegt und örtlich verschieden war, ergaben sich Unsicherheiten bei der Anwendung des Rechts. Es entstand daraus das Bedürfnis, allgemein gültige Rechtsregeln festzusetzen und sie **schriftlich** niederzulegen. Der Großteil unserer heutigen Rechtsordnung besteht daher aus geschriebenem oder gesetztem Recht. Wo das gesetzte Recht noch Lücken bzw. Unklarheiten offen läßt, ist es Aufgabe der **Gerichte**, durch Entscheidungen Rechtssicherheit herbeizuführen.

Somit gibt es folgende **Rechtsquellen:**

a) **Gewohnheitsrecht** ist der Teil des Rechts, der durch langdauernde Ausübung zur Verkehrssitte geworden ist, weshalb die Beteiligten daraus Rechte und Pflichten ableiten können. Es entsteht unmittelbar, d. h. ohne gesetzliche Festlegung, aus der Rechtsüberzeugung des Volkes.

HGB
§ 346

Beispiel: Handelsbrauch (Usance) im Handelsrecht (Drein- bzw. Draufgabe; 1 »Maß« Bier = 1 Liter Bier); Recht der Durchfahrt durch ein fremdes Grundstück aufgrund langjähriger Praxis.

b) **Geschriebenes Recht** (Bild 32) ist der Teil der Rechtsordnung, der durch das Parlament verabschiedet (Gesetz) oder durch Regierung bzw. Verwaltung erlassen wird (Verordnung). Es wird durch Gewohnheitsrecht und Gerichtsentscheide ergänzt.

Ausgangspunkt und **höchstrangiges Recht** im Rahmen des geschriebenen Rechts ist in der Bundesrepublik Deutschland das **Grundgesetz**.

Stufen der Entstehung	Inhalt und Bedeutung	Beispiele	Quelle Zuständigkeit
Verfassung	Normativer **Rahmen** für die Gesetzgebung	Grundgesetz	Legislative (qualifizierte Mehrheit)
Gesetz	Rechtsregeln **allgemeinen** Charakters	Gewerbesteuergesetz	Legislative (einfache Mehrheit)
Verordnung	Ergänzungs- und Durchführungsbestimmungen **allgemeinen** Charakters	Gewerbesteuerdurchführungsverordnung	Exekutive (oberste Instanz: Ministerium)
Verwaltungsakt	Verfügungen und Entscheidungen zur Regelung des **Einzelfalles**	Gewerbesteuerbescheid	Exekutive (untergeordnete Behörden)

Bild 32

Beispiel: Die Polizei stellt bei einer Streifenfahrt fest, daß ein Gastwirt nach Beginn der polizeilichen Sperrzeit noch Gäste bewirtet. Sie erstattet Anzeige. Der Gastwirt erhält daraufhin von der Stadtverwaltung einen Bußgeldbescheid über 200,— DM (**Verwaltungsakt**). Dieser Bußgeldbescheid wurde erlassen aufgrund einer **Verordnung** der Stadt über die Regelung der Sperrzeit. Diese Verordnung dient als Ergänzung des Gaststätten**gesetzes**, in dem es heißt, daß ordnungswidrig handelt, wer »als Inhaber einer Schankwirtschaft, Speisewirtschaft oder öffentlichen Vergnügungsstätte duldet, daß ein Gast nach Beginn der Sperrzeit in den Betriebsräumen verweilt«.

c) **Gerichtsentscheide** durch Oberlandes- und Bundesgerichte ergänzen das geschriebene Recht vor allem dann, wenn durch die Verfassung oder ein Gesetz nur die Rahmenbedingungen geregelt sind, oder wenn Lücken im Gesetz im Zusammenhang mit einem gegebenen Rechtsstreit auszufüllen sind.

Beispiel: Das Streik- und Aussperrungsrecht ist in Artikel 9 des Grundgesetzes durch die Koalitionsfreiheit nur grundsätzlich geregelt. In welchen Fällen ein Streik bzw. eine Aussperrung zulässig ist, wurde durch eine Reihe von Bundesarbeitsgerichtsentscheiden festgelegt.

Fragen:
1. Wie entsteht Gewohnheitsrecht?
2. Sie lesen an einem Anschlagbrett im Betrieb: »Es wird auch in diesem Jahr an jeden Betriebsangehörigen eine Weihnachtsgratifikation in Höhe von 1 500,— DM bezahlt unter der Maßgabe, daß daraus kein Rechtsanspruch abgeleitet werden kann.«
   Welche Bedeutung hat dieser rechtliche Vorbehalt?
3. Welche Formen des geschriebenen Rechts sind zu unterscheiden?
4. Welche Bedeutung in der Rechtsordnung haben
   a) der Bundestag,
   b) die Bundesregierung,
   c) das Bundesfinanzministerium,
   d) das Finanzamt.
5. Mit welcher Mehrheit kann der Bundestag beschließen
   a) Grundgesetzänderungen,
   b) Gesetzesänderungen.
   Warum besteht dieser Unterschied?
6. In welchen Fällen können die Gerichte nicht nur Recht sprechen, sondern auch Recht schaffen?

3.5.2 Rechtsgebiete

Je nachdem, ob durch Rechtsnormen die Beziehungen einzelner Menschen untereinander geregelt werden, oder ob Träger der öffentlichen Gewalt beteiligt sind, unterscheidet man in der Rechtsordnung die Gebiete des öffentlichen und privaten Rechts.

a) **Das Privatrecht** regelt das Recht des einzelnen für sich und in seinem Verhältnis zum Recht des anderen nach dem Grundsatz der *Gleichberechtigung*.

b) **Das öffentliche Recht** regelt

— die Rechtsverhältnisse der Träger der öffentlichen Gewalt zueinander,
   Beispiele: Staatsaufbau und Verfassungsrecht, Gesetzgebung,

— das Verhältnis der einzelnen zu den Trägern der öffentlichen Gewalt. Im Interesse der Allgemeinheit werden dem einzelnen Verbote und Gebote auferlegt, d. h. es besteht *Über- und Unterordnung*.
   Beispiele:
   Verbote: Leben, Freiheit, Eigentum und Ehre des Mitmenschen zu verletzen; gegen die Regeln des Straßenverkehrs zu verstoßen.
   Pflichten: Steuerpflicht, Wehrpflicht, Zeugenpflicht vor Gericht.

Das öffentliche Recht sichert auch Recht und Freiheit des Bürgers und schützt ihn vor Übergriffen des Staates.
   Beispiele: Niederlassungsfreiheit, Freiheit der Meinungsäußerung, Verbot des Freiheitsentzugs ohne richterliche Anordnung.

Außerdem regelt das öffentliche Recht das Prozeßverfahren bei Auseinandersetzungen zwischen dem einzelnen und dem Staat und zwischen Personen untereinander.

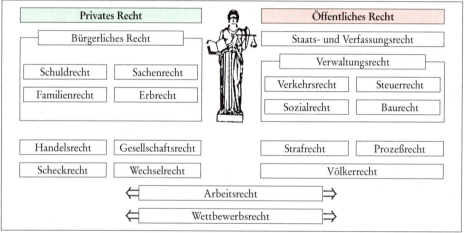

Quelle: Zahlenbilder

Bild 33

Jeder Zweig des öffentlichen und privaten Rechts enthält ein Bündel von Gesetzen, die entweder grundlegender oder ergänzender spezifischer Natur sind.

Beispiele: Grundlegendes Gesetz für das bürgerliche Recht ist das Bürgerliche Gesetzbuch (BGB). Das Handelsgesetzbuch (HGB) ergänzt das BGB und gilt speziell für Kaufleute.
Im Steuerrecht, das in der Verfassung wurzelt, ist die Abgabenordnung (AO) das grundlegende Gesetz, auf dem die speziellen Steuergesetze wie das Einkommensteuergesetz (EStG), das Umsatzsteuergesetz (UStG), das Gewerbesteuergesetz (GewStG) usw. aufbauen.

Während das öffentliche Recht **zwingendes** Recht ist, ist das Privatrecht weitgehend **nachgiebiges** Recht, d. h. es können durch Verträge andere Regelungen als die im Gesetz vorgesehenen vereinbart werden.

Beispiele:
1. Das Jugendarbeitsschutzgesetz verbietet Kinderarbeit.
2. Beim Kauf einer Ware muß nach § 448 BGB der Käufer die Verpackungskosten als Kosten der Abnahme bezahlen. Es kann aber vereinbart werden, daß der Verkäufer diese Kosten trägt.

Frage und Aufgaben:

1. Welche Unterschiede bestehen zwischen dem privaten und öffentlichen Recht?
2. Begründen Sie, ob es sich bei folgenden Fällen um Vorgänge des öffentlichen oder des privaten Rechts handelt:
   a) Ein Großhändler vereinbart mit einem Einzelhändler eine Warenlieferung.
   b) Aufgrund des Straßenverkehrsgesetzes wird eine neue Straßenverkehrsordnung erlassen.
   c) Ihre Eltern erhalten den Einkommensteuerbescheid für das vergangene Jahr.
   d) Zwei Kaufleute gründen eine Offene Handelsgesellschaft.
   e) Bund und Länder beschließen eine Neuverteilung des Umsatzsteueraufkommens.
3. Untersuchen Sie, ob es sich bei folgenden Bestimmungen um zwingendes oder nachgiebiges Recht handelt:
   a) Bis zur Vollendung des 18. Lebensjahres ist der Jugendliche beschränkt geschäftsfähig.
   b) Die Willenserklärung eines Geschäftsunfähigen ist nichtig.
   c) Die Kosten der Bezahlung des Kaufpreises hat der Käufer zu tragen.
   d) Die Verjährungsfrist für Sachmängel beträgt 6 Monate.
   e) Die Höchstgeschwindigkeit für Personenkraftwagen auf Bundesstraßen beträgt 100 km/h.
   f) Nach dem Ladenschlußgesetz müssen Verkaufsstellen montags bis freitags bis 7 Uhr und ab 18.30 Uhr geschlossen sein.

4 Menschliche Arbeit im Betrieb

Die betriebliche Arbeit findet ihre Ordnung und Regelung
a) im Einzelarbeitsvertrag (Individualarbeitsrecht),
b) im Kollektivarbeitsrecht, dazu gehören
   1. Betriebsvereinbarung,
   2. Tarifverträge,
c) in der Arbeitsschutzgesetzgebung.

Sollen diese konkurrierenden Regelungen auf ein bestimmtes Arbeitsverhältnis angewendet werden, so gilt folgender Grundsatz:

1. Enthalten sie **nachgiebiges Recht**, sind sie in der angegebenen Reihenfolge maßgebend (a—c).

   Beispiel: Es werden in einem Einzelarbeitsvertrag 35 Tage Urlaub vereinbart. Wenn nach Tarifvertrag diesem Arbeitnehmer 28 Tage und nach dem Bundesurlaubsgesetz mindestens 18 Tage zustehen würden, so gilt zunächst die einzelvertragliche Regelung und erst wenn hier nichts vereinbart wurde, der Tarifvertrag bzw. das Bundesurlaubsgesetz.

   Zwingende Normen gelten jedoch in der umgekehrten Reihenfolge (c—a).

   Beispiele: Nach der Entbindung steht einer Arbeitnehmerin, die Mutter geworden ist, nach dem Erziehungsgeldgesetz ein Erziehungsurlaub zu. Sie kann aber durch eine einzelvertragliche Regelung darauf verzichten.

2. Abweichende Regelungen beim nachgiebigen Recht sind nur statthaft, wenn sie zugunsten des Arbeitnehmers getroffen werden.

Bild 34

4.1 Der Einzelarbeitsvertrag

In ihm verpflichtet sich der **einzelne Arbeitnehmer** dem **Arbeitgeber** gegenüber zur Leistung von Diensten gegen Entgelt. Die Regelung der Bestimmungen des Einzelarbeitsvertrags bleibt beiden Partnern überlassen. Der Arbeitnehmer darf nur nicht schlechter gestellt werden als im Gesetz, im Tarifvertrag oder in der Betriebsvereinbarung festgelegt ist. Die Grundlagen des Einzelarbeitsvertrags sollen im folgenden am Beispiel des kaufmännischen Angestellten eingehend behandelt werden.

Der kaufmännische Angestellte

> **Kaufmännischer Angestellter** ist, wer **in einem Handelsgewerbe gegen Entgelt kaufmännische Dienste** leistet.

HGB § 59

Rechtliche Grundlage für das Angestelltenverhältnis ist der Dienstvertrag. Sofern sich der Inhalt des Dienstvertrages mit dem Inhalt des Tarifvertrages deckt, genügt für die Begründung des Dienstverhältnisses die formfreie Mitteilung der »Anstellung gemäß Tarifvertrag in der jeweils gültigen Fassung« (Abschnitt 4.2.2).

Leitender Angestellter ist, wer mit der eigenverantwortlichen Wahrnehmung von unternehmerischen Leitungsaufgaben betraut ist und einen erheblichen Entscheidungsspielraum hat (selbständige Einstellungs- und Entlassungsberechtigung, Prokura oder Generalvollmacht).

BetrVG § 5

Rechte des kaufmännischen Angestellten = Pflichten des Arbeitgebers

a) **Vergütung.** Sie besteht in einem *festen Gehalt*, das am Ende eines jeden Monats zu zahlen ist. Kürzere Zeiträume dürfen vereinbart werden, längere dagegen nicht. Daneben können auch *Provisionen* (Verkäufer, Reisende), *Gewinnbeteiligung* (Geschäftsführer, Filialleiter), *Pensionen und Gratifikationen* gewährt werden. Provision, Gewinnbeteiligung und Pension müssen vertraglich vereinbart sein; ein Anspruch auf Gratifikation besteht schon dann, wenn eine solche branchenüblich ist oder schon längere Zeit ohne Vorbehaltsrecht gewährt wurde (Weihnachtsgratifikation, Bilanzgratifikation).

HGB § 64

Besteht für das Angestelltenverhältnis kein Tarifvertrag, so muß die *Höhe der Vergütung* im Dienstvertrag vereinbart werden.

Der Angestellte hat auch dann Anspruch auf volle Vergütung, wenn er wegen Krankheit seine Arbeit im Betrieb nicht ausüben kann. Der Anspruch besteht jedoch nicht länger als 6 Wochen.

§ 63

b) **Fürsorge.** Der Arbeitgeber hat die Pflicht, in seinem Betrieb auf die Erhaltung der *Gesundheit* des Angestellten zu achten. Er hat den Angestellten zur *Sozialversicherung* anzumelden, die Beiträge dafür abzuführen und ihm den zustehenden *Urlaub* zu gewähren.

§ 62

c) **Zeugnis.** Der Angestellte kann beim Ausscheiden aus dem Betrieb vom Arbeitgeber ein schriftliches Zeugnis über **Art** und **Dauer** seiner Beschäftigung fordern (einfaches Zeugnis). Auf *seinen Wunsch* ist es auch auf *Führung* und *Leistung* auszudehnen (qualifiziertes Zeugnis). Der Arbeitgeber haftet für Schäden aus unwahren Zeugnisangaben.

§ 73

Pflichten des kaufmännischen Angestellten = Rechte des Arbeitgebers

a) **Dienstleistung.** Der Angestellte ist verpflichtet, die ihm übertragenen Arbeiten pünktlich, gewissenhaft und seinen Fähigkeiten entsprechend auszuführen. *Art* und *Dauer* der Tätigkeit richten sich nach dem Dienstvertrag.

b) **Verschwiegenheit.** Der Angestellte ist verpflichtet, über Geschäftsangelegenheiten zu schweigen, durch deren leichtfertige, absichtliche oder gar entgeltliche Mitteilung (Schmiergelder) an andere das Geschäft oder sein Inhaber geschädigt wird. Dies gilt besonders für das Ausplaudern von Bezugsquellen, Einkaufspreisen, Kalkulationszuschlägen, Absatzgebieten, Umsätzen, Gehältern, Privatentnahmen, Gewinnen.

UWG §§ 12, 17

Verletzt ein Angestellter diese Pflicht, so hat der Arbeitgeber das Recht, ihn auf Schadenersatz und künftige Unterlassung zu verklagen. In den meisten Fällen wird außerdem die fristlose Entlassung die Folge sein.

§ 19

HGB
§ 60

c) Handels- und Wettbewerbsverbot.

1. **Handelsverbot.** Der Angestellte darf ohne Einwilligung des Arbeitgebers *kein eigenes Handelsgewerbe*, auch nicht außerhalb des Geschäftszweiges des Arbeitgebers, *betreiben*. Er kann auch nicht Vollhafter in anderen Unternehmen sein.

    Beispiel: Ein Buchhalter einer Maschinengroßhandlung darf ohne ausdrückliche oder stillschweigende Genehmigung seines Arbeitgebers nicht Inhaber eines Lebensmittelgeschäftes sein, auch nicht, wenn das Geschäft von seiner Frau geleitet wird.

2. **Wettbewerbsverbot.** Dem Angestellten ist es außerdem verboten, im Geschäftszweig des Arbeitgebers dauernd oder gelegentlich *Geschäfte für eigene* oder *fremde Rechnung* zu machen oder zu *vermitteln*, es sei denn, daß der Arbeitgeber seine *ausdrückliche* Einwilligung dazu gibt.

    Beispiel: Der Einkäufer der Weingroßhandlung A kauft für die Weingroßhandlung B gegen Zahlung einer Provision ein.

§ 61 Bei Pflichtverletzung des Angestellten hat der Arbeitgeber das Recht zur fristlosen Entlassung und kann gegebenenfalls Schadenersatz fordern.

Vertragliche Wettbewerbsabrede (Konkurrenzklausel)

Soll ein Wettbewerbsverbot auch nach Beendigung des Dienstverhältnisses gelten, so bedarf dies einer *vertraglichen Regelung*.

§ 74a Die Konkurrenzklausel darf aber das berufliche Fortkommen und die Wahl des künftigen Arbeitsplatzes nicht wesentlich erschweren. Das Verbot darf sich auf höchstens 2 Jahre erstrecken. Im Falle eines Minderverdienstes hat der Angestellte das Recht auf eine angemessene Entschädigung.

Beendigung des Angestelltenverhältnisses

BGB
§ 620

a) **Ohne Kündigung,** wenn der Zeitpunkt der Beendigung schon bei Vertragsabschluß festgelegt wird, z. B. bei Aushilfsbeschäftigung, Ferienarbeit.

§ 622 b) **Mit gesetzlicher Kündigung.** Es kann nur auf den Schluß eines Kalendervierteljahres unter Einhaltung einer Kündigungsfrist von 42 Tagen gekündigt werden. Die Kündigung muß rechtzeitig *zugegangen* sein.

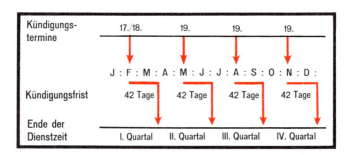

Bild 35

c) **Mit vertraglicher Kündigung.** Dabei ist zu beachten:

1. Die Kündigungsfrist muß mindestens *einen* Monat betragen.
2. Für die Kündigung durch den Arbeitnehmer darf keine längere Frist vereinbart werden als für die Kündigung durch den Arbeitgeber.
3. Die Kündigung darf nur zum *Ende eines Monats* ausgesprochen werden.

d) Fristlose Kündigung. Der Angestellte oder der Arbeitgeber kann das Dienstverhältnis ohne Einhaltung der Kündigungsfrist auflösen, wenn ein wichtiger Grund vorliegt. Dies trifft zu, wenn es einem von beiden nicht mehr zugemutet werden kann, mit dem anderen bis zum Ablauf der normalen Kündigungsfrist zusammenzuarbeiten. Auf Verlangen muß dem anderen Teil der Kündigungsgrund schriftlich mitgeteilt werden. BGB § 626

Wer vertragswidrig das Dienstverhältnis auflöst oder durch sein vertragswidriges Verhalten die Aufhebung des Dienstverhältnisses durch den anderen veranlaßt, ist schadenersatzpflichtig. § 628

Beispiele:
1. Der Angestellte A verläßt seine Stellung grundlos ohne Kündigung. Er hat ein Monatsgehalt von 2000,— DM. Der Arbeitgeber stellt den neuen Angestellten B mit einem Monatsgehalt von 2500,— DM ein. Er kann vom Angestellten A den Unterschiedsbetrag von 500,— DM so lange verlangen, bis der Angestellte A auf Grund einer fristgemäßen Kündigung die Stelle hätte verlassen dürfen.
2. Ein Angestellter hebt das Dienstverhältnis fristlos auf, weil der Arbeitgeber ihm den zustehenden Urlaub nicht gewährt. Der Angestellte kann die Weiterzahlung der vertragsgemäßen Vergütung verlangen, bis er eine neue Stelle gefunden hat oder bis zur nächstmöglichen Beendigung des Dienstverhältnisses durch ordentliche Kündigung.

Eine **Kündigung** seitens des Arbeitgebers ist **unwirksam**, wenn
— die Anhörung des Betriebsrates nicht in der im BetrVG vorgeschriebenen Form erfolgte (Abschnitt 4.4.1) oder
— die Kündigungsschutzbestimmungen nicht beachtet wurden (Abschnitt 4.3.2).

Kündigungsschutz (Abschnitt 4.3.2)

Fragen und Aufgaben:
1. Welcher Unterschied besteht zwischen dem gesetzlichen und vertraglichen Wettbewerbsverbot?
2. Ist eine »vierwöchige« Kündigungsfrist möglich (Begründung)?
3. Kann ein Buchhalter probeweise oder aushilfsweise mit einer »einwöchigen« Kündigungsfrist eingestellt werden (Begründung)?
4. Ein Angestellter kündigt am 19. November das Dienstverhältnis auf 31. Dezember. Am 20. November ist gesetzlicher Feiertag. Der Brief kann erst am 21. November zugestellt werden. Wann kann der Angestellte rechtmäßig die Stelle verlassen?
5. Bewerben Sie sich schriftlich bei der Textilwarenfabrik Reisch KG, 7400 Tübingen, die einen gewandten Angestellten für die Einkaufsabteilung sucht.
6. Arbeiten Sie einen Antwortbrief der Firma Reisch KG aus, in dem Ihre Bewerbung angenommen wird und Angaben über Art der Arbeit, Gehalt, Urlaub, Arbeitszeit und soziale Leistungen gemacht werden.
7. Verfassen Sie (als Angestellter — als Arbeitgeber) ein Kündigungsschreiben, wobei Sie einen Grund für eine fristlose Kündigung angeben.
8. In Arbeitsverträgen werden vereinbart:
    a) Eine zweijährige Kündigungsfrist für beide Teile auf Jahresende.
    b) Kündigungsfrist für den Angestellten 3 Monate auf Quartalsende — für den Arbeitgeber gesetzliche Kündigungsfrist.
    c) Ein Gehalt, das 5% über den Bestimmungen des Tarifvertrages liegt. Es soll 2 Jahre gleich bleiben, unabhängig von weiteren tariflichen Vereinbarungen.
    d) Der Arbeitgeber ist berechtigt, den Arbeitsvertrag fristlos zu kündigen, falls der Angestellte der Gewerkschaft beitritt.
    Welche dieser Vereinbarungen gelten, welche nicht? Begründen Sie Ihre Entscheidung.
9. Warum unterliegt der kaufmännische Angestellte dem Wettbewerbsverbot?
10. Wann ist eine fristlose Kündigung gerechtfertigt?

4.2 Sozialpartnerschaft und Tarifvertragsrecht

4.2.1 Tarifpartner

> **Arbeitgeber- und Arbeitnehmerverbände** werden in ihrem gegenseitigen Zusammenwirken und bei ihren Auseinandersetzungen auch als **Tarif-** oder **Sozialpartner** bezeichnet.

Unternehmerorganisationen

Sie dienen zur Wahrung der Interessen der Unternehmer gegenüber den Arbeitnehmern (Tarifverträge) oder gegenüber Staat und Gemeinden (Gesetzgebung), aber auch zur Pflege ihrer gemeinsamen Berufsaufgaben (fachliche Weiterbildung, Veranstaltung von Ausstellungen, Beratung von Behörden). Man unterscheidet

a) Öffentlich-rechtliche Organisationen

    1. **Industrie- und Handelskammern.** Sie sind Körperschaften des öffentlichen Rechts mit gesetzlicher Zugehörigkeit aller Gewerbetreibenden, soweit nicht die Handwerkskammern zuständig sind.

    Ihre *allgemeine* Aufgabe ist es, das Gesamtinteresse ihrer Mitglieder wahrzunehmen, für die Förderung der gewerblichen Wirtschaft zu sorgen, durch Vorschläge, Gutachten und Berichte die Behörden zu unterstützen und zu beraten.

    Im *einzelnen* obliegen ihnen die Führung des Verzeichnisses der Berufsausbildungsverhältnisse, die Durchführung der Facharbeiterprüfung und der Abschlußprüfung bei Ausbildungsverhältnissen in kaufmännischen Berufen, die Abnahme der Stenotypisten- und Bilanzbuchhalterprüfung, die Abhaltung von Kursen zur fachlichen Weiterbildung, die Ausstellung von Ursprungszeugnissen, die Mitwirkung bei der Fahrplangestaltung sowie Aufgaben im Rechts-, Steuer-, Kredit-, Verkehrswesen und im Außenhandel.

    Die Industrie- und Handelskammern sind im Deutschen Industrie- und Handelstag (DIHT) zusammengeschlossen.

    2. **Handwerkskammern.** Sie sind Körperschaften des öffentlichen Rechts mit gesetzlicher Zugehörigkeit der Handwerksunternehmen. Auch Betriebe, die ins Handelsregister eingetragen sind, können der Handwerkskammer angehören.

b) Privatrechtliche Organisationen

    1. mit **beruflich-fachlichen** Aufgaben, z. B. Bundesverband der Deutschen Industrie (BDI) und die Zentralverbände der übrigen Wirtschaftszweige;

    2. mit **tarif- und sozialpolitischen** Aufgaben, z. B. Bundesvereinigung der Deutschen Arbeitgeberverbände (BDA).

Arbeitnehmerverbände (Gewerkschaften)

GG Art. 9 (3)

Die Gewerkschaften sind Vereinigungen der Arbeitnehmer zur Förderung und Wahrung der Arbeits- und Wirtschaftsbedingungen. Das Recht zum Zusammenschluß ist im Grundgesetz verankert **(Koalitionsfreiheit)**. Der Beitritt zu einer Gewerkschaft ist freiwillig.

Im einzelnen haben sich die Gewerkschaften folgende **Aufgaben** gestellt:

a) **Kampfaufgabe:** Verbesserung der Lohn- und Arbeitsbedingungen, um die Lebensqualität der Arbeitnehmer zu heben (Lohnerhöhung, Arbeitszeitverkürzung, Mitbestimmung), gegebenenfalls mit Hilfe des Streiks, des klassischen Kampfmittels der Gewerkschaften.

b) **Bildungsaufgabe.** Berufliche Weiterbildung und Umschulung, Leistungssteigerung durch Vorträge, Kurse, Arbeitsgemeinschaften, Berufswettkämpfe, Mitwirkung im Berufsbildungsausschuß und in den Prüfungsausschüssen.

c) **Rechtliche Aufgabe.** Abschluß von Tarifverträgen, Rechtshilfe und Rechtsschutz für die Arbeitnehmer und Auszubildenden bei den Arbeitsgerichten, Mitbestimmungsrecht in den Betrieben.

d) **Wirtschaftspolitische Aufgabe.** Verbesserung der Wirtschafts- und Sozialordnung (Förderung der Vermögensbildung der Arbeitnehmer, Sozialversicherungsreform).

In der Bundesrepublik Deutschland bestehen heute folgende Arbeitnehmerverbände:

a) **Deutscher Gewerkschaftsbund (DGB)**, der *fachlich* in 17 selbständige Gewerkschaften und *gebietlich* in Landesbezirke gegliedert ist. Jede dieser Gewerkschaften nimmt Arbeitnehmer eines bestimmten Geschäftszweiges als Mitglieder auf, unabhängig davon, ob sie gewerblich oder kaufmännisch tätig sind (Industrieverbandsprinzip).

b) **Deutsche Angestelltengewerkschaft (DAG)**, welche nur die Berufsgruppen der Angestellten umfaßt und in Fachgruppen aufgegliedert ist, z.B. Industrie, Handel, Banken, Behörden, Versicherungen (Berufsverbandsprinzip).

c) **Deutscher Handels- und Industrieangestelltenverband (DHV)**.

d) **Verband der weiblichen Angestellten (VWA)**.

e) **Christliche Gewerkschaftsbewegung Deutschlands (CGB)**, welche die Arbeitnehmer zusammenschließen will, die sich zu christlichen Grundsätzen bekennen (weltanschauliches Prinzip). Ihr haben sich der DHV und VWA angeschlossen.

Frage und Aufgabe:
1. Was versteht man unter dem Begriff Koalitionsfreiheit und warum ist er im Grundgesetz verankert?
2. Nennen Sie die nach Ihrer Meinung drei wichtigsten Aufgaben der Arbeitgeber- bzw. der Arbeitnehmerverbände.

4.2.2 Tarifvertrag

Tarifvertragsgesetz (TVG) vom 25.08.69

> **Der Tarifvertrag** ist ein **Kollektivvertrag zwischen den Tarifpartnern**, in dem die Arbeitsbedingungen gewöhnlich für ganze Berufsgruppen eines Wirtschaftszweiges in freien Verhandlungen *einheitlich* festgelegt werden.

Tarifautonomie

In einer freiheitlichen Wirtschaftsordnung obliegt die allgemeine Regelung der Arbeitsbedingungen den Tarifpartnern, nicht dem Staat.

Abschluß eines Tarifvertrages

Tarifpartner sind auf der einen Seite die Gewerkschaften und ihre Spitzenorganisationen (DGB), auf der anderen Seite einzelne Arbeitgeber oder Arbeitgeberverbände und deren Spitzenorganisationen. Zur Gültigkeit des TV ist die **Schriftform** nötig.   TVG § 2 § 1

Der Abschluß, die Änderung und die Aufhebung der Tarifverträge werden in die Tarifregister eingetragen, die bei den Arbeitsministerien geführt werden.

Tarifgebunden sind die Mitglieder der Tarifvertragsparteien, also die organisierten Arbeitgeber und Arbeitnehmer. Ein Antrag auf Allgemeinverbindlichkeit wird meist nicht mehr gestellt, da die Arbeitgeber den nicht organisierten Arbeitnehmern die gleichen Lohn- und Arbeitsbedingungen einräumen wie den organisierten.   § 3

Arten der Tarifverträge

Man unterscheidet:

a) **nach den Tarifpartnern:** Firmen- oder Haustarife und Verbandstarife,

b) **nach dem räumlichen Geltungsbereich:** Werks-, Orts-, Bezirks-, Landes- und Bundestarife,

c) nach dem Inhalt:

1. **Rahmentarife (Manteltarife).** Sie enthalten allgemeine Arbeitsbedingungen, die für längere Zeit gleich bleiben (Arbeitszeit, Mehrarbeit, Sonn- und Feiertagsarbeit, Urlaub, Kündigungsfristen u.ä.), und Bestimmungen über ein Schiedsgericht zur Beilegung von Streitigkeiten.

2. **Lohn- und Gehaltstarife.** Sie enthalten den *Gruppenplan*, in dem die Arbeitnehmer nach ihrer Vorbildung (gelernte, angelernte, ungelernte Tätigkeit) oder nach dem Schwierigkeitsgrad ihrer Arbeitsaufgabe (Arbeitswert) in verschiedene Lohn- oder Gehaltsgruppen eingeteilt sind, und die *Gehaltssätze* für die einzelnen Gehaltsgruppen. Bei Gehaltstarifen wird ein Grundgehalt vereinbart, das Grundlage (100%) für Zu- und Abschläge nach Gehaltsgruppen, Arbeitswerten oder Lebensjahren ist.

3. **Arbeitszeittarife.** Sie regeln die täglichen und wöchentlichen Arbeitszeiten der Arbeitnehmer, sofern sie nicht schon im Rahmentarif vereinbart sind.

Besondere Vereinbarungen in Tarifverträgen

Die Tarifpartner können auch Verträge abschließen, mit denen der Schutz des arbeitenden Menschen besonders verstärkt werden soll.

a) **Alterssicherung.** Hier kann Arbeitnehmern, die das 53. Lebensjahr vollendet haben und mindestens drei Jahre im Betrieb sind, nur noch aus wichtigem Grund gekündigt werden.

Angestellte ab 55 Jahren erhalten einen garantierten Durchschnittsverdienst, um sie vor Einkommenseinbußen zu schützen, wenn ihre Leistungsfähigkeit nachläßt.

b) **Rationalisierungsschutz.** Rationalisierungsmaßnahmen sind Investitionen, die
— Versetzungen und Umgruppierungen,
— Umschulungen oder Entlassungen
zur Folge haben können.

Dabei sollen die betreffenden Arbeitnehmer umgeschult werden bzw. durch Versetzung wieder gleichwertige Arbeiten erhalten. Ist dies nicht möglich, so kann der Arbeitnehmer abgruppiert werden; in diesem Falle erhält er für drei Monate den alten Verdienst und anschließend für 18 Monate einen Verdienstausgleich.

Arbeitnehmer, die wegen Rationalisierungsmaßnahmen entlassen werden, erhalten eine Abfindung je nach Alter und Betriebszugehörigkeit von zwei bis neun Monatsverdiensten.

c) **Humanisierung der Arbeit.** Durch Vermeidung eintöniger Arbeit und Einführung abwechslungsreicher Teilarbeiten soll die Arbeit im Betrieb menschenwürdiger (humaner) gemacht und das Betriebsklima verbessert werden. Dazu zählen folgende Maßnahmen:

1. **Arbeitserweiterung (job enlargement).** Nacheinander geschaltete Teilarbeiten, die bisher von mehreren Arbeitern erledigt wurden, werden zusammengefaßt und von einem Arbeiter erledigt.

    Beispiel: Ein Arbeiter montiert *alle* Leuchten an einem Auto.

2. **Arbeitsplatzwechsel (job rotation).** Hier tauschen Arbeiter innerhalb eines Fertigungsabschnittes regelmäßig ihre Arbeitsplätze. Die Eintönigkeit der Arbeit wird dadurch unterbrochen, daß verschieden schwierige Arbeiten (körperlicher und geistiger Art) ausgeführt werden.

    Beispiel: Wöchentlich wechseln Arbeiter, die Scheinwerfer, Blinker, Brems- und Schlußleuchten montieren, in einer Automobilfabrik ihre Arbeitsplätze.

3. **Arbeitsbereicherung (job enrichment).** Hier werden *einem* Arbeiter *verschiedenartige* Teilarbeiten zugewiesen, die zusammen gehören, aber eine längere Ausbildung voraussetzen.

   Beispiel: Ein Arbeiter montiert alle Leuchten an einem Auto, schließt sie an die entsprechenden Bedienungshebel an und kontrolliert anschließend, ob sie funktionieren.

4. **Teilautonome Arbeitsgruppen.** Hier wird einer Arbeitsgruppe eine größere Arbeitsaufgabe zugewiesen. Innerhalb der Gruppe können Arbeitsplätze ausgetauscht sowie das Arbeitstempo beschleunigt oder verlangsamt werden. Da aber meist die Arbeiten im Gruppenakkord entlohnt werden, muß ein bestimmtes Arbeitstempo durchgehalten werden.

   Beispiel: In der Automobilfabrik montiert eine Gruppe von Arbeitern den ganzen Motor.

Wirkungen der Tarifverträge

a) **Erfüllungspflicht.** Die Vertragsparteien sind verpflichtet, dafür zu sorgen, daß ihre Mitglieder die Verträge verwirklichen und sich an ihre Bestimmungen halten. Dabei ist der Grundsatz der *Unabdingbarkeit* zu beachten. Danach dürfen die Bedingungen eines Einzelarbeitsvertrages für den Arbeitnehmer nicht ungünstiger sein als die des Tarifvertrages, auch wenn der einzelne Arbeitnehmer mit einer Schlechterstellung einverstanden wäre. `TVG § 4`

b) **Friedenspflicht.** Während der Gültigkeit des Vertrages dürfen keine Kampfmaßnahmen gegen die Vereinbarungen ergriffen werden. `§ 3`

c) **Nachwirkung.** Der TV endet mit Ablauf der in ihm festgesetzten Zeitdauer, bei Abschluß auf unbestimmte Zeit durch Kündigung oder durch Abschluß eines neuen TV. Die Bestimmungen des alten TV bleiben auf jeden Fall so lange in Kraft, bis ein neuer TV abgeschlossen ist. `§ 4`

Fragen und Aufgaben:
1. Warum räumen die Arbeitgeber den nicht organisierten Arbeitnehmern die gleichen Lohn- und Arbeitsbedingungen ein wie den organisierten?
2. Welche Arten der Tarifverträge werden für
   a) ein Jahr,
   b) für mehrere Jahre abgeschlossen? Begründen Sie Ihre Antworten.
3. Welche Bedeutung hat ein Tarifvertrag?
4. Beurteilen Sie folgende Fälle:
   a) In einem Einzelarbeitsvertrag vereinbaren Arbeitgeber und Arbeitnehmer, daß der Angestellte auf den Urlaub verzichtet, dafür aber 10% Gehalt über dem Tarifvertrag erhält.
   b) Ein Unternehmer verspricht jedem Arbeitnehmer, der nicht in der Gewerkschaft ist, einen um 50,— DM höheren Verdienst.
   c) Eine Gewerkschaft verlangt in Tarifverhandlungen eine Sonderzahlung von 150,— DM für Gewerkschaftsmitglieder.

4.2.3 Arbeitskampf und Schlichtung

Arbeitskampfrecht

Das Kampfmittel der **Arbeitnehmer** zur Erreichung *arbeitsrechtlicher* Ziele ist der **Streik**. Man versteht darunter die gemeinsame, planmäßige Arbeitsniederlegung der Arbeitnehmer. Ein Streik kann unter folgenden Voraussetzungen geführt werden:

a) Ablauf des Tarifvertrags bzw. Scheitern der Schlichtungsverhandlungen. Vorher besteht Friedenspflicht.
b) Urabstimmung. 75% der abstimmungsberechtigten Gewerkschaftsmitglieder müssen sich für den Streik entscheiden. Oft muß der Hauptvorstand der Gewerkschaft diesen Beschluß noch genehmigen.
c) Er muß von der Gewerkschaft (Tarifvertragspartei) organisiert sein.

Treffen diese Voraussetzungen nicht zu, spricht man von »wildem« Streik.

Arten des Streiks:

— **Voll- oder Flächenstreik.** Alle Arbeitnehmer eines Tarifgebiets legen die Arbeit nieder.
— **Schwerpunktstreik.** Arbeitnehmer einzelner Betriebe legen die Arbeit nieder.
— **„Mini-Max"-Streik.** Die Gewerkschaft bestreikt mit minimalem Aufwand die Zuliefererindustrie eines größeren Wirtschaftsbereichs, um eine maximale Wirkung zu erzielen, z.B. Bestreikung der Hersteller von Autobatterien und Kühlern, um die Autoindustrie stillzulegen.
— **Warnstreik.** Kurzfristige Arbeitsniederlegung, um die Streikentschlossenheit zu demonstrieren. Dieser Streik kann auch während der Friedenspflicht stattfinden.
— **Sympathiestreik.** Streikende anderer Branchen sollen durch diese Maßnahme unterstützt werden.

Das Kampfmittel der **Arbeitgeber** ist die **Aussperrung**, d.h. die vorübergehende Aufhebung der Arbeitsverhältnisse der Arbeitnehmer bestimmter Betriebe oder aller Betriebe einer Branche. Die Aussperrung ist rechtlich nur **gültig** als Kampfmittel der Arbeitgeber gegen Schwerpunktstreiks der Gewerkschaften. Die Aussperrung ist nur **zulässig** in einem Umfang, der sich nach dem *Grundsatz der Verhältnismäßigkeit* richtet (**Übermaßverbot**).

Die **Arbeitsverhältnisse** der streikenden und ausgesperrten Arbeitnehmer ruhen während des Arbeitskampfs. Deshalb erhalten diese keine Arbeitsentgelte. Die Gewerkschaft zahlt an ihre *Mitglieder* Streikunterstützung, die sich nach Beitragshöhe und Mitgliedsdauer richtet. Arbeitswillige haben Anspruch auf Entlohnung. Er entfällt, wenn sie wegen des Streiks nicht beschäftigt werden können.

Um auch privatrechtliche Folgen für einzelne Arbeitnehmer zu vermeiden, bemühen sich die Gewerkschaften, jeden Streik durch einen Vergleich zu beenden, der ein Verbot der Maßregelung und ein Gebot der Wiedereinstellung aller Arbeitnehmer enthält.

Schlichtungswesen

Kontrollratsgesetz Nr. 35 vom 20.08.46

Zur Verhütung oder Beilegung von Streitigkeiten zwischen Arbeitgebern und Arbeitnehmern oder deren Verbänden bei Vertragsverhandlungen wurde eigens ein Schlichtungswesen geschaffen. Es ist nur für solche Streitigkeiten anwendbar, die nicht der Zuständigkeit der Arbeitsgerichte unterliegen. Seine Aufgabe ist es, eine **vertragliche Grundlage** zu **schaffen**, während die Arbeitsgerichte das bestehende Recht auslegen und über Streitigkeiten nach bestehendem Recht entscheiden.

Das Ausgleichsverfahren wird von Schlichtungsstellen durchgeführt, deren Besetzung im TV oder in der Betriebsvereinbarung festgelegt ist. Sie sollen angerufen werden, um Meinungsverschiedenheiten zu klären. Wird keine Einigung erzielt, so können Behörden oder anerkannte Persönlichkeiten des öffentlichen Lebens eingeschaltet werden.

Fragen und Aufgaben:
1. Wann spricht man von einem wilden Streik?
2. Was ist der Unterschied zwischen einem Warn- und einem Schwerpunktstreik?
3. Wann und in welchem Umfang ist eine Aussperrung zulässig?
4. Zur Schlichtung eines Arbeitskampfes wird der Arbeitsminister aufgefordert, die Lohnerhöhung endlich festzusetzen. Nehmen Sie aus arbeitsrechtlicher Sicht dazu Stellung.
5. Welche Möglichkeiten gibt es zur Beilegung von Arbeitsstreitigkeiten?

4.2.4 Auswirkungen von Arbeitskämpfen

Wirksamkeit von Arbeitskämpfen

Streik und Aussperrung sind nur wirksam, wenn die jeweiligen Interessenverbände geschlossen und entschlossen für ihre Ziele kämpfen. Außerdem hängt die Wirksamkeit der Arbeitskampfmaßnahmen von der Arbeitsmarktsituation und der Ertragslage der Unternehmen ab. Ist das Angebot an Arbeitskräften knapp und stehen die Arbeitnehmer geschlossen hinter ihrer Gewerkschaft, so werden sie (bei guter Auftrags- und Ertragslage der Unternehmen) ihre Forderungen leicht durchsetzen. Ist dagegen die Auftrags- und Ertragslage der Unternehmen schlecht und herrscht Arbeitslosigkeit, so können hohe Forderungen nicht durchgesetzt werden.

Auswirkungen von Arbeitskämpfen

Allgemein gesehen können bei einem Arbeitskampf wegen seiner Auswirkungen auf unbeteiligte Dritte negative Reaktionen der Öffentlichkeit erfolgen.

Spezielle Auswirkungen ergeben sich dadurch, daß Streik und Aussperrung hohe Kosten für die Wirtschaft verursachen.

Die Gewerkschaften müssen für die streikenden und ausgesperrten Arbeitnehmer Streikgelder bezahlen; die Unternehmen erleiden Verluste, da keine Erzeugnisse produziert und verkauft werden und Kunden sich eventuell anderweitig eindecken.

Werden Forderungen durchgesetzt, welche die Unternehmen nicht auffangen oder als zusätzliche Kosten über die Preise abwälzen können, so besteht die Gefahr, daß teurer gewordene Arbeitskräfte durch Maschinen ersetzt werden.

Können Unternehmen die erhöhten Arbeitskosten auf die Preise abwälzen, so wird das gewerkschaftliche Ziel, die Realeinkommen der Arbeitnehmer zu erhöhen, nicht erreicht. Dies kann zu neuen Forderungen führen.

> **Fragen:**
> 1. Wann besteht Aussicht, daß ein Streik wirksam ist?
> 2. Welche nachteiligen Auswirkungen können bei Arbeitskämpfen entstehen, bei denen sehr hohe Lohnforderungen durchgesetzt wurden?

4.3 Arbeitsschutzgesetze

Die Vertragsfreiheit kann dazu führen, daß Arbeitnehmer in Not kommen. Deshalb hat der Staat durch Gesetze dafür gesorgt, daß der Arbeitnehmer geschützt wird und dessen Arbeitskraft möglichst lange erhalten bleibt.

4.3.1 Jugendarbeitsschutz

Gesetz zum Schutz der arbeitenden Jugend (JArbSchG) vom 12. 04. 76 mit Änderungen

Das Gesetz unterscheidet:

a) **Kinder.** Das sind Personen, die noch nicht 14 Jahre alt oder noch zum Besuch einer Schule mit Vollunterricht verpflichtet sind. Ihre Beschäftigung ist, von gesetzlichen Ausnahmen abgesehen, verboten.   JArbSchG § 2 § 6

b) **Jugendliche.** Das sind alle übrigen noch nicht 18 Jahre alten Personen.   § 2

JArbSchG § 8	**Arbeitszeit.** Die tägliche Arbeitszeit ohne Ruhepausen darf acht Stunden, die Wochenarbeitszeit 40 Stunden nicht überschreiten. An Tagen, die für die erwachsenen Arbeitnehmer des Betriebes arbeitsfrei sind, dürfen auch Jugendliche nicht beschäftigt
§ 16	werden. An Samstagen dürfen Jugendliche in aller Regel nicht beschäftigt werden.
	Werden Jugendliche am Samstag beschäftigt, ist ihnen die Fünf-Tage-Woche durch Freistellung an einem anderen berufsschulfreien Arbeitstag derselben Woche sicherzustellen. Mindestens zwei Samstage im Monat sollen beschäftigungsfrei bleiben.
§ 11	**Ruhepausen.** Sie müssen bei einer Arbeitszeit von mehr als viereinhalb bis sechs Stunden 30 Minuten, bei mehr als sechs Stunden 60 Minuten betragen.
§§ 13-18	**Freizeit.** Nach Beendigung der täglichen Arbeitszeit ist eine ununterbrochene Freizeit von mindestens 12 Stunden zu gewähren. Zwischen 20 und 6 Uhr, an Samstagen und an Sonn- und Feiertagen dürfen Jugendliche nicht beschäftigt werden.
§§ 16, 17 § 27	Ausnahmen gelten für mehrschichtige Betriebe, für Schank- und Gaststätten und im übrigen Beherbergungsgewerbe, für Bäckereien, Konditoreien und Friseure. Darüber hinaus kann die Aufsichtsbehörde weitere Ausnahmen bewilligen.
§ 9	**Berufsschulzeit.** Die Unterrichtszeit einschließlich der Pausen wird auf die Arbeitszeit angerechnet. Beträgt die Schulzeit mindestens fünf Unterrichtsstunden, so ist einmal in der Woche der restliche Tag arbeitsfrei. Beginnt der Unterricht vor 9 Uhr, so darf der Jugendliche vorher nicht beschäftigt werden. Auch der letzte Arbeitstag vor der schrift-
§ 10	lichen Abschlußprüfung ist frei.
§ 19	**Urlaub.** Jugendliche, die zu Beginn des Kalenderjahres noch nicht 16 Jahre alt sind, haben Anspruch auf 30 Werktage Urlaub; bis 17 Jahre auf 27 Werktage, bis 18 Jahre auf 25 Werktage. Der Urlaub ist erstmals nach einer ununterbrochenen Beschäftigung von mehr als drei Monaten zu gewähren. Vor Antritt des Urlaubs ist das Urlaubsentgelt auszubezahlen. Der Urlaub soll zusammenhängend, bei Berufsschülern in der Zeit der Schulferien gegeben werden. Soweit er nicht in den Berufsschulferien gegeben wird, hat der Jugendliche für jeden Schultag von mindestens fünf Stunden Anspruch auf einen weiteren Urlaubstag. Während des Urlaubs darf keine dem Urlaubszweck widersprechende Erwerbstätigkeit ausgeübt werden.
§§ 32, 33	**Gesundheitliche Betreuung.** Vor Aufnahme der Beschäftigung und nach einjähriger Beschäftigung sind für den Jugendlichen kostenfreie zusätzliche Untersuchungen vorgeschrieben, deren Ergebnis den Erziehungsberechtigten mitgeteilt wird. Der Arbeitgeber erhält eine Bescheinigung, daß die Untersuchung stattgefunden hat. In ihr sind die Arbeiten vermerkt, durch deren Ausübung der Arzt die Gesundheit für gefährdet hält. Ohne Nachweis der ärztlichen Untersuchung darf der Ausbildungsvertrag von der IHK nicht eingetragen werden.
§§ 22 ff	**Beschäftigungsbeschränkungen.** Das Gesetz verbietet die Beschäftigung eines Jugendlichen mit Arbeiten, die seine körperlichen Kräfte übersteigen oder bei denen er sittlichen Gefahren ausgesetzt ist. Ausdrücklich ist die Beschäftigung mit Akkord- und Fließarbeit verboten. Personen, die die bürgerlichen Ehrenrechte nicht besitzen, dürfen Jugendliche nicht beschäftigen und nicht im Rahmen eines Beschäftigungsverhältnisses anweisen oder beaufsichtigen.
	Für die Beschäftigung verwandter Kinder und Jugendlicher sowie für die Beschäftigung im Familienhaushalt, in der Landwirtschaft, im Bergbau und in der Heimarbeit enthält das Gesetz besondere Bestimmungen.

Fragen:
1. Warum haben Jugendliche einen längeren Urlaub als Erwachsene?
2. Warum sind für Jugendliche kostenfreie ärztliche Untersuchungen vorgesehen?
3. Die Auszubildende Maria Müller besucht die Berufsschule 5 Unterrichtsstunden von 7.50 bis 12.10 Uhr. Muß sie nachmittags wieder im Betrieb sein?

4.3.2 Kündigungsschutz

Kündigungsschutzgesetz (KSchG) vom 25. 08. 1969, Mutterschutzgesetz (MuSchG) vom 24. 08. 1965, Gesetz über die Gewährung von Erziehungsgeld und Erziehungsurlaub (Bundeserziehungsgeldgesetz — BErzGG) vom 06. 12. 85, Schwerbehindertengesetz (SchwbG) vom 29. 04. 1974, Gesetz über die Fristen für die Kündigung von Angestellten (KFG) vom 09. 07. 1926.

a) **Allgemeinen Schutz vor sozial ungerechtfertigter Kündigung** genießen **alle Arbeitnehmer,** sofern sie länger als sechs Monate ohne Unterbrechung in demselben Betrieb beschäftigt sind. Eine Kündigung ist bei diesen Voraussetzungen **unwirksam,** wenn sie nicht durch die Person oder das Verhalten des Arbeitnehmers oder durch dringende betriebliche Erfordernisse bedingt ist. Hält ein Arbeitnehmer eine Kündigung für sozial ungerechtfertigt, so kann er beim Betriebsrat binnen einer Woche **Einspruch** und beim Arbeitsgericht binnen drei Wochen **Klage** erheben. Entspricht das Arbeitsgericht der Klage, so gilt die Kündigung als von Anfang an unwirksam; ist jedoch dem Arbeitnehmer die Fortsetzung des Arbeitsverhältnisses nicht zumutbar, so kann das Arbeitsgericht den Arbeitgeber zur Zahlung einer einmaligen **Abfindung** von bis zu 18 Monatsverdiensten verurteilen. Für Vorstandsmitglieder, Geschäftsführer und Betriebsleiter gilt dieser allgemeine Kündigungsschutz nicht.

  KSchG § 1

  § 3
  §§ 9 ff

b) **Besonderen Kündigungsschutz** genießen
  1. **Betriebsratsmitglieder** und Mitglieder der Jugendvertretung während ihrer Amtszeit und bis ein Jahr danach, Kandidaten zur Wahl des Betriebsrates, nicht gewählte Kandidaten bis sechs Monate nach der Wahl. — § 15
  2. **Mütter** während der Schwangerschaft, sofern der Arbeitgeber von ihr Kenntnis hat oder innerhalb von zwei Wochen nach der Kündigung Kenntnis bekommt, außerdem während vier Monaten nach der Entbindung und während des Erziehungsurlaubs. — MuSchG § 9 / BErzGG § 18
  3. **Schwerbehinderte** (50% Erwerbsminderung). Ihnen kann nur mit Zustimmung der Fürsorgestelle gekündigt werden. Die Kündigungsfrist muß mindestens vier Wochen betragen. — SchwbG §§ 12, 13
  4. **Auszubildende.** Ihnen kann während der Ausbildungszeit nicht gekündigt werden.
  5. **Wehrdienstleistende** für die Dauer des Grundwehrdienstes und der Wehrübungen. — ArbPlSchG § 2

c) **Bei langjährigen Angestellten** gelten für den Arbeitgeber besondere Kündigungsfristen, wenn der Betrieb mehr als zwei Angestellte beschäftigt. Diese betragen, jeweils auf Quartalsende, nach einer Beschäftigungsdauer von — KFG §§ 1, 2

  — 5 Jahren: 3 Monate,   — 10 Jahren: 5 Monate,
  — 8 Jahren: 4 Monate,   — 12 Jahren: 6 Monate.

  Gerechnet wird die Dauer der Betriebszugehörigkeit, die nach der Vollendung des 25. Lebensjahres liegt.

Das Recht zur fristlosen Entlassung bei Pflichtverletzung bleibt vom Kündigungsschutz unberührt. Ausgenommen ist hiervon der Mutterschutz.

Fragen:
1. Aus welchen Gründen ist der Kündigungsschutz berechtigt?
2. Wem und mit welcher Frist kann wegen Rationalisierung gekündigt werden:
   a) 42jähriger Angestellter mit 5 Kindern, seit 3 Jahren im Betrieb,
   b) 35jähriger Angestellter (ledig), seit 20 Jahren im Betrieb,
   c) 24jährige Angestellte, die im 6. Monat schwanger ist, seit 6 Jahren im Betrieb,
   d) 45jähriger Angestellter, seit einem Jahr im Betrieb, der für die Betriebswahlen kandidiert.
   Was können die Angestellten gegebenenfalls unternehmen?
3. Welchen Schutz bietet das BetrVG bei Entlassungen wegen Rationalisierungsmaßnahmen?

4.3.3 Frauen- und Mutterschutz

ArbZO vom 30. 04. 38 und MuSchG vom 24. 08. 65, BErzGG vom 06. 12. 85

ArbZO §§ 16 ff

Die berufstätige Frau genießt durch das Arbeitsrecht einen besonderen Schutz, der ihrer körperlichen Konstitution und ihrer Aufgabe im häuslichen Leben Rechnung trägt. Betriebsarbeiten in Bergwerken, Salinen, Gruben, Hütten, Stahlwerken und Transportunternehmen sind für Frauen verboten.

Für die tägliche Arbeitszeit besteht eine absolute Höchstgrenze von zehn Stunden, die auch durch das Gewerbeaufsichtsamt nicht verlängert werden kann. Frauen haben Anspruch auf längere Arbeitspausen als Männer (20 bis 60 Minuten). Zwischen 20 Uhr und 6 Uhr dürfen Frauen nur mit Büroarbeiten beschäftigt werden. Ausnahmen sind in mehrschichtigen Betrieben erlaubt.

MuSchG §§ 3 ff

BErzGG §§ 15, 16

Werdende und stillende Mütter dürfen zu schwerer körperlicher Arbeit, zu Mehrarbeit, Akkord- und Fließarbeit, Nacht- und Sonntagsarbeit nicht herangezogen werden. Werdende Mütter dürfen grundsätzlich sechs Wochen vor der Entbindung, Wöchnerinnen bis acht Wochen nach der Entbindung überhaupt nicht beschäftigt werden. Nach der Entbindung kann die Mutter einen Erziehungsurlaub von 12 Monaten beanspruchen.

> **Fragen:**
> 1. Warum wird die berufstätige Frau vom Arbeitsrecht besonders geschützt?
> 2. a) Wie lange können Frauen während und nach der Schwangerschaft von der Arbeit freigestellt werden?
>   b) Warum ist diese Arbeitspause gerechtfertigt?
> 3. Welche Tätigkeiten können von Frauen nicht ausgeübt werden?

4.3.4 Gesundheits- und Unfallschutz

Gewerbeordnung (GewO) vom 01. 01. 78 und Vorschriften der Berufsgenossenschaften.

GewO § 120a § 139h

Die Gewerbeunternehmer sind verpflichtet, die Arbeitsräume, Vorrichtungen, Maschinen und Werkzeuge so einzurichten und zu unterhalten, daß Arbeiter und Angestellte gegen Gefahren für Leben und Gesundheit soweit wie möglich geschützt sind. Besonders ist für gute Beleuchtung, ausreichende Lüftung, Beseitigung von Staub, Dünsten, Gasen und Abfällen zu sorgen. Durch entsprechende Schutzvorrichtungen sollen die Arbeitnehmer gegen gefährliche Berührung mit Maschinen und gegen die Gefahren bei Fabrikbränden geschützt werden. Auf Grund der allgemeinen Vorschriften der GewO sind für Betriebe mit erhöhten Gefahren (chemische Betriebe, Glashütten) besondere Verordnungen ergangen.

Gewerbeaufsichtsämter überwachen die Einhaltung der Bestimmungen und sorgen für die Beseitigung von Mißständen.

Berufsgenossenschaften warnen durch Merkblätter, Schaubilder, Zeitschriften, Vorträge und Filme vor Gefahren. Verhütungsvorschriften verpflichten die Unternehmer zur Einführung von Schutzmaßnahmen. Aufsichtsbeamte überwachen deren Einhaltung, unterrichten, beraten, beanstanden und fordern Abhilfe unter Fristsetzung. Gegen zuwiderhandelnde Unternehmer werden Ordnungsstrafen verhängt.

Sicherheitsbeauftragte im Betrieb haben darüber zu wachen, daß die Unfallverhütungsvorschriften eingehalten werden.

Betriebsärzte und staatliche **Landesgewerbeärzte** beraten die Betriebe bei der Verbesserung der Gesundheitsfürsorge (Gewerbehygiene). Sie widmen sich besonders der ärztlichen Berufsberatung, der Verhütung und Behandlung von Berufskrankheiten.

> **Frage:**
> Welche Schutzvorrichtungen kennen Sie aus Ihrem Ausbildungsbetrieb?

4.4 Mitwirkung und Mitbestimmung der Arbeitnehmer

Betriebsverfassungsgesetz (BetrVG) vom 15. 01. 72.
Gesetz über die Mitbestimmung der Arbeitnehmer in den Aufsichtsräten und Vorständen der Unternehmen des Bergbaus und der Eisen und Stahl erzeugenden Industrie (Montan-Mitbestimmungsgesetz — MG) vom 21. 05. 51.
Gesetz über die Mitbestimmung der Arbeitnehmer (Mitbestimmungsgesetz — MitbestG) vom 04. 05. 76.

Um das Interesse der Arbeitnehmer an ihrem Betrieb zu steigern, um ihnen Gelegenheit zu geben, am betrieblichen Geschehen aktiv mitzuwirken, und um ihre Stellung gegenüber dem Arbeitgeber durch eine gemeinsame Vertretung zu festigen, wurden im BetrVG Wahl und Aufgaben eines **Betriebsrates** einheitlich geregelt. Ein Zwang zur Wahl des Betriebsrates besteht jedoch nicht.

Außerdem wirken Arbeitnehmer unter bestimmten Voraussetzungen auch im **Aufsichtsrat** und im **Vorstand** von Kapitalgesellschaften mit (Abschnitt 4.4.3).

In Betrieben mit mehr als 100 ständigen Arbeitnehmern wird ein **Wirtschaftsausschuß** gebildet, dessen Mitglieder vom Betriebsrat bestimmt werden. Er hat wirtschaftliche Angelegenheiten mit dem Unternehmer zu beraten und den Betriebsrat zu unterrichten. BetrVG §§ 106 ff

Die Arbeitnehmer unter 18 Jahren wählen in Betrieben mit mindestens fünf Jugendlichen eine eigene **Jugendvertretung,** für die Arbeitnehmer auf zwei Jahre gewählt werden können, die das 24. Lebensjahr noch nicht vollendet haben. Mitglieder der Jugendvertretung können nicht gleichzeitig Mitglieder des Betriebsrats sein. Eine wichtige Aufgabe dieser Vertretung ist die Förderung von Maßnahmen der Berufsausbildung und die Überwachung der Einhaltung von Bestimmungen zugunsten der jugendlichen Arbeitnehmer (Jugendschutzgesetz, Tarifvertrag). Die Jugendvertretung kann zu allen Sitzungen des Betriebsrats einen Vertreter entsenden. Bei Tagesordnungspunkten, die besonders Jugendliche betreffen, hat die gesamte Jugendvertretung Teilnahme- und Stimmrecht. §§ 60-73

4.4.1 Betriebsrat

Wahl des Betriebsrats (Bild 36)

In allen Betrieben mit mindestens fünf ständigen wahlberechtigten Arbeitnehmern wird in geheimer und unmittelbarer Wahl ein Betriebsrat auf drei Jahre gewählt. § 1
§ 14
§ 21

Wahlberechtigt sind alle Arbeitnehmer, die das 18. Lebensjahr vollendet haben. § 7

Wählbar sind alle Wahlberechtigten, die mindestens ein halbes Jahr dem Betrieb angehören. § 8

Die **Zahl** der Betriebsratsmitglieder richtet sich nach der Zahl der Arbeitnehmer. In Betrieben mit über 300 Beschäftigten ist eine bestimmte Anzahl der Mitglieder von der Berufstätigkeit freizustellen. § 9

Die Zusammensetzung des Betriebsrates muß dem zahlenmäßigen Verhältnis der Arbeiter und Angestellten und soll dem der Männer und Frauen und der Beschäftigungsarten im Betrieb entsprechen. Arbeiter und Angestellte wählen deshalb ihre Vertreter meist in getrennten Wahlgängen. Eine Minderheitsgruppe erhält eine Vertretung, wenn ihr mehr als fünf Arbeitnehmer angehören. §§ 10, 15

Zusammenarbeit von Arbeitgeber und Betriebsrat

Arbeitgeber und Betriebsrat sollen mindestens einmal im Monat zusammentreten und bei strittigen Fragen mit dem ernsten Willen zur Einigung verhandeln und Vorschläge für die Beilegung von Meinungsverschiedenheiten machen. Der Betriebsrat muß einmal in jedem Kalendervierteljahr in einer **Betriebsversammlung,** zu der alle Arbeitnehmer einzuladen sind, einen Bericht über seine Tätigkeit geben. Für einzelne Betriebsteile können auch **Abteilungsversammlungen** stattfinden. § 74

§ 43

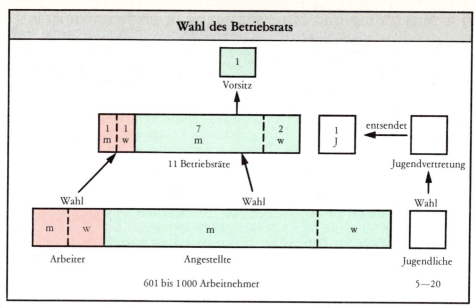

Bild 36

BetrVG § 76 Zur Beilegung von Meinungsverschiedenheiten zwischen Betriebsrat und dem Arbeitgeber, z. B. bei Verweigerung der Zustimmung zu betrieblichen Maßnahmen, wird eine **Einigungsstelle** gebildet. Sie besteht aus einem unparteiischen Vorsitzenden und aus Beisitzern, die je zur Hälfte vom Arbeitgeber und vom Betriebsrat bestellt werden. Der Spruch der Einigungsstelle ersetzt die Einigung zwischen Arbeitgeber und Betriebsrat. Gegen diesen Spruch kann beim Arbeitsgericht Klage erhoben werden.

Allgemeine Aufgaben des Betriebsrats

§ 80 a) Er hat darüber zu **wachen**, daß die zugunsten der Arbeitnehmer geltenden Gesetze, Verordnungen, Unfallverhütungsvorschriften, Tarifverträge und Betriebsvereinbarungen durchgeführt werden.

b) Er hat die Belange von Schwerbehinderten, Jugendlichen, älteren und ausländischen Arbeitnehmern zu **fördern**.

§§ 87 ff ### Rechte des Betriebsrats

a) **Mitbestimmung.** Betriebliche Maßnahmen werden erst mit seiner *Zustimmung* wirksam.

Beispiele: Beginn und Ende der täglichen Arbeitszeit einschließlich der Pausen, Urlaubsplan, Lohngestaltung, Einführung von Stechuhren, betriebliche Regelungen über den Gesundheits- und Unfallschutz.

b) **Mitwirkung.** Der Betriebsrat kann aus bestimmten Gründen betrieblichen Maßnahmen *widersprechen*. Diese werden dadurch jedoch nicht unwirksam, sondern das Arbeitsgericht oder die Einigungsstelle entscheidet.

Beispiele: Änderung der Arbeitsplätze, des Arbeitsablaufes oder der Arbeitsumgebung; Einstellung, Eingruppierung und Versetzungen; Kündigung in Betrieben mit mehr als 20 wahlberechtigten Arbeitnehmern; Einführung von Personalfragebogen.

c) **Beratung.** Der Arbeitgeber muß den Betriebsrat unterrichten und sich mit ihm *beraten*.

Beispiele: Planung von Bauten, technischen Anlagen, neuen Arbeitsverfahren, Arbeitsabläufen; Personalplanung; Berufsbildung; Einschränkung, Stillegung und Verlegung des Betriebs oder von Betriebsteilen (Aufstellung eines Sozialplanes, um nachteilige Folgen für die Arbeitnehmer zu verhindern).

d) **Information.** Der Betriebsrat oder der Wirtschaftsausschuß kann verlangen, daß er über betriebliche Vorgänge *unterrichtet* wird oder ihm die erforderlichen Unterlagen unterbreitet werden.

Beispiele: Unterrichtung des Wirtschaftsausschusses über wirtschaftliche Angelegenheiten; Unterrichtung des Betriebsrats bei Einstellung leitender Angestellter.

Fragen:
1. Warum wird in Betrieben mit über 300 Beschäftigten eine bestimmte Zahl von Betriebsräten von der Berufstätigkeit freigestellt?
2. Welchen Zweck hat die Bildung einer Einigungsstelle?
3. In einer Betriebsratssitzung werden Personalprobleme diskutiert. Beurteilen Sie die Rechtslage und begründen Sie Ihre Entscheidung.
   a) Herr Frohweis, 28 Jahre alt, bewirbt sich um einen Platz auf der Wahlliste zum Betriebsrat. Er ist am Wahltag hier vier Monate beschäftigt.
   b) Als Herr Kräftig zum Betriebsrat kandidiert, kündigt ihm der Arbeitgeber, weil er befürchtet, daß Kräftig als Betriebsrat Unruhe in den Betrieb bringen würde.
   c) Nach der Auslagerung der Buchhaltung wird dem Bilanzbuchhalter Ahlers mitgeteilt, daß er von nun an in der Abteilung Verkauf mit einem um 300,— DM geringeren Gehalt beschäftigt sei.
4. Welche Aufgaben hat die Jugendvertretung?

4.4.2 Betriebsvereinbarung

Betriebsvereinbarungen werden zwischen dem **Betriebsrat** und dem **Arbeitgeber** eines *bestimmten* Betriebes getroffen. Sie dürfen den Bestimmungen des Tarifvertrages nicht entgegenstehen, sondern sollen diese ergänzen, erläutern und den besonderen Verhältnissen des Betriebes anpassen. Ihr Inhalt regelt die Lohn- und Arbeitsbedingungen, den Beginn und das Ende der täglichen Arbeitszeit und der Pausen, Zeit und Ort der Lohnzahlung, Aufstellung eines Urlaubsplanes, die Maßnahmen zur Verhütung von Betriebsunfällen und Gesundheitsschädigungen, die Errichtung von Sozialeinrichtungen, das Verhalten der Arbeitnehmer im Betrieb, z. B. Rauchen, Kantinenbesuch. Durch Betriebsvereinbarungen werden insbesondere **Betriebsordnungen** und **Dienstordnungen** aufgestellt. Sie müssen an geeigneter Stelle im Betrieb ausgehängt oder den Betriebsangehörigen bei Eintritt in den Betrieb ausgehändigt werden.

Frage: Welche Aufgaben hat die Betriebsvereinbarung?

4.4.3 Mitbestimmung

a) Der Aufsichtsrat einer AG, KGaA, GmbH oder eG, die **mehr als 2000 Arbeitnehmer** beschäftigt, muß **je zur Hälfte** aus Vertretern der Anteilseigner und der Arbeitnehmer gebildet werden. Mit Ausnahme der KGaA wird in diesen Unternehmen ein Arbeitsdirektor als gleichberechtigtes Mitglied des Vorstands bzw. der Geschäftsführung bestellt.   MitbestG §§ 1, 7
§ 33

b) In Gesellschaften der **Montanindustrie** (Kohle, Eisen, Stahl) besteht ein besonderes **paritätisches** Mitbestimmungsrecht im Aufsichtsrat; darüber hinaus ist ebenfalls ein Arbeitsdirektor in den Vorstand zu bestellen.   MG § 2

BetrVG c) In den übrigen AG und KGaA muß ein Aufsichtsrat gebildet werden, der **zu einem**
§ 129   **Drittel** aus Vertretern der Arbeitnehmer besteht. Das gleiche gilt für eine GmbH
und die eG, sofern diese Unternehmen **mehr als 500**, aber **nicht mehr als 2000
Arbeitnehmer** beschäftigen.

> Fragen:
> 1. Welche Einrichtungen ermöglichen die Mitbestimmung im Betrieb
>   a) bei Personengesellschaften,
>   b) bei Kapitalgesellschaften?
> 2. Ein Betrieb, der 1950 Arbeitnehmer hat, vergibt eine ganze Anzahl von Aufträgen als Lohnaufträge an andere Unternehmen weiter, obwohl er die Mittel für eine Betriebsvergrößerung hätte. Welche Gründe könnte die Unternehmensleitung für diese Maßnahmen haben?

4.5 Arbeitsgerichtsbarkeit

Die Arbeitsgerichte gewährleisten eine *sachgemäße* Behandlung (Fachkammern für bestimmte Berufe) und *einheitliche* Rechtsprechung in arbeitsrechtlichen Streitigkeiten. Gegenüber den ordentlichen Gerichten ist das Verfahren wegen der kürzeren Fristen rascher und wegen der niedrigeren Gerichtskosten billiger. Kommt es zu einem Vergleich, werden überhaupt keine Gerichtskosten erhoben.

4.5.1 Zuständigkeit der Arbeitsgerichte

Örtlich zuständig ist das Gericht, in dessen Bezirk der Beklagte seinen Wohnsitz oder seinen Arbeitsplatz hat.

Sachlich zuständig sind die Gerichte für

a) Streitigkeiten zwischen *einzelnen* Arbeitgebern und Arbeitnehmern aus dem Arbeits- oder Berufsausbildungsvertrag und aus unerlaubten Handlungen, soweit sie mit diesen Verträgen zusammenhängen (Lohn, Urlaub, Gesundheitsschädigung, Kündigung).

b) Streitigkeiten zwischen *Tarifvertragsparteien* (Gültigkeit des TV, Koalitionsfreiheit, Streik).

c) Streitigkeiten zwischen *Arbeitnehmern aus gemeinsamer* Arbeit und wegen unerlaubter Handlungen, soweit sie mit dem Arbeitsverhältnis zusammenhängen (Gruppenakkord).

d) Streitigkeiten aus dem BetrVG, z.B. Errichtung, Zusammensetzung, Geschäftsführung und Auflösung des Betriebsrates.

e) Streitigkeiten aus dem MitbestG, z.B. über Wahl von Vertretern der Arbeitnehmer in den Aufsichtsrat und deren Abberufung.

> Fragen:
> 1. Warum ist ein Vergleich beim Arbeitsgericht für alle Beteiligten günstig?
> 2. Welche Streitigkeiten machen Ihrer Ansicht nach den Hauptanteil der Verhandlungen vor den Arbeitsgerichten aus?
> 3. Ein Angestellter will seinen Arbeitgeber verklagen, weil sein Gehalt unter Hinweis auf seine Tätigkeit nicht den Bestimmungen des Tarifvertrages entspricht. Welches Gericht ist zuständig?

4.5.2 Instanzen der Arbeitsgerichtsbarkeit

ArbGG Die Arbeitsgerichtsbarkeit wird ausgeübt durch Arbeitsgerichte, Landesarbeitsgerichte
§§ 14, 15 (Berufungsinstanz) und das Bundesarbeitsgericht (Revisionsinstanz) in Kassel.

In **erster** Instanz besteht **kein Anwaltszwang**, jedoch können Vertreter der Arbeitgeber- und Arbeitnehmerverbände und auch Rechtsanwälte die Prozeßvertretung übernehmen. In **zweiter** und **dritter** Instanz besteht **Anwaltszwang**; während in zweiter Instanz noch Vertreter der Verbände als Prozeßbevollmächtigte zugelassen sind, können solche in dritter Instanz nur noch Rechtsanwälte sein.

ArbGG
§ 11

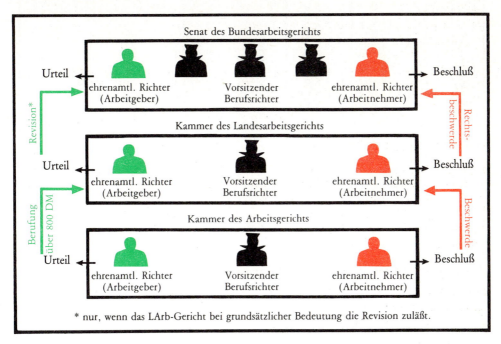

Bild 37

Fragen:
1. Warum sind bei den Arbeitsgerichten die Vertreter der Arbeitnehmer- und Arbeitgeberverbände als Prozeßbevollmächtigte zugelassen?
2. Welchen Sinn hat die dreistufige Arbeitsgerichtsbarkeit?

4.6 Ziele und Probleme der Sozialversicherung

4.6.1 Ziele der Sozialversicherung

Mit der Industrialisierung in der 2. Hälfte des 19. Jahrhunderts wuchs der Stand der Arbeiterschaft beträchtlich. Um die Arbeiter mit ihren Familien vor der Gefährdung ihres Daseins zu schützen, sah sich der Staat veranlaßt, ein umfassendes System der kollektiven Sicherung aufzubauen. Zuerst wurde 1883 die gesetzliche Krankenversicherung eingeführt. Es folgten 1884 die Unfall-, 1889 die Invaliden- (Arbeiterrenten-), 1911 die Angestellten- (Angestelltenrenten-) und 1927 die Arbeitslosenversicherung.

Die heutige Sozialversicherung ist eine *gesetzliche* Versicherung, die weiten Bevölkerungskreisen zur *Pflicht* gemacht ist, um die Versicherten vor Not bei Krankheit, Unfall, Erwerbsunfähigkeit und Arbeitslosigkeit zu schützen. Dementsprechend unterscheidet man die

— gesetzliche Krankenversicherung,
— gesetzliche Rentenversicherung,
— gesetzliche Arbeitslosenversicherung,
— gesetzliche Unfallversicherung.

4.6.2 Zweige der Sozialversicherung

Zweige	Gesetzliche Krankenversicherung	Gesetzliche Rentenversicherung	Arbeitslosenversicherung	Gesetzliche Unfallversicherung
Rechtsgrundlagen	Grundlage des Sozialversicherungsrechts ist das Sozialgesetzbuch (SGB), welches aus 10 Teilbüchern besteht. Die Sozialversicherung ist in den Büchern 3 = Arbeitsförderung und 4 = Sozialversicherung geregelt. Die wichtigsten Gesetze sind das Arbeitsförderungsgesetz (AFG) vom 01. 07. 1969 und die Reichsversicherungsordnung (RVO) vom 19. 07. 1911.			
	RVO §§ 165—536 und Erweiterungsgesetze	RVO §§ 1226—1437, Angestelltenversicherungsgesetz (AnVG) vom 20. 12. 1911 und Änderungsgesetze	Arbeitsförderungsgesetz (AFG) vom 01. 07. 1969 mit Änderungen	Unfallversicherungs-Neuregelungsgesetz (UVNG) vom 30. 04. 1963 und RVO §§ 537—895
Träger	Allgemeine Ortskrankenkassen (AOK), Innungs-, Betriebs-, Ersatzkrankenkassen	Landesversicherungsanstalten für Arbeiterrentenversicherung (LVA), Bundesversicherungsanstalt für Angestellte (BfA)	Bundesanstalt für Arbeit	Berufsgenossenschaften und Eigenunfallversicherungen von Bund, Ländern Gemeinden, Bundesbahn und Bundespost
	Versicherungspflichtige: Alle Arbeiter. Angestellte mit einem Monatsgehalt bis zu ¾ der Beitragsbemessungsgrenze* (Versicherungspflichtgrenze). Auszubildende, Studenten. Wehr- und Zivildienstleistende u.a. **Versicherungsberechtigte:** Angestellte, deren Gehalt über der oben genannten Verdienstgrenze liegt, u.a. **Weiterversicherungsberechtigte:** Personen, die sich nach Beendigung der Pflichtmitgliedschaft freiwillig weiterversichern können.	**Versicherungspflichtige:** Alle gegen Entgelt beschäftigten Arbeiter und Angestellten. Auszubildende. Wehr- und Zivildienstleistende u.a. **Versicherungsberechtigte:** Sie bleiben nach Ausscheiden aus der Pflichtversicherung freiwillig versichert. **Höherversicherte:** Sie zahlen Zusatzbeiträge, um ihre zukünftige Rente zu erhöhen. **Freiwillig Versicherte:** Alle noch nicht Pflichtversicherten nach Vollendung des 16. Lebensjahres (wichtig für Hausfrauen).	Alle gegen Entgelt beschäftigten Arbeiter und Angestellten. Auszubildende. Arbeitnehmer, die bei ihren Ehegatten beschäftigt sind, u.a.	Alle gegen Entgelt beschäftigten Arbeitnehmer. Auszubildende. Lernende, Studierende, Schüler. Kinder in Kindergärten und Vorschulen u.a.

Leistungen	**Vorsorgeuntersuchungen** zur Früherkennung von Krankheiten **Vorsorgekuren** zur Verhütung von Krankheiten **Krankenhilfe:** Kosten der Krankenpflege und Zahlung von Krankengeld (80%). **Mutterschaftshilfe:** Kosten und Vermögenseinbußen, die mit der Niederkunft verbunden sind. **Sonstige Kosten:** Kosten der ärztlichen Beratung über Empfängnisregelung und nicht rechtswidrigen Schwangerschaftsabbruch. **Sterbegeld:** Beitrag zur Deckung der mit dem Todesfall verbundenen Kosten. **Familienhilfe:** Entsprechende Leistungen für die Familienangehörigen des Versicherten.	**Heilbehandlung:** Hilfe zur Wiederbesserung einer geminderten Erwerbsfähigkeit (Rehabilitation). **Berufsförderung:** Maßnahmen zur Wiedergewinnung oder Erhöhung der Erwerbsfähigkeit, Umschulungen, Hilfe zur Erlangung einer Arbeitsstelle. **Ergänzende Leistungen:** Soziale Betreuung und Zahlung von Übergangsgeldern während der Heilbehandlung und Berufsförderung. **Rentenzahlungen:** Altersruhegeld ab 65. Lebensjahr, aber flexible Altersgrenze möglich; für Geringverdiener Mindestrenten. Erwerbsunfähigkeitsrente für Versicherte, die einer geregelten Beschäftigung nicht mehr nachgehen können. Berufsunfähigkeitsrente für Versicherte, deren Erwerbsfähigkeit in ihrem Beruf sich auf weniger als die Hälfte gemindert hat. Witwen-, Witwer- und Waisenrenten.	**Arbeitslosengeld** für unfreiwillig Arbeitslose, die aber arbeitsfähig und arbeitswillig sind, für höchstens 624 Tage; 68% vom durchschnittlichen Nettoarbeitsentgelt, für kinderlose Arbeitslose 63%. **Arbeitslosenhilfe,** wenn kein Anspruch auf Arbeitslosengeld sowie Bedürftigkeit besteht: 58% vom durchschnittlichen Nettoarbeitsentgelt, für kinderlose Arbeitslose 56%. **Kurzarbeitergeld** für Versicherte, die aus wirtschaftlichen Gründen des Betriebes nicht voll beschäftigt werden können. **Schlechtwettergeld** für witterungsbedingten Arbeitsausfall in der Bauwirtschaft. **Krankenkassenbeiträge.** **Konkursausfallgeld** für die letzten 3 Monate vor Konkurs des Arbeitgebers.	**Heilbehandlung und Krankengeld** während der Behandlung. **Berufsfördernde Leistungen,** damit der Verletzte seinen früheren Beruf wieder ausüben, einen neuen Beruf oder eine Arbeitsstelle finden kann. **Verletztenrente** nach Beendigung der Heilbehandlung bei mindestens 20% Erwerbsbeschränkung. **Hinterbliebenenrente.** **Kapitalabfindung** statt Verletzten- oder Hinterbliebenenrente. **Sterbegeld** und Überführungskosten an den Bestattungsort. **Unfallverhütende Maßnahmen** und **Erste Hilfe**
Beiträge	Festsetzung durch die Krankenkasse (durchschnittlich 12,7%), Berechnung vom Bruttoverdienst, Arbeitgeber und Arbeitnehmer tragen je die Hälfte. Für Versicherte bis zu 560,– DM Monatsverdienst zahlt der Arbeitgeber den ganzen Betrag.	19,2% vom Bruttoverdienst, höchstens aber von der Beitragsbemessungsgrenze*; Arbeitgeber und Arbeitnehmer tragen je die Hälfte. Übersteigt das Entgelt nicht 10% der Beitragsbemessungsgrenze, so ist der Betrag vom Arbeitgeber allein zu zahlen.	4,0% vom Bruttoverdienst, höchstens aber von der Beitragsbemessungsgrenze*; Arbeitgeber und Arbeitnehmer tragen je die Hälfte. Übersteigt das Entgelt nicht 10% der Beitragsbemessungsgrenze, so ist der Betrag vom Arbeitgeber allein zu zahlen.	Die Beiträge sind allein vom Arbeitgeber zu tragen. Ihre Höhe wird durch ein Umlageverfahren ermittelt, das den mit der Arbeit verbundenen Gefahrenumständen Rechnung trägt.
Sozial-gerichtsbarkeit	Ist ein Versicherter mit dem Bescheid eines Sozialversicherungsträgers nicht einverstanden, so kann er Widerspruch erheben. Gegen einen darauf ergehenden Widerspruchsbescheid kann er beim Sozialgericht klagen. Gegen Urteile des Sozialgerichts ist die Berufung beim Landessozialgericht und gegen dessen Urteil Revision beim Bundessozialgericht in Kassel möglich.			

* **Beitragsbemessungsgrenze** 1986: 5 600,– DM p.M.

Bild 38

4.6.3 Probleme der Sozialversicherung

Die Beiträge der Sozialversicherung richten sich nach den Einkommen der Versicherten, die Leistungen sind gesetzlich festgelegt. Danach erhalten in der Krankenversicherung alle Versicherten mitsamt ihren Angehörigen trotz unterschiedlich hoher Beitragszahlung die gleichen Versicherungsleistungen.

In der Renten-, Arbeitslosen- und Berufsunfallversicherung aber finden die unterschiedlichen Beitragszahlungen auch in unterschiedlich hohen Versicherungsleistungen ihren Niederschlag. Damit kann jeder Versicherte selbst Einfluß nehmen auf den Lebensstandard, den er sich bei Verlust oder nach Beendigung seiner Arbeitstätigkeit erhalten möchte. Aus diesem Beitrags- und Leistungssystem ergeben sich Probleme.

Probleme der Krankenversicherung (Bild 39)

Die Beitragssätze der Krankenversicherung mußten in den vergangenen Jahren fortlaufend erhöht werden. Das hängt nicht so sehr damit zusammen, daß die Versicherten mehr und länger krank waren, sondern mit folgenden Problemen:

— Je mehr Leistungsanbieter (Krankenhäuser, Ärzte) da sind, umso höher ist die Gesamtbelastung, weil die Leistungsangebote intensiver genutzt werden.
— Die zunehmende Ausstattung der Arztpraxen und Krankenhäuser mit teuren Apparaturen wird über die Versicherungsbeiträge auf die Versicherten umgelegt.
— Durch Arbeitslosigkeit und Vorruhestandsregelung entstehen Minderungen der Beitragseinnahmen durch geringeres Einkommen der Versicherten.
— Da die Zahl der im Erwerbsleben stehenden Personen einerseits sinkt, andererseits die Zahl der aus dem Erwerbsleben ausgeschiedenen Personen steigt, müssen die Beiträge der Erwerbstätigen steigen.

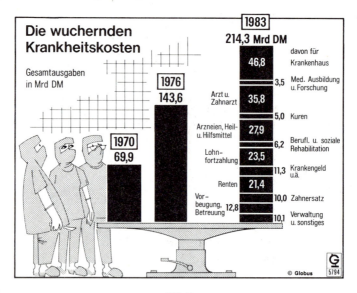

Bild 39

Durch eine Vielzahl von Vorschlägen wird versucht, die Kostensteigerungen zu begrenzen. Unter anderem wird vorgeschlagen:
— Beschränkung der Zahl der Krankenhausbetten.
— Einschränkung der Niederlassungsfreiheit der Ärzte.
— Niedrigere Honorare für Ärzte in medizinisch überversorgten Gebieten.
— Preisstop für Arzneien auf freiwilliger Basis für zwei Jahre. Dieser hat aber nur Sinn, wenn danach die Preise nicht überproportional angehoben werden.

— Kostenbeteiligung der Versicherten.
   Beispiel: Allgemeine Erhöhung der Rezeptgebühr von 2,— DM auf 5,— DM oder prozentuale Beteiligung der Versicherten mit 15% bis 20% an den Krankheitskosten. Übernahme der Kosten der selbstverschuldeten Krankheiten (Alkohol, Nikotin, Sport).

Probleme der Rentenversicherung (Bild 40)

Durch die fortwährende Anpassung ihrer Leistungen an das jeweilige Lohnniveau bewirkt die Rentenversicherung eine dynamische Versorgung. Dabei ist besonders die »dynamische Produktivitätsrente« hervorzuheben. Das Wesen dieser Rentenregelung besteht darin, daß die Basisgröße der Rentenberechnung, die allgemeine Bemessungsgrundlage, alljährlich entsprechend der allgemeinen Einkommensentwicklung neu festgesetzt wird. Die bereits laufenden Renten werden an die Veränderungen der allgemeinen Bemessungsgrundlage ebenfalls jährlich durch Gesetz angepaßt (jährliche Rentenanpassungsgesetze). Die Renten steigen damit entsprechend dem durch die zunehmende Wirtschaftsproduktivität vermehrten Einkommen der Bevölkerung.

Diese Leistungsdynamik wirft jedoch bei abnehmendem Wirtschaftswachstum, bei langanhaltender Arbeitslosigkeit sowie bei Geburtenrückgang einerseits und längerer Lebenserwartung (Rentnerberg) andererseits erhebliche Finanzierungsprobleme auf, für deren Lösung verschiedene Vorschläge diskutiert werden:

— Eine wesentliche Erhöhung der Versicherungsbeiträge (im Jahre 2000 auf 21%, im Jahre 2030 auf 28%).
— Wiederanhebung der Altersgrenze (da durch den Vorruhestand zwar die Arbeitslosenversicherung entlastet, die Rentenversicherung aber belastet wird).
— Senkung des Rentenniveaus um 13%.
— Erhöhung der Bundeszuschüsse von heute (1984) von 24,2 Mrd. DM auf 110 Mrd. DM (2005).

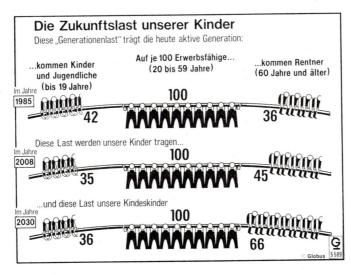

Bild 40

Nach dem Grundgesetz ist der Staat verpflichtet, die Sozialversicherungsträger im Notfall durch Zuschüsse aus Steuermitteln zu unterstützen. Dieser Notfall tritt jeweils ein, wenn die Träger der Sozialversicherung auch nach gegenseitiger Unterstützung nicht mehr in der Lage sind, die festgesetzten Leistungen aus ihren Beitragseinnahmen und Rücklagen zu erbringen. Durch die dann einsetzende staatliche Hilfe wird erreicht, daß auch die nicht sozialversicherten Bürger (Selbständige, Beamte) über ihre Steuerzahlungen mit in die Beitragszahlung einbezogen werden.

Die Lösung des Rentenproblems wird nur aus einer Kombination der verschiedenen Möglichkeiten bestehen.

GG Art. 120 (1)

Probleme der Arbeitslosenversicherung

Die Finanzierungslücken der Arbeitslosenversicherung entstehen dadurch, daß einer immer geringeren Zahl von Beitragszahlern eine größere Zahl von Beitragsempfängern gegenübersteht, die gleichzeitig auch als Zahler von Steuern (Lohnsteuer) und Sozialversicherungsbeiträgen ausfallen.

Ein Hauptproblem der Arbeitslosenversicherung ist die **strukturelle Arbeitslosigkeit** (Abschnitt 7.4.3). Sie entsteht, wenn sich der Aufbau der Volkswirtschaft stark verändert. Dies kommt vor, wenn eine Branche ihre Wettbewerbsfähigkeit einbüßt (Schiffbau) oder die Nachfrage nach bestimmten Gütern erschöpft ist (Bauwirtschaft).

In diesen Fällen ist für die Mehrzahl der betreffenden Arbeitnehmer mit langandauernder Arbeitslosigkeit zu rechnen. Jüngere Arbeitslose können eventuell umgeschult werden, während ältere Arbeitslose auch nach einer Umschulung kaum Aussicht haben, einen Arbeitsplatz zu erhalten.

Die Arbeitslosenversicherung versucht, diese Finanzierungslücken zu schließen.

Beispiele: Steigerung des Beitragssatzes von 2% (1975) auf 4% (1986). Kürzung der Leistungen (Arbeitslose ohne Kinder erhalten seit 1984 statt 68% nur noch 63% Arbeitslosengeld).

Fragen und Aufgaben:
1. Welchen Zweck hat die Sozialversicherung?
2. In der gesetzlichen Krankenversicherung zahlt der alleinstehende Arbeitnehmer den gleichen Beitrag wie ein Arbeitnehmer mit Familie. Nehmen Sie dazu Stellung.
3. Wodurch nimmt auch der Rentner an der Einkommensentwicklung teil?
4. Die von Ihnen bezahlten Beiträge zur Rentenversicherung werden zur Zahlung an die heutigen Rentenempfänger verwendet. Überlegen Sie in diesem Zusammenhang, warum die Beitragsbemessungsgrenzen ständig erhöht werden.
5. Welche Probleme sind für die Rentenversicherung mit einem zunehmenden Geburtenrückgang verbunden?
6. Warum werden auch in Zeiten der Vollbeschäftigung Beiträge zur Arbeitslosenversicherung erhoben?

4.7 Stellung der Mitarbeiter im Betrieb

4.7.1 Leitende und ausführende Tätigkeit

Vom Unternehmer zu leistende Funktionen

Die dispositive Arbeit im Betrieb wird geleistet durch Eigentümerunternehmer und Auftragsunternehmer. Der **Eigentümerunternehmer** übernimmt als Allein- oder Miteigentümer das Risiko für das haftende Kapital. Er ist typisch für Einzelunternehmen und Personengesellschaften. Der **Auftragsunternehmer** ist nicht Eigentümer der Unternehmung, sondern leitender Angestellter (Manager). Er ist typisch für Kapitalgesellschaften.

Funktion der Unternehmer ist die **Leitung der Unternehmung.**

Leitungsfunktionen (*dispositiver Faktor*) sind

a) **Zielsetzung.** Festlegung des Unternehmungszieles.
b) **Planung.** Erstellung von Plänen, die sich an der Zielsetzung orientieren.
c) **Organisation.** Verwirklichung der Pläne, d.h. ihre Realisation durch Bildung eines Regelungssystems einleiten.
d) **Kontrolle und Revision.** Überwachung und Prüfung des Betriebes und der Leistungsergebnisse.
e) **Rechenschaftslegung.** Darstellung des Leistungsergebnisses.
f) **Repräsentation.** Vertretung der Unternehmung gegenüber Dritten.

Gründungserfolg und Bestand der Unternehmung hängen in erster Linie von der Persönlichkeit des Unternehmers oder der Unternehmer ab.

Die Erfüllung der Gründungsaufgaben, aber auch die laufende Führung und Weiterentwicklung der Unternehmung stellen an die Personen, die mit Leitungsaufgaben betraut sind, folgende Anforderungen:

a) Ideenreichtum und Entschlußkraft. Organisationstalent, Improvisationsfähigkeit, Wagnisbereitschaft, verbunden mit Besonnenheit und Umsicht.
b) Menschenkenntnis, Fähigkeit zur Führung der Mitarbeiter, Einfühlungsvermögen, Kontaktfähigkeit, Verantwortung gegenüber Mitarbeitern und Öffentlichkeit, Bereitschaft zur Wahrnehmung gesellschaftspolitischer Aufgaben (Mitbestimmung, Miteigentum, Vermögensbildung).
c) Allgemeinwirtschaftliche Kenntnisse über Zusammenhänge und Gesetzmäßigkeiten des Wirtschaftslebens, besondere Fachkenntnisse auf kaufmännischem und technischem Gebiet und Aufgeschlossenheit für neue Erkenntnisse aus Wissenschaft und Praxis (Verpflichtung zum Umweltschutz).

Ein Unternehmer wird diese vielfältigen Anforderungen selten in vollem Umfang erfüllen können. Deshalb kommt der Arbeitsteilung, die bei der mehrköpfigen Leitung einer Unternehmung möglich ist, besondere Bedeutung zu.

Von den Mitarbeitern zu leistende Funktionen

Von den Mitarbeitern zu leistende Funktionen können entweder leitender oder ausführender Art sein.

Sind sie **leitender** Art, so sind sie Teilfunktionen der unternehmerischen Funktion.

Sind sie **ausführender** Art, dann entsprechen die Funktionen den Bereichen, in denen die Mitarbeiter tätig sind, z. B. Einkäufer, Verkäufer im kaufmännischen Bereich; Zuschneider, Dreher im technischen Bereich.

Nach dem **Tätigkeitsbereich** kann man drei Gruppen unterscheiden.

— Mitarbeiter im *kaufmännischen* Bereich:
Kaufmännische Angestellte, Auszubildende, Volontäre, Praktikanten.
— Mitarbeiter im *technischen* Bereich:
Technische Angestellte, Meister, Kraftfahrer, Lagerarbeiter, Auszubildende und Praktikanten.
— *Sonstige* Mitarbeiter:
mit besonderer Vorbildung: Rechtsberater;
für einfache Dienste: Pförtner, Nachtwächter, Büroboten.

Der Unterschied in der rechtlichen Stellung der Arbeiter und Angestellten schwindet heute mehr und mehr durch gesetzliche und tarifliche Angleichung der Arbeiter an die Angestellten, so daß sich einwandfreie Abgrenzungen nicht mehr ziehen lassen.

Stellung und Vollmachten der Mitarbeiter sollen im folgenden am Beispiel der kaufmännischen Mitarbeiter eingehend behandelt werden. Ähnliche Verhältnisse sind für die Mitarbeiter der anderen Bereiche gegeben.

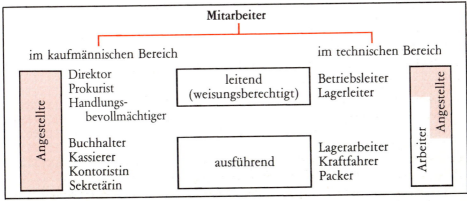

Bild 41

> **Fragen und Aufgaben:**
> 1. Wodurch unterscheiden sich Eigentümer- und Auftragsunternehmer?
> 2. Welche Angestelltentätigkeiten aus Ihrem Betrieb haben
>   a) leitenden
>   b) ausführenden Charakter?
> 3. Warum kommt der Arbeitsteilung bei der Leitungsfunktion große Bedeutung zu?
> 4. Nennen Sie 5 Anforderungen, die an Personen gestellt werden, welche mit Leitungsaufgaben betraut sind.

4.7.2 Vollmachten

Handlungsbevollmächtigter

HGB § 54
BGB § 164

> **Handlungsvollmacht** hat, wer zum **Betrieb eines Handelsgewerbes** oder innerhalb eines Handelsgewerbes zur **Vornahme von Handelsgeschäften ermächtigt** ist, die sein Handelsgewerbe **gewöhnlich** mit sich bringt.

Eine *besondere* Ermächtigung braucht er zum Kauf oder zur Veräußerung oder Belastung von Grundstücken, zur Eingehung von Wechselverbindlichkeiten, zur Aufnahme von Darlehen und zur Prozeßführung.

Arten der Handlungsvollmacht (Bild 42).

a) **Die allgemeine Handlungsvollmacht** berechtigt zur Ausführung *aller* gewöhnlichen Rechtsgeschäfte im üblichen Umfang, die in dem Handelsgewerbe dieses Geschäftszweigs vorkommen. Allgemeine Handlungsvollmacht haben z.B. Geschäftsführer und Filialleiter.

HGB § 55

b) **Die Artvollmacht** berechtigt zur Vornahme einer bestimmten *Art* von Rechtsgeschäften, die gewöhnlich in dem Handelsgewerbe dieses Geschäftszweigs vorkommen. Artvollmacht haben Einkäufer, Verkäufer, Kassierer, Schalterbedienstete usw. Auch Reisende sind Angestellte mit *Artvollmacht*. Entsprechend ihrem Auftrag haben sie das Recht, Geschäfte im Namen ihres Arbeitgebers abzuschließen oder zu vermitteln und Mängelrügen entgegenzunehmen. Für alle anderen Geschäfte brauchen sie eine besondere Vollmacht.

c) **Die Einzelvollmacht** berechtigt zur Vornahme eines *einzelnen*, zu einem Handelsgewerbe gehörigen Rechtsgeschäftes, wie zum Einzug einer quittierten Rechnung, zum Verkauf eines Hauses, zur Führung eines Prozesses.

Erteilung der Vollmacht

Voll- und Minderkaufleute sowie Prokuristen haben ohne weiteres das Recht zur Erteilung einer Handlungsvollmacht. Jeder Bevollmächtigte kann im Rahmen seiner Vollmacht Untervollmacht einräumen (Bild 42). Die Erteilung der Vollmacht kann schriftlich, mündlich oder sogar stillschweigend durch Duldung bestimmter Handlungen erfolgen. Sie wird nicht ins Handelsregister eingetragen. Wenn ein Kaufmann mehrere Bevollmächtigte ernennt, kann er jedem für sich allein oder mehreren zusammen das Vertretungsrecht einräumen. Im zweiten Falle (**Gesamtvollmacht**) sind die Rechtshandlungen nur gültig, wenn die Bevollmächtigten gemeinsam gehandelt oder unterschrieben haben, z.B. bei Bankangestellten.

Eine Beschränkung der Vollmacht auf bestimmte Geschäfte ist Dritten gegenüber nur wirksam, falls diese die Beschränkung kannten oder kennen mußten.

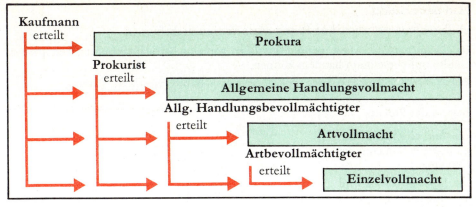

Bild 42

Unterschrift des Bevollmächtigten

Der Bevollmächtigte setzt zum Namen seines Auftraggebers seine Unterschrift mit einem Zusatz, aus dem die Vollmacht zu ersehen ist (Bild 44).

HGB § 57

Beendigung der Vollmacht

Die Vollmacht erlischt

a) mit *Beendigung* des Rechtsverhältnisses, mit dem sie verbunden ist, z. B. bei Beendigung des Dienstvertrages, bei Auflösung der Ehe, aber nicht bei Tod des Ehegatten,

b) durch *Widerruf* von Personen, die Vollmacht erteilen können,

c) durch freiwillige oder zwangsweise *Auflösung* des Geschäfts,

d) beim *Wechsel* des Geschäftsinhabers in der Regel nur, wenn der neue Inhaber sie widerruft,

e) bei Einzelvollmacht nach *Durchführung* des Auftrages.

Prokurist

Prokura hat, wer von einem Vollkaufmann **zu allen Arten von gerichtlichen und außergerichtlichen Geschäften und Rechtshandlungen ermächtigt** ist, die der Betrieb **irgendeines** Handlungsgewerbes mit sich bringen kann.

§ 49

Beispiel: Während der Abwesenheit des Unternehmers gibt der Prokurist einer Getränkegroßhandlung die Abteilung Spirituosen auf.

Gesetzlich verboten ist die Vertretung bei folgenden Handlungen: Eid leisten, Bilanz und Steuererklärungen unterschreiben, Handelsregistereintragungen anmelden, Konkurs anmelden, Geschäft verkaufen, Prokura erteilen, Gesellschafter aufnehmen (Bild 44).

Eine *besondere Vollmacht* braucht der Prokurist zum Verkauf und zur Belastung von Grundstücken.

Erteilung der Prokura

Nur der *Vollkaufmann* oder sein *gesetzlicher* Vertreter kann Prokura erteilen. Sie muß *ausdrücklich* (schriftlich oder mündlich) erteilt werden, z. B. mit den Worten: »Ich erteile Ihnen mit Wirkung vom 1. Januar 19.. Prokura«. Die Prokura muß zur Eintragung ins Handelsregister angemeldet werden.

§ 48 (1)

Man unterscheidet

a) *Einzelprokura*, wenn eine Person allein vertretungsbefugt ist,
b) *Gesamtprokura*, wenn mehrere Personen gemeinschaftlich vertretungsbefugt sind, also nur gemeinsam handeln können.

Prokura können auch solche Personen erhalten, die nicht im Betrieb angestellt sind (Ehefrau).

Beginn der Prokura

Im *Innenverhältnis* beginnt die Prokura mit der Erteilung.

Im *Außenverhältnis* wird sie erst wirksam, wenn der Dritte Kenntnis von ihr hat oder wenn sie in das Handelsregister eingetragen und veröffentlicht ist. Die Eintragung hat also rechtsbezeugende Wirkung (Bild 43).

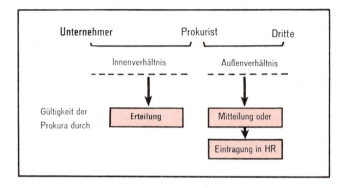

Bild 43

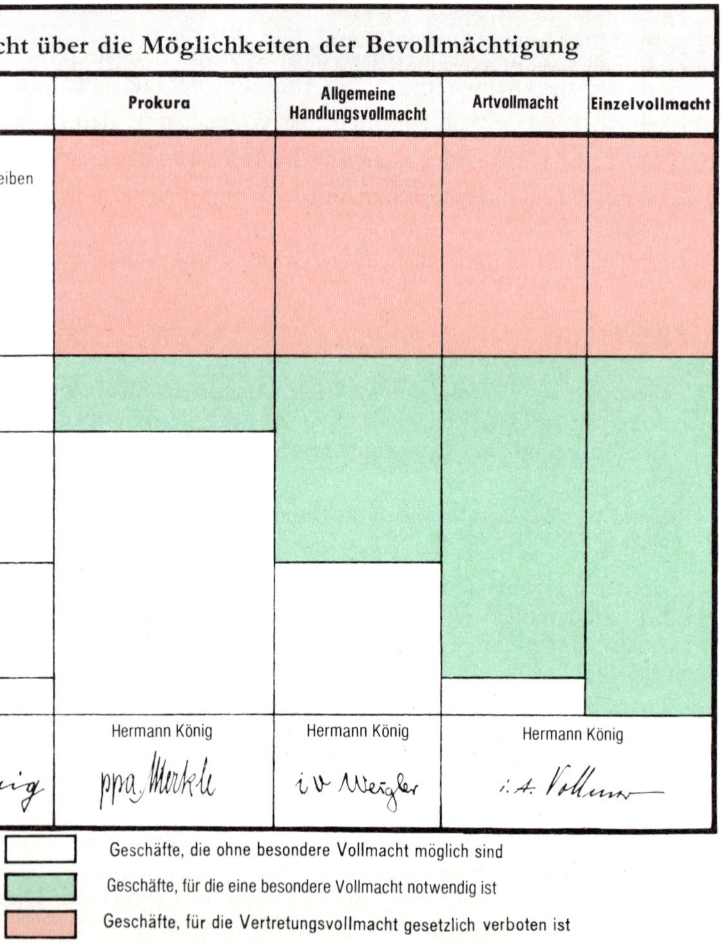

Übersicht über die Möglichkeiten der Bevollmächtigung				
Unternehmer	**Prokura**	**Allgemeine Handlungsvollmacht**	**Artvollmacht**	**Einzelvollmacht**
Eid leisten Steuererklärungen unterschreiben Bilanz unterschreiben HR-Eintragungen anmelden Konkurs anmelden Geschäft verkaufen Prokura erteilen Gesellschafter aufnehmen	🟥	🟥	🟥	🟥
Grundstücke belasten Grundstücke verkaufen	🟩	🟥	🟩	🟩
Grundstücke kaufen Prozesse führen Darlehen aufnehmen Wechsel unterschreiben	⬜	🟩	🟩	🟩
Zahlungsgeschäfte erledigen Verkaufen Mitarbeiter entlassen Mitarbeiter einstellen	⬜	⬜	🟩	🟩
Einkaufen	⬜	⬜	⬜	🟩
Unterschriftsformen *Hermann König*	Hermann König *ppa. Merkle*	Hermann König *i. V. Wergler*	Hermann König *i. A. Vollmer*	

Geschäfte, die ohne besondere Vollmacht möglich sind
Geschäfte, für die eine besondere Vollmacht notwendig ist
Geschäfte, für die Vertretungsvollmacht gesetzlich verboten ist

Bild 44

Einschränkung der Prokura

Der Unternehmer kann den Umfang der Prokura im *Innenverhältnis* beliebig einschränken, im *Außenverhältnis* ist er jedoch unbeschränkbar.

Bei **Filialbetrieben** kann die Prokura auf das Hauptgeschäft oder eine Filiale beschränkt sein, wenn die Filialfirmen sich durch einen Zusatz sowohl vom Hauptgeschäft als auch voneinander unterscheiden (Filialprokura).

Unterschrift des Prokuristen

Der Prokurist setzt zur Firma seine Unterschrift mit dem Zusatz »ppa.« (lat. per procura) (Bild 44).

Beendigung der Prokura

Die Prokura erlischt

HGB § 52

a) mit *Beendigung* des Rechtsverhältnisses, mit dem sie verbunden ist,

b) durch *Widerruf* von seiten *eines* Geschäftsinhabers,

c) durch freiwillige oder zwangsweise *Auflösung* des Geschäftes,

d) durch den *Tod* des Prokuristen,

e) beim *Wechsel* des Geschäftsinhabers, jedoch *nicht beim Tode* des Geschäftsinhabers.

Das Erlöschen der Prokura ist durch den Unternehmer zur Eintragung ins Handelsregister anzumelden. Gutgläubigen Dritten gegenüber gilt die Prokura solange weiter, bis sie im Handelsregister gelöscht ist.

Fragen und Aufgaben:

1. Welche Angestellten unterscheidet man
   a) nach ihrem Aufgabenbereich?
   b) nach dem Umfang ihrer Vollmacht?
2. Was ist der Unterschied zwischen allgemeiner Handlungsvollmacht und Gesamtvollmacht?
3. Welche Arten von Handlungsvollmacht gibt es in Ihrem Ausbildungsbetrieb?
4. Welches Rechtsgeschäft darf nach HGB ein Handlungsbevollmächtigter ohne besondere Befugnisse vornehmen?
5. Welche Unterschiede bestehen zwischen Prokura und allgemeiner Handlungsvollmacht?
6. G. Vollmer, Abteilungsleiter der Firma Hermann König, hat seit zwei Monaten die Briefe mit ppa. unterschrieben, ohne daß der Geschäftsinhaber Einspruch erhoben hat. Ist Vollmer jetzt Prokurist?
7. Kann der 16jährige Sohn eines Geschäftsinhabers Prokurist werden (Begründung)?
8. Der Unternehmer untersagt seinem Prokuristen, Wechsel zu akzeptieren. Während der Unternehmer im Urlaub ist, akzeptiert der Prokurist doch einen Wechsel.
   Muß der Unternehmer diesen Wechsel einlösen?
9. Welche Überlegung kann einen Unternehmer veranlassen, statt Einzelprokura Gesamtprokura zu erteilen?
10. Prokurist Peter Jung ist 35 Jahre alt und seit 20 Jahren bei der Firma Pietsch in Augsburg tätig. Er leitet nunmehr die Abteilung Verkauf. Jung möchte sich selbständig machen und zum 30. 06. kündigen.
    a) Wann muß Jung spätestens kündigen?
    b) Wann müßte gekündigt werden, wenn Pietsch das Arbeitsverhältnis zum 30. 06. auflösen wollte?
    c) Wie hätte Pietsch verhindern können, daß Jung sofort nach seinem Ausscheiden ein Konkurrenzunternehmen gründet?
    d) Wann erlischt die Vollmacht von Jung?
    e) Jung gewährt einem Kunden am 20. 06. einen Sonderrabatt von 30%. Ist Pietsch an diese Zusage gebunden?

5 Wirtschaftsordnungen

In jeder Volkswirtschaft muß entschieden werden, auf welche Weise der Bedarf der Verbraucher gedeckt werden soll.

Je nachdem, ob die Bedarfsdeckung durch die Nachfrage der Menschen in freier Entscheidung oder von einer Behörde (Staat) nach zentralem Willen geplant und gelenkt wird, unterscheidet man die Marktwirtschaft und die Zentralverwaltungswirtschaft.

a) Die **Marktwirtschaft** hat ihre ideelle Grundlage im *Individualismus*, d.h. dem Vorrang der Einzelinteressen vor den Interessen der Allgemeinheit. Dieses Individualprinzip ist auch die tragende Idee des *Liberalismus* (lat. liber = frei), der dem Menschen einen möglichst großen Spielraum gegenüber staatlichen Eingriffen gewährleisten will.

   Beispiel: Der Verbraucher trifft seine Konsumentscheidungen allein. Dabei wägt er ab unter seinen Bedürfnissen, dem Angebot auf dem Markt und den verfügbaren Geldmitteln.

b) Die **Zentralverwaltungswirtschaft (Planwirtschaft)** hat ihre ideelle Grundlage im *Kollektivismus*, d.h. dem Vorrang der Gemeinschaftsinteressen vor den Einzelinteressen. Dieses Prinzip gilt auch für den *Sozialismus*. Der einzelne Mensch muß sich dem Kollektiv unterordnen, d.h. die von den Organen des Kollektivs, der Behörde, festgesetzten Ziele annehmen und die getroffenen Anordnungen befolgen.

   Beispiel: Der Verbraucher kann nur zwischen den Gütern wählen, die ihm von der zentralen Planungsbehörde zugewiesen werden.

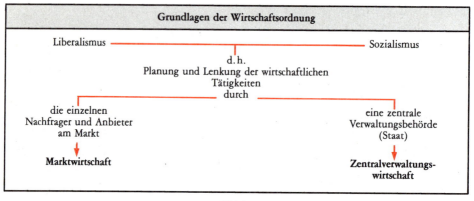

Bild 45

5.1 Modell der freien Marktwirtschaft

5.1.1 Gesellschaftspolitische Grundlagen

Der Liberalismus des 18. Jahrhunderts fordert vom Staat den Verzicht auf alle wirtschaftlichen Eingriffe. Dies wird damit begründet, daß sich die in den damaligen Naturwissenschaften angenommene Harmonie des Kosmos auch in der Wirtschaft einstelle, wenn sie sich selbst überlassen bleibe. Daraus ergibt sich auch die Forderung nach einem *vom Staat* völlig *freien Wirtschaftsablauf*, also einer **freien Marktwirtschaft**.

Nach dieser Vorstellung wird indirekt das Gemeinwohl gefördert, wenn man den rational handelnden Mensch im Rahmen eines vorhandenen Wettbewerbs nach seinen Bedürfnissen frei wirtschaften läßt. Wenn aber der Staat in diesen Marktautomatismus eingreife, werde die naturgesetzliche Harmonie gestört.

Die freie Entscheidung der Produzenten und Konsumenten setzt eine **freie Gesellschaft**, d. h. eine **liberale Rechtsordnung** voraus, in der das ungehinderte Erwerben, Vermehren und Vererben von Eigentum gewährleistet sind. Die uneingeschränkte Nutzung des Ertrags der eigenen Arbeitsleistung, die freie Entfaltung der Persönlichkeit und die Vielfalt der daraus abgeleiteten individuellen Kräfte sind weitere Kennzeichen der freien Marktwirtschaft.

> **Fragen und Aufgabe:**
> 1. Welche Grundideen werden von den Verfechtern der freien Marktwirtschaft vertreten?
> 2. Welche Voraussetzungen müssen gegeben sein, damit ein einzelner Anbieter am Markt seine Macht nicht mißbrauchen kann?
> 3. Die freie Entfaltung der Unternehmenstätigkeit muß sich nicht immer zum Nutzen aller Bürger auswirken. Nennen Sie Beispiele dafür.

5.1.2 Funktionsweise der freien Marktwirtschaft

In der freien Marktwirtschaft stellen nur Haushalte und Unternehmen Wirtschaftspläne auf. Die Konsumpläne der Haushalte werden über die **Nachfrage am Markt** an die Unternehmungen herangetragen; die Produktionspläne der Unternehmungen werden über das **Angebot am Markt** zu Verbrauchsimpulsen für die Haushalte. Am Markt geschieht der **Ausgleich von Angebot und Nachfrage** in der freien Entscheidung der Produzenten und Konsumenten **über den Preis**. Da der Staat grundsätzlich nicht eingreift, lenkt sozusagen der Markt die Wirtschaft (Abschnitt 2.3).

> Die **freie Marktwirtschaft** ist eine Wirtschaftsordnung, in welcher die Wirtschaft *nur* **durch das freie Spiel der Kräfte des Marktes gelenkt** wird.

Dem einzelnen Menschen wird dadurch ein fast unbegrenzter Freiheitsspielraum gewährt.

Das Zusammenspiel von Unternehmung und Haushalt sowie die Stellung des Staates im Modell der freien Marktwirtschaft zeigt Bild 46.

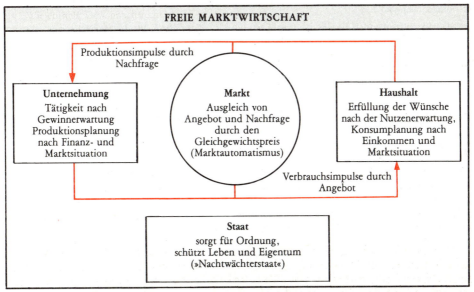

Bild 46

> **Fragen:**
> 1. Welche Bedeutung hat der Markt in der freien Marktwirtschaft?
> 2. Wie kommt es zum Ausgleich zwischen Angebot und Nachfrage?
> 3. Inwiefern geben
>   a) die Konsumpläne der Haushalte Produktionsimpulse,
>   b) die Produktionspläne der Unternehmungen Verbrauchsimpulse?

5.1.3 Ordnungsmerkmale der freien Marktwirtschaft

Der Wirtschaftsablauf im Modell der freien Marktwirtschaft soll allein durch die Entscheidung des einzelnen und den frei gebildeten Preis auf dem Markt gesteuert werden. Für diese dezentrale Entscheidungsfindung und den Preismechanismus müssen folgende Voraussetzungen gegeben sein:

a) **Privateigentum an Produktionsmitteln.** Die Produktionsmittel, auch Grund und Boden, gehören privaten Eigentümern. Die Anhänger der Marktwirtschaft vertreten den Standpunkt, daß das Privateigentum ein hohes Maß an persönlicher Unabhängigkeit, Entfaltungsmöglichkeit und Zufriedenheit gewährleistet.

Das Streben nach **Erhaltung** des Privateigentums wird zugleich als geeignetes Mittel zur sorgfältigen Bewahrung des gesamtwirtschaftlichen Vermögens betrachtet.
Beispiel: Ein eigenes Buch wird sorgfältiger behandelt als ein entliehenes.

Im Streben nach **Erwerb** von Privateigentum wird eine wirksame Antriebskraft für den wirtschaftlichen und technischen Fortschritt gesehen.
Beispiel: Um zu verdienen, bringt ein Unternehmer möglichst solche Produkte auf den Markt, die von der Konkurrenz noch nicht angeboten werden. Er wird also alle technischen und wirtschaftlichen Möglichkeiten zur Erreichung dieses Zieles ausschöpfen.

b) **Vertragsfreiheit.** Bei der Gestaltung gegenseitiger Vereinbarungen sind die Vertragspartner frei. Diese Freiheit bezieht sich auf die *Art*, den *Inhalt* und die *Form* der Verträge. Jedem ist freigestellt, sich Güter und Leistungen über Kauf-, Miet-, Pacht- und Dienstverträge nutzbar zu machen. Die Vertragsfreiheit ist wesentliche Grundvoraussetzung für die Freiheit der Konsumwahl, der Einkommensverwendung und der Gewinnerzielung. Mit der Vertragsfreiheit ist aber auch das Risiko verlustbringender Entscheidung verbunden.
Beispiel: Wer aus Unkenntnis oder Leichtgläubigkeit für eine Ware einen überhöhten Preis bezahlt, trägt allein das Risiko.

c) **Gewerbefreiheit.** Die Wahl von *Ort* und *Gegenstand* der wirtschaftlichen Betätigung als Unternehmer ist keinerlei Beschränkungen unterworfen. Es spielt keine Rolle, ob der Unternehmer sachkundig ist und über genügend Kapital verfügt; er kann sich frei entfalten.
Beispiel: Gründung eines Lebensmitteleinzelhandelsgeschäfts oder einer Apotheke ohne Nachweis der Sachkunde.

d) **Freie Berufs- und Arbeitsplatzwahl.** Jeder kann selbst entscheiden, welchen Beruf er erlernen will und in welchem Beruf er tätig sein will. Außerdem steht es ihm frei, mit welchem Arbeitgeber er einen Arbeitsvertrag abschließen will. Es herrscht uneingeschränkte Freizügigkeit bei der Wahl des Wohnsitzes. Fehlentscheidungen, z.B. das Arbeitsplatzrisiko, trägt allein der Arbeitnehmer.
Beispiel: Am Ende der Schulzeit kann ohne staatliche Einwirkung irgendein Berufsausbildungsverhältnis eingegangen werden.

> **Fragen:**
> 1. Welche Vor- und Nachteile bringt das Eigentum an Produktionsmitteln dem privaten Unternehmer?
> 2. Warum bietet das Privateigentum an Produktionsmitteln eine Gewähr dafür, daß die Produzenten nur Güter anbieten, welche von den Haushalten gewünscht werden?
> 3. Inwiefern ist Privateigentum das beste Mittel zur Erhaltung gesamtwirtschaftlichen Vermögens?
> 4. Was hat Gewerbefreiheit mit Wettbewerb zu tun?

5.1.4 Rolle des Staates in der freien Marktwirtschaft

Die Tätigkeit des Staates beschränkt sich auf reine *Schutz- und Ordnungsmaßnahmen*. Durch Gesetze und Polizei sollen Leben und Freiheit des Individuums vor Übergriffen Dritter geschützt werden. Der Staat greift nur ein, wenn es brennt, im Sinne des Nachtwächters. Deshalb wird die liberale Staatsauffassung auch mit dem Begriff »**Nachtwächterstaat**« gekennzeichnet.

In der freien Marktwirtschaft setzt der Staat nur die *Rahmenbedingungen* fest. So kann er beispielsweise Gesetze erlassen, die das Privateigentum, die Vertragsfreiheit, die Gewerbefreiheit und die freie Berufs- und Arbeitsplatzwahl schützen bzw. gewährleisten sollen. Darüber hinaus ist er selbst nur ein Wirtschaftspartner, wie Privatunternehmen und Haushalte auch, und unterwirft sich dabei dem Marktmechanismus wie die übrigen Marktteilnehmer.

> **Fragen:**
> 1. Warum ist die Stellung des Staates in der freien Marktwirtschaft von so geringer Bedeutung?
> 2. Inwiefern kann man die Aufgabe des Staates in der freien Marktwirtschaft mit der eines Nachtwächters vergleichen?
> 3. Warum ist der Aufbau und die Unterhaltung staatlicher Einrichtungen ohne Eingriffe in das Privateigentum und damit in das Wirtschaftsleben nicht denkbar?

5.2 Probleme der freien Marktwirtschaft

Der Staat überläßt die Wirtschaft dem freien Spiel der Kräfte. Freie Konsumwahl, Gewerbefreiheit und Vertragsfreiheit lassen unterschiedliche Einflußmöglichkeiten und Wettbewerbsbedingungen zu. Es kann zum **Mißbrauch der Freiheit** kommen.

5.2.1 Mißbrauch der Vertragsfreiheit in der freien Marktwirtschaft

In der freien Marktwirtschaft stehen sich die Vertragspartner ohne eine Wettbewerbsordnung gegenüber. Jeder wird seine Stärke in den Verhandlungen zu seinen Gunsten durchsetzen wollen. Die Rücksichtslosen gewinnen.

Daraus ergibt sich:
— *für den Produzenten:* Ausnutzung von Mangelsituationen; künstliche Verknappung des Angebots zur Erzielung eines höheren Preises; Absatz um jeden Preis; Druck auf die Vertragspartner in der Vertragsgestaltung;
— *für den Kapitaleigner:* Ansammlung von immer mehr Vermögen; Vergabe und Entzug von Krediten nach der Bereitschaft des Kreditnehmers zur Zahlung hoher Zinsen.
— *für den Arbeitgeber:* Einstellung und Entlassung von Arbeitnehmern nach Konjunkturverlauf und Strukturnotwendigkeit mit der Folge von Lohndruck und Verarmung der Arbeitnehmer.

> **Frage:** Warum führt der Mißbrauch der Vertragsfreiheit zu Ungleichheiten bei der Einkommens- und Vermögensverteilung?

5.2.2 Entstehen von Marktmacht in der freien Marktwirtschaft

In der freien Marktwirtschaft versucht jeder, ungehindert von staatlichen Eingriffen, die Marktverhältnisse zu seinen Gunsten zu beeinflussen. Um Marktmacht zu erlangen, wird das ökonomische Prinzip rücksichtslos durchgesetzt.

Da der Staat die Wirtschaft dem freien Spiel der Kräfte überläßt, ist der einzelne diesem Geschehen schutzlos ausgeliefert.

Es kann zu Ungleichheiten bei der Einkommensverteilung und Vermögensbildung kommen. Die Konzentration von Vermögen ermöglicht die Ausschaltung der Wettbewerber durch ruinöse Preise. Ungezügelter Wettbewerb wirft selbst leistungsfähige Betriebe aus dem Markt. Die Folge ist eine zunehmende Marktmacht einiger weniger Unternehmen. Kapitaleigner, Kapitalverwalter (Banken) und Kapitalnutzer (Unternehmensleiter, Manager) erhalten durch Unternehmenskonzentration eine weitverzweigte Einflußmöglichkeit auf alle Bereiche der Wirtschaft. Der Besitzlose ist der Macht des Kapitalbesitzers ausgeliefert, sein Freiheitsspielraum wird immer geringer.

Durch das Entstehen von Marktmacht entstehen Klassengegensätze. Die **freie** Marktwirtschaft ist **unsozial**.

> Frage und Aufgabe:
> 1. Welche Freiheiten haben Arbeitnehmer und Unternehmer in der freien Marktwirtschaft?
> 2. Nennen Sie mögliche nachteilige Auswirkungen des Marktautomatismus.

5.2.3 Die soziale Frage in der freien Marktwirtschaft

Das *ungehemmte Leistungsprinzip* in der freien Marktwirtschaft *begünstigt* nur den Leistungsstarken, Fähigen, Fleißigen — aber auch den Skrupellosen, Rücksichtslosen. Es *benachteiligt* den Schwachen, Alten, Kranken. Während der Leistungsstarke immer größere Vorteile erzielt, wird der Schwache ausgebeutet, unterdrückt, ausgebootet. Für die damit verbundenen menschlichen und wirtschaftlichen Probleme fühlt sich niemand zuständig. Not und Elend sind die zwangsläufigen Folgen. Daraus ergibt sich eine zunehmende Verarmung und Verelendung der Besitzlosen.

Neben dieser finanziellen Versorgungsfrage ist in der freien Marktwirtschaft auch die Befriedigung von Kollektivbedürfnissen (Abschnitt 1.1.1) nicht gelöst, weil die Tätigkeit der Unternehmer von der Aussicht auf Gewinn abhängt. Bestimmte Leistungen für die Allgemeinheit werden nicht erbracht, weil sie keine Rendite abwerfen.

Beispiel: Der Betrieb eines Altersheimes ist für den privaten Kapitalanleger nur dann interessant, wenn er die Chance sieht, Gewinn zu erzielen.

Soziale Ungerechtigkeiten entstehen in der freien Marktwirtschaft auch als Folge von

— *Konzentrationstendenzen.* Die Marktmacht des Arbeitgebers führt zu sozialer Not des Arbeitnehmers, wenn der Staat nicht gegensteuert.

> *Beispiele:* Produzent bezahlt die Arbeitskräfte allein nach Angebot und Nachfrage. Willkürliche Verlegung von Arbeitsstätten ohne Rücksicht auf die vorhandenen Arbeitskräfte.

— *technischem Strukturwandel.* Traditionelle Wirtschaftszweige verschwinden. Die Beschäftigten bleiben sich selbst überlassen.

> *Beispiel:* Ein Möbelschreiner muß seinen Gewerbebetrieb aufgeben, weil die fabrikmäßige Herstellung billiger und schneller ist. Die bisher beschäftigten Arbeitnehmer sind arbeitslos.

— *konjunktureller Entwicklung.* Von Zeit zu Zeit gerät die Wirtschaft in Auf- und Abschwungphasen. Wenn sie nicht durch staatliche Maßnahmen beeinflußt wird, gleitet sie beim Abschwung in die Krise und Massenarbeitslosigkeit.

> Aufgabe und Fragen:
> 1. Nennen Sie Gründe für das Entstehen der sozialen Frage in der freien Marktwirtschaft.
> 2. Was muß der Staat unternehmen, um die Ursachen der sozialen Frage in der freien Marktwirtschaft zu beseitigen?
> 3. Warum läßt die freie Marktwirtschaft Klassengegensätze entstehen?
> 4. Welche Kollektivbedürfnisse werden in der freien Marktwirtschaft nicht befriedigt?

5.3 System der sozialen Marktwirtschaft

Der Freiheitsmißbrauch und die unsozialen Auswirkungen in einer freien Marktwirtschaft lassen es nicht ratsam erscheinen, dieses System in reiner Form auf eine Volkswirtschaft übertragen zu wollen. Für die Bundesrepublik Deutschland wurde zwar das marktwirtschaftliche System gewählt, aber gleichzeitig festgelegt, daß die Marktkräfte nur kontrolliert wirken können, damit es nicht zu Freiheitsmißbrauch und unsozialen Auswirkungen kommt. Wegen dieses sozialen Bezugs nennt man die Wirtschaftsordnung der Bundesrepublik Deutschland »Soziale Marktwirtschaft«.

> Die **Soziale Marktwirtschaft** ist eine Wirtschaftsordnung, in der die **Vorteile der Marktwirtschaft verwirklicht, unsoziale Auswirkungen aber verhindert** werden.

Die Beziehungen zwischen Haushalt, Unternehmung und Staat zeigt Bild 47.

Bild 47

Im Gegensatz zur freien Marktwirtschaft (Bild 46) übernimmt der Staat in der sozialen Marktwirtschaft (Bild 47) die **ordnende** und **steuernde Funktion** zur *Gewährleistung des Wettbewerbs* und zur *Sicherung sozialer Gerechtigkeit* durch geeignete **marktkonforme Maßnahmen**.

5.3.1 Grundgesetz und Wirtschaftsordnung

Das Grundgesetz der Bundesrepublik Deutschland enthält keinen ausdrücklichen Hinweis auf eine bestimmte Wirtschaftsordnung.

Die Freiheitsrechte im Rahmen der Grundrechte machen aber deutlich, daß der Gesetzgeber die Einführung einer sozialistischen Wirtschaftsordnung wegen der damit verbundenen Einschränkung der Freiheitsrechte nicht wollte.

	GG
Die **Freiheitsrechte** beziehen sich u.a. auf	
— die freie Entfaltung der Persönlichkeit, d.h. die allgemeine Handlungsfreiheit und Vertragsfreiheit;	Art. 2
— die Bildung von Vereinen und Gesellschaften, d.h. die Gründung von Unternehmungen;	Art. 9
— die Bildung von Vereinigungen zur Wahrung und Förderung der Arbeits- und Wirtschaftsbedingungen, d.h. die Gründung von Gewerkschaften und Unternehmensverbänden zur Wahrnehmung der Tarifautonomie;	Art. 9
— die Freizügigkeit, d.h. die freie Wahl des Wohnorts und des Niederlassungsorts für Gewerbebetriebe;	Art. 11

GG Art. 12
Art. 14, 15

— die freie Berufs- und Arbeitsplatzwahl sowie die freie Wahl der Ausbildungsstätte;
— das Privateigentum an Grund und Boden und den Produktionsmitteln sowie die Entschädigung bei Enteignung.

Staatliche Eingriffsmöglichkeiten in die Grundrechte sind auf Ausnahmen begrenzt und dürfen nicht gegen die Verfassungsprinzipien verstoßen. Diese sind:

— *Gesetzlichkeit*, d. h. der Staat darf nur aufgrund eines Gesetzes in Grundrechte des Bürgers eingreifen.
  Beispiel: Enteignung nur durch Gesetz.
— *Verhältnismäßigkeit*, d. h. Übermaßverbot.
  Beispiel: Für den Bau einer Straße darf nicht der ganze Acker, sondern nur der benötigte Teil enteignet werden.
— *Gleichbehandlung*, d. h. Willkürverbot.
  Beispiel: Beim Bau einer Straße müssen notwendige Entscheidungen bei allen betroffenen Anrainern durchgeführt werden.

Art. 12, 15, 19

Auch die Sozialisierungsermächtigung für Grund und Boden, Naturschätze und Produktionsmittel ist an strenge Auflagen gebunden und nach herrschender Meinung als Ausnahme zu betrachten.

> **Fragen und Aufgabe:**
> 1. In welcher Weise kann in der Bundesrepublik Deutschland in die Grundrechte eingegriffen werden?
> 2. Warum muß die Marktwirtschaft durch die Gesetzgebung des Staates sozial gestaltet werden?
> 3. Welcher Unterschied besteht zwischen der freien Marktwirtschaft und der sozialen Marktwirtschaft?
> 4. Prüfen Sie, inwieweit die Vergesellschaftung, d. h. die Überführung von Privateigentum in Gemeineigentum, in der Bundesrepublik Deutschland stattgefunden hat.

5.3.2 Ordnungsmerkmale der sozialen Marktwirtschaft

Gesetzgeber und Bundesregierung haben auf der Grundlage des Grundgesetzes die Wirtschaftsordnung der sozialen Marktwirtschaft geschaffen. Die **Ordnungsmerkmale** sind: Privates und öffentliches Eigentum, Einschränkung der Vertrags- und Gewerbefreiheit, Tarifautonomie und Markteingriffe des Staates.

Privates und öffentliches Eigentum

Art. 14

Das Grundgesetz gewährleistet Eigentum; es fordert aber auch, das Eigentum zum Wohle der Allgemeinheit einzusetzen.

Von besonderer Bedeutung für die marktwirtschaftliche Ordnung ist das **Privateigentum an Produktionsmitteln**. Es bildet die Voraussetzung für die private unternehmerische Betätigung. Der private Unternehmer setzt auf eigenes Risiko sein Vermögen ein, um Lücken in der Bedarfsdeckung durch Produktion geeigneter Güter zu schließen.

Die über zwei Millionen Unternehmungen der verschiedenen Wirtschaftszweige in der Bundesrepublik Deutschland haben einen besseren Überblick über die Nachfrage auf ihren Absatzmärkten, als ihn noch so gut ausgestattete staatliche Behörden haben können. Der private Unternehmer kann deshalb auch mit weit größerer Sicherheit Investitionsentscheidungen treffen als diese. Da er sein eigenes Vermögen aufs Spiel setzt, ist er einerseits vorsichtiger, andererseits aber auch wagemutiger und schneller in der Ausführung als eine Behörde.

Dennoch kann auch in einer auf Privateigentum gegründeten Marktwirtschaft nicht auf **Gemeineigentum an Produktionsmitteln** verzichtet werden, und zwar dann nicht, wenn der Bedarf der Bevölkerung durch private Unternehmungen nicht oder nur unzureichend gedeckt werden kann.

Beispiel: Privatschulen können den gesamten Bildungsbedarf nicht decken. Der einzelne könnte nur insoweit Bildung erwerben, als er in der Lage wäre, dem »Schulunternehmer« ein kostendeckendes und gewinnbringendes Schulgeld zu bezahlen. Der Mittellose hätte keine Bildungschance, so daß manche Begabung zum Nachteil der menschlichen Gesellschaft nicht entfaltet werden könnte.

Dem Recht auf Eigentum steht die Pflicht gegenüber, es so zu nutzen, daß es zugleich dem Wohl der Allgemeinheit dient. *Eigentum verpflichtet.* GG Art. 14 (2)

Beispiel: Der Eigentümer einer Papierfabrik leistet durch die Erzeugung von Papier sicher der Allgemeinheit einen wichtigen Dienst. Dies berechtigt ihn aber nicht, mit den bei der Herstellung anfallenden Abwässern einen nahegelegenen Fluß zu verschmutzen und die Trinkwasserversorgung zu gefährden.

Ziel der Eigentumspolitik des Staates muß es sein, das Eigentum an Produktionsvermögen weit zu streuen. So kann für viele Menschen der durch Eigentum gewährleistete Freiheitsraum geschaffen werden. Anderseits hat der Staat in zwingenden Fällen das Recht, Vermögen dann zu **enteignen**, wenn das allgemeine Interesse gewichtiger ist als das Interesse des Privateigentümers. Die Enteignung muß aber gegen **angemessene Entschädigung** erfolgen.

Beispiele: Enteignung eines Ackers zur Erweiterung des Friedhofs. Enteignung eines Gebäudes aus Gründen des Denkmalschutzes.

Einschränkung der Vertrags- und Gewerbefreiheit

Nach dem Grundgesetz werden Vertrags- und Gewerbefreiheit garantiert. Weil aber die soziale Marktwirtschaft das Wohl aller Bürger beachten muß, ist es unerläßlich, daß eine ungehemmte Ausnutzung dieser Freiheiten unterbunden werden muß. Das geschieht u.a. durch die **gesetzliche Regelung** des **Wettbewerbs** (Abschnitt 5.4) und durch **Zulassungsvorschriften** für **Gewerbebetriebe**.

Beispiele:
1. Die Vertragsfreiheit wird durch AGB-Gesetz eingeschränkt (Abschnitt 3.2.3).
2. Die Gewerbefreiheit ist mit Zulassungsvoraussetzungen (Sachkundenachweis, Konzession) gekoppelt.
3. Die Kooperation von Betrieben ist dann verboten, wenn der Wettbewerb bedroht wird.

Tarifautonomie der Sozialpartner

Zur Verhinderung von Machtmißbrauch auf dem Arbeitsmarkt ist der Zusammenschluß der Arbeitnehmer zu Gewerkschaften im Grundgesetz verankert. Gewerkschaften sind nach dem Tarifvertragsgesetz gleichberechtigte Partner der Arbeitgeber (Arbeitgeberverbände) bei der Festlegung der Rahmenbedingungen für die Arbeitsverträge. Die **Sozialpartner** (Tarifpartner) sind dabei **autonom**, d.h. unabhängig von staatlicher Einwirkung.

Beispiele:
1. Einführung der 38,5-Stunden-Woche durch Vereinbarung in Tarifverträgen.
2. Kein staatliches Eingreifen selbst in langanhaltende Arbeitskämpfe.

Markteingriffe des Staates

a) **Markt als Steuerungsinstrument.** Wesentliches Merkmal der sozialen Marktwirtschaft ist die Steuerung der Wirtschaft durch Angebot und Nachfrage **am Markt**. Der Preis hat die Aufgabe, möglichst viele Anbieter und Nachfrager zufriedenzustellen (Abschnitt 2.4.1). Mögliche unsoziale Auswirkungen versucht man, durch marktkonforme Maßnahmen auszugleichen.

Als **marktkonform** (lat. conformis = übereinstimmend) bezeichnet man solche Maßnahmen, durch die der Preis nur *mittelbar* über Veränderungen von Angebot und Nachfrage beeinflußt wird, so daß der Marktmechanismus nicht aufgehoben ist.

Marktkonträr (lat. contra = gegen) ist die *unmittelbare* behördliche Festsetzung von Fest-, Mindest- oder Höchstpreisen, z.B. Lohn- und Preisstopp. Dieser Preis würde zu einem Instrument der Fehlsteuerung.

Beispiele für marktkonforme Steuerungsmaßnahmen:
1. Preispolitisches Ziel: **Verhinderung oder Dämpfung von Preissteigerungen**
    a) *Angebotsvermehrung* durch Beseitigung von Einfuhrbeschränkungen (Zollsenkung, Abbau mengenmäßiger oder bürokratischer Einfuhrbeschränkungen), durch Aufhebung von Wettbewerbsbeschränkungen (Kartellverbot, Fusionskontrolle, Gewerbefreiheit), durch Subventionierung kleiner und mittlerer Unternehmungen.

b) *Nachfragesenkung* durch zurückhaltende staatliche Auftragserteilung, durch Steuererhöhungen für die Verbraucher.

2. Preispolitisches Ziel: **Verhinderung oder Dämpfung von Preissenkungen**
   a) *Angebotsverringerung* durch vorübergehende Einfuhrbeschränkungen, durch Subventionen für Betriebsstillegungen oder Produktionsumstellungen.
   b) *Nachfragesteigerung* durch Steuersenkung für die Verbraucher, durch vermehrte staatliche Auftragserteilung.

Dennoch gibt es auch in der sozialen Marktwirtschaft der Bundesrepublik Deutschland verschiedentlich staatliche oder überstaatliche (EG) Preisfestsetzungen. Höchstpreise (z. B. Höchstmieten beim staatlich geförderten sozialen Wohnungsbau) sollen die Nachfrager vor Übervorteilungen durch Anbieter schützen; Mindestpreise (z. B. bei Getreide) sollen den Anbietern Mindesteinnahmen garantieren. Solche Preisfestsetzungen sollten in einer Marktwirtschaft jedoch auf besondere Fälle beschränkt bleiben und möglichst rasch wieder durch freie Marktpreise ersetzt werden.

b) **Wettbewerbspolitik des Staates.** Auf die Höhe der Marktpreise und die Gestaltung der Geschäftsbedingungen ist von wesentlichem Einfluß, **wie viele Anbieter** sich jeweils um die Gunst der Nachfrager bewerben und **wie viele Nachfrager** sich um die Leistungen der Anbieter bemühen (Abschnitt 2.2.3).

Hinreichender Wettbewerb nützt der Volkswirtschaft, mangelnder Wettbewerb schädigt sie. Aus diesem Grund versucht man in der sozialen Marktwirtschaft, die Entstehung von monopolistischen Märkten zu verhindern und den Wettbewerb auf allen Märkten zu unterstützen. Geeignete Maßnahmen der Wettbewerbspolitik sind unter anderem (Abschnitt 5.4.1):

— Verbote wettbewerbshemmender Kartelle,
— behördliche Monopolkontrolle,
— staatliche Förderung von Klein- und Mittelbetrieben durch Subventionen und Steuererleichterungen,
— Verstärkung ausländischer Konkurrenz durch Liberalisierung des Außenhandels,
— Übernahme von Monopolunternehmen in öffentliche Verwaltung (Bundesbahn, Bundespost).

Durch Übernahme von Unternehmungen in öffentlicher Hand (Sozialisierung) können zwar die Preise künstlich niedrig gehalten werden; dadurch eintretende Verluste gehen aber zu Lasten der Steuerzahler.

c) **Geldpolitik der Deutschen Bundesbank.** Für das Funktionieren einer Marktwirtschaft ist ein geordnetes Geldwesen erforderlich. Diese Aufgabe nimmt in der Bundesrepublik Deutschland die Deutsche Bundesbank wahr. Sie ist eine Bank des Staates, deren Entscheidungsträger allerdings autonom, d.h. unabhängig von direkten Einflüssen der Regierung entscheiden. Durch Geldschöpfung und Geldvernichtung nimmt sie erheblichen Einfluß auf die Preis- und Konjunkturentwicklung (Abschnitt 7.5).

d) **Setzung und Durchsetzung wirtschafts- und sozialpolitischer Ziele durch den Staat.** Bund und Länder müssen bei ihren wirtschafts- und finanzpolitischen Maßnahmen ebenfalls das Gleichgewicht zwischen Gütern und Geld beachten. Die Maßnahmen sind so zu treffen, daß sie im Rahmen der marktwirtschaftlichen Ordnung gleichzeitig zur **Stabilität des Preisniveaus**, zu einem **hohen Beschäftigungsstand**, **angemessenem Wirtschaftswachstum** und **außenwirtschaftlichem Gleichgewicht** beitragen (Abschnitt 7).

Fragen und Aufgaben:
1. Warum muß der Staat in der Sozialen Marktwirtschaft dafür sorgen, daß die Regeln des Wettbewerbs eingehalten werden?
2. Warum gibt es in der Sozialen Marktwirtschaft auch staatliches Eigentum an Produktionsmitteln?
3. Nennen Sie Gründe für die Einschränkung des Eigentums in der Sozialen Marktwirtschaft.
4. Wie beurteilen Sie den Einfluß des Staates in der Sozialen Marktwirtschaft?

5. Welche Bedeutung hat der Gewinn in der Sozialen Marktwirtschaft für
   a) Privatunternehmungen und
   b) staatliche Unternehmen?
6. In welchen Wirtschaftsbereichen und warum gibt es in der Sozialen Marktwirtschaft der Bundesrepublik Deutschland
   a) Monopole und
   b) staatlich festgelegte Preise?

5.3.3 Kooperations- und Konzentrationsformen

Bei wirksamem Wettbewerb ist jedes Unternehmen fortwährend in Gefahr, von stärkeren Konkurrenten vom Markt verdrängt zu werden. Deshalb sind die Unternehmen gezwungen, ihre Wettbewerbsfähigkeit ständig zu erhalten. Dies kann aber häufig nicht mehr von einzelnen Unternehmen erreicht werden. Auf der Grundlage der Vertragsfreiheit kommt es deshalb im System der sozialen Marktwirtschaft zu vielfältigen Formen der Kooperation und Konzentration von Unternehmungen.

Kooperation liegt vor, wenn wirtschaftlich selbständige und **weitgehend selbständig bleibende Unternehmen** sich durch **Verträge zur Zusammenarbeit** verpflichten.

Beispiel: Bildung von Kartellen.

Von **Konzentration** spricht man, wenn die **wirtschaftliche Selbständigkeit aufgegeben** wird und die Betriebe einer umfassenden **zentralen Leitung** unterstellt werden.

Beispiel: Bildung von Konzernen.

Zielsetzungen

a) Sicherung der Beschaffungs- und Absatzbasis.
   Beispiele: Gemeinsame Einkaufs- und Verkaufskontore; Vertragshändlersystem; Abteilungsverpachtung im Einzelhandel; gegenseitige Beteiligung von Zellulosefabrik, Papierfabrik, Druckerei, Zeitungsverlag.

b) Gemeinsame Werbung.
   Beispiel: Werbeverbund von Haushaltswarengroßhändlern. Reisebüro und Hersteller von Freizeitkleidung werben gemeinsam.

c) Höhere Erträge durch Beschränkung und Ausschaltung des Wettbewerbs.
   Beispiele: Konkurrierende Unternehmen treffen Absprachen über Preise, über die Kontingentierung von Ausbringungsmengen, die Abgrenzung der Absatzgebiete, über den einheitlichen Aufbau der Kostenrechnung und die einheitliche Anwendung von allgemeinen Geschäfts-, Lieferungs- und Zahlungsbedingungen.

d) Sicherung der Beschäftigung durch Übernahme von Aufträgen, die das Leistungsvermögen und die Finanzkraft einer einzelnen Unternehmung übersteigen würden.
   Beispiel: Mehrere Bauunternehmen erstellen in einer Arbeitsgemeinschaft (Arge) ein Großbauwerk.

e) Höherer technischer und wirtschaftlicher Wirkungsgrad durch gemeinsame Entwicklungs- und Forschungsarbeiten.
   Beispiel: Gründung einer Forschungs-GmbH mit Kapitalbeteiligung mehrerer Unternehmungen (Automobil-, Elektroindustrie, chemische Industrie).

f) Größere Wirtschaftlichkeit durch gemeinsame Rationalisierung der Fertigungsverfahren, der Fertigungsgegenstände und der Sortimentsgestaltung.
   Beispiele: Absprachen über gemeinsame Normen und Typen; Zusammenfassung, Ergänzung oder Aufteilung der Produktionsprogramme (Spezialisierung); Sortimentskooperation von Großhändlern.

g) Erhaltung der Konkurrenzfähigkeit gegenüber ausländischen Großunternehmen.

Beispiele: Zusammenschluß inländischer Automobilfabriken zum gemeinsamen Vertrieb ihrer Erzeugnisse auf Auslandsmärkten; Exportkartell auf der Handelsstufe, um einem Importkartell ausländischer Erzeuger zu begegnen.

Zielrichtungen

Nach dem wirtschaftlichen Zusammenhang der zusammengeschlossenen Unternehmungen unterscheidet man:

a) **Horizontale** Zusammenschlüsse (gleiche Produktions- oder Handelsstufen).

Beispiele: Walzwerk ←→ Walzwerk ←→ Walzwerk oder
Großhandlung ←→ Großhandlung

b) **Vertikale** Zusammenschlüsse (aufeinanderfolgende Produktions- und Handelsstufen).

Beispiel: Maschinenhandel
Maschinenfabrik
Walzwerk
Hüttenwerk
Bergwerk

c) **Anorganische** (branchenfremde) Zusammenschlüsse.

Beispiel: Brauerei ←→ Zeitungsverlag ←→ Baustoffgroßhandlung.

Erscheinungsformen der Kooperation und Konzentration

Die vertragliche Bindung kann begründet werden durch

a) mündliche oder schriftliche Vereinbarung (Abrede),
b) Gründung einer Arbeitsgemeinschaft (Gesellschaft des bürgerlichen Rechts),
c) gegenseitige Kapitalbeteiligung (Kapitalverflechtung),
d) Verschmelzung von mehreren Unternehmen (Fusion).

Fragen:
1. Was unterscheidet die Kooperation von der Konzentration in der Wirtschaft?
2. Welche Zielsetzungen sind volkswirtschaftlich erwünscht bzw. nicht erwünscht?
3. In den letzten Jahren sind viele Klein- und Mittelbetriebe des Einzelhandels verkauft oder aufgegeben worden.
   a) Nennen Sie mögliche Ursachen.
   b) Welche Auswirkungen hatte dies auf die Verbraucher?
   c) Wie versuchen noch existierende Kleinbetriebe des Einzelhandels diese Entwicklung zu überleben?
   d) Welche Maßnahmen ergreift der Staat, um den Mittelstand zu fördern?
   e) Aus welchen Gründen tut er dies?
4. Welche Ziele verfolgen Unternehmungen bei a) horizontalem, b) vertikalem, c) anorganischem Zusammenschluß?

Kartell

Das **Kartell** ist ein **vertraglicher** *horizontaler* Zusammenschluß von Unternehmungen, die **rechtlich selbständig** bleiben, aber einen **Teil ihrer wirtschaftlichen Selbständigkeit aufgeben.**

Beispiel: Die Vereinigte Stahlwerke AG trifft mit der Metallwerke AG die Abrede, sich bei der Herstellung auf bestimmte Produkte zu spezialisieren.

Die Mitglieder des Kartells verpflichten sich zu gemeinsamem Handeln und zur Zahlung von Vertragsstrafen, wenn sie gegen Bestimmungen des Kartellvertrages verstoßen.

Arten

a) **Preiskartelle**, die einheitliche Preise neben gleichen Lieferungs- und Zahlungsbedingungen festsetzen (horizontale Preisbindung).

> Das Submissionskartell. Bei Ausschreibung von Aufträgen vereinbaren die Unternehmen Angebotspreise, die nicht unterboten werden dürfen. Gegenstand der Vereinbarung kann auch sein, daß nur ein Kartellmitglied ein Angebot abgibt.

b) **Konditionenkartelle**, welche die einheitliche Anwendung allgemeiner Geschäfts-, Lieferungs- und Zahlungsbedingungen vereinbaren.

c) **Rabattkartelle**, die einheitliche Verkaufsrabatte vertraglich festsetzen.

d) **Kalkulationskartelle**, die gleichen Aufbau und Inhalt ihrer Kostenrechnung vereinbaren.

e) **Rationalisierungskartelle**.

   1. *Normen- und Typenkartelle*, die lediglich die einheitliche Anwendung von Normen und Typen regeln.
   2. *Spezialisierungskartelle*, welche die Rationalisierung wirtschaftlicher Vorgänge durch Spezialisierung zum Gegenstand haben.
   3. *Syndikate*. Das sind gemeinsame Beschaffungs- und Vertriebseinrichtungen (Einkaufs- und Verkaufskontore) mit eigener Rechtspersönlichkeit, welche die Rationalisierung der Beschaffung oder des Absatzes ihrer Mitglieder verwirklichen.

      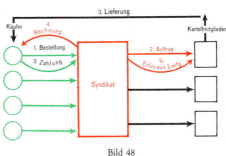

      Am häufigsten sind die Vertriebssyndikate. Die Abnehmer bestellen direkt beim Syndikat. Dieses verteilt die Aufträge an die Mitglieder nach einem vereinbarten Schlüssel. Die Mitglieder liefern an die Käufer direkt. Die Käufer zahlen aber an das Syndikat, das den Erlös an die Mitglieder weitergibt (Bild 48).

      Bild 48

f) **Kontingentierungskartelle**

   1. *Quotenkartelle* (Produktionskartelle), die jedem Unternehmen die Absatzmenge (Produktionsquote) im Verhältnis zu seiner Kapazität zuteilen, um über das Angebot die Preise zu beeinflussen.
   2. *Gebietskartelle*, die jedem Unternehmen das Absatzgebiet zuteilen und somit dort gegenseitigen Wettbewerb ausschließen.

g) **Einfuhr- und Ausfuhrkartelle**, die der Sicherung und Förderung der Einfuhr und Ausfuhr dienen.

h) **Krisenkartelle**, die bei *nachhaltigem* Sinken der Nachfrage (*Strukturkrisenkartell*) oder *vorübergehendem* Absatzrückgang (*Konjunkturkrisenkartell*) den Wettbewerb beschränken, indem sie eine planmäßige Anpassung der Kapazität an den Bedarf herbeiführen.

Verbundene Unternehmen

> **Verbundene Unternehmen** entstehen vor allem durch **kapitalmäßige** und **personelle Verflechtung**.

AktG § 15

Zur kapitalmäßigen Verflechtung eignet sich insbesondere die Rechtsform der AG, weil sich gegenseitige Bindung durch Aktienerwerb leicht herbeiführen läßt.

AktG § 16 § 17
Ein Unternehmen, das die Kapital- oder Stimmenmehrheit eines anderen Unternehmens besitzt, wird als *herrschendes* Unternehmen (mit Mehrheit beteiligtes Unternehmen) bezeichnet. Das beherrschte Unternehmen ist das *abhängige* Unternehmen (in Mehrheitsbesitz stehende Unternehmen).

Wechselseitig beteiligte Unternehmen

§ 19 Die Unternehmen bleiben rechtlich selbständig. Ihre wirtschaftliche Selbständigkeit wird aber dadurch beschränkt, daß *jedes* Unternehmen mehr als 25 % der Kapitalanteile des anderen Unternehmens erwirbt (Sperrminorität). Die Unternehmen erhalten dadurch gegenseitigen Einfluß auf die Geschäftsführung (Schwestergesellschaften).

Beispiel: Die Versicherungs-Aktiengesellschaften A, B und C sind wechselseitig beteiligt. A besitzt 26 % des Aktienkapitals von B und 29 % von C; B 60 % von A und 51 % von C; C 30 % von A und 27 % von B (Bild 49).

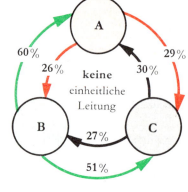

Bild 49

Konzern

§ 18

> Der **Konzern** ist ein horizontaler, vertikaler oder anorganischer Zusammenschluß von Unternehmungen, die **rechtlich selbständig** bleiben, aber ihre **wirtschaftliche Selbständigkeit durch einheitliche Leitung aufgegeben** haben.

Beispiel: Die Vereinigte Stahlwerke AG erwirbt die Aktienmehrheit an der Metallwerke AG. Die Metallwerke AG bleibt unter ihrer Firma bestehen. Ihre Geschäftspolitik wird künftig vom Vorstand der Vereinigte Stahlwerke AG bestimmt.

Man unterscheidet

a) **Unterordnungskonzerne,** bei denen ein Unternehmen ein oder mehrere Unternehmen beherrscht.

1. Ein Unternehmen (*Ober- oder Muttergesellschaft*) beherrscht ein anderes Unternehmen (*Unter- oder Tochtergesellschaft*) durch Kapital- oder Stimmenmehrheit (Bild 50).

   Die Obergesellschaft ist häufig eine *Dachgesellschaft* (*Holding-Gesellschaft*). Sie erwirbt die Kapital- oder Stimmenmehrheit mehrerer Unternehmen und gibt dafür eigene Aktien her oder gibt eigene Aktien am Kapitalmarkt aus. Die Dachgesellschaft ist in der Regel reine Finanzierungs- und Verwaltungsgesellschaft ohne Betrieb.

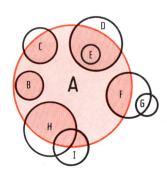

Bild 50

§ 291 (1)
2. Ein Unternehmen unterstellt die Leitung einem anderen Unternehmen durch Beherrschungsvertrag. Eine kapitalmäßige Verflechtung braucht dabei nicht zu bestehen.

§ 18
b) **Gleichordnungskonzerne,** bei denen Unternehmen zu einheitlicher Leitung zusammengefaßt sind, ohne daß das eine von dem anderen abhängig ist.

Vereinigte Unternehmen (Trust)

> Der **Trust** ist ein Zusammenschluß von Unternehmen, die **ihre rechtliche und wirtschaftliche Selbständigkeit aufgeben.**

Beispiel: Die Vereinigte Stahlwerke AG beschließt nach Erwerb von 100% des Aktienkapitals der Metallwerke AG die Fusion. Die Metallwerke AG wird als Zweigwerk eingegliedert. Ihre Firma erlischt.

Es besteht nur noch eine einzige Unternehmung. Die früheren Unternehmungen sind Betriebe des Trust geworden.

Entstehung. Die *Verschmelzung* oder *Fusion* von Unternehmen zum Trust kann auf zwei Arten erfolgen (Bild 51).

a) Verschmelzung durch *Aufnahme*. Das Vermögen der übertragenden Gesellschaft, die durch starken Wettbewerb aufnahmewillig gemacht wurde, oder deren Aktien allmählich aufgekauft wurden, geht als Ganzes auf die übernehmende Gesellschaft über gegen Gewährung von Aktien dieser Gesellschaft. Die übertragende Gesellschaft erlischt.

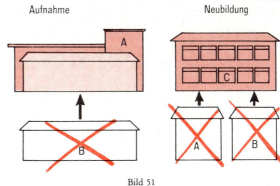

Bild 51

b) Verschmelzung durch *Neubildung*. Es wird eine neue Gesellschaft gegründet, auf die das Vermögen der sich vereinigenden Gesellschaften übergeht gegen Gewährung von Aktien der neuen Gesellschaft. Alle übertragenden Gesellschaften erlöschen.

Auswirkungen von Kooperation und Konzentration

Vorteile

a) Senkung der Preise, wenn die Unternehmen ihre Kostenminderungen im Preis weitergeben.

b) Bessere Versorgung der Verbraucher, wenn Rationalisierungsmaßnahmen mengen- und gütemäßig Leistungssteigerungen ermöglichen.

c) Größere Übersichtlichkeit des Marktes (Markttransparenz) durch Bereinigung der Produktionsprogramme und der Sortimente.

d) Durch Beschränkung der Produktion auf den Bedarf können vorübergehend gefährdete Unternehmungen und Arbeitsplätze erhalten werden.

e) Die außenwirtschaftliche Wettbewerbsfähigkeit kann erhalten oder gestärkt werden.

f) Sozialprodukt und Wirtschaftswachstum werden gesichert und damit auch die Einnahmen der öffentlichen Hand.

Nachteile

a) Die Preise können überhöht sein, sofern kein hinreichender Wettbewerb gegeben ist.

b) Die Preise werden überhöht, wenn sie durch die Kosten unwirtschaftlich arbeitender Betriebe bestimmt werden.

c) Durch die Beschränkung der Ordnungsfunktion des freien Wettbewerbs wird die volkswirtschaftlich notwendige Leistungsauslese verzögert.

d) Die Vielfalt des Angebots an Waren und Dienstleistungen wird im allgemeinen vermindert.

e) Der technische Fortschritt kann durch den Schutz rückständiger Betriebe gehemmt werden.

f) Durch Stillegung unwirtschaftlich arbeitender Betriebe kann örtlich vorübergehend Arbeitslosigkeit eintreten.
g) Die Konzentration wirtschaftlicher Macht birgt die Gefahr ihres Mißbrauchs zu politischer Macht in sich.

> **Fragen:**
> 1. Welche Unterschiede bestehen zwischen Kartell, Konzern und vereinigten Unternehmungen im Hinblick auf ihre rechtliche und wirtschaftliche Selbständigkeit?
> 2. Auf welche Formen der Kooperation oder Konzentration von Unternehmungen lassen folgende Pressenotizen schließen?
>   a) „Zwei Autoproduzenten wollen bis zum Jahre 1990 gemeinsam einen Personenwagen bauen, der weltweit vertrieben werden soll. An einen Aktienerwerb bei einem der beteiligten Unternehmen ist dabei nicht gedacht."
>   b) „Die Spezialbrot- und Keksfabrik Steinfurt GmbH wird von der Holzofenbrotfabrik Karl Jause & Co., Starnberg, übernommen."
>   c) „Aus informierten Branchenkreisen verlautet, daß sich ein führendes Unternehmen der Unterhaltungselektronik mit mehr als 50% an einem anderen Unternehmen der gleichen Branche beteiligen wird."
>   d) „Mehrere Bauunternehmer werden mit erheblichen Geldbußen belegt, weil sie sich bei der Vergabe öffentlicher Aufträge gegenseitig über ihre Angebotssummen verständigt und gemäß einer Absprache Aufträge zu überhöhten Preisen zugeschoben haben."
> 3. Welche wirtschaftlichen Gründe könnte ein Unternehmen veranlassen, sich mit einem anderen Unternehmen zusammenzuschließen
>   a) zu einem Preiskartell,
>   b) zu einem Rationalisierungskartell,
>   c) zu einem Konzern?
> 4. Welche Bedeutung hat eine Holding-Gesellschaft?

5.4 Notwendigkeit ordnungspolitischer Maßnahmen in der sozialen Marktwirtschaft

Um die Allgemeinheit vor den Nachteilen der Unternehmungszusammenschlüsse zu bewahren und einen marktwirtschaftlichen Wettbewerb zu gewährleisten, sind in vielen Ländern Gesetze gegen Wettbewerbsbeschränkungen erlassen worden.

Auch die Europäische Wirtschaftsgemeinschaft (EWG) verbietet allen Unternehmungen und Unternehmungsvereinigungen ihrer **Mitgliedstaaten**, Vereinbarungen zu treffen, durch die der Wettbewerb innerhalb des Gemeinsamen Marktes beeinträchtigt, verhindert, eingeschränkt oder verfälscht wird, sowie die mißbräuchliche Ausnutzung einer marktbeherrschenden Stellung (§§ 85 und 86 EWG-Vertrag).

5.4.1 Staatliche Wettbewerbspolitik

Gesetz gegen Wettbewerbsbeschränkungen (GWB) vom 24. 09. 1980

Kartellrecht

GWB § 1
Im deutschen Kartellrecht ist die **Bildung von Kartellen** grundsätzlich **verboten (Verbotsprinzip).**
Auch ein aufeinander abgestimmtes Verhalten von Unternehmen oder Vereinigungen von Unternehmen, das nicht zum Gegenstand einer vertraglichen Bindung gemacht werden darf, ist verboten (»Frühstücks-Kartelle«).

Ausnahmen:

§§ 2, 3 5, 6
a) **Anmeldepflichtige Kartelle:** Konditionen-, Rabatt-, Typen-, Spezialisierungskartelle, ferner Ausfuhrkartelle, sofern die Absprachen auf die Auslandsmärkte beschränkt bleiben.
Sie sind grundsätzlich erlaubt und werden lediglich überwacht, um Mißbrauch der Marktstellung zu verhindern **(Mißbrauchsprinzip).**

b) **Genehmigungspflichtige Kartelle**: Strukturkrisenkartelle, Syndikate, Einfuhrkartelle, sofern die Importeure einer monopolähnlichen Machtstellung der ausländischen Anbieter gegenüberstehen, außerdem Ausfuhrkartelle, sofern sie auch im *Inland* wirksam werden (Vereinbarung zur Senkung der Ausfuhrpreise zu Lasten der Inlandpreise).   GWB §§ 4, 7

Solche Kartellverträge und -beschlüsse sind unwirksam, solange das Bundeskartellamt keine Genehmigung erteilt hat **(Verbotsprinzip)**. Die Genehmigung ist in der Regel auf 3 Jahre befristet.   § 11

Generalausnahmeklausel. Der Bundeswirtschaftsminister kann Kartelle, die an sich verboten sind, z. B. Konjunkturkrisenkartelle, genehmigen. Die Erlaubnis wird erteilt, wenn die Beschränkung des Wettbewerbs aus überwiegenden Gründen der Gesamtwirtschaft und des Gemeinwohls notwendig ist oder eine unmittelbare Gefahr für den Bestand des überwiegenden Teiles der Unternehmungen eines Wirtschaftszweiges besteht.   § 8

Alle Kartelle sind bei der Kartellbehörde mündlich oder schriftlich anzumelden. Sie werden in das *Kartellregister* eingetragen und im Bundesanzeiger bekanntgemacht.   §§ 9-11

Kartellbehörden sind das Bundeskartellamt und das Bundeswirtschaftsministerium sowie die Kartellämter der Länder.   § 44

Kartellarten	Inhalt der Vereinbarung	gesetzliche Regelung	
Preiskartelle	einheitliche Preise neben gleichen Lieferungs- und Zahlungsbedingungen	verboten (Verbotsprinzip)	§ 1
Kontingentierungskartelle			
a) Quotenkartelle	Zuteilung der Absatzmenge (Produktionsquote), um über das Angebot die Preise zu beeinflussen		
b) Gebietskartelle	Zuteilung von Absatzgebieten, um dort den Wettbewerb auszuschließen		
Konditionen- und Rabattkartelle	einheitliche Anwendung allgemeiner Geschäfts-, Lieferungs- und Zahlungsbedingungen, Rabattvereinbarungen	anmeldepflichtig (Mißbrauchsprinzip)	§§ 2, 3
Rationalisierungskartelle			§ 5
a) Normen- und Typenkartelle	einheitliche Anwendung von Normen und Typen		
b) Spezialisierungskartelle	Spezialisierung auf wenige Erzeugnisse		
c) Syndikate	gemeinsame Beschaffungs- oder Vertriebseinrichtungen (Ein-/Verkaufskontor)	genehmigungspflichtig (Verbotsprinzip bis zur Genehmigung)	
Krisenkartelle	planmäßige Anpassung der Kapazität an den Bedarf		§ 4
a) Strukturkrisenkartell	a) bei nachhaltigem Sinken der Nachfrage		
b) Konjunkturkrisenkartell	b) bei vorübergehendem Absatzrückgang	verboten (Verbotsprinzip)	

	Kartellarten	Inhalt der Vereinbarung	gesetzliche Regelung
GWB § 6	Ausfuhrkartelle	Sicherung und Förderung der Ausfuhr	**anmeldepflichtig,** wenn Wettbewerbsregelung auf Auslandsmärkte beschränkt
			genehmigungspflichtig, wenn im Inland wirksam
§ 7	Einfuhrkartelle	Regelung der Einfuhr	**genehmigungspflichtig,** sofern der Wettbewerb im Inland nicht oder nur unwesentlich berührt wird

Bild 52

Kontrolle marktbeherrschender Unternehmen

Das Gesetz gegen Wettbewerbsbeschränkungen enthält neben dem Kartellrecht auch Regelungen zur Kontrolle marktbeherrschender Unternehmen.

Ein Unternehmen ist **marktbeherrschend**, soweit es

a) **ohne Wettbewerb** ist oder keinem wesentlichen Wettbewerb ausgesetzt ist oder

b) eine im Verhältnis zu seinen Wettbewerbern **überragende Marktstellung** hat. Merkmale hierfür sind der Marktanteil, die Finanzkraft, der Zugang zu Beschaffungs- oder Absatzmärkten, Verflechtung mit anderen Unternehmen und rechtliche oder tatsächliche Schranken für den Marktzutritt.

Marktbeherrschung wird vermutet, wenn z. B. ein einzelnes Unternehmen einen Marktanteil von mindestens $33\frac{1}{3}\%$ hat.

Den Aufgaben- und Maßnahmenkatalog des **Bundeskartellamtes** nach dem Gesetz zeigt Bild 53:

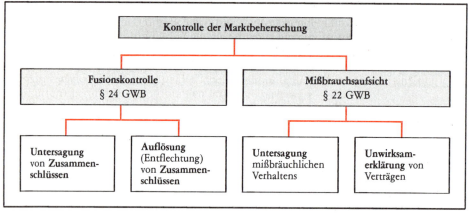

Bild 53

Fusionskontrolle

§ 23 Der Zusammenschluß von Unternehmen zu Konzernen und vereinigten Unternehmen (Trusts) ist dem Bundeskartellamt unverzüglich **anzuzeigen,**

1. wenn eines der beteiligten Unternehmen bereits vor dem Zusammenschluß für eine bestimmte Art von Waren einen Markenanteil von 20% und mehr auf sich vereinigte bzw. wenn sie diesen Marktanteil durch den Zusammenschluß gemeinsam erreichen;

2. wenn die beteiligten Unternehmen im vorausgegangenen Jahr zusammen mehr als 10 000 Beschäftigte oder einen Umsatz von 500 Millionen DM hatten. Die Kartellbehörde kann von den Unternehmen Auskunft und Aufklärung verlangen und sie überwachen.

Ist zu erwarten, daß durch den **Zusammenschluß eine marktbeherrschende Stellung entsteht oder verstärkt** wird, so kann die Kartellbehörde einen Zusammenschluß *untersagen*, sobald ihr das Vorhaben des Zusammenschlusses bekannt geworden ist. Eine bereits vollzogene Fusion kann unter bestimmten Voraussetzungen *aufgelöst (entflochten)* werden **(Fusionsverbot)**. GWB § 24

Ausnahmsweise kann ein solcher Zusammenschluß jedoch genehmigt werden, wenn von den beteiligten Unternehmen nachgewiesen wird, daß durch den Zusammenschluß auch Verbesserungen der Wettbewerbsbedingungen eintreten und diese Verbesserungen die Nachteile der Marktbeherrschung überwiegen.

Darüber hinaus kann der Bundesminister für Wirtschaft auf Antrag die Erlaubnis zu dem Zusammenschluß erteilen, wenn dieser von gesamtwirtschaftlichem Vorteil ist oder durch ein überragendes Interesse der Allgemeinheit gerechtfertigt wird.

Mißbrauchsaufsicht

Der Mißbrauchsaufsicht unterliegen § 22

a) alle marktbeherrschenden Unternehmen, soweit die Marktbeherrschung nicht durch Fusionsverbot verhindert werden kann,

b) alle Formen der Kooperation, die nicht dem Verbotsprinzip unterliegen, z.B. anmelde- und genehmigungspflichtige Kartelle.

Nutzen sie ihre marktbeherrschende Stellung mißbräuchlich aus, so kann die Kartellbehörde dieses Verhalten *untersagen* und Verträge für *unwirksam erklären*.

Geldbußen

Bei Nichtbeachtung der Vorschriften des Gesetzes, bei unrichtiger und ungenügender Auskunftserteilung und bei Aufsichtspflichtverletzung können Geldbußen auferlegt werden. §§ 38, 39

Die Geldbuße kann bis zu 1 Mio. DM, über diesen Betrag hinaus bis zur dreifachen Höhe des durch die Zuwiderhandlung erzielten Mehrerlöses betragen.

Fragen und Aufgabe:

1. Welche Aufgabe hat das Bundeskartellamt?
2. Warum werden Konjunktur- und Strukturkrisenkartelle im Kartellrecht unterschiedlich behandelt?
3. Preiskartelle, Konditionenkartelle und Syndikate werden im Gesetz gegen Wettbewerbsbeschränkungen im Bezug auf ihren wettbewerbshemmenden Einfluß verschiedenartig gewichtet.
   a) Welche Regelungen enthält das Gesetz für diese Kartellarten?
   b) Aus welchen Erwägungen hat der Gesetzgeber diese Regelungen getroffen?
4. Zwei große Zeitungsverlage beabsichtigen eine Fusion. Diese wird durch das Bundeskartellamt verboten. Nennen Sie die möglichen Entscheidungsgründe.
5. Auf welche Weise kann wirtschaftliche Macht zu politischer Macht führen?

5.4.2 Unlauterer Wettbewerb

Gesetz gegen den unlauteren Wettbewerb (UWG) vom 07.06.1909 mit Änderungen.
Gesetz über Preisnachlässe (Rabattgesetz) vom 25.11.1933 mit Änderungen.
Zugabeverordnung vom 09.03.1932 mit Änderungen.

UWG § 1	**Unlauterer Wettbewerb** liegt vor, wenn ein Betrieb zum Zwecke des *Wettbewerbs* Handlungen vornimmt, die gegen die *guten Sitten* verstoßen. Sie sind zugleich *unerlaubte* Handlungen, welche einen Anspruch auf Unterlassung oder Schadenersatz begründen und gegebenenfalls strafrechtlich verfolgt werden können. Dazu gehört
§§ 3, 4	auch die unerlaubte und strafbare Werbung. Insbesondere verbietet das UWG
	a) **Anlocken von Kunden** mit unzulässigen Werbemitteln, z.B. Schleuderpreise, Lockvogelangebote.
§ 3 § 4	b) **Werbung durch irreführende Angaben** über die eigenen geschäftlichen Verhältnisse, vor allem über Ruf und Größe des Unternehmens, über Beschaffenheit, Ursprung, Herstellungsart, Menge und Bezugsquellen der Waren.
§§ 14, 15	c) **Behauptung und Verbreitung von Angaben über den Konkurrenten,** die geeignet sind, dessen Geschäftsbetrieb oder Kredit zu schädigen (Anschwärzen).
	Sind diese Behauptungen nicht nachweislich wahr, so handelt es sich um *üble Nachrede*, werden diese Behauptungen bewußt der Wahrheit zuwider aufgestellt und verbreitet, um *Verleumdung*. Auch wenn die Behauptung der Wahrheit entspricht, kann unlauterer Wettbewerb vorliegen, sofern sie gegen die guten Sitten verstößt.
§ 12	d) **Bestechung von Angestellten oder Beauftragten** durch Geschenke oder Schmiergelder, um im Wettbewerb bevorzugt zu werden.
§ 17	e) **Verrat von Geschäfts- und Betriebsgeheimnissen** durch Mitarbeiter während der Geltungsdauer des Dienstverhältnisses zu Zwecken des Wettbewerbs, aus Eigennutz oder in Schädigungsabsicht.
§ 16	f) **Benutzung fremder Firmen- und Geschäftsbezeichnungen,** soweit eine Verwechslungsgefahr besteht.
	g) **Vergleichende Werbung,** insbesondere Herabsetzung der Mitbewerber und ihrer Produkte, sowie Preisvergleiche.

Darüber hinaus sind Wettbewerbshandlungen verboten, die gegen die Bestimmungen über **Preisnachlässe** und das **Zugabewesen** verstoßen.

RabG §§ 1-9	a) **Preisnachlässe.** Nach dem Rabattgesetz sind beim Verkauf von Waren des täglichen Bedarfs an den letzten Verbraucher nur folgende Preisnachlässe zulässig:

1. **Mengennachlaß.** Er wird gewährt beim Bezug größerer Mengen, soweit er handelsüblich ist.
2. **Barzahlungsnachlaß** bis zu 3%.
3. **Weiterverarbeitungsnachlaß,** z.B. an Handwerker.
4. **Großverbrauchernachlaß,** z.B. an Hotels, Krankenhäuser und Werkküchen.
5. **Angestelltennachlaß,** z.B. an die Arbeitnehmer des eigenen Betriebes für ihren Eigenbedarf.

Zugabe VO § 1	b) **Zugaben.** Das Anbieten, Ankündigen oder Gewähren von Zugaben ist im geschäftlichen Verkehr grundsätzlich verboten. Ausgenommen sind jedoch:

1. **Geringwertige Gegenstände,** z.B. Bonbons,
2. **Werbegegenstände** von geringem Wert mit Firmenaufdruck, z.B. Taschenspiegel, Kalender, Kugelschreiber,
3. **handelsüblicher Zubehör,** z.B. Kleiderbügel.

Wettbewerbsschutz. Als Rechtsfolgen bei Verstößen gegen die Wettbewerbsbestimmungen kommen in Frage:

a) **Anspruch auf Unterlassung.** Er kann bei jedem wettbewerblich unzulässigen Verhalten geltend gemacht werden. Klageberechtigt sind nicht nur der unmittelbar Betroffene, sondern meist auch alle Gewerbetreibenden desselben Geschäftszweiges sowie Interessenverbände (Industrie- und Handelskammern, Handwerkskammern). — UWG §§ 3, 16

b) **Anspruch auf Schadenersatz.** Er besteht bei schuldhaften Wettbewerbsverstößen. Da der entstandene Schaden schwer festzustellen ist, kann ihn das Gericht nur schätzen. — §§ 14, 16, 19

c) **Strafrechtliche Verfolgung.** Wettbewerbsbetrug, Übertretung der Sonderveranstaltungsvorschriften, Täuschung über Waren- und Herkunftsbezeichnungen sowie Rabattverstöße werden von Amts wegen verfolgt, alle übrigen Fälle (Anschwärzung durch üble Nachrede oder Verleumdung, Bestechung von Angestellten) nur, wenn Strafantrag gestellt oder Privatklage erhoben wird. Als Strafen sind Geld- und Gefängnisstrafen festgesetzt. — §§ 4 ff

Einigungsstellen werden von den Landesregierungen bei den Industrie- und Handelskammern errichtet, um Wettbewerbsstreitigkeiten ohne große Prozeßkosten durch gütlichen Vergleich beizulegen. — § 27a

Frage: Warum ist in der Marktwirtschaft ein Gesetz gegen den unlauteren Wettbewerb notwendig?

5.4.3 Besondere Maßnahmen zum Schutz des Verbrauchers

Bedeutung des Verbraucherschutzes

Die marktwirtschaftliche Ordnung ist grundsätzlich wettbewerbsfördernd und daher verbraucherfreundlich. Konzentrationsbestrebungen und mangelnde Markttransparenz können jedoch zu Nachteilen für die Verbraucher führen. Die Unternehmer stehen unter einem derartigen Konkurrenzdruck, daß manche mit allen Mitteln um den Kunden kämpfen. Hinzu kommt, daß die rechtlichen Regelungen für den Verbraucher oft nicht überschaubar sind. So wird ein Kaufvertrag schnell zu einem Fangnetz für den Käufer.

Damit gewinnt der Verbraucherschutz zunehmend an Bedeutung. Staatliche und private Maßnahmen sollen die Positionen des Verbrauchers stärken, ihn in seinen Kaufentscheidungen unterstützen und vor Mißbrauch der Marktmacht der Anbieter schützen.

Maßnahmen des Verbraucherschutzes

Folgende Maßnahmen des Verbraucherschutzes sind von besonderer Bedeutung:

a) **Gesetze zum Schutze der Verbraucher:**
   — Gesetz zur Regelung des Rechts der Allgemeinen Geschäftsbedingungen,
   — Verordnung über Preisangaben,
   — Gesetz betreffend die Abzahlungsgeschäfte.

   Darüber hinaus gibt es eine Reihe weiterer Gesetze zum Schutze des Verbrauchers.
   Beispiele: Eichgesetz, Lebensmittelgesetz, Textilkennzeichnungsgesetz, Gesetz zur Angabe von Farbzusätzen und künstlichen Konservierungsstoffen.

b) **Aufklärung durch Verbraucherorganisationen und Interessenverbände.**

Verbraucherschutz durch AGB-Gesetz

Gesetz zur Regelung des Rechts der Allgemeinen Geschäftsbedingungen (AGB-Gesetz) vom 09. 12. 1976

Das AGB-Gesetz sieht ausdrücklich vor, daß die Bestimmungen, die den Vertragspartner unangemessen benachteiligen würden, unwirksam sind. »Kleingedrucktes« bindet den Verbraucher also nicht automatisch (Abschnitt 3.2.3).

Verbraucherschutz durch Preisangaben

Verordnung zur Regelung der Preisangaben (PAngV) vom 14.03.1985

PAngV § 1 Wer Letztverbrauchern regelmäßig Waren oder Dienstleistungen anbietet oder unter Angabe von Preisen für Waren oder Leistungen gegenüber Letztverbrauchern wirbt, muß

— die Preise angeben, welche einschließlich der Umsatzsteuer und sonstiger Preisbestandteile (Provision, Bedienungsgeld) unabhängig von einer Rabattgewährung zu zahlen sind (Bruttopreise), und

— mit den Preisen die übliche Verkaufs- oder Leistungseinheit und die Gütebezeichnung angeben.

Von dieser Vorschrift sind vor allem Einzelhandelsbetriebe, Dienstleistungsbetriebe, Gaststätten und Beherbergungsbetriebe, Tankstellen und Parkplätze sowie kreditgewährende Betriebe betroffen. Die Einhaltung der Preisangabevorschriften wird vom Gewerbeaufsichtsamt überwacht. Zuwiderhandlungen werden mit Strafen oder Bußgeldern geahndet.

Verbraucherschutz bei Abzahlungsgeschäften und Haustürgeschäften

Gesetz betreffend die Abzahlungsgeschäfte (AbzG) vom 15.05.1974,
Gesetz über den Widerruf von Haustürgeschäften und ähnlichen Geschäften vom 16.01.1986

AbzG § 1a, 8 **Abzahlungsgeschäfte,** bei denen die Zahlung in »bequemen Raten« erst nach der Lieferung zu erfolgen hat, können unerfahrene und unbedachte Käufer zum Abschluß von Kaufverträgen verführen. Das Abzahlungsgesetz schützt Nichtkaufleute durch folgende Bestimmungen:

— Schriftform der Willenserklärungen,

— Angabe von Barzahlungspreis und Teilzahlungspreis,

— Angabe von Betrag, Anzahl und Fälligkeit der Teilzahlungen,

— Angabe des Zinssatzes (effektiver Jahreszins einschließlich sonstiger Kosten), bezogen auf den Barzahlungspreis abzüglich Anzahlung unter Berücksichtigung von Betrag, Anzahl und Fälligkeit der Teilzahlungen,

— Möglichkeit des Widerrufs der Willenserklärung durch den Kunden (schriftlich, innerhalb einer Woche, ohne Angabe eines Grundes),

— Belehrung des Kunden über das Widerrufsrecht durch den Verkäufer,

— Bestätigung dieser Belehrung durch gesonderte Unterschrift des Kunden.

Auch bei **Haustürgeschäften** sowie bei Geschäften, die durch Ansprechen in der Öffentlichkeit oder auf Kaffeefahrten abgeschlossen werden, hat der Käufer ein Recht zum Widerruf innerhalb einer Woche. Fehlt eine Belehrung über das Widerrufsrecht, so hat der Käufer sogar das Recht zum Widerruf innerhalb eines Monats ab dem Zeitpunkt, in dem beide Vertragspartner ihre Vertragspflichten voll erfüllt haben.

Verbraucheraufklärung

Die mangelnde Organisation der Verbraucher veranlaßte die Bundesregierung, den **Verbraucherbeirat** beim Bundesminister für Wirtschaft und die **Stiftung Warentest** ins Leben zu rufen.

Private Organisationen sind vor allem die **Arbeitsgemeinschaft der Verbraucher (AGV)** und die **Verbraucherzentralen.**

Ziel dieser **Verbraucherverbände** ist die Verfolgung von Verbraucherinteressen durch folgende Maßnahmen:

— **Information der Verbraucher, Verbraucherberatung.** Die Verbraucher werden über Gesetze und Verordnungen informiert, sie bekommen Tips für richtiges Einkaufen und gesunde Ernährung. Es werden vergleichende Warentests durchgeführt, deren Ergebnisse die Kaufentscheidung der Verbraucher wesentlich beeinflussen. Verbraucherberatungsstellen sind eingerichtet, in denen auch Nichtmitgliedern Hilfe und Auskunft angeboten werden.

— **Beeinflussung der Leistungen der Anbieter.** Im Interesse aller Verbraucher versuchen die Organisationen, die Anbieter zu besseren Produkten und Dienstleistungen und verbraucherfreundlicheren Marketingmaßnahmen zu bewegen (Deutscher Mieterbund, Deutscher Hausfrauenbund, Verband der Postbenutzer, Sparerschutzgemeinschaft).

Die Verbraucher werden nicht nur von den Verbraucherorganisationen, sondern auch von anderen **Interessenverbänden** (ADAC) und von den Anbietern selbst aufgeklärt über

— Rechte und Pflichten der Verbraucher und die

— technische Funktion der Artikel.

Die Veröffentlichungen erfolgen in Warentestzeitschriften, Kundenzeitschriften, Presse, Funk und Fernsehen. Die Tests sind sehr glaubwürdig, da die Testinstitute für falsche Beurteilungen haftbar gemacht werden können. Schon die Tatsache der Durchführung von Tests veranlaßt die Produzenten vorbeugend zu besseren Leistungen, damit nicht eine schlechte Beurteilung einen nicht mehr wiedergutzumachenden Schaden anrichtet (Umsatzeinbuße).

Bei Tagungen, Seminaren und Vorführveranstaltungen werden Interessenten unmittelbar über die Waren und Dienstleistungen unterrichtet und über juristische Probleme aufgeklärt.

Aufgabe und Fragen:

1. Erläutern Sie 5 Maßnahmen zum Schutze des Verbrauchers.
2. In einem Schaufenster sehen Sie einen Video-Recorder mit einer Preisangabe von 840,— DM und einem Zusatz »zusätzlich 14% Umsatzsteuer«. Entspricht diese Preisauszeichnung der gesetzlichen Vorschrift?
3. Wie muß ein Einzelhandelsbetrieb (eine Tankstelle, eine Gaststätte) der Preisangabevorschrift entsprechen?
4. Eine Hausfrau kauft 5 Garnituren Bettwäsche, zahlbar in 12 Monatsraten. 3 Tage später erfährt sie von ihrer Nachbarin, daß der Kaufpreis unverhältnismäßig hoch ist. Wie kann sie das Geschäft rückgängig machen?

5.5 System der sozialistischen Planwirtschaft am Beispiel der DDR

Aufgrund des in kommunistischen Staaten herrschenden Gesellschaftssystems wurde nach dem 2. Weltkrieg im östlichen Teil Deutschlands ein planwirtschaftliches Wirtschaftssystem eingerichtet. Es handelt sich dabei um das System der **Zentralverwaltungswirtschaft** (Bilder 45, 54) mit der *Staatspartei (SED) als Führungsinstanz* (Bild 55).

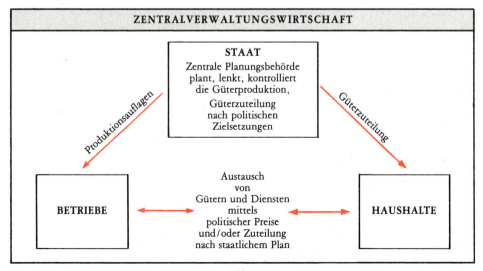

Bild 54

5.5.1 Wirtschaftsordnung und Gesellschaftsordnung

Nach der Verfassung der Deutschen Demokratischen Republik ist die Wirtschaft den gesellschaftlichen Grundsätzen des Sozialismus untergeordnet. **Staatseigentum** an den Produktionsmitteln und **zentrale Planung und Lenkung** des Wirtschaftsablaufs sind dabei die Hebel, mit denen die **Ziele der SED** verfolgt werden.

Die Nutzung und Bewirtschaftung des Volkseigentums erfolgt grundsätzlich durch **Volkseigene Betriebe** (VEB).

Wirtschaftsfunktionäre, die von der SED-Führung eingesetzt werden, leiten die Betriebe und verwalten deren Vermögen. Sie müssen die Ziele der SED-Planungsbehörde erfüllen.

Die staatliche Planung und Lenkung geschieht über genaue Anweisungen an die Betriebe und die örtlichen Staatsorgane. Bei der Ausführung wird auch mit der Eigenverantwortung und Initiative der Werktätigen gerechnet.

In der Verfassung ist den Werktätigen ein Arbeitsplatz zugesichert. Er soll ihnen nach ihren Fähigkeiten und den Erfordernissen der Gesellschaft (örtlicher Bedarf) zugeteilt werden. Der Werktätige hat die Pflicht, diesen Arbeitsplatz anzunehmen.

Der Bürger der DDR hat sich bei der Befriedigung seiner Konsumwünsche dem staatlichen Angebot anzupassen. Das geschieht bei den Gütern des Alltags über die staatliche Preisfestsetzung. Für Güter des gehobenen Bedarfs (Auto, Fernsehgerät) ist die staatliche Zuteilung (Wartelisten) üblich.

Die Sozialistische Einheitspartei Deutschlands (SED) ist die oberste Führungsinstanz für alle Bereiche der sozialistischen Gesellschaft. Über das Zentralkomitee entsendet sie ihre Vertreter in die höchsten Organe des Staatsapparates und der Wirtschaft. Beschlüsse der Partei sind für alle Bereiche verbindlich. Sie sind auch für die Auslegung der Verfassung heranzuziehen. Dies wird begründet aus der vom Marxismus-Leninismus vertretenen These, daß eine kommunistische Partei in der Lage ist, die gesellschaftliche Entwicklung richtig zu erkennen und in richtige Aktionen umzuwandeln.

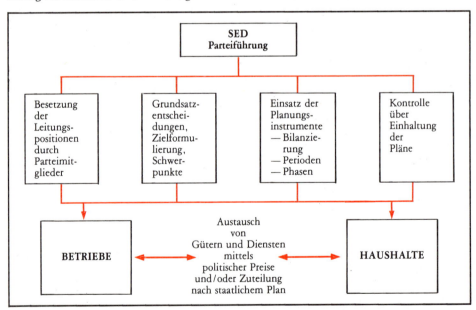

Bild 55

Fragen und Aufgaben:
1. In welchem Zusammenhang stehen in der DDR Wirtschaftsordnung und Gesellschaftsordnung?

2. Was halten Sie von der These, wonach eine kommunistische Partei in der Lage sei, die gesellschaftliche Entwicklung richtig zu erkennen und in richtige Aktionen umzuwandeln?
3. Warum gibt es in der DDR keine Arbeitslosigkeit?
4. Stellen Sie fest, welche Probleme für den DDR-Bürger entstehen, wenn er
   a) Grundnahrungsmittel,
   b) Genußmittel,
   c) höherwertige Gebrauchsgüter,
   d) Baumaterial
   kaufen will?

5.5.2 Ordnungsmerkmale der sozialistischen Planwirtschaft

Für die Wirtschaft der DDR sind zentrale Planung des Wirtschaftsablaufs, sozialistisches Eigentum an den Produktionsmitteln, die planwirtschaftliche Lohn- und Preisbildung und Systeme zur Steigerung der menschlichen Arbeitsleistung von besonderer Bedeutung.

Zentrale Planung

Grundlagen für die zentrale Planung sind
a) die vorhandenen Produktionsfaktoren der *eigenen* Volkswirtschaft und
b) die nur im Rahmen der knappen Devisen mögliche Güterbeschaffung aus dem **Ausland.**

Die obersten Planungsinstanzen sind **Zentralkomitee** und **Politbüro**. Sie
— formulieren die *Planungsziele*, z. B. Schwerpunkt: Energiewirtschaft,
— legen die *Planungsperioden* fest, z. B. Einjahres-, Fünfjahrespläne,
— stimmen die *Planungsphasen* ab (zeitlicher Ablauf und sachliche Zuständigkeiten),
— legen fest, wie *kontrolliert* wird.

Die umfangreichen Daten, die auf den Ebenen der sachlichen Zuständigkeiten anfallen, werden mit Hilfe eines komplizierten **Bilanzierungssystems** koordiniert. Es wird versucht, Aufkommen und Verwendung der Güter gegenseitig auszubalancieren. Dabei werden die Parteibeschlüsse als letzter Maßstab genommen. Die zentrale Planung erstreckt sich auf:

a) **Rahmenplanung und Koordination der Einzelpläne.** Ministerrat und Plankommission erarbeiten Pläne auf der Grundlage der Parteibeschlüsse und nach feststehenden Planungsrichtlinien. Die Pläne können betreffen:
   — Volkswirtschaftliche Grundproportionen, z. B. das Verhältnis zwischen Konsum und Investition;
   — Investitionen in einem bestimmten Wirtschaftsbereich, z. B. im Wohnungsbau;
   — Produktionsmenge eines bestimmten Gutes, z. B. die Produktion von Schuhen;
   — Einsatz von Arbeitskräften;
   — Zuteilung von Krediten.

   Die Zusammenfassung aller Einzelpläne bzw. Teilbilanzen geschieht im jährlich zu erstellenden Volkswirtschaftsplan. Er ist das wichtigste Mittel für die zentrale Leitung. Zeitlicher Ablauf (Planungsphasen) und sachliche Zuständigkeiten eines Jahresplanes zeigt Bild 56.

b) **Detailplanung.** Auf der Ebene der Vereinigten Volkseigenen Betriebe (VVB), der Kombinate und Produktionsgenossenschaften erfolgt die Detailplanung. Grundlage ist die Planvorgabe der zentralen Plankommission. Nach dem Prinzip des »demokratischen Zentralismus« sind die Betriebe auf dieser Ebene eigenverantwortlich tätig. Ihnen obliegt es, mit den zugeteilten Mitteln (Arbeitskräfte, Maschinenausstattung, Rohstoffe) den vorgegebenen Plan zu erfüllen. Andernfalls werden die Betriebsleiter zur Rechenschaft gezogen (abgesetzt, strafrechtlich verfolgt).

Zeitliche Einteilung	Sachliche Zuständigkeit
April/Mai	**Zielformulierung** durch Politbüro, Ministerrat
	vorläufiger Planentwurf durch staatliche Plankommission
	detaillierter Plan durch die Fachministerien
	Plandiskussion in den betreffenden Betrieben mit der Auflage, alle Reserven zu mobilisieren, damit der Plan erfüllt wird
	Gegenplan der Betriebe möglich, jedoch nur als Überbietung, nicht als Abänderung nach unten
Oktober/November	**Rückgabe** an das übergeordnete Fachministerium und an die staatliche Plankommission zur Koordinierung der Einzelpläne
Dezember	**Vorlage** bei der Volkskammer, Beratung und Verabschiedung als **Gesetz**

Bild 56

Der Planungsaufwand ist beträchtlich. Das zeigen z. B. die zahlreichen „Bilanzen", die allein für den Sektor „Material, Ausrüstung und Konsumgüterproduktion" im Rahmen des Volkswirtschaftsplanes von den verschiedenen Instanzen erstellt werden (Bild 57).

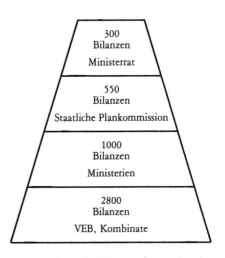

Quelle: DDR Handbuch. Bundesministerium für innerdeutsche Beziehungen

Bild 57

Für die Bilanzen fertigen die einzelnen Bereiche differenzierte Teilpläne an. Wenn z. B. ein VEB einen Teilplan im Umfang von 100 Seiten hat, ist der daraus abgeleitete differenzierte Betriebsplan bereits 400 Seiten und der zusätzliche Material- und Energieplan weitere 450 Seiten stark. Die in diesen Plänen enthaltenen ca. 20 000 Einzeldaten müssen an die ausführenden Stellen (Arbeitsplätze) weitergegeben und auf ihre Einhaltung hin kontrolliert werden. Das erfordert einen riesigen Verwaltungsapparat.

Die staatlichen Kontrollen wirken unmittelbar in alle Betriebsbereiche hinein. Im Betrieb hat der sogenannte Hauptbuchhalter den Auftrag, die erzielten Leistungen mit den Planvorgaben zu vergleichen und das Ergebnis an das zuständige Ministerium zu melden. Die **staatliche Finanzkontrolle** überwacht die »Wirtschaftliche Rechnungsführung« der Betriebe, d. h. die mengen- und wertmäßige Buchführung und die Berichterstattung. Die Staatsbank kontrolliert außerdem die Betriebe aufgrund der umfassenden Reglementierung des Zahlungs- und Kreditverkehrs.

Eigentumsformen in der DDR

Das Eigentum an Produktionsmitteln ist nahezu vollständig in staatlicher Hand. Je nach Art des staatlichen Einflusses unterscheidet man

— das **gesamtgesellschaftliche Volkseigentum,** bei dem der Staat das Nutzungs- und Verfügungsrecht durch die entsprechenden Organe in den Volkseigenen Betrieben (VEB) ausübt. Diese Eigentumsform ist zwingend vorgeschrieben bei Bodenschätzen, Energie, Verkehr und für alle Industriebetriebe;
— das **genossenschaftliche Gemeineigentum** werktätiger Kollektive (Genossenschaften) an Maschinen, Anlagen, Tierbeständen usw.;
— das **Eigentum gesellschaftlicher Organisationen** der Bürger an sozialen und kulturellen Einrichtungen sowie Verlagsbetrieben.
  Beispiel: Die Gesellschaft für Sport und Technik unterhält ein Erholungsheim und legt die erwirtschafteten Erträge in Grundstücken für sportliche Zwecke an.

Außerdem gibt es **Reste privaten Eigentums** an kleinen Gewerbebetrieben, die auf überwiegend persönliche Arbeit ausgerichtet sind und nur wenig fremde Arbeitskräfte benötigen. Aber auch hier übt der Staat seinen Einfluß aus. Er ist am Kapital beteiligt (halbstaatliche Betriebe) und kann durch Zuteilung oder Nichtzuteilung von Maschinen und Material das Wohlverhalten des Betriebsinhabers erzwingen.

Ein persönliches Eigentum ist in der DDR nur an Geld, Konsumgütern sowie an Grundstücken und Gebäuden für das Wohn- und Lebensbedürfnis des Eigentümers und seiner Familie möglich. In diesem Bereich sind Kauf, Verkauf und Vererbung erlaubt. Allerdings ist das Eigentum in aller Regel nur auf ein Objekt beschränkt.

Lohn- und Preisbildung in der DDR

In der DDR gelten *staatlich verordnete* Löhne und Preise.

Lohnbildung

Bei der **Lohnbildung** sind auch in der DDR die Gewerkschaften beteiligt. Sie unterliegen aber den **Zwängen der zentralen Planung**. Nur die von der politischen Führung (Politbüro, Ministerrat) festgelegten und im Rahmen des Volkswirtschaftsplanes möglichen Erhöhungen sind Gegenstand der Lohndiskussion. In aller Regel geht es um Verschiebungen zwischen den Wirtschaftsbereichen je nach deren Bedeutung für die allgemeine Wirtschaftsentwicklung und die politische Zweckmäßigkeit.

Grundsätzlich wird in den Rahmenkollektiv-Verträgen neben dem Tariflohn jeweils ein Mehrleistungslohn festgelegt.

Der **Tariflohn** richtet sich nach den Arbeitsanforderungen und ist nach Lohn- bzw. Gehaltsgruppen gestaffelt. Außerdem gibt es eine Differenzierung nach Betriebsklassen je nach volkswirtschaftlicher Bedeutung der Betriebsstätten und nach Ortsklassen.

Der **Mehrleistungslohn** soll den Tariflohn dort ergänzen, wo quantitative Leistungsunterschiede bei gleicher Qualität nicht genügend bewertet werden können. Er ist der variable Teil des Lohns und damit der »ökonomische Hebel«, mit dem die »persönliche materielle Interessiertheit« der Werktätigen an der **Planerfüllung** orientiert werden soll. Grundlagen sind die **Arbeitsnormen**, durch deren Erhöhung oder Senkung die Arbeitsleistung beeinflußt werden soll.

Neben dem Arbeitslohn werden für bestimmte Leistungen, die der Arbeitnehmer im Kollektiv erreicht, **Prämien** bezahlt. Die Mittel für diesen Teil des Arbeitseinkommens werden auch aus dem Lohnfonds des Betriebes bezahlt. Der **Lohnfonds** ist die für einen bestimmten Zeitraum geplante Bruttolohn- und -gehaltssumme. Er dient der zentralen Planung als Steuerungsmittel des Betriebs. Je nach der Leistung des Betriebs wird der Lohnfonds erhöht oder vermindert.

Beispiel: VEB Gartengeräte, Boitzenburg, hat im Gegenplan (Bild 56) für das nächste Jahr eine Produktionssteigerung von 15 % zugesagt. Bei Erreichen dieser Steigerung wird dem Betrieb ein prozentualer Zuschlag auf den Nettogewinn gewährt, der als Prämie ausgezahlt werden kann. Ein anderer VEB erreicht die geplante Produktion nicht, erhält keinen Zuschlag und kann keine Prämie auszahlen.

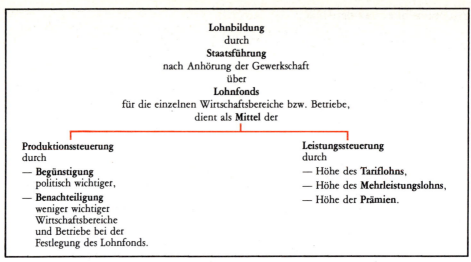

Bild 58

Preisbildung

Das Preissystem dient — wie alle anderen Planungsinstrumente — der **Durchsetzung politischer Ziele** und der **Konsumsteuerung**. Für Güter, die nach politischem Willen in genügendem Ausmaß produziert und an die Konsumenten gebracht werden sollen, werden vom »Amt für Preise« niedrige **Preise festgelegt**. Güter, die in geringem Ausmaß produziert werden, stehen dem Konsument — wenn überhaupt — nur zu entsprechend hohem Preis zur Verfügung.

Beispiele: Niedrige Preise für Grundnahrungsmittel, Wohnungsmieten. Hohe Preise für hochwertige Konsumgüter (Auto, Kaffee, Schokolade).

Die Initiative für den Preis eines bestimmten Produktes kann vom »Amt für Preise« durch Verordnung oder von den betreffenden Betrieben ausgehen. Es ist ein **Preisantrag** zu stellen, der folgende Angaben enthalten muß:

— Das vorhandene Produktionsvolumen,

— den zu erwartenden Bedarf,

— die nach den geltenden Kalkulationsvorschriften zu ermittelnden Kosten einschließlich des erlaubten Betriebsgewinns,

— den Preisvorschlag, der mit den Hauptabnehmern abgestimmt sein muß. Dazu sind Gutachten der leitenden Organe des Handels und der Industrie auf Bezirksebene vorzulegen.

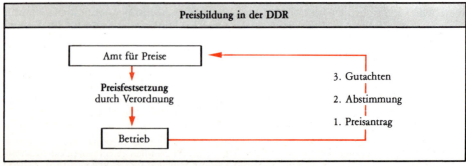

Bild 59

Die Preise haben weder einen Bezug zu Angebot und Nachfrage noch zu den Kosten, sondern werden von der Planungsbehörde so hoch angesetzt, daß sie den politischen Absichten entsprechen: Beruhigung, Abschreckung, Lenkung.

Anreizsysteme in der DDR

Nach der DDR-Ideologie gibt es keinen Preiswettbewerb auf dem Markt, aber einen Wettbewerb zwischen den Beschäftigten. Zum Zweck der »ökonomischen Stimulierung« appelliert die SED an die »materielle und moralische Interessiertheit« der Werktätigen. Ein besonderes Mittel ist die Wettbewerbs- und Neuererbewegung. Mit der Parole »Sozialistisch arbeiten, lernen und leben« werden Aktionen eingeleitet, die zur Erfüllung und gezielten Überbietung der Volkswirtschaftspläne führen sollen. Dieser sogenannte »sozialistische Wettbewerb« wird als

— *individueller* Wettbewerb zwischen einzelnen Beschäftigten und
— *kollektiver* Wettbewerb zwischen Arbeitsgruppen, Brigaden, Meisterbereichen, Betrieben von der SED und den Gewerkschaften zentral gesteuert.

Dabei bedient man sich in der Regel des Aufrufs einer Einzelperson, einer Brigade usw., der dann auf DDR-Ebene zu einer Wettbewerbskampagne ausgebaut wird. Die Aktionen tragen meist den Namen des Initiators (Hennecke-Bewegung) und werden zu besonderen politischen Ereignissen gestartet (Jahrestag der Republikgründung). Die Wettbewerbsmaßnahmen sind stets öffentlich. Das beginnt mit der Ankündigung und geht über den Vergleich der Ergebnisse, den Austausch von Erfahrungen bis zur öffentlichen freiwilligen Übernahme der Bestleistung als Arbeitsnorm. Als Anregung für die Beteiligung an solchen Wettbewerbsaktionen dienen moralische Anerkennung des Erfolgs durch Veröffentlichung, Auszeichnungen (Orden, Titel »Held der Arbeit«) und in begrenztem Umfang materielle Anreize wie Leistungslohn und Prämien.

Beispiel:
1. Aufruf, z.B. Vorarbeiterin Elke Dehmel im Textilkombinat »Roter Faden« schreibt in einem offenen Brief an die Kreiszeitung in X-Stadt, daß durch Nachlässigkeit beim Aufstecken der Garnrollen Webfehler entstehen.
2. Kampagne, z.B. »spontane« Planung der Aktion »Umerziehung zu sorgfältigem Verhalten« durch den FDGB und Information an alle Brigaden im Textilkombinat, Aufforderung zum Wettbewerb.
3. Sammlung der Ergebnisse und Vergleich.
4. Austausch von Erfahrungen in Betriebsversammlungen.
5. Übernahme der Bestleistung als Arbeitsnorm in den Plan.
6. Anerkennung der Bestleistung durch schriftliche Belobigung, Aushang an der Ehrentafel, betriebliche Titel, z.B. Brigade der vorbildlichen Qualitätsarbeit, bester Meister, bester Neuerer. Zahlung einer Prämie.

Aufgaben und Fragen:
1. Vergleichen Sie die Planung des Wirtschaftsablaufs in der Bundesrepublik Deutschland mit der Planung in der DDR.
2. Vergleichen Sie das gesamtgesellschaftliche Volkseigentum in der DDR mit dem Eigentum der Deutschen Bundesbahn.
3. Welche Schwierigkeiten ergeben sich bei der staatlichen Planung von Gütern des täglichen Bedarfs?
4. Warum wird in der DDR soviel privat getauscht?
5. Welcher Unterschied besteht zwischen dem Mehrleistungslohn und dem Prämienlohn in der DDR?
6. Was haben Angebot und Nachfrage bei der Preisbildung zu tun
   a) in der Marktwirtschaft und
   b) in der sozialistischen Planwirtschaft der DDR?
7. Wie versucht der Staat in der DDR, die Leistung des Werktätigen zu steigern?

5.6 Überblick über die Realtypen der Wirtschaftsordnung

Kennzeichen	Soziale Marktwirtschaft der Bundesrepublik Deutschland	Sozialistische Planwirtschaft der DDR
Bedarfsdeckung	breitgefächertes Angebot von Gütern aller Art	Güterangebot nach politischen Prioritäten ausgewählt, Existenzgüter in ausreichender Menge zu günstigen Preisen; höherwertige Gebrauchsgüter zu sehr hohen Preisen; Mangelsituationen häufig
Entscheidungsfreiheit der Wirtschaftssubjekte	unbeschränkt, Ausnahmen nur bei nachgewiesenem öffentlichem Interesse	auf Privateigentum an Geld, Konsumgüter, Wohngrundstücke und -gebäude für den eigenen Bedarf beschränkt
Leistungsmotivation	durch Konkurrenz und direkte materielle Anreize, begrenzt durch Belastung mit Steuer und Sozialabgaben	überwiegend politisch; materielle Anreize nur zeitweilig und geringfügig über betriebliche Prämienfonds bei Planübererfüllung
Anpassungsfähigkeit bei Datenänderung	hohe Mobilität wegen des materiellen Interesses	geringe Mobilität infolge bürokratischer Schwerfälligkeit bei Planänderungen, Planerfüllung steht im Vordergrund
soziale Gerechtigkeit	gewährleistet durch die Grundrechte und das Netz der sozialen Sicherungen	trotz Gleichheitsgrundsatz bevorzugte Stellung bestimmter Personengruppen, z. B. Parteimitglieder, Sportler, Intelligenz

Bild 60

Fragen und Aufgaben:
1. Inwieweit sind die Grundprinzipien der reinen Marktwirtschaft in der Bundesrepublik verwirklicht?
2. Wie weit ist die DDR von dem kommunistischen Verteilungsziel »Jedem nach seinen Bedürfnissen« entfernt?
3. Welche Einrichtungen sind in der Wirtschaft nötig, damit jeder Mensch seine Entscheidungsfreiheit wahrnehmen kann?
4. Welche Probleme ergeben sich für einen DDR-Bürger, wenn er aus einem betrieblichen Prämienfonds einen Geldbetrag ausgezahlt erhält?
5. Nach der DDR-Verfassung hat jeder DDR-Bürger ein »Recht auf Arbeit« und eine »Pflicht zur Arbeit«. Wie beurteilen Sie das, insbesondere im Hinblick auf die Verhältnisse in der Bundesrepublik?
6. Nennen Sie die Grundrechte und die sozialen Sicherungen, durch die in der Bundesrepublik soziale Ungerechtigkeit ausgeschaltet bzw. vermieden werden soll.
7. Wie wird die Leistung von Arbeitnehmern
   a) in der sozialen Marktwirtschaft der Bundesrepublik Deutschland,
   b) in der sozialistischen Planwirtschaft der DDR
   honoriert?
8. Warum kann sich die soziale Marktwirtschaft der Bundesrepublik Deutschland besser an Bedarfsänderungen anpassen als die DDR-Wirtschaft?
9. Was halten Sie von folgender Parole: »Mit weniger Aufwand — mehr für die Republik«?

6 Volkswirtschaftliche Gesamtrechnung

Zur *Beurteilung der wirtschaftlichen Entwicklung* und zur *marktkonformen Steuerung* der Wirtschaft benötigt die **staatliche Wirtschaftspolitik** verläßliche Informationen. Das Statistische Bundesamt liefert mit der **volkswirtschaftlichen Gesamtrechnung** die wichtigsten Daten über den **Wirtschaftskreislauf**.

Sowohl die Darstellung des einfachen und erweiterten Wirtschaftskreislaufs als auch die volkswirtschaftliche Gesamtrechnung stützen sich

— auf die Kenntnis der **volkswirtschaftlichen Produktionsfaktoren** und

— auf das Verständnis von **Kapitalbildung** und **Investitionen**.

6.1 Volkswirtschaftliche Produktionsfaktoren

Anders als die Betriebswirtschaftslehre (Abschnitt 1.2.3) faßt die *Volkswirtschaftslehre* die produktionswirksamen Kräfte zu drei Produktionsfaktoren zusammen.

6.1.1 Arbeit, Natur und Kapital als Produktionsfaktoren

Nur wenige Güter, über welche der Mensch zu seiner Bedarfsdeckung verfügt, sind freie Güter (Abschnitt 1.1.2). Weitaus die meisten Güter haben bis zu ihrer Konsumreife einen mehr oder weniger langen Produktionsweg zurückgelegt. Verfolgt man einen solchen Produktionsprozeß von Stufe zu Stufe zurück, so stößt man schließlich auf Güter, die selbst nicht mehr Gegenstand einer vorausgegangenen Produktion waren. Diese *ursprünglich* vorhandenen Güter sind die *originären Produktionsfaktoren* **Natur** und **Arbeit**.

Beispiel: An der Produktion einer Lederhandtasche sind Betriebe der Rohstoffgewinnung, -veredelung und -verarbeitung sowie unterschiedliche Dienstleistungsbetriebe beteiligt. Bei der Urproduktion mußten Menschen mit Hilfe ihrer Arbeitskraft der Natur den Rohstoff „Haut" abgewinnen. In allen darauffolgenden Produktionsstufen haben wiederum die Natur, etwa als Standort für die Produktion, und die menschliche Arbeit wesentlich zur Produktion beigetragen.

In allen Produktionsstufen bedienen sich die produzierenden Menschen jedoch auch vielfältiger technischer Hilfsmittel, die nicht ohne weiteres der Natur entnommen werden konnten, sondern ihrerseits Gegenstand einer vorausgegangenen Produktion gewesen waren. Diese *produzierten Produktionsmittel* faßt die Volkswirtschaftslehre unter dem Begriff **Kapital** zusammen.

Beispiel: Zur Herstellung von Häuten, Leder und Handtaschen werden in allen Produktionsstufen Gebäude (Ställe, Werkstattgebäude, Fabrikhallen) verwendet, die ihrerseits zunächst für die Produktion erstellt werden mußten. Es werden Werkzeuge, Geräte, Maschinen und Einrichtungen eingesetzt, die vorweg selbst produziert werden mußten.

Nach diesen Ausführungen lassen sich *im volkswirtschaftlichen Sinne* folgende **Produktionsfaktoren** unterscheiden:

a) **Arbeit.** Darunter versteht man die *menschliche Leistungskraft* im weitesten Sinne. Sie steht als Produktionsidee am Anfang jedweder wirtschaftlichen Betätigung und ist bei jeder Produktion in unterschiedlicher Weise wirksam

— als *Unternehmertätigkeit*: Technische und organisatorische Ideenkraft, schöpferische Initiative, Wagnisbereitschaft;

— als *geistige* und *körperliche Arbeit*: Planende, leitende und ausführende Tätigkeiten;

— als *Spartätigkeit*: Der sparende Mensch schafft eine Voraussetzung zur Kapitalbildung (Abschnitt 6.2.2).

b) **Natur.** Sie umfaßt den Boden, die Gewässer und die Atmosphäre der Erde und das sie umgebende Weltall. Die Natur ist an der Produktion beteiligt

— als *Standort* für Betriebe aller Art;

— mit *Werkstoffen*, die im Produktionsprozeß zu Produktions- oder Konsumgütern umgeformt werden (Pflanzen, Tiere, Erze, Steine, Mineralien);

— mit *pflanzlichen Aufbaustoffen*, die das Wachstum der Pflanzen überhaupt erst ermöglichen;

— mit *Kraftstoffen* (Wasser, Kohle, Erdöl, Gase, Uran) und anderen *Energieträgern* (Wind, Arbeitstiere, Licht, Elektrizität, Strahlungen aus dem Weltraum).

c) **Kapital.** Es sind die *technischen Hilfsmittel* (Gebäude, Maschinen, Werkzeuge, Transportmittel), die der Mensch vorweg produzieren muß, wenn er die von der Natur bereitgehaltenen Stoffe und Energien nutzen und Wirtschaftsgüter produzieren will. Ohne diese Mittel müßte der Mensch von der Hand in den Mund leben.

Bei dem volkswirtschaftlichen Kapitalbegriff ist also *nicht*, wie man vordergründig meinen könnte, an *Geldkapital* zu denken, sondern an unmittelbar zur Produktion verwendbare Arbeitsmittel. In ihnen sind jedoch Geldmittel „investiert". Man nennt sie deshalb auch „**Investitionsgüter**".

Der Kampf um die Erhaltung und Gestaltung seines Lebens hat den Menschen erfinderisch gemacht und ihn gelehrt, seine Kräfte sinnvoll mit den anderen Produktionsfaktoren zu verbinden mit dem Ziel, immer neue und bessere Güter zur Deckung des Bedarfs zu produzieren. Der **Betrieb** ist die Verbindung der Produktionsfaktoren zum Zwecke der Leistungserstellung.

Fragen und Aufgaben:

1. a) Welche Personen oder Personengruppen stellen der Unternehmung ihre Leistungskraft zur Verfügung?
   b) Welche Kosten entstehen dadurch?

2. a) Auf welche Weise ist die Natur an der Leistungserstellung beteiligt?
   b) Nennen Sie die Kosten, die die Unternehmung für diesen Einsatz tragen muß.

3. a) Fertigen Sie eine Aufstellung produzierter Produktionsmittel, die Ihr Ausbildungsbetrieb zur Leistungserstellung einsetzt.
   b) Welche Kosten entstehen der Unternehmung dadurch?

4. Ordnen Sie die angegebenen Kosten nach folgendem Muster dem jeweiligen Faktoreneinsatz zu:

Kostenart	entstanden durch Einsatz des Produktionsfaktors
a) Energiekosten	
b) Miete für Lagerhalle	
c) Sozialkosten	
d) Instandhaltungskosten	
e) Vertreterprovision	
f) Fuhrparkkosten	
g) Rohstoffverbrauch	
h) Miete für Lagerplatz	

6.1.2 Gegenüberstellung der Produktionsfaktoren im volkswirtschaftlichen und betriebswirtschaftlichen Sinne

Die wichtigsten Grundkräfte und Mittel zur Leistungserstellung lassen sich wie folgt unter die Produktionsfaktoren im volkswirtschaftlichen und betriebswirtschaftlichen Sinne (Abschnitte 1.2.3 und 6.1.1) einordnen (Bild 61):

PRODUKTIONSFAKTOREN im VOLKSWIRTSCHAFTLICHEN Sinne			
Arbeit		Natur	Kapital
Arbeit geistig / körperlich		Rohstoffe / Hilfsstoffe / Grundstücke / Betriebsstoffe / Energie	Gebäude / Maschinen und Werkzeuge / Transportmittel / Geschäftsausstattung
Dispositiver Faktor	Arbeitsleistung	Werkstoffe	Betriebsmittel
	Elementarfaktoren		
PRODUKTIONSFAKTOREN im BETRIEBSWIRTSCHAFTLICHEN Sinne			

Bild 61

a) Der volkswirtschaftliche Produktionsfaktor **Arbeit** ist weiter gefaßt als die *Arbeitsleistungen* im engeren Sinne; er umschließt auch den *dispositiven Faktor*.

b) Der volkswirtschaftliche Produktionsfaktor **Natur** umfaßt die *Werkstoffe* und einen *Teil der Betriebsmittel*.

c) Der in der volkswirtschaftlichen Produktionslehre verwendete **Kapital**begriff umfaßt nur die *produzierten* Produktionsmittel, nicht aber den Boden.

Fragen und Aufgaben:
1. Welche Produktionsfaktoren im volkswirtschaftlichen und im betriebswirtschaftlichen Sinne
   a) entsprechen sich,
   b) unterscheiden sich?
2. Inwiefern gehören Roh-, Hilfs- und Betriebsstoffe
   a) im volkswirtschaftlichen Sinne zum gleichen Produktionsfaktor,
   b) im betriebswirtschaftlichen Sinne zu verschiedenen Produktionsfaktoren?
   Begründen Sie die Unterschiede.
3. Ordnen Sie folgende Kräfte und Mittel den Produktionsfaktoren im volks- und betriebswirtschaftlichen Sinne zu:
   a) Öl in der Ölraffinerie,
   b) Heizöl im Versicherungsunternehmen,
   c) einen Lagerplatz,
   d) eine Lagerhalle,
   e) einen Lagerarbeiter,
   f) den Lagerverwalter,
   g) den Unternehmer.

6.2 Kapitalbildung und Investitionen

In der modernen Produktionswirtschaft ist die Bildung von Geldkapital und seine Investierung in Sachkapital von außerordentlicher Wichtigkeit.

6.2.1 Bedeutung der Kapitalbildung

Ohne Kapital könnte der Mensch beinahe überhaupt keine Güter produzieren.

Beispiel: Selbst der primitivste Sammler brauchte einen Sack oder Korb, selbst der einfachst ausgestattete Jäger mindestens einen Stein.

Wo also produzierte Produktionsmittel fehlen, ist die Produktivität der menschlichen Arbeit gering. Wo sie aber in ausreichender Menge und Güte vorhanden sind, steigern sie die Produktivität der Arbeit beträchtlich. Der Wirkungsgrad der vorproduzierten technischen Hilfsmittel konnte im Laufe der Zeit ständig verbessert werden; an ihrer Vervollkommnung wird auch heute und in Zukunft gearbeitet.

> Die **produzierten Produktionsmittel** *ergänzen und ersetzen* die menschliche Arbeitskraft und *steigern* die Produktivität der Arbeit.

Der Grad der Wirksamkeit hängt vom Stand ihrer technischen Entwicklung ab.

Beispiele:
1. Die Erfindung von Kraft- und Arbeitsmaschinen ermöglichte die Entstehung und den Ausbau von Industriebetrieben.
2. Die Erfindung des Fließbands führte zu kostengünstiger Massenproduktion.

Der **technische Fortschritt** hängt ab von der Fähigkeit des Menschen zu forschen und zu gestalten. Sie zu wecken und zu entwickeln ist vorrangige Bildungsaufgabe. Schulische und betriebliche Bildungsstätten sind deshalb wesentlich an der Kapitalbildung mitbeteiligt. Das technisch-ökonomische Wissen und Können (**Know-how**) ist zum selbständigen und verkäuflichen Investitionsgut geworden. Ohne den technischen Fortschritt wäre eine Erweiterung des Nahrungs- und Lebensspielraums nicht möglich. Für die in der Produktion tätigen Menschen hat der technische Fortschritt Arbeitserleichterung, Arbeitszeitverkürzung und Erhöhung der Realeinkommen gebracht.

Der technische Fortschritt birgt aber auch Gefahren in sich.

Beispiele (Abschnitt 7.4):
1. Raubbau an Naturgütern, Umweltverschmutzung.
2. Strukturelle Arbeitslosigkeit infolge Substitution von Arbeit durch Kapital.

Diesem Sachverhalt müssen Politik und Bildungswesen Rechnung tragen. So sind z. B. die Auszubildenden so zu schulen, daß sie fähig und geistig beweglich genug sind, um im Laufe ihres Lebens ihre Tätigkeit, unter Umständen sogar den Beruf, mehrere Male zu wechseln.

> **Aufgaben und Fragen:**
> 1. Nennen Sie Beispiele für die Produktivitätssteigerung durch produzierte Produktionsmittel
>   a) aus der Wirtschaftsgeschichte,
>   b) aus der heutigen Zeit.
> 2. Begründen Sie, welche ökonomischen Wirkungen die Erfindung von Druckmaschinen gehabt hat.
> 3. Welche wechselseitigen Wirkungen hat die Erfindung von Kraft- und Arbeitsmaschinen gehabt?
> 4. a) Was versteht man unter dem Export von Know-how?
>   b) Welche außen- und binnenwirtschaftliche Wirkungen sind dadurch zu erwarten?

6.2.2 Geldkapitalbildung

Die Entwicklung, die Produktion und der Einsatz produzierter Produktionsmittel, also von *Sach*kapital, setzt in der modernen Geldtauschwirtschaft die Bildung von *Geld*kapital voraus.

Geldkapital kann dabei auf dreifache Weise *gebildet* werden:

a) **Kapitalbildung durch Sparen,** d.h. durch Verzicht auf den völligen Verbrauch des Einkommens. Diese wird am deutlichsten sichtbar in der geldlosen Naturalwirtschaft.

> **Beispiel:** Eine Gruppe von Schiffbrüchigen wurde auf eine weit vom Verkehr abgelegene Insel im Ozean verschlagen. Da die Leute auf ihr weder eßbare Pflanzen noch Tiere vorfanden, mußten sie sich von kleinen Fischen ernähren, die sie mit Hilfe von einfachen aus Kleiderfetzen gefertigten Geräten fingen. Das Fangergebnis reichte gerade aus, um jeden zu sättigen.
>
> Beim Heranschwimmen an die Insel hatten sie aber bemerkt, daß etwa 200 m vom Ufer entfernt größere Fische waren. Um sie zu fangen, brauchte man ein Floß und ein Netz. Baumstämme und Schlingpflanzen waren auf der Insel vorhanden. Es war also möglich, ein Floß und ein Netz anzufertigen. Solange die Schiffbrüchigen sich damit beschäftigten, konnten sie nicht fischen. Sie beschlossen daher, nicht jeden Tag ihren Fang (Gütereinkommen) vollständig zu verzehren, sondern einen Teil davon an der Luft zu trocknen und so einen Vorrat (Konsumkapital) anzulegen.
>
> Dieser **Sparvorgang** erlaubte es ihnen, nach einiger Zeit Floß und Netz herzustellen, ohne gleichzeitig für die tägliche Mahlzeit sorgen zu müssen. Der zeitweilige **Konsumverzicht** ermöglichte es ihnen, **Produktivkapital** in Form von Floß und Netz zu bilden, um damit in kurzer Zeit so große Fische zu fangen, daß sie keine Nahrungssorgen mehr hatten und außerdem noch Zeit gewannen, sich anderen Arbeiten, z.B. dem Bau einer Hütte, zu widmen.

In der modernen Wirtschaft, in der Güter gegen Geld und Geld gegen Güter getauscht werden, besteht der nicht verbrauchte Teil des Einkommens meist in einem Geldbetrag. In der Kasse oder als Guthaben auf einem Bankkonto ist er **Geldvermögen** (Geldkapital), das erst dann zum Produktionsfaktor (Produktivkapital, Sachkapital) wird, wenn dafür Elementarfaktoren gekauft und in den Prozeß der Leistungserstellung eingesetzt werden. Die privaten Haushaltungen bilden in der Regel zunächst dadurch Kapital, daß sie **Geldvermögen** bei Geldinstituten **bereitstellen**, das an Unternehmungen als Kredit weitergegeben werden kann. Unternehmungen dagegen bilden Kapital vornehmlich unmittelbar durch **Nichtentnahme von Gewinnen**.

> **Kapitalbildung setzt Sparen,** das ist *Konsumverzicht*, **voraus.**

Pflege und Förderung des Sparens. Der hohen Bedeutung des Sparens für die Kapitalbildung und damit für das volkswirtschaftliche Wachstum tragen sowohl die Kreditinstitute als auch der Staat Rechnung.

Die *Kreditinstitute* **pflegen** das Sparen durch

— Einrichtung von Sparkonten,

— Aufnahme von Kündigungs- und Termingeldern,

— Ausgabe und Vermittlung von Wertpapieren.

Je länger die Sparer ihr Geld der Wirtschaft überlassen, desto höher ist der Zinssatz. Der Zins ist das Entgelt für den zeitweiligen Konsumverzicht. Die Höhe des Zinses wird durch Angebot und Nachfrage auf dem Kapitalmarkt bestimmt.

Der *Staat* **fördert** das Sparen durch Gewährung von Prämien und Steuervergünstigungen mit dem Ziel,

— der privaten und öffentlichen Wirtschaft Kapital zuzuführen,

— breiten Bevölkerungsschichten durch die Bildung von Vermögen ein höheres Maß an sozialer Sicherheit zu geben.

b) **Schöpfung von Geldkapital durch Kredite,** die über die durch Verbrauchsverzicht erzielten Ersparnisse *hinausgehen*.

Die Geldschöpfung geschieht in der Weise, daß die Kreditinstitute mehr Kredit geben als tatsächlich erspartes Geld bei ihnen eingelegt worden ist.

Beispiel: In einem nach außen abgeschlossenen Wirtschaftsgebiet gäbe es, so sei angenommen, nur eine Bank. Bei ihr werden für alle Betriebswirtschaften Konten geführt und auf ihnen alle Ersparnisse gutgeschrieben. Der Bankier hat, so sei weiter angenommen, bisher nur so viel Geld an Kreditsuchende weiterverliehen wie ersparte Einlagen vorhanden waren. Alle Ausleihungen waren so durch Ersparnisse gedeckt. Selbst wenn alle Einleger auf einmal ihr Geld zurückgefordert hätten, wäre der Bankier in der Lage gewesen, sie nach Rückforderung der ausgeliehenen Gelder auszubezahlen. Ein solcher Fall tritt aber in einer normal funktionierenden Wirtschaft nicht ein.

Der Bankier kann es deshalb wagen, einem Handwerksmeister A, der von B eine Maschine kaufen will, einen Kredit in Höhe von 20 000 DM auch dann zu gewähren, wenn nicht gleichzeitig Spargelder in gleicher Höhe eingehen.

A und B haben, so sei weiterhin angenommen, auf ihrem Konto kein Guthaben. Die Geldschöpfung vollzieht sich dadurch, daß der Bankier dem A erlaubt, zu Lasten seines Kontos 20 000 DM buchmäßig an B zu überweisen, wodurch dieser ein *aus dem Nichts* geschaffenes Guthaben in gleicher Höhe erhält.

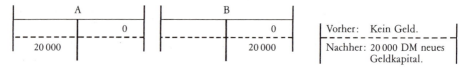

> **Kapitalbildung** kann in der Geldwirtschaft **auch durch Kreditgeldschöpfung** erfolgen.

Die Kreditinstitute können nur insoweit Geldschöpfung durch Kredit betreiben, als sie nicht fürchten müssen, durch bare Rückforderung der Einlagen zahlungsunfähig zu werden. Um einer übermäßigen Geldschöpfung durch Kredit entgegenzuwirken, müssen bestimmte Teile der Einlagen bei der Deutschen Bundesbank stillgelegt (Mindestreserven) und die Richtlinien des Bundesaufsichtsamtes für das Kreditwesen über die Sicherung der Auszahlungsbereitschaft der Kreditinstitute eingehalten werden.

c) **Kapitalbildung durch Kredite,** die **im Ausland aufgenommen** und im Inland in Sachkapital verwandelt werden.

Beispiel: Ein Entwicklungsland nimmt im Ausland Kredit auf.

> Knappes **Geldkapital im Inland** kann **durch Kreditaufnahme im Ausland** ersetzt werden.

Das durch Sparen, Geldschöpfung und Kreditaufnahme im Ausland gebildete Geldkapital kann von den Betrieben in Sachkapital, also in produzierte Produktionsmittel, umgesetzt werden.

> **Fragen und Aufgabe:**
> 1. a) Auf welche Weise fördert der Staat das Sparen?
>   b) Warum tut er das?
> 2. Welche volkswirtschaftlichen Voraussetzungen müssen gegeben sein, um den Sparwillen und die Sparfähigkeit des Volkes zu erhalten?
> 3. Nennen Sie Sparformen, die das Sparen besonders reizvoll und attraktiv machen sollen.
> 4. a) Auf welche Weise können Kreditinstitute Geldschöpfung betreiben?
>   b) Wodurch ist der Umfang der Geldschöpfung begrenzt?
>   c) Welchen Einfluß kann die Deutsche Bundesbank auf die Geldschöpfung ausüben?
> 5. Wann ist eine Kreditaufnahme im Ausland einer solchen im Inland vorzuziehen?

6.2.3 Investitionen

Das durch Sparen und Kredite verfügbare Geldkapital wird den Unternehmungen über den Geld- und Kapitalmarkt zugeführt (Abschnitt 2.2.1).

Wirkung der Investitionen

Anlaß für die Beschaffung von Geldkapital durch eine Unternehmung ist ein Bedarf an Sachkapital. Durch die Kapitalbeschaffung kann die Unternehmung

— den Betrieb aufbauen oder erweitern,

— Anlagen ersetzen.

Die beschafften Vermögenswerte werden auf der Aktivseite der Bilanz ausgewiesen. Damit zeigt die Aktivseite, wozu man die beschafften Mittel verwendet hat. Diese **Mittelverwendung** nennt man **Investition**.

> Als **Investition** bezeichnet man die **Bindung bereitgestellter Geld- und Sachmittel** in der Unternehmung.

Die Passivseite der Bilanz zeigt, woher die Mittel kommen. Diese **Mittelherkunft** nennt man **Finanzierung**.

> Als **Finanzierung** bezeichnet man die **Beschaffung und Bereitstellung von Geld- und Sachmitteln**.

Auf beiden Seiten der Bilanz handelt es sich also um **dieselben Mittel**, die nur unter den beiden **verschiedenen Gesichtspunkten**

— finanzielle Mittel = Kapital

— investierte Mittel = Vermögen

dargestellt werden (Bild 62).

Vermögen (Aktiva)   **Bilanz**   (Passiva) **Kapital**

Mittelverwendung ≙ Investition	Mittelherkunft ≙ Finanzierung
Beispiele:	Beispiele:
1. Mit den vom Unternehmer eingebrachten Mitteln werden Maschinen gekauft.	1. Der Unternehmer stellt der Unternehmung geerbte Mittel in Form von Geld zur Verfügung.
2. Der vom Gesellschafter eingebrachte Wagen dient jetzt als Firmenwagen.	2. Ein neu eintretender Gesellschafter stellt seinen Privatwagen zur Verfügung.
3. Mit dem bereitgestellten Kredit wird ein Grundstück bezahlt.	3. Die Bank gewährt dem Unternehmen einen Grundstückskaufkredit.

Bild 62

Trotz dieser Trennung in Herkunft und Verwendung der Mittel, stehen Finanzierung und Investition in engem Zusammenhang: Finanzierungsvorhaben sind nämlich wertlos, wenn für sie keine Investitionsanlässe bestehen; Investitionsüberlegungen sind nutzlos, wenn sie nicht finanzierbar sind. Jeder Finanzierungsvorgang muß also Investitionen zur Folge haben; jede Investition setzt deren Finanzierbarkeit voraus.

Der Einsatz produzierter Produktionsmittel beeinflußt in entscheidendem Umfang die Ergiebigkeit des Produzierens. Durch Investitionen kann die Wirksamkeit menschlicher Arbeit vervielfacht werden.

> **Investitionen erhöhen** die **Arbeitsproduktivität.**

Arten der Investition

Was für die einzelnen Betriebe gilt, ist zusammengefaßt auch für die gesamte Volkswirtschaft gültig. Die jährlichen *Gesamtinvestitionen* einer Volkswirtschaft dienen zunächst einmal

— dem *Ersatz von Anlagen,* die durch die Produktionstätigkeit infolge Abnützung, Verschleiß oder technisch-ökonomische Überholung abgeschrieben werden mußten, darüber hinausgehend aber

— dem *Aufbau von Betrieben* sowie der *Erweiterung und Verbesserung des gesamten Produktionsapparates.*

Dementsprechend setzt sich die volkswirtschaftliche **Gesamt- oder Bruttoinvestition** zusammen aus

a) **Ersatz- oder Re-Investitionen,** durch welche der in der Volkswirtschaft vorhandene Produktionsapparat *auf dem bisherigen Stand* gehalten wird. Sie entsprechen den **gesamten Abschreibungen** und dienen der *Erhaltung einer gleichbleibenden Produktionsbereitschaft.*

b) **Zusatz- oder Nettoinvestitionen,** durch die der vorhandene Produktionsapparat *vergrößert* und *verbessert* wird. Sie sind damit Voraussetzung für zukünftiges *Wachstum der Produktion.*

> **Bruttoinvestition abzüglich Ersatzinvestition = Nettoinvestition.**

Für die Beurteilung der wirtschaftlichen Lage ist auch folgende Unterscheidung der Statistik von Bedeutung:

— **Bauinvestitionen.** Sie machen die Entwicklung eines wichtigen *Schlüsselbereichs* der Wirtschaft, der *Bautätigkeit,* sichtbar.

— **Ausrüstungsinvestitionen.** Sie umfassen die *beweglichen* Einrichtungen und maschinell-technischen Ausstattungen der Wirtschaft.

Bau- und Ausrüstungsinvestitionen ergeben *zusammen* die **Anlageinvestitionen.**

— **Vorratsinvestitionen.** Sie drücken die Entwicklung der *Lagerbestände* in der Wirtschaft aus.

Fragen und Aufgabe:

1. Welche Auswirkungen haben Investitionen
    a) auf die Arbeitsproduktivität,
    b) auf Arbeitsgestaltung, Arbeitszeit und Einkommen der Beschäftigten?
2. Wie schlagen sich Finanzierungs- und Investitionsmaßnahmen in der Bilanz einer Unternehmung nieder?
3. Folgende Begriffe sind der Aktiv- oder Passivseite der Bilanz zuzuordnen: Kapital, Mittelverwendung, Finanzierung, Investition, Mittelherkunft, Vermögen.

4. Welche Bedeutung haben
   a) Ersatzinvestitionen,
   b) Nettoinvestitionen?
5. Welche Auswirkungen können Investitionen auf die Beschäftigungslage einer Volkswirtschaft haben (Begründung)?
6. Dem Monatsbericht der Deutschen Bundesbank sind für das Jahr 1985 folgende Zahlen entnommen:
   — Abschreibungen 230,3 Mrd. DM,
   — Bauinvestitionen 205,4 Mrd. DM,
   — Ausrüstungsinvestitionen 153,9 Mrd. DM,
   — Vorratsinvestitionen 14,2 Mrd. DM.
   Ermitteln Sie aus diesen Angaben
   a) die Anlageinvestitionen,
   b) die Brutto-, Ersatz- und Nettoinvestitionen.

6.3 Der Wirtschaftskreislauf

Die jahrhundertelang voranschreitende Arbeitsteilung (Abschnitt 1.2.5) zwischen privaten Haushalten, Unternehmungen, Banken und öffentlichen Gemeinwesen (Staat, Gemeinden) ließ ein vielmaschiges, ineinander verflochtenes **System von Leistungserstellern und Leistungsverwendern** entstehen, das sich über die eigene Volkswirtschaft hinaus ins Ausland erstreckt. Zwischen ihnen fließen ständig sich verzweigende **Ströme von Gütern und Geld** hin und her, die wir in ihrer Gesamtheit als **Wirtschaftskreislauf** bezeichnen.

6.3.1 Einfacher Wirtschaftskreislauf

Bedarfsdeckung vollzieht sich durch Produktion und Konsum von Wirtschaftsgütern (Bild 63).

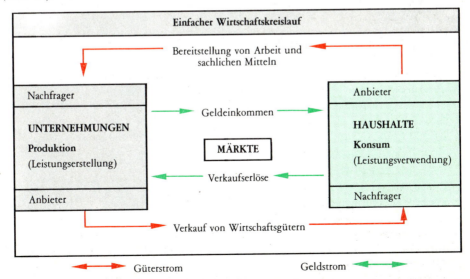

Bild 63

a) **Produktion (Leistungserstellung).** Durch planmäßigen Einsatz von Arbeit und sachlichen Mitteln werden fortgesetzt Wirtschaftsgüter erzeugt, die mittelbar oder unmittelbar der Bedarfsdeckung dienen. Dieser Produktionsprozeß vollzieht sich in Stufen von der Rohstoff- und Energiegewinnung bis zur Bereitstellung der Güter in Einzelhandels- oder sonstigen Dienstleistungsunternehmungen.

Unternehmungen treten auf den Märkten als Nachfrager nach Arbeitsleistungen und sachlichen Mitteln auf, die sie zur Erstellung von Gütern benötigen. Sie finanzieren sich vornehmlich aus den Verkaufserlösen.

b) **Konsum (Leistungsverwendung).** Die von den Unternehmungen produzierten Güter werden mittelbar oder unmittelbar zur Bedarfsdeckung verwendet. Unmittelbare Bedarfsdeckung vollzieht sich vornehmlich in Haushalten.

Haushalte treten daher auf den Märkten vorwiegend als Nachfrager nach Konsumgütern auf. Sie finanzieren die Deckung ihres Bedarfs hauptsächlich aus Geldeinkommen, die sie durch die Bereitstellung von Arbeitsleistungen und sachlichen Mitteln zur Leistungserstellung bezogen haben.

Im Modell des einfachen Wirtschaftskreislaufs spielen sich die Wirtschaftsbeziehungen auf den **Märkten der Produktionsfaktoren** (Arbeits-, Betriebsmittel-, Rohstoff-, Warenmarkt) und auf **Konsumgütermärkten** ab. Er zeigt eine Wirtschaft, in der die privaten Haushalte ihr gesamtes Einkommen konsumieren. Eine Wirtschaft aber, die nur Konsumgüter erzeugt und die alles konsumiert, was sie produziert, kann nicht wachsen; sie ist *stationär* (auf der Stelle stehend).

Fragen:

1. Man kann sowohl in einem Gasthaus als auch in einem Familienhaushalt wohnen, essen und trinken. Wodurch unterscheiden sich beide Wirtschaftseinheiten?
2. Was bieten
    a) Unternehmungen,
    b) Haushalte an?
3. Was fragen
    a) Haushalte,
    b) Unternehmungen nach?
4. Manche Wissenschaftler bevorzugen den Begriff „Leistungserstellung" gegenüber dem Begriff „Produktion".
    a) Für welche Güter (Bild 1) paßt der Begriff „Leistungserstellung" besser?
    b) Welche Unternehmungen „produzieren" Güter?
5. Welche Leistungen erstellt
    a) eine Industrieunternehmung,
    b) eine Handelsunternehmung,
    c) eine Bank,
    d) eine Versicherungsunternehmung,
    e) eine Spedition,
    f) ein Reisebüro,
    g) ein Hotel,
    h) Ihr Ausbildungsbetrieb?
6. Warum ist eine stationäre Wirtschaft in Wirklichkeit nicht vorstellbar?

6.3.2 Erweiterter Wirtschaftskreislauf

Eine stationäre Wirtschaft ist nicht wünschenswert; eine Wirtschaft soll von Jahr zu Jahr mehr Güter erzeugen (Abschnitte 7.3.1 und 7.4.1). Zu diesem Zweck müssen neue Produktionsanlagen geschaffen und die vorhandenen erweitert werden. Eine wachsende Wirtschaft schreitet fort, sie ist *evolutorisch* (sich weiterentwickelnd).

An einer evolutorischen Wirtschaft sind neben privaten Haushalten und Unternehmungen auch Banken und öffentliche Gemeinwesen (Staat, Gemeinden) sowie das Ausland beteiligt. Der Wirtschaftskreislauf erweitert sich um die Sektoren Banken, Staat und Ausland.

Zusammenhang zwischen den verschiedenen Sektoren des Wirtschaftskreislaufes

Alle Wirtschaftseinheiten hängen durch güter- und geldwirtschaftliche Beziehungen miteinander zusammen (Bild 64).

a) **Beziehungen zwischen privaten Haushalten und Unternehmungen**

Die Arbeitsteilung hat vor allem zu einer Ausgliederung der produktiven Tätigkeiten aus den Hauswirtschaften geführt. Dadurch bildeten sich Unternehmungen (Betriebe) und Haushalte als selbständige Wirtschaftseinheiten (Abschnitt 6.3.1). Zwischen ihnen entstanden folgende grundlegende Beziehungen:

1. Private Haushalte stellen den Unternehmungen die **Produktionsfaktoren** *Arbeit, Natur und Kapital* zur Verfügung. Sie beziehen dafür private **Einkommen** in Form von *Lohn* und *Gehalt*, *Miete* und *Pacht*, *Zins* und *Gewinn*.

2. In den Unternehmungen werden durch den Einsatz der Produktionsfaktoren **Güter** in Form von *Sachgütern* und *Dienstleistungen* erstellt. Die privaten Haushalte decken ihren Bedarf durch Kauf dieser Güter; sie müssen dafür den größeren Teil der bezogenen Einkommen verwenden. Dieser wird aus der Sicht der Haushalte zu **Entgelten** für erworbene Güter, aus der Sicht der Unternehmungen zu **Erlösen** für abgesetzte Leistungen.

b) **Beziehungen zwischen privaten Haushalten, Banken und Unternehmungen**

Will eine Unternehmung *investieren*, d.h. neue Produktionsanlagen schaffen, so benötigt sie zunächst einmal Geldkapital.

1. Private Haushalte verwenden ihre Haushaltseinkommen nicht in voller Höhe für den Konsum, sondern führen einen Teil als **Ersparnisse** in Form von *Einlagen* den Banken zu. Sie erhalten dafür **Einkommen** in Form von *Zinsen*.

2. Die Banken leiten die gesammelten Ersparnisse als **Geldkapital** in Form von *Krediten* oder *Beteiligungen* an Unternehmungen weiter, welche damit Investitionsgüter, insbesondere neue Produktionsanlagen, beschaffen. Die Banken beanspruchen für die Bereitstellung von Geldkapital **Entgelte** in Form von *Zinsen* oder *Gewinn*.

Die Investitionsgüter werden in Unternehmungen produziert, die man zur Investitionsgüterindustrie zusammenfaßt. Der **Unternehmungsbereich** gliedert sich in der evolutorischen Wirtschaft demzufolge in einen **Konsumgüter-** und einen **Investitionsgüterbereich**.

c) Beziehungen zwischen privaten Haushalten und öffentlichen Gemeinwesen

Neben den Unternehmungen treten auch die öffentlichen Gemeinwesen als Produzenten auf. So erweitern und ergänzen sich die Beziehungen im Kreislauf der Volkswirtschaft:

1. Private Haushalte stellen auch den öffentlichen Gemeinwesen **Produktionsfaktoren**, insbesondere *Arbeit* im öffentlichen Dienst und *Kapital*, zur Verfügung. Sie empfangen dafür, wie von den Unternehmungen, **Einkommen** in Form von *Lohn* oder *Gehalt* und *Zins*.

2. Bei den öffentlichen Gemeinwesen werden durch den Einsatz dieser Arbeits- und Kapitalleistungen **Güter** in Form öffentlicher *Dienstleistungen* produziert, welche der kollektiven Bedarfsdeckung der Haushalte dienen (Abschnitt 1.1). Diese müssen deshalb einen Teil ihrer Einkommen in Form von **Steuern** an die öffentlichen Gemeinwesen abführen (Abschnitt 7.6).

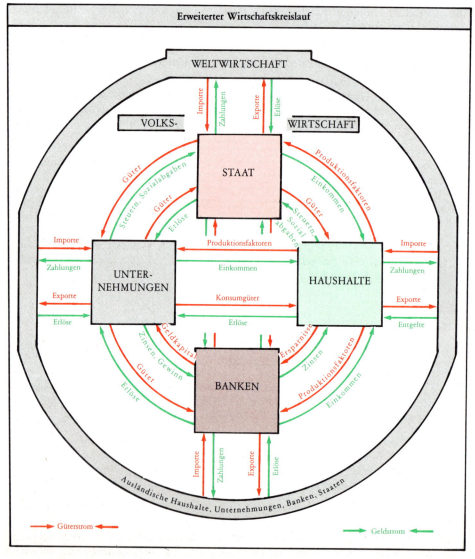

Bild 64

d) Beziehungen zwischen Unternehmungen und öffentlichen Gemeinwesen

Die öffentlichen Gemeinwesen sind nicht nur Produzenten öffentlicher Leistungen, sondern auch Verwender von Unternehmungsleistungen. Also bestehen zwischen Unternehmungen und öffentlichen Gemeinwesen folgende Beziehungen:

1. Die Gemeinwesen stellen den Unternehmungen wie den privaten Haushalten **Güter**, hauptsächlich in Form von *Dienstleistungen*, zur Verfügung. Die Unternehmungen müssen deshalb Teile ihrer Erlöse in Form von **Steuern** an die öffentlichen Gemeinwesen abführen.

2. Zur Erfüllung ihrer öffentlichen Aufgaben benötigen die Gemeinwesen jedoch auch **Güter** in Form von *Sachgütern* und *Dienstleistungen*, die von den Unternehmungen produziert werden. Für die Verwendung dieser Güter müssen auch die Gemeinwesen die vereinbarten **Entgelte** entrichten, welche den Unternehmungen als **Erlöse** zufließen.

e) Beziehungen zwischen Inland und Ausland

Unternehmungen, Haushalte, Banken und Gemeinwesen einer Volkswirtschaft sind nicht nur untereinander durch Leistungen und Gegenleistungen verflochten; ihre gegenseitigen Beziehungen werden durch internationale Arbeitsteilung (Abschnitt 1.2.5) auf entsprechende Wirtschaftseinheiten des Auslandes ausgedehnt. Folgende Ströme stehen dabei im Vordergrund:

1. Inländische Wirtschaftseinheiten **exportieren Güter** in Form von *Sachgütern* und *Dienstleistungen* ins Ausland. Für diese Güter müssen die ausländischen Verwender **Entgelte** bezahlen, welche sich als *Exporterlöse* auf der Einnahmenseite der inländischen Zahlungsbilanz niederschlagen (Abschnitt 7.2.2).

2. Inländische Wirtschaftseinheiten **importieren** aber auch **Güter** aus dem Ausland und müssen dafür **Entgeltzahlungen** leisten, welche auf der Ausgabenseite der inländischen Zahlungsbilanz verzeichnet werden.

Rechnet man die Güterströme in beiden Richtungen gegeneinander auf, ergibt sich als **Außenbeitrag** entweder

— ein **Exportüberschuß**, welcher durch einen **Gold- oder Devisenzufluß** ausgeglichen wird, oder

— ein **Importüberschuß**, der insgesamt einen **Gold- oder Devisenabfluß** bewirkt.

Der Geld- und Güterstrom

Die Gesamtheit aller privaten Haushalte, der Unternehmungssektor, der Bankenapparat und der gesamte Bereich der öffentlichen Gemeinwesen einer Volkswirtschaft sowie der ausländischen Volkswirtschaften sind also fortwährend durch **gegenseitige Leistungen** in Form von *Gütern* und *Geld* miteinander verbunden. Deshalb durchströmt die Volkswirtschaft unentwegt

— ein **realer** Strom von *Sachgütern* und *Dienstleistungen*, dem in gegenläufiger Richtung

— ein **monetärer** Strom von *Geldeinkommen* und *Erlösen* entspricht.

Jedem einzelnen realen Güterumsatz entspricht ein monetärer Geldumsatz in gleicher Höhe. Deshalb genügt es, die gegenläufigen Ströme nur *einmal*, und zwar in Geld, zu messen. Dies ist schon deshalb gar nicht anders möglich, weil auch die Güterströme in Geld bewertet werden.

Dieses Mittels bedient sich die **volkswirtschaftliche Gesamtrechnung**, um den Strom des Wirtschaftskreislaufs einer Volkswirtschaft in seiner *gesamten Größe* und in seinen *einzelnen Teilen* statistisch sichtbar und vergleichbar zu machen.

Fragen und Aufgabe:

1. Welche Entgeltformen entsprechen den jeweiligen Produktionsfaktoren?
2. a) Welche produktiven Tätigkeiten werden auch heute noch häufig in privaten Haushalten ausgeübt?
   b) Welche Schwierigkeiten ergeben sich aus dieser Tatsache für ihre Bewertung?
3. a) Stellen Sie eine Liste der Leistungen der öffentlichen Gemeinwesen, gegliedert in Bund, Länder und Gemeinden, auf.
   b) Wie werden diese Leistungen bezahlt?
4. Welche Aussage über den Wirtschaftskreislauf ist richtig?
   a) Geld und Güter fließen im Wirtschaftskreislauf in der gleichen Richtung.
   b) Der Gewinn aus dem Verkauf von Erzeugnissen fließt den Unternehmen über den Güterkreislauf zu.
   c) Der Staat beeinflußt weder den Güter- noch den Geldkreislauf.
   d) Die Arbeitskraft des Arbeitnehmers gehört zum Wirtschaftskreislauf.
   e) Die Geschäftsbanken sind die Quellen des Güterkreislaufes.

6.4 Die volkswirtschaftliche Gesamtrechnung

An die Vorstellung vom Wirtschaftskreislauf anknüpfend, ermittelt das Statistische Bundesamt für unsere Volkswirtschaft jährliche Statistiken über die Produktion, die Einkommensentstehung, die Einkommensverteilung und die Einkommensverwendung in der Bundesrepublik Deutschland. Zusammengefaßt ergeben diese Statistiken die **volkswirtschaftliche Gesamtrechnung**. Sie ermöglicht

— eine Übersicht über Umfang und Wert der wirtschaftlichen Leistung (Gesamtproduktion) eines Landes, **Sozialprodukt** genannt,

— einen Einblick in die **Produktionsstruktur** dieses Landes,

— eine Darstellung der **Einkommensverteilung** auf die an der Produktion beteiligten gesellschaftlichen Gruppen und

— einen Überblick über die **Verwendungsarten** der produzierten Güter.

Bedeutung. Die volkswirtschaftliche Gesamtrechnung hat für die Wirtschaftspolitik eine ähnliche Bedeutung wie das Rechnungswesen der Unternehmung für die Unternehmensleitung. Regierung, Bundesbank, Sozialpartner und Wirtschaftsverbände orientieren sich an den zahlenmäßigen Ergebnissen der Statistik; sie richten danach ihre politischen Planungen, Steuerungsinstrumente und Zielformulierungen aus.

Sofern sich die Statistiker der Volkswirtschaften im zeitlichen Ablauf gleicher Berechnungsmethoden und Wertmaßstäbe bedienen, lassen sich durch den Vergleich entsprechender Zahlen volkswirtschaftliche **Entwicklungen** aufzeigen. Besonders interessant ist der **internationale Vergleich** der Produktionsverhältnisse und der Leistungsfähigkeit verschiedener Volkswirtschaften, der jedoch unter Umständen an unzulänglichen oder unterschiedlichen statistischen Methoden in anderen Staaten scheitert.

6.4.1 Sozialprodukt — Entstehungsrechnung

Wertschöpfung im Betrieb

Jedes Unternehmen, welches Sachgüter oder Dienstleistungen produziert, erbringt damit einen **Beitrag zur gesamtwirtschaftlichen Leistung, dem Sozialprodukt**; mit den im Betrieb geschaffenen Werten hat es **Anteil an der volkswirtschaftlichen Wertschöpfung**.

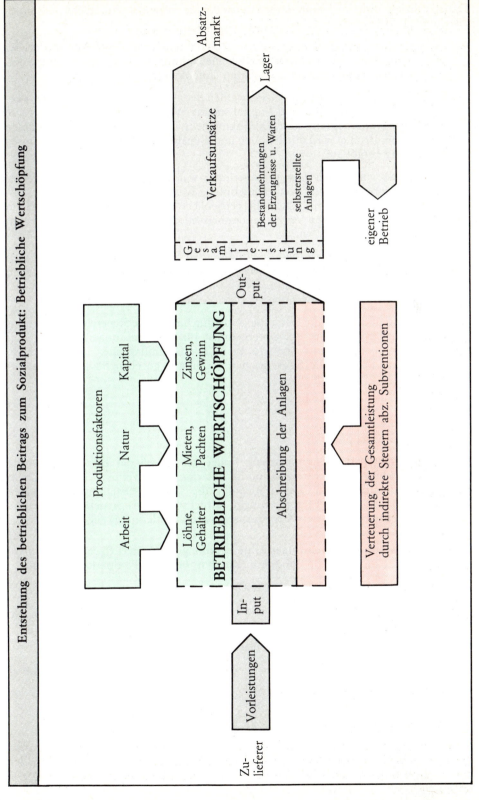

Bild 65

Dabei vollzieht sich im Unternehmen fortwährend folgender Prozeß der Leistungserstellung (Bild 65):

— Von vorgeschalteten *Zulieferern* werden Material und Dienstleistungen in den Betrieb hereingeholt. Dieser **„Input"** stellt keine Leistungen dieses Unternehmens dar, sondern **Vorleistungen** der vorgeschalteten Unternehmen.

— Bei der Leistungserstellung im Betrieb werden dem Input durch *Einsatz der Produktionsfaktoren* Arbeit, Natur und Kapital ständig Werte hinzugefügt; es findet also **betriebliche Wertschöpfung** statt. Der Faktoreneinsatz verursacht dem Unternehmen **Faktorkosten**, denn er wird durch Löhne und Gehälter, Mieten und Pachten, Zinsen und Gewinn entgolten.

— Als Ergebnis vollzogener Leistungserstellung werden vom Unternehmen höherwertige Leistungen in Form von Erzeugnissen, Waren oder Dienstleistungen „ausgestoßen". Dieser **„Output"** stellt die betriebliche **Gesamtleistung** dar, welche am *Absatzmarkt* verkauft, auf *Lager* genommen oder als selbsterstellte Anlagen im *eigenen Betrieb* investiert wird.

— Durch den Prozeß der Leistungserstellung werden gleichzeitig betriebliche Anlagen abgenutzt. Die Werte der *Abnutzung*, als **Abschreibungen** erfaßt, müssen neben den Aufwendungen für Vorleistungen und den Faktorkosten in den Wert der Gesamtleistung einkalkuliert werden.

— Außerdem verteuert sich die Gesamtleistung durch **indirekte Steuern** (Umsatzsteuer, Verbrauchsteuern), welche das Unternehmen für seine Leistungen an den Staat abführen muß, die es aber über die Preise der Gesamtleistung auf die Kunden abwälzen kann. Staatliche **Subventionen** verbilligen gegebenenfalls die Gesamtleistung.

Entstehung des Sozialprodukts

Im Rechnungswesen der Unternehmung findet der Prozeß der Leistungserstellung seinen Niederschlag in der **Erfolgsrechnung** (Gewinn- oder Verlustrechnung). Darin werden periodenmäßig den Werten der für die Leistungserstellung *eingesetzten Leistungen* (Vorleistungen, Faktorleistungen, Abschreibungen, Steuerleistungen) die Werte der gleichzeitig *erwirtschafteten Leistungen* (Gesamtleistung) gegenübergestellt.

Den **Erfolgsrechnungen** der **einzelnen** Unternehmungen entsprechen, auf die *gesamte* Volkswirtschaft übertragen, die **Produktionskonten** folgender Produktionssektoren:

— Landwirtschaft, Forstwirtschaft und Fischerei,

— Warenproduzierendes Gewerbe (Energie- und Wasserversorgung mit Bergbau, Verarbeitendes Gewerbe, Baugewerbe),

— Handel und Verkehr (einschließlich Nachrichtenübermittlung),

— Dienstleistungsunternehmen (einschließlich Kreditinstituten, Versicherungen, Wohnungsvermietung u. a.),

— Staat (öffentliche Gemeinwesen),

— Private Haushalte (einschließlich private Organisationen ohne Erwerbscharakter).

Diese Wirtschaftsbereiche tragen zur Entstehung des Sozialproduktes bei. Mit Hilfe der betrieblichen Erfolgsrechnungen werden die Produktionskonten dieser Bereiche erstellt und dann zu einem **volkswirtschaftlichen Produktionskonto** zusammengefaßt (Bild 66):

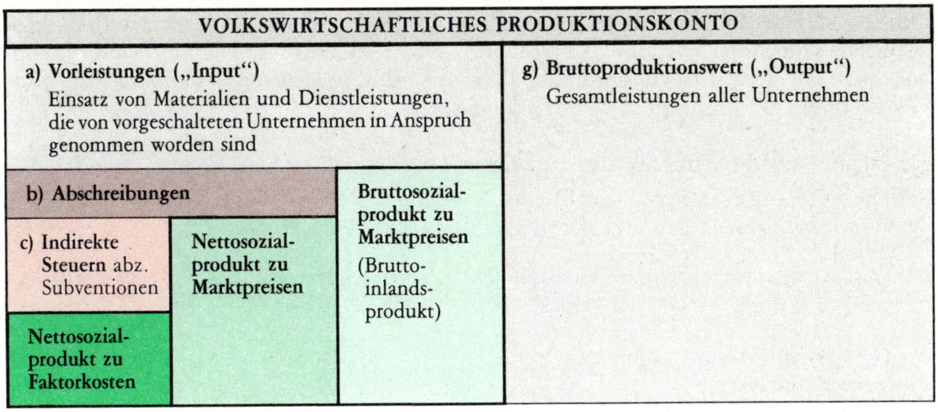

VOLKSWIRTSCHAFTLICHES PRODUKTIONSKONTO

| a) Vorleistungen („Input") Einsatz von Materialien und Dienstleistungen, die von vorgeschalteten Unternehmen in Anspruch genommen worden sind | g) Bruttoproduktionswert („Output") Gesamtleistungen aller Unternehmen |

b) Abschreibungen
c) Indirekte Steuern abz. Subventionen
Nettosozialprodukt zu Marktpreisen
Nettosozialprodukt zu Faktorkosten
Bruttosozialprodukt zu Marktpreisen (Bruttoinlandsprodukt)

Bild 152

Auf der *rechten* Seite werden die **erwirtschafteten**

— Verkaufserlöse (Umsatzerlöse),
— Bestandsänderungen der unfertigen und fertigen Erzeugnisse sowie die
— selbsterstellten Anlagen

erfaßt. Im einzelnen Betrieb ergeben diese Zahlen die *Gesamtleistung* des Betriebes. Die entsprechende volkswirtschaftliche Größe ist der **Bruttoproduktionswert (Output)**.

Auf der *linken* Seite werden die Entgelte für die zur Leistungserstellung **eingesetzten** Güter und Produktionsfaktoren aufgeführt. Ein größerer Teil des Bruttoproduktionswertes gründet sich auf die Inanspruchnahme von **Vorleistungen (Input)** fremder Zuliefererbetriebe, die schon bei diesen in die Gesamtleistung, also auch in den Bruttoproduktionswert, eingeflossen sind. Um statistische Mehrfachzählungen bei der Ermittlung des Sozialproduktes zu vermeiden, müssen deshalb die Vorleistungen vom Bruttoproduktionswert abgezogen werden. Es verbleibt dann, da die Bruttoproduktionswerte und die Vorleistungen zu Marktpreisen bewertet wurden, das **Bruttosozialprodukt zu Marktpreisen**.

g — a = **Bruttosozialprodukt zu Marktpreisen**

Entstehung des Sozialproduktes (Jahr 1985 in jeweiligen Preisen)
Quelle: Monatsberichte der Deutschen Bundesbank

	Mrd. DM	Anteil in %
Landwirtschaft, Forstwirtschaft und Fischerei	30,9	1,7
Warenproduzierendes Gewerbe	760,1	41,5
Handel und Verkehr	274,6	15,0
Dienstleistungsunternehmen	473,0	25,8
Staat	207,6	11,4
Private Haushalte	36,6	2,0
Alle Wirtschaftsbereiche	1782,8	97,4
Statistische Bereinigung u. a.	47,6	2,6
Bruttosozialprodukt zu Marktpreisen	**1830,4**	**100,0**

Bild 67

Die Statistik führt in ihren Berechnungen die jeweiligen Werte des Sozialprodukts auch auf Preise eines zurückliegenden Basisjahres, z. B. 1980, zurück. Dadurch wird die Entwicklung des **realen Sozialprodukts**, d. h. die *rein gütermäßige Veränderung* ohne Geldwertverschlechterungen, sichtbar gemacht.

Das reale Sozialprodukt ist die wichtigste Leistungszahl einer Volkswirtschaft (Abschnitt 7.2.1).

Beispiel:

Das Bruttosozialprodukt zu Marktpreisen betrug 1985 zu jeweiligen Preisen 1830,4 Mrd. DM. Unter Ausschluß der seit 1980 eingetretenen Preissteigerungen waren es real nur 1576,0 Mrd. DM.

Fragen und Aufgaben:

1. Weshalb wird die Entstehungsrechnung des Sozialproduktes auch als Output-Input-Rechnung bezeichnet?
2. Welche Aufwendungen einer Unternehmung haben den Charakter von Vorleistungen?
3. Worin besteht der betriebliche Beitrag zum Sozialprodukt?
4. Aus welchen Erträgen setzt sich die Gesamtleistung einer Unternehmung zusammen?
5. Stellen Sie die Beiträge der einzelnen Wirtschaftsbereiche zum Sozialprodukt früherer Jahre fest und vergleichen Sie die Entwicklung (Quellen: Statistische Jahrbücher oder Monatsberichte der Deutschen Bundesbank).
   a) Welche Wirtschaftszweige sind überdurchschnittlich gewachsen?
   b) Welche Wirtschaftszweige haben an Bedeutung eingebüßt?
6. Wie erklären Sie sich den geringen Anteil der privaten Haushalte an der Entstehung des Sozialproduktes?
7. Warum wird in Volkswirtschaften mit hohem Anteil von Selbstversorgerhaushalten (Agrarstaaten) das Sozialprodukt zu niedrig ausgewiesen?
8. Das Bruttosozialprodukt, gemessen in Preisen von 1980, wurde für das Jahr 1985 mit 1576,0 Mrd. DM ausgewiesen. Erklären Sie den Unterschied zu der entsprechenden Zahl in Bild 67.
9. Welche Aussage zum realen Sozialprodukt einer Volkswirtschaft ist richtig?
   a) Die Veränderungen des Sozialproduktes geben Aufschluß über das Wachstum einer Volkswirtschaft.
   b) Das Sozialprodukt umfaßt in einer Volkswirtschaft auch die Hausfrauenarbeit.
   c) Aus dem Sozialprodukt kann man die Qualität und den Nutzen der erstellten Güter ersehen.
   d) Aus dem Sozialprodukt kann man die unterschiedliche Verteilung von Einkommen und Gütern ersehen.

6.4.2 Sozialprodukt — Verteilungsrechnung

Um die Produktionskapazität einer Volkswirtschaft wenigstens auf dem bisherigen Stand zu halten oder sie gar zu erhöhen, müssen die Investitionen mindestens den laufenden produktionsbedingten Verschleiß ersetzen. Im Bruttosozialprodukt ist jedoch auch die Produktion derjenigen Investitionsgüter enthalten, die lediglich abgenutzte und daher abgeschriebene Teile des Produktionsapparates ersetzen. Will man zu dem um den Ersatz bereinigten **Nettosozialprodukt** gelangen, müssen die gesamten **Abschreibungen** aller Betriebe abgezogen werden (Bilder 65, 66 und 68).

$$g - a - b = \text{Nettosozialprodukt zu Marktpreisen}$$

Die Marktpreise der im Sozialprodukt enthaltenen Güter sind um die im Verkaufspreis miterhobenen, **indirekten Steuern** erhöht. Die entsprechenden Beträge stellen lediglich vom Staat verordnete Preiserhöhungen dar, denen kein Produktionsfaktoreneinsatz entspricht.

Andererseits werden manche Güter zu Verkaufspreisen auf den Markt gebracht, welche den Aufwand für den Faktoreneinsatz nicht voll decken, sofern die öffentliche Hand den Minderertrag durch **Subventionen** deckt.

Um den Betrag zu ermitteln, der den Träger der Produktionsfaktoren Arbeit, Natur und Kapital für die von ihnen erbrachte **Wertschöpfung** als **Einkommen** zufließt, müssen die indirekten Steuern nach Verrechnung mit den Subventionen vom Nettosozialprodukt zu Marktpreisen abgezogen werden (Bilder 65, 66 und 68).

$$g - a - b - c = \begin{cases} \text{Nettosozialprodukt zu Faktorkosten} \\ \text{Wertschöpfung} \\ \text{Volkseinkommen} \end{cases}$$

Das **Nettosozialprodukt zu Faktorkosten**, d.h. die in sämtlichen Unternehmen gebildete **Wertschöpfung**, beruht auf dem Einsatz aller Produktionsfaktoren zur Leistungserstellung. Die Löhne und Gehälter, Mieten und Pachten, Zinsen und Gewinne sind die Entgelte für den Einsatz der Produktionsfaktoren Arbeit, Natur und Kapital. Die Summe dieser Einkommen ist das **Volkseinkommen**. Es ist der monetäre Gegenwert der volkswirtschaftlichen Wertschöpfung und mit den Faktorkosten identisch.

Verteilung des Sozialproduktes (Jahr 1985, in jeweiligen Preisen) Quelle: Monatsberichte der Deutschen Bundesbank		
	Mrd. DM	Anteil in %
Bruttosozialprodukt zu Marktpreisen	1837,9	100,0
— Abschreibungen	230,3	12,5
Nettosozialprodukt zu Marktpreisen	1607,6	87,5
— Indirekte Steuern (abzüglich Subventionen)	193,4	10,5
Nettosozialprodukt zu Faktorkosten (Volkseinkommen)	1414,2	77,0
davon: Einkommen aus unselbständiger Arbeit	989,3	53,9
Einkommen aus Unternehmertätigkeit und Vermögen	424,9	23,1

Bild 68

Die Verteilung des Volkseinkommens auf verschiedene Empfängergruppen ist in ihrer Entwicklung von einkommens- und gesellschaftspolitischem Interesse. Bei der Beurteilung der Zahlen ist jedoch zu berücksichtigen, daß eine gruppenmäßige Trennung der Empfänger von Einkommen aus unselbständiger Arbeit und der Empfänger von Einkommen aus Unternehmertätigkeit und Vermögen nicht möglich ist. Sehr viele Arbeitnehmer sind heute im Wirtschaftskreislauf Anbieter mehrerer Produktionsfaktoren und deshalb auch Empfänger mehrerer Einkommensarten, z.B. Kapitalbeteiligte, Vermieter.

Aufgaben und Fragen:

1. Beschreiben Sie den Weg der Sozialproduktsberechnung vom Bruttosozialprodukt bis zum Nettosozialprodukt zu Faktorkosten.
2. Welche Steuern sind im Verkaufspreis miterhobene, indirekte Steuern?
3. a) Nennen Sie Wirtschaftszweige, deren Leistungen infolge Subventionierung durch den Staat billiger auf den Markt kommen.
   b) Warum werden sie subventioniert?
4. Aus welcher Sicht spricht man
   a) vom Volkseinkommen,
   b) vom Nettosozialprodukt zu Faktorkosten?
5. Aus welchen Einkommensformen setzt sich das Volkseinkommen zusammen?
6. Welche Personengruppen sind Empfänger aus unselbständiger Arbeit?
7. Welche Bezeichnungen tragen die Einkommen aus Unternehmertätigkeit und Vermögen?
8. Welche Einkommensarten kann ein Arbeitnehmer zusätzlich zum Arbeitsentgelt beziehen?

6.4.3 Sozialprodukt — Verwendungsrechnung

Die Verwendungsrechnung zeigt, welchen Nachfragezweck (Konsum, Investition, Export) die Güter des Sozialproduktes erfüllten und von wem sie erworben wurden (Bild 69):

a) **Privater Verbrauch** ist der Erwerb von Waren und Dienstleistungen durch *private Haushalte* für deren *Konsum*. Er ist Ausdruck des privaten Lebensstandards eines Volkes.

b) **Staatsverbrauch** sind die *Aufwendungen* für die Leistungserstellung der *öffentlichen Gemeinwesen* für **zivile Zwecke**, einschließlich der Sozialversicherungen, und für die **Verteidigung**. Er ist Ausdruck der kollektiven Bedarfsdeckung eines Volkes (Abschnitt 1.1.1).

c) **Anlageinvestitionen** umfassen den Erwerb aktivierungspflichtiger *Produktionsmittel* (Grundstücke, Gebäude, Betriebs- und Geschäftsausstattung) vor allem durch *Unternehmungen*. Ihre zahlenmäßige Entwicklung verdeutlicht die Produktionsbereitschaft einer Volkswirtschaft.

Die Erhaltung der Produktionsbereitschaft macht Ersatzinvestitionen, ihre Fortentwicklung Zusatzinvestitionen notwendig.

Alle Investitionen zusammen bezeichnet man als **Bruttoinvestitionen**. Zieht man von ihnen die **Ersatzinvestitionen** ab, so erhält man die **Netto-** oder **Zusatzinvestitionen**. Die volkswirtschaftliche Gesamtrechnung setzt die Ersatzinvestitionen den Abschreibungen gleich (Abschnitt 6.2.3).

Verwendung des Sozialproduktes (Jahr 1985 in jeweiligen Preisen) Quelle: Monatsberichte der Deutschen Bundesbank		
	Mrd. DM	Anteil in %
Privater Verbrauch	1027,3	55,9
Staatsverbrauch	365,7	19,9
Anlageinvestitionen	359,3	19,5
Vorratsinvestitionen	14,2	0,8
Inländische Verwendung	1766,5	96,1
Außenbeitrag (Exportüberschuß)*)	71,4	3,9
Bruttosozialprodukt zu Marktpreisen	1837,9	100,0
*) einschließlich Waren- und Dienstleistungsverkehr mit der DDR		

Bild 69

d) Vorratsinvestitionen sind diejenigen Teile des Sozialproduktes, welche sich als Zuwachs der *Lagervorräte* an Stoffen und Erzeugnissen in den *Unternehmungen* niedergeschlagen haben. Eventuelle Bestandsminderungen werden abgezogen.

e) Außenbeitrag ist der Überschuß der Waren- und Dienstleistungsausfuhren über die -einfuhren der Volkswirtschaft. Ein Teil des Sozialproduktes fließt bei Exportüberschuß einer *ausländischen* Verwendung zu. Bei Importüberschuß werden dagegen Teile ausländischer Sozialprodukte einer inländischen Verwendung zugeführt.

Fragen und Aufgaben:

1. a) Welche Verbrauchsentwicklung der letzten Jahre lesen Sie aus folgenden statistischen Zahlen ab?

	Privater Verbrauch	Staatsverbrauch
	(in % des Bruttosozialproduktes zu MPr)	
1960	56,7	13,5
1970	54,6	15,8
1980	56,1	20,1

b) Nehmen Sie kritisch dazu Stellung.

2. Stellen Sie den Außenbeitrag früherer Jahre fest und vergleichen Sie die Entwicklung (Quelle: Statistische Jahrbücher oder Monatsberichte der Deutschen Bundesbank).

7 Grundzüge der Wirtschaftspolitik

Das Modell der freien Marktwirtschaft (Abschnitt 5.1) gründet sich auf idealtypischen Voraussetzungen, die in der realen Wirtschaftsordnung nur teilweise zutreffen. Auch die soziale Marktwirtschaft der Bundesrepublik Deutschland (Abschnitt 5.3) ist daher nicht frei von Fehlentwicklungen und Störungen. Ihren sozialen Zielsetzungen entsprechend bedarf sie der **marktkonformen Steuerung** durch die **staatliche Wirtschaftspolitik** (Abschnitte 5.3.2, 7.5, 7.6, 7.7).

Die Wirtschaftspolitik beeinflußt und gestaltet die Wirtschaft mit dem Ziel, Fehlentwicklungen und Störungen im wirtschaftlichen Ablauf zu verhindern oder zumindest einzudämmen und sicherzustellen, daß die Bedürfnisse aller Bürger in hinreichendem Maße befriedigt werden (Abschnitt 1.1). Im besonderen bemühen sich die mit der Realisierung der Wirtschaftspolitik betrauten staatlichen Organe darum,

— die Kaufkraft des Geldes stabil zu halten,

— für die Bevölkerung einen hohen Beschäftigungsstand bzw. Vollbeschäftigung sicherzustellen und

— im Bereich der Außenwirtschaft ausgeglichene Zahlungsbilanzen zu erreichen.

Geldwertstabilität ist gegeben, solange sich die geldliche Nachfrage und das gütermäßige Angebot ausgleichen, so daß sich ein stabiles Preisniveau ergibt.

Vollbeschäftigung ist erreicht, wenn sich Angebot und Nachfrage auf dem Arbeitsmarkt ausgleichen, so daß praktisch keine Arbeitslosigkeit besteht.

Zahlungsbilanzausgleich liegt vor, wenn sich der Güter- und Geldaustausch zwischen Inland und Ausland ausgleichen, so daß sich im zwischenstaatlichen Handel keine Schwierigkeiten ergeben.

In allen drei Fällen ist zwischen Angebot und Nachfrage eine Gleichgewichtssituation gegeben, es herrscht **wirtschaftliches Gleichgewicht** (Abschnitte 2.1 und 7.3.1). Abweichungen von diesem Zustand bezeichnet man als **Ungleichgewicht**.

Die wirtschaftlichen Maßnahmen des Staates gegen ein sich ausdehnendes Ungleichgewicht setzen in der Regel dann ein, wenn das Ungleichgewicht bemerkt wird. Um seine Auswirkung so klein wie möglich zu halten, gilt es also, ein beginnendes Ungleichgewicht rechtzeitig an seinen Merkmalen zu erkennen und die Ursachen seiner Entstehung zu bekämpfen.

7.1 Geld und Geldwert

Wer Geld besitzt, kann damit Güter aller Art oder — volkswirtschaftlich ausgedrückt — Anteile am Sozialprodukt kaufen. Daraus ergibt sich:

> Geld ist eine **Anweisung auf einen Anteil am Sozialprodukt**.

Geld in diesem Sinne erfüllt in einer Volkswirtschaft ganz bestimmte Aufgaben. Es kann diese Aufgaben aber nur erfüllen, wenn sein Wert im Hinblick auf die kaufbaren Güter stabil bleibt.

7.1.1 Aufgaben und Arten des Geldes

Aufgaben des Geldes

Im wesentlichen sind drei Aufgaben des Geldes festzustellen. Es wird benutzt als

a) **Tauschmittel.** Geld ermöglicht oder erleichtert Tauschvorgänge.
   Beispiel: Der Landwirt erhält für seinen Kartoffelverkauf Bargeld vom Verbraucher. Er verwendet es, um sich bei einem Einzelhändler einen Mantel zu kaufen.

b) **Recheneinheit.** Der Wert eines Gutes kann in Recheneinheiten ausgedrückt werden.
   Beispiel: Ein Auto ist 9500,— DM wert.

c) **Wertaufbewahrungsmittel.** Geld muß nicht verbraucht werden, es kann lange Zeit aufbewahrt werden.
   Beispiel: Eine Auszubildende zahlt jeden Monat 52,— DM auf ihr Sparkonto ein, um später die Aussteuer davon zu kaufen.

Um diese Aufgaben erfüllen zu können, muß das Geld bestimmte *Eigenschaften* aufweisen; es muß allgemein anerkannt, leicht übertragbar, teilbar, dauerhaft und vor allem wertbeständig (von stabilem Wert) sein.

Arten des Geldes

Als gesetzliche Zahlungsmittel verwendet man heute im Zahlungsverkehr

a) **Bargeld.** Es besteht aus auf DM lautenden *Banknoten* und als Klein- oder Wechselgeld dienenden *Scheidemünzen*. Diese Münzen lauten auf Pfennig oder Mark und sind unterwertig ausgeprägt, d.h. ihr Tauschwert übersteigt ihren Metallwert. Bargeld wird durch Übergabe übertragen. Der Gläubiger muß Banknoten unbegrenzt annehmen, DM-Münzen bis 20,— DM, Dpf-Münzen bis 5,— DM Gesamtwert.

b) **Buch- oder Giralgeld.** Es besteht aus täglich verfügbaren Beträgen auf Konten bei Geldinstituten (Sichteinlagen). Buchgeld wird mittels Überweisung oder Verrechnungsscheck von Konto zu Konto übertragen. Die entsprechenden Buchungen auf den Konten nennt man Lastschrift und Gutschrift.

> **Aufgabe und Fragen:**
> 1. Beschreiben Sie weitere Beispiele, in denen Geld als Tauschmittel, Recheneinheit und Wertaufbewahrungsmittel verwendet wird.
> 2. Warum muß Geld allgemein anerkannt, leicht übertragbar, teilbar und wertbeständig sein?
> 3. Welche Vorteile gewährt die Zahlung mit Buchgeld?

7.1.2 Geldwertschwankungen und ihre Messung

Der *Wert*, der dem Gelde innewohnt, ist durch die Gütermenge bestimmt, die man mit einer Geldeinheit kaufen kann (**Kaufkraft des Geldes**). Je höher das Preisniveau der Güter ist, desto weniger kann man mit einer Geldeinheit kaufen; je niedriger das Preisniveau, desto mehr kann man mit einer Geldeinheit kaufen. Daraus folgt:

> 1. Die **Kaufkraft** ist die **Menge an Gütern**, die man **mit einer Geldeinheit** kaufen kann.
> 2. Die **Kaufkraft** verändert sich **im umgekehrten Verhältnis zum Preisniveau**.

Messung der Preisentwicklung

Durch den vom Statistischen Bundesamt herausgegebenen **Preisindex für die Lebenshaltung** wird die Preis- und Kaufkraftentwicklung in der Bundesrepublik Jahr für Jahr errechnet und veröffentlicht. Dieser Index zeigt die Preisentwicklung des durchschnittlichen Lebenshaltungsbedarfs einer für die Bundesrepublik typischen Standardfamilie an (2 Erwachsene, 2 Kinder).

Die Preise der von den Haushalten durchschnittlich pro Jahr gekauften Sachgüter und Dienstleistungen (Warenkorb der Lebenshaltung, Bild 70) werden in gewissen Zeitabständen immer wieder ermittelt und ihr Gesamtpreis in einem Prozentsatz (Index, Mehrzahl: Indizes) des zuerst festgestellten Gesamtpreises ausgedrückt.

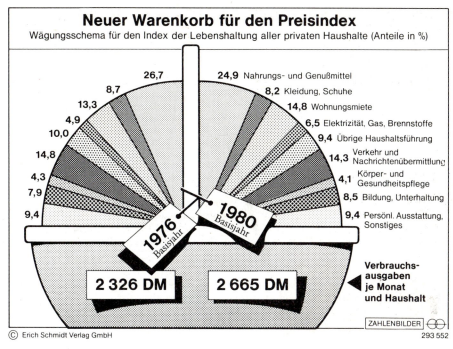

Bild 70

Bisher wurde der Preisindex für die Lebenshaltung aller privaten Haushalte nach den Warenkörben der Jahre 1962, 1970 und 1976 berechnet. Im Abstand von nur vier Jahren erfolgte nun eine abermalige Umstellung. Der neue Warenkorb für das **Basisjahr 1980** enthält 753 Güterarten, deren Preisentwicklung vom Statistischen Bundesamt laufend verfolgt wird.

Beispiel:

Preisindex für die Lebenshaltung aller privaten Haushalte												
1974	1975	1976	1977	1978	1979	**1980**	1981	1982	1983	1984	1985
77,4	82,0	85,6	88,7	91,1	94,9	**100**	106,3	111,9	115,6	118,4	121,0
Steigerung jeweils gegenüber dem Vorjahr in %												
7,0	5,9	4,4	3,6	2,7	4,2	5,4	6,3	5,3	3,3	2,4	2,2
Quelle: Monatsberichte der Deutschen Bundesbank												

Bild 71

Aus dem Vergleich der Lebenshaltungsindizes mit entsprechenden Meßzahlen der Lohneinkommen (Lohnindizes) kann man auf Verbesserungen oder Verschlechterungen des Lebensstandards der Bevölkerung schließen.

Ursachen von Geldwertschwankungen

Solange die Kaufkraft des Geldes gleich bleibt, herrscht **Geldwertstabilität** oder Geldwertgleichgewicht. *Ungleichgewichte* treten ein

— durch eine erhebliche Steigerung des Preisniveaus; es entsteht eine *Geldentwertung* oder **Inflation**,

— durch eine spürbare Senkung des Preisniveaus; es entsteht eine *Geldwerterhöhung* oder **Deflation**.

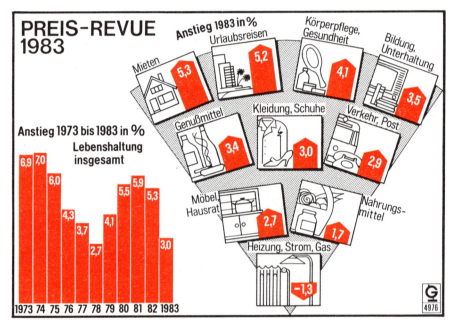

Bild 72

Es fehlte nur eine Kleinigkeit, und es hätte beim Preisanstieg 1983 eine Zwei vor dem Komma gegeben. Aber auch der Durchschnitt von drei Prozent, den das Statistische Bundesamt für 1983 errechnete, ist ein sehr befriedigendes Ergebnis. In den elf Jahren von 1973 bis 1983 war nur einmal — 1978 — der Preisanstieg noch niedriger. Für die Jahre 1984 und 1985 wurden inzwischen Preissteigerungsraten unter 3% festgestellt (Bild 71).

Inflationsursachen

Erhöhungen des Preisniveaus und damit inflatorische Entwicklungen können entstehen durch die nachfolgend geschilderte gegenseitige Abhängigkeit von Löhnen und Preisen sowie durch

a) übermäßige Kreditgewährung der Notenbank zur Deckung von Fehlbeträgen im öffentlichen Haushalt.

b) übermäßige Kreditgewährung an die private Wirtschaft,

c) nominale (nach dem Geldnennwert bemessene) Einkommenssteigerungen, insoweit sie den Zuwachs auf der Güterseite (Zuwachs des Sozialprodukts) übersteigen,

d) importierte Inflation (Bild 73) bei festen Wechselkursen (Abschnitt 7.7.2),

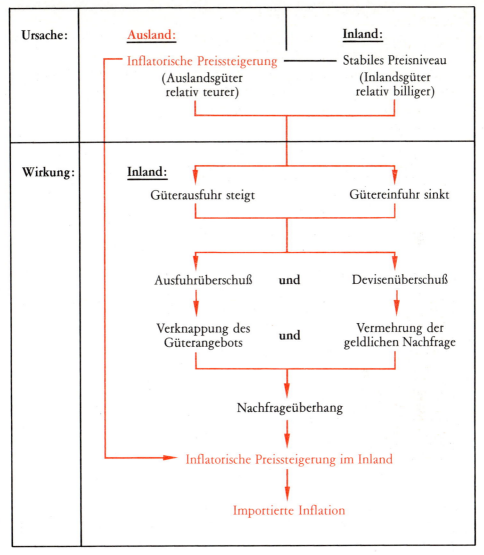

Bild 73

e) Erhöhung der Umschlagshäufigkeit des Geldvolumens durch übermäßige Konsumfreudigkeit der Bevölkerung (Flucht in die Sachwerte, Hamsterzeiten),

f) Schrumpfungen des Handelsvolumens (Mißernten, Streiks, Bürgerkriege, Erdölverknappung).

Von besonderem Einfluß auf die Geldwertentwicklung ist die gegenseitige Abhängigkeit von Güterpreisen und Arbeitslöhnen. Sie kommt zum Ausdruck im Lohn-Preis-Zusammenhang und im Preis-Lohn-Zusammenhang.

a) **Lohn-Preis-Zusammenhang.** Lohnerhöhungen sind häufig der Anlaß zu Preissteigerungen.

   1. **Betriebswirtschaftliche (kalkulatorische) Begründung.** Löhne sind für den Betrieb ein Kostenfaktor. Deshalb sind Lohnerhöhungen zugleich Kostensteigerungen, die eine Erhöhung der kalkulatorischen Angebotspreise bewirken (**Kostendruckwirkung**).

      Eine Kostendruckwirkung braucht jedoch nicht einzutreten, wenn es gelingt,
      - einen **Kostenausgleich** herbeizuführen durch Änderung der Faktorenkombination, durch Kostendegression infolge besserer Kapazitätsausnutzung und damit verbundener Produktivitätssteigerung, so daß die Kosten pro Leistungseinheit nicht steigen,
      - die Kostenerhöhungen in der **Gewinnspanne aufzufangen**, vor allem, wenn ein starker Konkurrenzdruck eine Abwälzung der Kosten über die Preise nicht erlaubt.

   2. **Volkswirtschaftliche (kaufkraftmäßige) Begründung.** Löhne sind Einkommen der Lohnempfänger. Allgemeine Lohnerhöhungen führen deshalb zur Vermehrung der Masseneinkommen, die über eine steigende Nachfrage Preiserhöhungen bewirken können (**Nachfragesogwirkung**).

      Eine Nachfragesogwirkung braucht nicht einzutreten, wenn
      - die steigende Nachfrage infolge erhöhter Produktivität und hoher Lagerbestände im Inland oder durch vermehrte Einfuhren auf ein entsprechend **hohes Angebot** trifft,
      - die erhöhten Masseneinkommen durch **vermehrte Ersparnisbildung** nicht unmittelbar Nachfragesteigerungen auslösen.

   Diese Überlegungen zeigen, daß Lohnerhöhungen zwar eine doppelte Wirkung auf die Preise ausüben können, die aber nicht in jedem Fall und nicht in gleichem Maße eintreten muß.

b) **Preis-Lohn-Zusammenhang.** Preissteigerungen sind häufig der Anlaß für neue Lohnforderungen.

In der zeitlichen Abfolge kann sich aus beiden genannten Zusammenhängen der Tatbestand ergeben, daß Löhne die Preise, Preise wiederum die Löhne hochtreiben und so fort (**Lohn-Preis-Spirale** oder **Preis-Lohn-Spirale**).

Deflationsursachen

Die Deflation entsteht durch Unterversorgung der Wirtschaft mit Geldmitteln infolge

a) übermäßiger Anwendung kontraktiver (das Geldvolumen verringernder, lat. contrahere = zusammenziehen) Maßnahmen der Notenbank (Abschnitt 7.5),

b) Erweiterung des Handelsvolumens, z.B. durch Rekordernten, Überproduktion, Importüberschüsse,

c) einer allgemeinen pessimistischen Beurteilung der weiteren Wirtschaftsentwicklung, die mit einer übermäßigen Geldhortung der privaten Haushaltungen und einem Rückgang der Kreditanforderungen für Investitionen verbunden ist.

Auswirkungen von Geldwertschwankungen

Geldwertschwankungen finden ihren Ausdruck in verschiedenen Verläufen der Inflation und Deflation. Diese wiederum haben verschiedene Auswirkungen auf das Verhalten der Bürger in der Wirtschaft.

Inflationsverläufe und ihre Auswirkungen

a) **Offene Inflation.** Wenn das Preisniveau stetig und für *alle ersichtlich* steigt, liegt offene Inflation vor. Wer in Zeiten der offenen Inflation Waren besitzt, wird diese in Erwartung noch höherer Preise zurückhalten. Wer Geld besitzt, will es aus der gleichen Erwartung schnellstens in Ware (Flucht in die Sachwerte) oder ausländische Werte (Kapitalflucht) umsetzen. Da jeder sein Geld „loswerden" möchte, wird auch die Umschlagshäufigkeit des Geldvolumens erhöht.

Während das Güterangebot einerseits zurückgeht, steigt die durch das Geld ausgeübte Nachfrage. Die Preise klettern in die Höhe, der Prozeß kann sich selbst zu einer **galoppierenden Inflation** beschleunigen.

Erhöht sich das Preisniveau fast unmerklich, aber trotzdem stetig, so liegt eine **schleichende Inflation** vor. Ursache ist vor allem eine staatliche Wachstums- und Vollbeschäftigungspolitik. Der Staat gibt viele Aufträge an die private Wirtschaft, begünstigt Investitionen und erhöhte Kreditgewährung. Wenn daraufhin dringend Arbeitskräfte gebraucht werden, aber nur in begrenzter Zahl vorhanden sind, übersteigt auf dem Arbeitsmarkt die Nachfrage das Angebot. Als Folge werden die Löhne steigen und es entwickelt sich die vorangehend erläuterte Lohn-Preis-Spirale.

In besonderem Maße haben die Geldgläubiger, vor allem die Sparer, unter der Inflation zu leiden. Sie haben gutes Geld hergegeben und erhalten später gleich viel Geld von geringerer Kaufkraft zurück. „In der Inflation sterben die Gläubiger."

b) **Verdeckte (zurückgestaute) Inflation.** Hierbei wird das *Steigen der Preise* durch staatliche Machtmittel *verhindert*, z.B. durch Lohn- und Preisstopp. Das Geld verliert weitgehend seine Eigenschaft als Anweisung auf Sozialprodukt; die im Verhältnis zum Geld knappen Güter werden mit Hilfe von Bezugsscheinen rationiert. Es kommt zu einem Geldüberhang, der auf einen *schwarzen Markt* drängt und dort zu hohen Angebots- und Nachfragepreisen führt. Der Geldüberhang muß eines Tages durch eine Währungsreform beseitigt werden.

Deflationsverlauf und seine Auswirkungen

Eine Senkung des Preisniveaus erfolgt in aller Regel nicht in der Art, daß plötzlich alle Güterpreise sinken. Die Deflation zeigt sich in der Praxis vielmehr in sogenannten *„deflationistischen Tendenzen"* (lat. tendentia = Stimmung, Strömung in einer Zielrichtung). Diese bemerkt der inflationsgewohnte Bürger dadurch, daß eine zunehmende Anzahl von Güterpreisen nach und nach sinkt, bis schließlich das Preisniveau insgesamt zurückgeht.

Beispiel: Die Weltwirtschaftskrise von 1929 bis 1932 war für Deutschland mit einer starken Gelddeflation verbunden. Einer ab 1924/25 langsam steigenden Güterproduktion in Landwirtschaft und Industrie standen laufende Senkungen der geldlichen Nachfrage gegenüber, die vor allem verursacht wurden durch

— Geldabflüsse für sogenannte „Reparationszahlungen" der Kriegsschulden an die Siegermächte des 1. Weltkriegs,
— die Bindung der Geldmenge an eine entsprechende Golddeckung (Gold-Standard-Währung), die bei Goldabflüssen zu deflatorischer Geldverminderung zwang.

Die Geldknappheit führte

— zu einer Senkung der Staatsausgaben — vor allem im Bereich der Löhne und Gehälter für im öffentlichen Dienst beschäftigte Arbeitnehmer,
— über abnehmende Investitionsbereitschaft und zunehmende Zahlungsunfähigkeit der Unternehmer zu Arbeitslosigkeit und Einkommensausfällen,
— schließlich zu einer weitverbreiteten Depression der Konjunktur mit Massenarbeitslosigkeit (Abschnitt 7.2.3).

In deflationistischen Zeiten gewinnt der Geldbesitz an Wert. Wer Sachbesitz hat, tauscht ihn mit zunehmender Vorliebe gegen Geld ein (Flucht in die Geldwerte). Der Zwang zum Güterabsatz führt zu weiteren Preissenkungen. Geldbesitzer wollen nicht kaufen, weil sie weitere Preissenkungen erwarten. Durch Betriebseinschränkungen, -stillegungen und -zusammenbrüche entstehen Kurzarbeit und Arbeitslosigkeit. Damit schrumpfen Arbeitseinkommen und Konsumgüternachfrage. Wegen der verminderten Wirtschaftsleistung schwinden auch die Steuereinnahmen des Staates; die öffentlichen Aufträge an die Wirtschaft gehen dementsprechend zurück. Die Deflation verschärft sich.

Wer Schulden hat, kann nicht mehr tilgen. „In der Deflation sterben die Schuldner."

Einer deflatorischen Entwicklung kann durch Geldschöpfung des Staates, verbunden mit großen Staatsaufträgen an die Wirtschaft (Autobahnbau) entgegengewirkt werden.

Maßnahmen der Bundesbank und Bundesregierung, die Kaufkraft des Geldes zu sichern und damit eine gewisse Stabilität des Preisniveaus zu erhalten, sind in Abschnitt 7.5 beschrieben.

Fragen und Aufgaben:
1. Welcher Zusammenhang besteht zwischen der Kaufkraft der DM und dem Preisniveau in der Bundesrepublik Deutschland?
2. Wie nennt man die beiden möglichen Ungleichgewichte, die ein stabiles Preisniveau bedrohen?
3. a) Wie entstehen inflatorische Entwicklungen?
   b) Welche Auswirkungen haben sie
      — auf die allgemeine Wirtschaftslage,
      — auf das persönliche Verhalten der Menschen?
   c) Welche Maßnahmen zur Bekämpfung der Inflation sollte der Staat ergreifen?
4. a) Wie entstehen deflatorische Entwicklungen?
   b) Welche Auswirkungen haben sie
      — auf die allgemeine Wirtschaftslage,
      — auf das persönliche Verhalten der Menschen?
5. Wie wird eine schleichende Inflation
   a) vom Verbraucher bemerkt,
   b) aus der amtlichen Statistik erkennbar?
6. Beschreiben Sie die importierte Inflation.
7. Der Index der Löhne und Gehälter je Beschäftigten (1980 = 100%) war 1984 = 116%; der entsprechende Preisindex der Lebenshaltung war 118,4%.
   a) Beurteilen Sie die prozentualen Veränderungen der Lebenshaltungskosten und des Nominallohns.
   b) Berechnen und kritisieren Sie die prozentuale Veränderung des Reallohns (Lohnindex : Lebenshaltungsindex).
8. a) Nennen Sie Güter, die in den letzten Jahren teurer bzw. billiger geworden sind.
   b) Wie wirken sich die Preisveränderungen dieser Güter jeweils auf den Preisindex der Lebenshaltung aus?

7.2 Schwankungen und Ungleichgewichte des Wirtschaftsablaufs

Den zusammenhängenden Ablauf des Wirtschaftsgeschehens bezeichnet man als **Konjunktur** (lat. Verbindung, Zusammenhang). Geschichtlich erwiesen ist, daß der Ablauf der Konjunktur ständig in Wellenbewegungen erfolgt, die man **Konjunkturschwankungen** nennt (Bild 76).

Da auch der Geldwert (Abschnitt 7.1.2), der Beschäftigungsstand und die Außenwirtschaft den Konjunkturschwankungen unterworfen sind, gibt es in der Wirtschaft immer wieder Abweichungen von der Gleichgewichtssituation, und demzufolge müssen immer wieder kleinere oder größere Ungleichgewichte in diesen Bereichen bekämpft werden.

7.2.1 Beschäftigungsschwankungen

Der Beschäftigungsstand einer Volkswirtschaft ergibt sich aus dem Auslastungsgrad der Produktionsanlagen und der Arbeitskraft der Bevölkerung (Arbeitspotential).

Im allgemeinen begnügt man sich aber damit, den Beschäftigungsstand nur für den Produktionsfaktor Arbeit anhand der **Arbeitslosenquote** zu messen.

$$\text{Arbeitslosenquote} = \frac{\text{Arbeitslose}}{\text{abhängige Erwerbspersonen}} \times 100\%$$

Wenn alle Personen, die arbeitsfähig und arbeitswillig sind, entsprechend ihrer vollen Belastbarkeit beschäftigt *und* alle Arbeitsstellen in der Wirtschaft besetzt sind, herrscht **Vollbeschäftigung**.

Die Arbeitslosenquote ist bei Vollbeschäftigung theoretisch 0%. In der Praxis ist Vollbeschäftigung auch schon dann erreicht, wenn die Arbeitslosenquote bei etwa 2% liegt. Eine solche Quote wird selten unterschritten,

— da es im Zeitpunkt der statistischen Erfassung durch kurzfristigen Wechsel der Arbeitsstellen immer eine gewisse Anzahl von Arbeitslosen geben muß und

— da nicht jeder Arbeitslose zu jeder Arbeit fähig und bereit ist.

Vollbeschäftigung ist dem Gleichgewicht auf dem Arbeitsmarkt gleichzusetzen. **Ungleichgewichte** ergeben sich,

— wenn das Arbeitsangebot größer ist als die Nachfrage nach Arbeitskräften; es ergibt sich dann der Zustand der **Unterbeschäftigung**,

— wenn die Nachfrage nach Arbeitskräften nicht befriedigt werden kann; es herrscht dann eine sogenannte **Überbeschäftigung**.

Unterbeschäftigung

Unterbeschäftigung liegt vor, wenn die **Arbeitslosenquote höher** als 2% *und* die Zahl der **offenen Stellen geringer** als die Zahl der Arbeitslosen ist.

Aus Bild 74 ergibt sich, daß die Bundesrepublik seit 1974 in eine Unterbeschäftigung getrieben ist, zwar nicht in gleichem Maße wie unsere westlichen Nachbarstaaten, aber für die deutsche Volkswirtschaft sehr empfindlich spürbar.

Neue Arbeitsplätze, mehr Investitionen, mehr Produktion und Konsum können durch staatliche Maßnahmen zur Konjunkturbelebung, wie sie in Abschnitt 7.6 dargestellt sind, geschaffen werden. Die Ausbildungs- und Berufsförderung, Umschulung und Weiterbildung wird vor allem von den Arbeitsämtern und von den Trägern der Sozialversicherung übernommen. Von privater Seite tragen die Gewerkschaften und Arbeitgeberverbände mit ihren Fortbildungskursen einen großen Teil zur Verbesserung der Leistungskraft des Volkes bei.

Überbeschäftigung

Überbeschäftigung liegt vor, wenn die **Zahl der offenen Stellen die Arbeitslosenzahl erheblich übersteigt**.

Nach den Zahlen in Bild 74 herrschte in der Bundesrepublik Deutschland in den Jahren 1970 bis 1973 Überbeschäftigung. Die Zahl der Arbeitslosen reichte nicht aus, um die offenen Stellen zu besetzen. Selbst eine steigende Zahl von Gastarbeitern konnte diesen Mangel nicht beheben.

In der Überbeschäftigung wird die Arbeitskraft der Menschen durch Überstunden, zusätzliche Schichten, Erhöhung der Arbeitsintensität stark beansprucht. Im Bereich der Produktion und Investition kommt es zu den schädlichen Erscheinungen der Konjunkturüberhitzung. Bundesbank und Bundesregierung müssen mit konjunkturdämpfenden Maßnahmen eingreifen (Abschnitte 7.5 und 7.6).

Da der nun sehr knappe Faktor Arbeit gegen hohen Lohn gesucht ist, steigen auch die Güterpreise. Es entsteht die Lohn-Preis-Spirale, in der sich Löhne und Preise gegenseitig hochtreiben (Abschnitt 7.1.2).

Entwicklung der Arbeitslosenquote in der Bundesrepublik Deutschland								
Jahr	Jeweils 1000 Personen / offene Stellen:							
	1970	1972	1973	1974	1981	1982	1983	1984
Offene Stellen	795	546	572	315	208	105	76	88
Arbeitslose	149	246	273	582	1272	1833	2258	2266
Abhängige Erwerbspersonen (Beschäftigte + Arbeitslose)	22 395	22 681	22 837	22 734	22 838	22 436	22 057	22 064
Arbeitslosenquote in %	0,7	1,1	1,2	2,6	5,6	8,2	10,2	10,3
Beschäftigungsstand	Überbeschäftigung: Zahl der offenen Stellen > Zahl der Arbeitslosen				Unterbeschäftigung: Arbeitslosenquote > 2% *und* Zahl der offenen Stellen < Zahl der Arbeitslosen			
Quelle: Monatsberichte der Deutschen Bundesbank								

Bild 74

Fragen und Aufgabe:
1. Mit welcher Meßzahl wird der Beschäftigungsstand einer Volkswirtschaft ausgedrückt?
2. Warum spricht man bei einer Arbeitslosenquote von 2% noch von Vollbeschäftigung?
3. Wie nennt man die beiden Ungleichgewichte, die die gesamtwirtschaftliche Vollbeschäftigung bedrohen?
4. Welche Gefahren birgt die Überbeschäftigung für eine Volkswirtschaft?
5. a) Nennen Sie die Ursachen für die Entstehung von Arbeitslosigkeit.
   b) Was verstehen Sie demnach unter
      — saisonaler,
      — konjunktureller,
      — struktureller Arbeitslosigkeit?
   c) Wie wirkt sich die technische Entwicklung auf den Beschäftigungsstand aus?
6. In welcher Weise werden die Kassen der öffentlichen Hand durch Unterbeschäftigung belastet?
7. Welche wirtschaftlichen und menschlichen Probleme ergeben sich für ausländische Arbeitskräfte bei Konjunkturabschwung im Gastland?

7.2.2 Außenwirtschaftliche Ungleichgewichte

Außenwirtschaftliches **Gleichgewicht** herrscht für eine Volkswirtschaft dann, wenn die innerhalb eines bestimmten Zeitraumes von anderen Volkswirtschaften *empfangenen Zahlungen* den während derselben Zeit an andere Volkswirtschaften *geleisteten Zahlungen* gleich sind.

Ihren Niederschlag finden diese außenwirtschaftlichen Zahlungsvorgänge in der jährlich aufgestellten **Zahlungsbilanz**.

Die Zahlungsbilanz zeigt folgenden Aufbau:

a) **Bilanz der laufenden Posten (Leistungsbilanz)**

   1. **Die Handelsbilanz** enthält die Einnahmen für die Ausfuhr und die Ausgaben für die Einfuhr.
   2. **Die Dienstleistungsbilanz** weist alle Einnahmen und Ausgaben auf, die sich aus dem Leistungsaustausch ergeben (Reiseverkehr, Transportleistungen, Arbeitsentgelte, Kapitalerträge, Lizenzgebühren, Versicherungsprämien und -leistungen). Man spricht auch von der „unsichtbaren Aus- und Einfuhr".
   3. **Die Übertragungsbilanz** erfaßt die grenzüberschreitenden unentgeltlichen Leistungen (Erbschaften, Spenden, Geldüberweisungen ausländischer Arbeiter, Leistungen an internationale Organisationen).

b) **Kapitalbilanz.** Sie zeigt den Kapitalimport und -export einschließlich Tilgungen (Investitionen, Anleihen, Entwicklungshilfekredite).

c) **Statistisch nicht aufgliederbare Transaktionen.** Zum rechnerischen Ausgleich der Zahlungsbilanz wird der Saldo der nicht erfaßten Posten und der statistischen Ermittlungsfehler eingesetzt.

d) **Ausgleichsposten zur Auslandsposition der Bundesbank.** Sie können bestehen in

   — **der Zuteilung von Sonderziehungsrechten:** Erhöhungen der Währungsreserven der Bundesrepublik beim Internationalen Währungsfonds (IWF);
   — **sogenanntem Ausgleichsbedarf:** Wertminderungen der Gold- und Devisenbestände der Deutschen Bundesbank infolge mehrerer Änderungen der Währungsparitäten.

   Da beide Veränderungen im Saldo der Devisenbilanz enthalten sind, muß der Ausgleichsposten in der Zahlungsbilanz eingesetzt werden.

e) **Devisenbilanz.** Sie ist die Gegenüberstellung der Zu- und Abgänge der Gold- und Devisenbestände (Nettoauslandsaktiva) bei der Deutschen Bundesbank.

Jede der angegebenen **Teilbilanzen** kann einen

— **negativen Saldo** aufweisen, wenn die Einnahmen < Ausgaben sind,
— **positiven Saldo** aufweisen, wenn die Einnahmen > Ausgaben sind.

Bei **Zahlungsbilanzausgleich** ist der Saldo der Devisenbilanz = 0, d.h. die für den Außenhandel bestimmten **Goldbestände und** die **Devisenbestände** bei der Deutschen Bundesbank haben sich **nicht verändert.** In diesem Falle müssen sich auch die positiven und negativen Salden der anderen Teilpositionen der Zahlungsbilanz gegeneinander aufheben.

Die Zahlungsbilanzen der Bundesrepublik Deutschland zeigen seit 1974 die in Bild 75 dargestellte Entwicklung.

Ungleichgewichte ergeben sich bei

— **Zahlungsbilanzüberschuß** und
— **Zahlungsbilanzdefizit.**

Zahlungsbilanzüberschuß

Ein Zahlungsbilanzüberschuß und damit ein **außenwirtschaftliches Ungleichgewicht** ergibt sich, wenn die Bilanzen der laufenden Posten und des Kapitalverkehrs insgesamt einen Einnahmeüberschuß aufweisen, der durch **Gold- und Devisenzuflüsse** ausgeglichen wird. In diesem Falle spricht man von einer **aktiven Zahlungsbilanz.**

Zahlungsbilanzen der Bundesrepublik Deutschland							
Salden der Zahlungs-bilanzen	Mio DM in den Jahren						
	1979	1980	1981	1982	1983	1984	1985
1. Handelsbilanz	+22 628	+9 053	+28 482	+53 460	+47 713	+53 460	
2. Dienstleistungsbilanz	−11 528	−14 304	−17 905	−17 137	−10 195	−4 039	
1. + 2. = Außenbeitrag	+11 100	−5 251	+10 577	+36 323	+37 518	+49 421	
3. Übertragungsbilanz	−20 745	−24 288	−27 154	−28 122	−27 011	−31 614	
4. Kapitalbilanz	+9 869	+4 884	+9 801	−3 874	−16 122	−31 406	
5. Stat. nicht aufglied. Transaktionen	−5 178	−3 239	+4 493	−1 249	+1 541	+10 499	
6. Ausgleichsposten z. AP d. BBank	−2 334	+2 164	+3 561	−411	+2 430	+2 119	
7. Devisenbilanz	−7 288	−25 730	+1 278	+2 667	−1 644	−981	
Zahlungsbilanz-defizit = Abnahme der Nettoauslandsaktiva	X	X			X	X	
Zahlungsbilanz-überschuß = Zunahme der Nettoauslandsaktiva			X	X			
Quelle: Monatsberichte der Deutschen Bundesbank							

Bild 75

In den jährlichen Zahlungsbilanzen der Bundesrepublik Deutschland waren in den Jahren 1979 und 1980 Defizite zu verzeichnen. 1981 und 1982 ergaben sich wieder aktive Zahlungsbilanzen, die vor allem auf den kräftigen Anstieg der Handelsbilanzüberschüsse (1982 bis dahin absoluter Überschußrekord) zurückzuführen waren. Die Handelsbilanzen sind sichtbarer Ausdruck der Exportabhängigkeit unserer Wirtschaft. Im Jahre 1984 konnte sich der Überschußrekord von 1982 in der Handelsbilanz wiederholen.

Auf den ersten Blick scheint es erstrebenswert zu sein, einen Zahlungsbilanzüberschuß zu erwirtschaften, weil die inländischen Bestände an internationalen Zahlungsmitteln zunehmen. Die Gefahr ist aber, daß die Devisenüberschüsse, in einheimische Währung umgetauscht, zu einer Vermehrung der inländischen Geldmenge führen, während gleichzeitig die inländische Gütermenge durch Exportüberschüsse abgenommen hat. Dies kann zu einer inflatorischen Preissteigerung und damit Geldentwertung führen (importierte Inflation, Abschnitt 7.1.2). Es ist also besser, wenn jeder Staat nach außenwirtschaftlichem Gleichgewicht strebt.

Die Maßnahmen einer in solchem Sinne betriebenen staatlichen Außenwirtschaftspolitik sind in Abschnitt 7.7 beschrieben.

Zahlungsbilanzdefizit

Ebenfalls ergibt sich ein außenwirtschaftliches Ungleichgewicht, wenn die Zahlungsbilanz ein Defizit aufweist. Ein solches Defizit liegt vor, wenn die Bilanzen der laufenden Posten und des Kapitalverkehrs insgesamt einen Ausgabeüberschuß aufweisen, der durch **Gold- und Devisenabflüsse** ausgeglichen wird. Man spricht in diesem Falle von einer **passiven Zahlungsbilanz**.

Die Zahlungsbilanzdefizite von 1979 und 1980 entstanden vor allem durch das starke Absinken der Warenexportüberschüsse einerseits und das kräftige Ansteigen der Dienstleistungsimporte andererseits. Die negative Entwicklung des Außenbeitrags resultierte aus einer Aufzehrung der bisherigen Exportüberschüsse durch das starke Ansteigen der Preise für den Erdölimport und auch aus einer explosiven Zunahme des deutschen Reiseverkehrs ins Ausland. Die überhöhten Preise importierter Energie- und Rohstoffe verteuern die einheimische Produktion und können zu Beschäftigungsrückgängen und Konjunktureinbrüchen führen. Die Defizite von 1983 und 1984 mußten trotz hervorragenden Warenexportgeschäfts (1984 absolut höchster Außenbeitrag) entstehen, weil der Geldabfluß ins Ausland sowohl im Übertragungs- als auch im Kapitalbereich Rekordausmaße annahm. Das lag einerseits an rentableren Kapitalanlagemöglichkeiten im Ausland, andererseits auch am zunehmenden Geldtransfer (Transfer = Übertragung) durch Gastarbeiter in die Heimatländer.

> **Fragen und Aufgabe:**
> 1. Wann spricht man von einer aktiven, wann von einer passiven Zahlungsbilanz?
> 2. Welche Gefahren ergeben sich aus einer anhaltenden aktiven bzw. passiven Zahlungsbilanz?
> 3. Warum werden hochindustrialisierte Länder den Entwicklungsländern als Außenhandelspartner vorgezogen?
> 4. Warum kann ein Land mit aktiver Handelsbilanz dennoch eine passive Zahlungsbilanz aufweisen (vergl. Bild 75)?
> 5. Welche Wirkungen hat das Zinsniveau des Auslands auf die Kapitalbilanz?
> 6. Wie wirken sich verzinsliche Kapitaleinfuhren in der Bilanz aus
>   a) im Jahr der Hereinnahme,
>   b) in nachfolgenden Jahren?
> 7. Wie wirken sich Geldüberweisungen ausländischer Arbeitskräfte in ihre Heimatländer auf die deutsche Zahlungsbilanz aus?
> 8. Wie wirkt sich eine Aufwertung der DM aus
>   a) auf den Export,
>   b) auf den Touristenverkehr?
> 9. Begründen Sie den Satz: „Der Export ist unser Schicksal".

7.2.3 Konjunkturphasen und Konjunkturindikatoren

Das Wort Konjunktur (lat. Verbindung, Zusammenhang) bezeichnet einen zusammenhängenden Ablauf des Wirtschaftsgeschehens. Geschichtlich erwiesen ist, daß der Ablauf in Wellenbewegungen erfolgt, die sich in der gesamten Wirtschaft mit mehr oder weniger deutlich erkennbarem Rhythmus innerhalb längerer Zeiträume wiederholen. Diese *langfristigen* Wellenbewegungen nennt man *Konjunkturschwankungen*.

Konjunkturphasen und ihre Merkmale

Der Verlauf der Konjunkturschwankungen vollzieht sich in aufeinanderfolgenden Phasen (Entwicklungsstufen), die jeweils durch bestimmte Merkmale gekennzeichnet sind (Bild 76).

Schwankungen sind im wirtschaftlichen Verlauf unerwünscht. Der Staat bemüht sich daher, den Wirtschaftsschwankungen durch **konjunkturpolitische Maßnahmen** zu begegnen bzw. den Wirtschaftsablauf möglichst schwankungslos zu steuern (Abschnitte 7.5, 7.6, 7.7).

Konjunkturindikatoren

Eine große Rolle für die Maßnahmen der Konjunkturpolitik spielt die Beobachtung der sogenannten „Konjunkturindikatoren" (lat. indicator = Anzeiger).

> **Konjunkturindikatoren** sind **Meßwerte**, die den gegenwärtigen **Stand (Diagnose)** und die voraussichtliche **Fortentwicklung (Prognose)** der Konjunktur anzeigen.

Konjunkturmerkmale \ Konjunkturphasen	1. Aufschwung (Anstieg)	2. Hochkonjunktur (Boom)	3. Rezession* (Rückgang) / Krise (Niedergang)	4. Depression (Tiefstand)
1. Auftragslage	Zunehmender Auftragseingang.	Hohe Auftragsbestände, Lager sind geräumt, lange Lieferfristen.	Auftragsstockung, Zahlungsfähigkeit der Kunden verschlechtert sich.	Nahezu Auftragsstopp.
2. Produktion und Absatz	Steigerung von Produktion und Absatz, zunehmende Kapazitätsauslastung.	Maximale Kapazitätsauslastung, Produktions- und Absatzhöchststand.	Produktions- und Absatzrückgang, Entstehung ungenutzter Kapazitäten.	Produktionstiefstand, stillgelegte Kapazitäten, starke Absatzschwierigkeiten.
3. Beschäftigung	Beschäftigungszunahme, Rückgang der Arbeitslosigkeit.	Vollbeschäftigung mit Neigung zur Überbeschäftigung, Arbeitskräftemangel.	Kurzarbeit, Entlassung von Arbeitnehmern.	Anhaltende Unterbeschäftigung, Massenarbeitslosigkeit.
4. Investitionsneigung	Starke Investitionsneigung, Kapazitätsausbau.	Weitere Investitionszunahme trotz hoher Zinsen.	Investitionsrückgang, Kapazitätsabbau trotz fallender Zinsen.	Investitionsstopp trotz sehr niedriger Zinsen.
5. Preise	Bessere Kapazitätsausnutzung bewirkt gewisse Preisstabilität.	Dauerhafter Nachfrageüberhang bewirkt Preissteigerungen, Verkäufermarkt.	Nachgiebige Preise, Käufermarkt.	Ruinöser Preiswettbewerb, Preisverfall.
6. Aktienkurse	Aktienkurse steigen infolge optimistischer Konjunkturerwartungen.	Aktienkurse spekulativ überzogen.	Aktienkurse sinken infolge pessimistischer Konjunkturerwartungen.	Zusammenbruch der Aktienkurse.

* **Rezession:** Sie macht sich am Ende der Hochkonjunkturphase durch eine Wachstumsstockung („Stagnation") oder einen leichten Rückgang bemerkbar. Werden rechtzeitig geeignete Steuerungsmaßnahmen ergriffen, kann eine neue Hochkonjunkturphase eingeleitet werden, ohne daß die Wirtschaft zuvor über eine Krise in die Depression abgleitet.

Bild 76

Sie orientieren sich als Zeitreihenwerte (Indexzahlen und Abweichungswerte) an *Basiswerten*. Diese können

— ein idealer Zustand (Vollbeschäftigung, Zahlungsbilanzausgleich) oder
— die Zahlen eines bestimmten Basisjahres (Lebenshaltungskosten 1980) sein.

Dementsprechend eignen sich als Basiswerte die Zahlen 0, 0%, 100% oder m (Menge, DM) eines bestimmten vergangenen Jahres.

Beispiel für Konjunkturmerkmal »Beschäftigung«

1. Indikator: **Arbeitslosenquoten** (Abweichungen von 0%)
1980	1981	1982	1983	1984
3,8%	5,6%	8,2%	10,2%	10,3%

2. Diagnose: Die Arbeitslosenzahl hat gegenüber 1980 stark zugenommen. Die Zunahme flaute zwischen 1983 und 1984 merklich ab.

3. Prognose: Die Arbeitslosenzahl dürfte sich fixiert haben und in den kommenden Jahren nicht mehr wesentlich steigen.

4. Aufgabe der Wirtschaftspolitik: Ergreifen von Maßnahmen zum Abbau der gegenüber früheren Zeiten extrem hohen Arbeitslosenzahl.

Beispiel für Konjunkturmerkmal »Preise«

1. Indikator:	Lebenshaltungskostenindex (Abweichungen von 100%)					
	1980	1981	1982	1983	1984	1985
	100%	106,3%	111,9%	115,6%	118,4%	121,0

2. Diagnose: Die Lebenshaltungskosten sind in den letzten 5 Jahren um 21% gestiegen.

3. Prognose: Da die jeweilige Steigerung gegenüber dem Vorjahr (vgl. Zahlen des Bildes 71) abnahm, dürfte sie im Jahre 1986 unter 2% liegen.

4. Aufgabe der Wirtschaftspolitik: Ergreifen von Maßnahmen, die die Steigerung weiterhin so gering wie möglich halten, damit die Kaufkraft des Geldes erhalten bleibt.

Beispiel für Konjunkturmerkmal »Außenhandel«

1. Indikator:	Zahlungsbilanzergebnisse (Abweichungen von 0 DM)				
	1980	1981	1982	1983	1984
	—25 730	+1278	+2667	—1644	—981

2. Diagnose: Abgesehen von 1980 tendieren die Ergebnisse zum Zahlungsbilanzausgleich (+/—0) hin, der allerdings durch starke Gegenentwicklungen in der Handelsbilanz auf der einen, in der Übertragungsbilanz und der Kapitalbilanz auf der anderen Seite erkauft werden muß. Das außenwirtschaftliche Ergebnis erweist sich vornehmlich als exportabhängig.

3. Prognose: Nur wenn der Handelsbilanzsaldo ein starker Aktivposten bleibt, können die Negativsalden anderer Teilbilanzen für die nächste Zeit aufgefangen werden.

4. Aufgabe der Wirtschaftspolitik: Maßnahmen zur Exportförderung ergreifen; über höhere Gewinnmöglichkeiten das Ausland zu Kapitalimporten anregen und damit den Negativsaldo der Kapitalbilanz abbauen.

Für Konjunkturvoraussagen darf man natürlich nicht die Entwicklung einzelner Indikatorreihen isoliert beurteilen. Die vielseitigen Einflüsse und Verflechtungen des Wirtschaftsgeschehens umfassend und wechselwirksam in Prognoserechnungen aufzunehmen, erweist sich als sehr schwierig und ist immer nur annähernd möglich. Trotzdem sind die Wirtschaftspolitiker darauf angewiesen, ihre Politik nach Konjunkturindikatoren zu gestalten.

Die wichtigsten Konjunkturindikatoren werden regelmäßig von der Deutschen Bundesbank zusammengestellt und veröffentlicht.

a) **Auftragseingang im Verarbeitenden Gewerbe** (Bild 77)

Die Zahlen der Tabelle sind das Spiegelbild der **Nachfrageentwicklung** in der Volkswirtschaft.

Nachfragevermehrung steigert den Beschäftigungsstand und den Güterexport, wirkt belebend auf die Konjunktur. Sie kann sich aber inflationär auf die Güterpreise und negativ auf die Ersparnisbildung auswirken.

Nachfrageverminderung schafft Arbeitslosigkeit und Unternehmenszusammenbrüche, wirkt konjunkturdämpfend.

b) **Produktion im Produzierenden Gewerbe** (Bild 77)

Die Zahlen sind das Spiegelbild der **Angebotsentwicklung** in der Volkswirtschaft.

Angebotsmehrungen lassen darauf schließen, daß die Produzenten eine günstige Nachfrageentwicklung im In- und Ausland sowie sichere Preise erwarten, da mit einem hohen Beschäftigungsgrad zu rechnen ist, insgesamt sich die Konjunktur auf einen hohen Beschäftigungsstand hin bewegt.

Angebotsminderungen zeigen an, daß die Unternehmer mit sinkenden Absatzmöglichkeiten, sinkenden Preisen, einem steigenden Unternehmerrisiko und geringen Exportchancen rechnen.

Wichtige Konjunkturindikatoren					
Auftragseingang im Verarbeitenden Gewerbe (1980 = 100)					
Zeit	Werte insgesamt	davon:			Volumen insgesamt
		aus dem Inland		aus dem Ausland	
		insgesamt	darunter Investitionsgütergewerbe		
1984 4. Vj.	123	112	113	148	105
1985 1. Vj.	125	113	116	153	107
2. Vj.	128	116	122	154	108
3. Vj.	130	119	125	153	109
Produktion im Produzierenden Gewerbe (1980 = 100)					
Zeit	insgesamt ohne Bau	darunter:			Bauhauptgewerbe
		Grundstoff- und Produktionsgütergewerbe	Investitionsgütergewerbe	Verbrauchsgütergewerbe	
1984 4. Vj.	102,5	98,7	108,5	93,8	90,7
1985 1. Vj.	102,9	97,3	109,5	93,9	73,7
2. Vj.	104,1	98,5	111,1	95,4	78,8
3. Vj.	105,6	100,6	113,7	94,4	83,3
Arbeitsmarkt (Tsd)					
Zeit	Arbeitslose	Arbeitslosenquote	Kurzarbeiter	Offene Stellen	Abhängig Beschäftigte
1984 4. Vj.	2 269	9,1	275	97	21 950
1985 1. Vj.	2 300	9,3	432	102	22 150
2. Vj.	2 322	9,4	255	102	22 190
3. Vj.	2 308	9,3	94	111	22 250
Quelle: Monatsberichte der Deutschen Bundesbank					

Bild 77

c) **Entwicklung auf dem Arbeitsmarkt** (Bilder 74 und 77)

Die Zahlen lassen Rückschlüsse zu auf die langfristige **Entwicklung des Beschäftigungsstandes**.

Dabei zeigt Vollbeschäftigung in der Regel einen Konjunkturhochstand an, während Unterbeschäftigung nicht unbedingt mit schlechter Konjunkturlage verbunden sein muß. Unterbeschäftigung ist nicht immer konjunkturbedingt, sondern häufig auch auf strukturelle Arbeitslosigkeit (Abschnitt 7.4.3) zurückzuführen.

d) **Preisentwicklung** (Bild 71)

Stabile Preise mindern das Unternehmerrisiko zwischen Rohstoffeinkauf und Erzeugnisabsatz. Sie wirken stimulierend auf Angebot und Konjunktur.

Inflationäre Preisentwicklungen sind Ausdruck eines bestehenden Nachfrageüberhangs, der zunächst einmal vermehrte Produktionschancen eröffnet. Langfristig jedoch führt eine solche Konjunkturlage zu einer spiralförmigen Preis-Lohn-Entwicklung (Abschnitt 7.1.2), die früher oder später zu staatlichen Eingriffen in die Konjunktur und zu einer Schwächung der Wettbewerbsposition gegenüber dem Ausland führt. Deswegen werden inflationäre Preisentwicklungen langfristig als konjunkturhemmend empfunden.

e) **Entwicklung des Außenhandels** (Bild 75)

Durch Beobachtung der Konjunkturentwicklung in den Partnerländern und anhand der Handelsbilanzen mit diesen Ländern lassen sich die Einflüsse der Außenwirtschaft auf den Inlandsmarkt trendmäßig beobachten.

Für ein hochentwickeltes Industrieland mit qualifizierter Fertigerzeugnisproduktion ist dabei vor allem die **Entwicklung der Exportergebnisse** konjunkturkennzeichnend (Abschnitt 7.2.2).

Fragen und Aufgaben:
1. Was ist das Ziel staatlicher Konjunkturpolitik?
2. Unterscheiden Sie Rezession und Depression.
3. Welche positiven und negativen Auswirkungen kann eine Hochkonjunktur haben?
4. Stellen Sie die Konjunkturphasen bildlich dar.
5. Wie wirken sich die einzelnen Konjunkturphasen aus auf
   a) den Beschäftigungsstand,
   b) das Preisniveau,
   c) die Investitionstätigkeit,
   d) die Auftragslage?
6. Was ist ein Konjunkturindikator und inwiefern eignet er sich als Hilfsmittel für die Konjunktur- und Wirtschaftspolitik?
7. Erläutern Sie die Aussagemöglichkeiten folgender weiterer Konjunkturindikatoren:
   a) Wachstum des Sozialprodukts (Abschnitte 6.4.1, 7.3.1 und 7.4.1),
   b) Entwicklung der Börsenkurse (nach Tageszeitungen),
   c) Wohnungsbaunachfrage und Nachfrage auf dem Automobilmarkt,
   d) Entwicklung der Anlageinvestitionen,
   e) Zahl der Insolvenzen (lat. insolvere = zahlungsunfähig sein),
   f) demographische Entwicklung (Entwicklung der Bevölkerungszahl und des generativen Verhaltens).

7.3 Ziele und Zielkonflikte der Wirtschaftspolitik

Gesetz zur Förderung der Stabilität und des Wachstums der Wirtschaft (StWG) vom 08. 06. 1967 (Stabilitätsgesetz)

Die vom Staat betriebene Wirtschaftspolitik beeinflußt und gestaltet die Wirtschaft mit dem Ziel, die Bedürfnisse (Abschnitt 1.1.1) der Staatsbürger immer besser zu befriedigen.

Eine optimale Bedarfsdeckung läßt sich nur durch gezielte Einzelmaßnahmen auf den verschiedensten Ebenen des wirtschaftlichen Gesamtablaufs erreichen. Die wichtigsten Ziele der von der Bundesrepublik Deutschland vertretenen Wirtschaftspolitik sind im Stabilitätsgesetz zusammengefaßt:

„Bund und Länder haben bei ihren wirtschafts- und finanzpolitischen Maßnahmen die Erfordernisse des **gesamtwirtschaftlichen Gleichgewichts** zu beachten. Die Maßnahmen sind so zu treffen, daß sie im Rahmen der marktwirtschaftlichen Ordnung gleichzeitig zur **Stabilität des Preisniveaus**, zu einem **hohen Beschäftigungsstand** und **außenwirtschaftlichen Gleichgewicht** bei stetigem und angemessenem **Wirtschaftswachstum** beitragen." *StWG § 1*

Neben diesen im Stabilitätsgesetz verankerten Zielen bestehen noch viele andere wirtschaftspolitische Ziele wie z.B.
— Erhaltung der Arbeitskraft und Förderung des Leistungsstandes des Volkes durch zeitgemäße Ausbildung und Weiterbildung sowie durch verbesserte Gesundheitsfürsorge;
— Erhaltung und Absicherung der Arbeitsbereitschaft durch eine gerechte Verteilung des Volkseinkommens (Abschnitt 7.4.4), durch verbesserte Leistungen der Sozialversicherungen und anderer Sozialeinrichtungen;

— Sicherung des technischen Fortschritts durch Unterstützung der wissenschaftlichen Forschung;
— Schaffung eines gesunden Lebensraumes durch Beseitigung der Umweltverschmutzung, Erhaltung der Waldbestände, umweltfreundliche Energieverwendung und wasserwirtschaftliche Zukunftsvorsorge;
— Sicherung der Rohstoffversorgung aus inländischen und ausländischen Quellen (Ressourcen).

Aufgabe und Frage:
1. Suchen Sie weitere wirtschaftspolitische Zielsetzungen.
2. Auf welche Weise kann nach Ihrer Meinung eine ausreichende Rohstoff- und Energieversorgung für die Bundesrepublik Deutschland gewährleistet werden?

7.3.1 Gesamtwirtschaftliches Gleichgewicht

Auf dem Markt ist Gleichgewicht erreicht, wenn sich Angebot und Nachfrage ausgleichen.

Gesamtwirtschaftliches Gleichgewicht herrscht dann, wenn sich **das Angebot und die Nachfrage auf allen Märkten** der Volkswirtschaft **ausgleichen**.

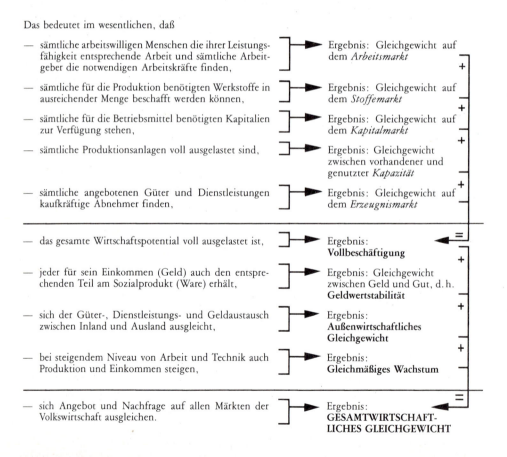

Das gesamtwirtschaftliche Gleichgewicht wird also von einer Vielzahl von einzelnen Gleichgewichten getragen, deren wichtigste in den vier Gleichgewichtsforderungen des Stabilitätsgesetzes zusammengefaßt sind (Bild 78).

Bild 78

Kann einer der vier zum Gesamtgleichgewicht beitragenden Zustände nicht erreicht werden bzw. gerät eines der stützenden Gleichgewichte ins Ungleichgewicht, so besteht auch für das gesamtwirtschaftliche Gleichgewicht Einsturzgefahr. Daher haben Bund und Länder ihre wirtschafts- und finanzpolitischen Maßnahmen so zu treffen, daß sie *gleichzeitig* zur Erreichung der vier Ziele beitragen.

Dabei ergeben sich folgende Schwierigkeiten:

a) In jedem der vier Zielbereiche der Wirtschaftspolitik bestehen viele Möglichkeiten des Abrutschens ins **Ungleichgewicht** (Abschnitte 7.1 und 7.2).

   Beispiele: Aus Geldwertstabilität wird Inflation; Vollbeschäftigung wird durch Arbeitslosigkeit beseitigt; mangelnde Produktionstätigkeit verhindert Wirtschaftswachstum.

b) Da die vier Zielbereiche in gegenseitigem Zusammenhang stehen, können sich Zustand und Maßnahmen in dem einen Bereich negativ auf die Zustände der anderen Bereiche auswirken.

   Beispiele: Maßnahmen zur Stabilisierung des Preisniveaus können die Vollbeschäftigung gefährden; Maßnahmen, die auf ein angemessenes Wirtschaftswachstum zielen, können die Geldwertstabilität gefährden; die Vollbeschäftigung kann auch gefährdet werden durch Maßnahmen, welche auf ein außenwirtschaftliches Gleichgewicht gerichtet sind.

   Für die Wirtschaftspolitik können sich also **Zielkonflikte** ergeben (Abschnitt 7.3.2).

Den vier im Stabilitätsgesetz verankerten Zielen liegt die Forderung zugrunde, Ungleichgewichten und Zielkonflikten entgegenzusteuern und auf eine harmonische Zielverwirklichung **(Zielharmonie)** hinzuwirken (Abschnitt 7.3.3).

Gleichgewichtsziel: Geldwertstabilität

Die für die verschiedenen Güter zu zahlenden Preise sollen über einen längeren Zeitraum möglichst gleich, d. h. stabil bleiben. Dies ist nur dann zu erreichen, wenn auch die Kaufkraft des Geldes in dieser Zeit erhalten bleibt (Abschnitt 7.1.2).

Geldwertstabilität herrscht, solange die *Kaufkraft* des Geldes *gleich bleibt*.

— Je mehr das Preisniveau der Güter steigt, desto weniger kann man mit einer Geldeinheit kaufen. Der Wert des Geldes nimmt ab; es entwickelt sich eine *Inflation*.

— Je mehr das Preisniveau sinkt, desto mehr kann man mit einer Geldeinheit kaufen. Der Wert des Geldes nimmt zu; es kommt zur *Deflation*.

Gleichgewichtsziel: Vollbeschäftigung

Bei **Vollbeschäftigung** sind *alle Personen*, die arbeitsfähig und arbeitswillig sind, entsprechend ihrer vollen Belastbarkeit *beschäftigt* und *alle Arbeitsstellen* in der Wirtschaft *besetzt*.

Die Arbeitslosenquote ist bei Vollbeschäftigung theoretisch 0%, praktisch aber etwa 2% (Abschnitt 7.2.1).

— Steigt die Zahl der Arbeitslosen über 2% *und* ist die Zahl der offenen Stellen geringer als die Zahl der Arbeitslosen, so kommt es zur *Unterbeschäftigung*.

— Übersteigt die Zahl der offenen Stellen die Arbeitslosenzahl, so liegt *Überbeschäftigung* vor.

Gleichgewichtsziel: Außenwirtschaftliches Gleichgewicht

Außenwirtschaftliches Gleichgewicht herrscht dann, wenn die innerhalb eines bestimmten Zeitraumes *von* anderen Volkswirtschaften *empfangenen Zahlungen* den während derselben Zeit *an* andere Volkswirtschaften *geleisteten Zahlungen* gleich sind.

Ihren Niederschlag finden diese außenwirtschaftlichen Zahlungsvorgänge in der jährlich aufgestellten Zahlungsbilanz (Abschnitt 7.2.2).

Abweichungen vom außenwirtschaftlichen Gleichgewicht zeigen sich im

— *Zahlungsbilanzüberschuß* und

— *Zahlungsbilanzdefizit*.

Gleichgewichtsziel: Angemessenes Wirtschaftswachstum

Wachstumsbegriff

Der Wert des Sozialprodukts (Abschnitt 6.4) bemißt sich nach den Preisen der jährlich erstellten Güter und Dienstleistungen *(nominales Sozialprodukt)*. Um festzustellen, wieviel pro Jahr tatsächlich mehr produziert worden ist und inwieweit die Zunahme des Sozialprodukts nur auf einem Anstieg der Preise beruht, errechnet man ein *reales Sozialprodukt* unter Ausschaltung der Preisveränderungen. Dies geschieht dadurch, daß man das Sozialprodukt nachfolgender Jahre mit den Preisen eines vorhergehenden Basisjahres (z. B. 1980) bewertet.

Unter **Wirtschaftswachstum** versteht man die *Zunahme des realen Sozialprodukts* einer Volkswirtschaft binnen eines Jahres.

Reales Wachstum liegt also dann vor,

— wenn die Vermehrung des Sozialprodukts auf einer tatsächlichen Mengenzunahme beruht oder

— wenn die nominelle Zunahme des Sozialprodukts höher ist als der Kaufkraftverlust des Geldes.

Von **„Nullwachstum"** kann man sprechen,
— wenn sich das Sozialprodukt bei unveränderter Kaufkraft von Jahr zu Jahr nicht mehr erhöht oder
— wenn die nominelle Zunahme des Sozialprodukts durch Kaufkraftschwund aufgezehrt wird.

„Negatives Wachstum" tritt dann ein,
— wenn sich das Sozialprodukt gegenüber dem Vorjahr verringert.

Die Möglichkeit und der Grad des Wirtschaftswachstums sind vor allem bedingt durch
— das Wirtschaftssystem, die Wirtschaftsstruktur und die Wirtschaftspolitik einer Volkswirtschaft;
— den Bildungsstand, den Sparwillen und die Entwicklung der Bevölkerung;
— den technischen Fortschritt (Erfindungen) und die Qualität der Produktionsanlagen sowie die sich daraus ergebenden Möglichkeiten hochwertiger Massenproduktionen (mechanisierte und automatisierte Massenproduktion);
— die Erschließung neuer Rohstoff- und Energiequellen (Ressourcen: Metalle, Mineralien, Erdöl, Erdgas, Kohle, Elektrizität, Atomenergie);
— die Ausweitung von Angebot und Nachfrage über den Inlandsmarkt hinaus bis hin zum Welthandel sowie den Ausbau eines internationalen Nachrichten- und Transportwesens;
— die Belastbarkeit der Umwelt und Erhaltung eines gesunden Lebensraumes.

Die Bedingungen und Grenzen für das Wirtschaftswachstum sind im einzelnen in Abschnitt 7.4.1 behandelt.

Wachstumsforderung

Die Forderung nach Wirtschaftswachstum findet für die Bundesrepublik Deutschland ihre Begründung in dem Willen der Bevölkerung,
a) sich durch bessere Versorgung mit Gütern einen höheren Lebensstandard zu schaffen (*quantitatives* Ziel),
b) eine Verbesserung der Umweltbedingungen zu erreichen (*qualitatives* Ziel).

Dabei muß erkannt werden, daß die Forderung mancher Umweltschützer nach „Nullwachstum" falsch ist, weil die Verbesserung der Umweltbedingungen eine Steigerung der Produktion in vielen Sachgüter- und Dienstleistungsbereichen erfordert (Wasseraufbereitungsanlagen, Aufforstungsprogramme, menschenfreundlicherer Wohnungsbau, Einrichtung von Umweltschutzdiensten).

Durch das Stabilitätsgesetz sind Bund und Länder verpflichtet, ihre wirtschaftspolitischen Maßnahmen so zu treffen, daß sie zu **stetigem und angemessenem Wirtschaftswachstum** beitragen. Als „angemessen" wird in diesem Zusammenhang eine jährliche Quote von **4% bis 6% Zunahme des Volkseinkommens** angesehen.

Auch das Arbeitsförderungsgesetz vom 01. 07. 1969 fordert: „Die arbeits- und berufsfördernden Maßnahmen nach diesem Gesetz sind im Rahmen der Sozial- und Wirtschaftspolitik der Bundesregierung darauf auszurichten, daß ein hoher Beschäftigungsstand erzielt und aufrechterhalten, die Beschäftigungsstruktur ständig verbessert und damit das **Wachstum der Wirtschaft** gefördert wird." AFG § 1

Damit hat sich unser Volk selbst die Forderung gesetzt, daß **Wirtschaftspolitik auch Wachstumspolitik** sein soll. Allerdings will man Wachstum nicht um jeden Preis erzielen, sondern nur **im Einklang (Harmonie) mit den anderen wirtschaftspolitischen Zielen** (Abschnitt 7.3.3).

Wachstumsmessung

Das jährliche Wachstum einer Volkswirtschaft läßt sich messen an den Veränderungen
— des privaten und staatlichen Verbrauchs (Konsums),
— der Investitionen,
— des nominalen und realen Bruttosozialprodukts (Abschnitt 6.4.1).

Über die Entwicklung des Wirtschaftswachstums in der Bundesrepublik Deutschland gibt Bild 79 Aufschluß.

Jahr	Privater Verbrauch in Mrd. DM	Jährliche Zu-/Abnahme in %	Staatlicher Verbrauch in Mrd. DM	Jährliche Zu-/Abnahme in %	Anlage-investitionen in Mrd. DM	Jährliche Zu-/Abnahme in %	Reales BruttoSP in Mrd. DM Basis 1980	Jährliche Zu-/Abnahme in %
1972	451		147		208		1205	
1973	497	+ 10,2	169	+ 15,0	220	+ 5,8	1273	+ 5,6
1974	528	+ 6,2	194	+ 14,8	216	— 1,8	1278	+ 3,9
1975	575	+ 8,9	215	+ 10,8	214	— 1,0	1260	—1,4
1976	624	+ 8,5	228	+ 6,0	233	+ 8,9	1328	+ 5,4
1977	670	+ 7,4	239	+ 4,8	249	+ 6,9	1362	+ 2,6
1978	725	+ 8,2	253	+ 5,9	267	+ 7,2	1403	+ 3,0
1979	779	+ 7,4	274	+ 8,3	305	+ 14,2	1458	+ 3,9
1980	840	+ 7,8	298	+ 8,8	336	+ 10,2	1485	+ 1,9
1981	888	+ 5,7	320	+ 7,4	335	— 0,3	1485	0
1982	918	+ 3,4	326	+ 1,9	327	— 2,4	1471	—1,0
1983	958	+ 4,4	336	+ 3,1	344	+ 5,2	1494	+ 1,6
1984	990	+ 3,3	350	+ 4,2	355	+ 3,2	1539	+ 3,0
1985	1027	+ 3,7	366	+ 4,6	359	+ 1,1	1576	+ 2,4
1986								

Quelle: Monatsberichte der Deutschen Bundesbank

Bild 79

Aus dem Bild ist zu ersehen, daß sich der Wachstumsprozeß insgesamt in den Jahren 1974/75 stark verlangsamte, daß 1976 eine Besserungsphase eintrat, die aber 1977 wieder abflachte, sich ab 1978 nur zögernd bzw. nicht mehr fortsetzte und ab 1981 in eine rückläufige Entwicklung hineindriftete. Ab 1983 steigen die Zuwachsraten wieder an.

Legt man den Zahlen von 1981 und 1982 ein reales Wachstum zugrunde, so läßt sich eine *Wachstumsstagnation* (Stillstand des Wachstums) feststellen. Ab 1983 ist wieder eine langsame doch stetige Zunahme zu beobachten.

Fragen und Aufgaben:

1. Wann besteht Gleichgewicht
    a) auf dem Arbeitsmarkt,
    b) auf dem Stoffe- und auf dem Erzeugnismarkt,
    c) auf dem Kapitalmarkt,
    d) bei der betrieblichen Kapazitätsauslastung?
2. Welche Gleichgewichtsbedingungen müssen erfüllt sein, damit man von gesamtwirtschaftlichem Gleichgewicht sprechen kann?
3. Welche Schwierigkeiten können sich bei der Verfolgung der wirtschaftspolitischen Hauptziele ergeben?
4. Beschreiben Sie Situationen des Ungleichgewichts
    a) im Bereich der Güterpreise,
    b) im Bereich der Beschäftigung,
    c) im Bereich des Außenhandels,
    d) im Verlauf des Wirtschaftswachstums.

5. Erklären Sie die Begriffe
   a) Wirtschaftswachstum,
   b) reales Wachstum,
   c) Nullwachstum,
   d) negatives Wachstum.
6. Was versteht man unter quantitativem und qualitativem Wachstum?
7. In welchen Gesetzen ist die Forderung nach Wirtschaftswachstum für die Bundesrepublik Deutschland festgelegt?
8. Wie läßt sich Wirtschaftswachstum messen?
   Von welchen Bedingungen ist Wirtschaftswachstum abhängig?

7.3.2 Konflikte zwischen den wirtschaftspolitischen Zielen (magisches Viereck)

Die Erfahrung lehrt, daß die vier das gesamtwirtschaftliche Gleichgewicht tragenden Ziele der staatlichen Wirtschaftspolitik sich im einzelnen nicht ohne negative Auswirkung auf die anderen Ziele in idealer Weise verwirklichen lassen. Der Grund liegt darin, daß die unbeschränkte Verfolgung *eines* wirtschaftspolitischen Zieles oft **Widerstreit** mit den *anderen* Zielen auslöst.

Die Bemühungen des Staates, trotzdem alle Ziele in einen Zustand harmonischer Verträglichkeit zu bringen, verlangt von der Bundesregierung ein gleichsam zauberisches (magisches) Geschick. Man stellt die Wirtschaftspolitik des Staates im Rahmen der vier wirtschaftspolitischen Teilziele deswegen auch gern im sogenannten **„magischen Viereck"** dar.

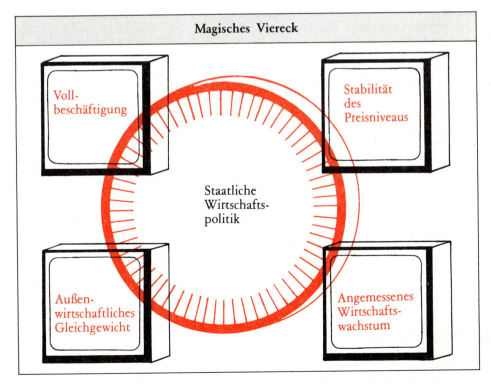

Bild 80

Besonders schwerwiegende Zielkonflikte können sich ergeben aus den gleichzeitigen Forderungen nach
— Vollbeschäftigung und Preisstabilität,
— Vollbeschäftigung und außenwirtschaftlichem Gleichgewicht,
— Preisstabilität und Wirtschaftswachstum,
— Vollbeschäftigung und Wirtschaftswachstum.

Vollbeschäftigung und Preisstabilität

Bei Hochkonjunktur und damit verbundener Vollbeschäftigung gibt es praktisch keine Arbeitslosen, wohl aber offene Stellen. Auf dem Arbeitsmarkt besteht zwar Nachfrage, das Angebot ist aber ausgeschöpft. Die Gewerkschaften als Vertreter des Produktionsfaktors Arbeit haben bei Tarifverhandlungen eine starke Position. Sie können die Aufnahme größerer Lohnsteigerungen in die Lohntarife durchsetzen. Die höheren Löhne führen zu Kostendruck und Nachfragesog und damit zur Lohn-Preis-Spirale (Abschnitt 7.1.2).

Zwischen den beiden wirtschaftspolitischen **Zielen** Vollbeschäftigung und Preisstabilität besteht also eine **grundsätzliche Konfliktsituation**.

Vollbeschäftigung und außenwirtschaftliches Gleichgewicht

Bei Vollbeschäftigung in einem hochindustrialisierten Land werden die Bemühungen um vermehrten Güterabsatz im Ausland verstärkt. Der Wert der Exporte übersteigt den der Importe. Es entstehen positive Außenbeiträge (Abschnitt 7.2.2). Dies führt aber zu Zahlungsbilanzüberschüssen und damit außenwirtschaftlichem Ungleichgewicht.

Außerdem wird die Stabilität des Geldwertes durch die unvermeidliche „importierte Inflation" gefährdet (Abschnitt 7.1.2).

Mit den überdurchschnittlichen Preissteigerungen für Rohstoffe (Metalle, Holz, Kohle, Gas, insbesondere aber Erdöl) sind in neuerer Zeit die Exportüberschüsse vieler rohstoffarmer Industrieländer, unter ihnen vor allem die der Bundesrepublik Deutschland und Japans, gefährdet. „Die Importpreise verschlingen die Exporterträge." Trotz Vollbeschäftigung kommt es also zu außenwirtschaftlichem Gleichgewicht. Die beiden wirtschaftspolitischen **Ziele gleichen sich wertmäßig an**.

Mengenmäßig bleibt zwar zunächst alles wie in Zeiten des Exportüberschusses. Die Inländer müssen aber für die gleichen Importgüter mehr Geld bezahlen. Die Kaufkraft der DM nimmt für diese und auch für die daraus hergestellten Güter ab. Die Preissteigerungen führen zu höheren Lohnforderungen, welche von den Unternehmen oft nicht zu verkraften sind. Unternehmenszusammenbrüche verschlechtern die Beschäftigungslage. Arbeitslosigkeit nistet sich ein und beginnt zu wachsen. Die wirtschaftspolitischen **Ziele** Vollbeschäftigung und außenwirtschaftliches Gleichgewicht geraten in **Widerstreit**.

Preisstabilität und Wirtschaftswachstum

Stabile Preise fördern die Investitionsbereitschaft der Unternehmungen und auch der privaten und öffentlichen Haushalte. Man kann sicher kalkulieren und erhält für sein Geld auch die entsprechenden Güter. Sparen bringt keinen Inflationsverlust, sondern Zinsgewinn. Langfristige Anlageprojekte können geplant werden. Optimismus belebt die Konjunktur, das Volkseinkommen steigt. Es entsteht Wirtschaftswachstum.

Die beiden wirtschaftspolitischen **Ziele stehen bis zum Erreichen der Vollbeschäftigung in keinem Gegensatz** zueinander.

Zielkonflikt zwischen Preisstabilität und Wirtschaftswachstum **entsteht** dann, wenn
— sich die Beschäftigung hin zur Überbeschäftigung entwickelt und durch die Lohn-Preis-Spirale die Preisstabilität gefährdet wird;

— übergroße Preissteigerungen für importierte Rohstoffe die Investitionsneigung verringern und damit zur Verlangsamung des Wirtschaftswachstums führen;

— die erforderlichen Umweltschutzinvestitionen (Reinigungs-, Entsorgungs- und Wiederaufbereitungsanlagen) die Preise für die Güter bestimmter Industrien in wettbewerbsfeindliche Höhen treiben.

Das **Wirtschaftswachstum** steht hier also **in Konkurrenz mit der Preisstabilität**.

Vollbeschäftigung und Wirtschaftswachstum

Vollbeschäftigung ist nur in Zeiten kräftigen Wirtschaftswachstums möglich. Steigendes Wirtschaftswachstum zieht Erhöhungen des Beschäftigungsstandes mit sich. Beide **Zielgrößen** sind also **auf proportionalem Wege miteinander verbunden**.

Ein **Konflikt** kann sich dann ergeben, wenn das Wachstum von rein quantitativer Art ist (Abschnitt 7.4.1). Das „Mehr" an materiellen Gütern und an Einkommen geht zu Lasten der allgemeinen Lebensqualität durch umweltfeindliche Produktionsanlagen und -verfahren, Kahlschlag in der Natur, Vermehrung der Luft-, Erd- und Wasserschadstoffe.

Aufgaben und Fragen:

1. Erklären Sie Zielkonflikte zwischen
   a) Preisstabilität und außenwirtschaftlichem Gleichgewicht,
   b) Wirtschaftswachstum und Einkommensverteilung (Abschnitt 7.4.4),
   c) außenwirtschaftlichem Gleichgewicht und Wirtschaftswachstum,
   d) Wachstum und Umweltschutz.
2. Erklären Sie, inwieweit sich außenwirtschaftliches Gleichgewicht und Preisstabilität gegenseitig ergänzen können.
3. Welche Wirtschaftssituation liegt vor, wenn „die Importpreise die Exporterträge verschlingen"?
4. a) Welches wirtschaftspolitische Ziel sollte die Bundesregierung nach Ihrer Meinung in der gegenwärtigen Zeit vorrangig verfolgen?
   b) Begründen Sie Ihre Meinung.
   c) Welche Gefahren können daraus entstehen?

7.3.3 Harmonische Zielverwirklichung

Aus der Notwendigkeit, Ungleichgewichte zu beheben und Zielkonflikte zu vermeiden, ergibt sich eine Maßnahmepolitik, die insgesamt langfristig zu einem **harmonischen Ausgleich der vier wirtschaftspolitischen Ziele** führen muß. Ihr Zweck ist es, die vielfachen Abläufe in den verschiedensten Bereichen der Wirtschaft so weit wie möglich in den ausgewogenen Zustand des gesamtwirtschaftlichen Gleichgewichts hineinzulenken.

Das bedeutet im einzelnen, daß in den verschiedenen Zielbereichen jeweils

— ein schlechter Zustand beseitigt werden muß.

   Beispiel: Durch größere Staatsaufträge, notfalls mittels staatlicher Kreditaufnahme finanziert (Abschnitt 7.6.1), sollen Unterbeschäftigung und daraus resultierende Arbeitslosigkeit beseitigt werden.

— ein nachhinkender Vorgang beschleunigt werden muß.

   Beispiel: Bei Außenhandelsdefiziten kann der Staat den Export durch Bürgschaftsübernahmen, Subventionen, Zollerleichterungen und Währungsabwertung (Abschnitt 7.7.2) stützen und zur Erweiterung beleben.

— ein überhitztes Voranschreiten eingedämmt werden muß.

   Beispiel: Bei Überbeschäftigung drosselt die Bundesbank mit geldpolitischen Maßnahmen das Geldvolumen (Abschnitt 7.5.2), um einen Preisauftrieb zu vermeiden.

Da im marktwirtschaftlichen System die Gestaltung des Wirtschaftsgeschehens grundsätzlich den freien Kräften des Marktes überlassen ist, kann die staatliche Wirtschaftspolitik keine dirigistische (befehlende), sondern nur eine stützende Funktion haben. Der Staat soll nur mit marktkonformen Mitteln eingreifen (lat. conformis = übereinstimmend), wenn das freie Spiel der Kräfte keinen harmonischen Ausgleich bewirkt. Sobald die Konfliktsituation beseitigt ist, müssen die staatlichen Einwirkungen wieder unterbleiben.

Die Regierung der Bundesrepublik Deutschland kann weder Investitionsbereitschaft noch Konsumverhalten erzwingen; sie kann keine allgemeine Arbeitsplatzgarantie geben noch die Tarifautonomie von Gewerkschaften und Arbeitgeberverbänden aufheben. Sie kann sich aber zusammen mit der Bundesbank aus ihrer gesamtwirtschaftlichen Sicht für maßvolles Verhalten einsetzen und mit den in den folgenden Abschnitten erläuterten Maßnahmen schrittweise dazu beitragen, Ungleichgewichte unter möglichster Vermeidung von Zielkonflikten zu beseitigen.

Fragen und Aufgabe:
1. Wie muß Wirtschaftspolitik betrieben werden, die unter dem Leitsatz eines harmonischen Ausgleichs der wirtschaftspolitischen Ziele steht?
2. Suchen Sie aus den Abschnitten 7.5, 7.6 und 7.7 jene Maßnahmen heraus, die dazu beitragen, daß
    a) Arbeitslosigkeit eingedämmt wird,
    b) die Kaufkraft der DM erhalten bleibt,
    c) ein Außenhandelsdefizit vermieden oder abgebaut wird,
    d) Investitionsbereitschaft geweckt wird,
    e) der private Konsum erweitert wird,
    f) die staatliche Güternachfrage erhöht wird,
    g) Lohnerhöhungen keine Inflation nach sich ziehen.
3. Wie kann die immer stärker werdende Forderung nach mehr Umweltschutz in Einklang mit den Zielsetzungen des Stabilitätsgesetzes gebracht werden?
4. Mit welchen marktkonformen Mitteln kann der Staat in das Wirtschaftsgeschehen eingreifen?
5. In Frankreich wurde im Jahre 1982 ein Preisstopp für viele lebenswichtige Güter eingeführt.
    a) Inwiefern verstößt diese Maßnahme gegen die wirtschaftspolitischen Prinzipien der Marktwirtschaft?
    b) Welche Gefahren sehen Sie in dieser Maßnahme?

7.4 Wirtschaftliche Grundprobleme der modernen Industriegesellschaft

Nach dem zweiten Weltkrieg konnten in der Bundesrepublik Deutschland die wirtschaftspolitischen Zielsetzungen nach Wachstum, Vollbeschäftigung, Geldwertstabilität und außenwirtschaftlichem Gleichgewicht verhältnismäßig gut miteinander in Einklang gebracht werden.

Je mehr es gelang, den Lebensstandard des Volkes zu steigern, setzte in den 70er Jahren ein Prozeß kritischen Nachdenkens über wirtschaftliche Grundprobleme der modernen Industriegesellschaft ein:

— Der fortschreitende Abbau wirtschaftlicher Grundstoffe (Ressourcen) ließ weltwirtschaftliche **Grenzen des quantitativen Wachstums** aufleuchten.

— Die mit modernen Produktionsweisen verbundene Zerstörung natürlicher Lebensbedingungen führte in zunehmendem Maße zu der Erkenntnis, daß Erfordernisse des **Umweltschutzes** nicht länger verdrängbar sind.

— Eine weitgehende Befriedigung des nach dem zweiten Weltkriege dringenden Nachholbedarfs an bestimmten Gütern einerseits und neue Entwicklungsmöglichkeiten in der Produktions- und Kommunikationstechnik andererseits ließen traditionelle Wirtschaftszweige absterben. Dadurch wurden in vielen Bereichen Arbeitskräfte freigesetzt, so daß sich eine **strukturelle Arbeitslosigkeit** ergab, die als bislang nicht behebbares Dauerproblem auftritt.

— Die durch Nachfragemangel und moderne Produktionsweisen bedingte Arbeitslosigkeit und die mit der technischen Entfaltung verbundene Kapitalanhäufung in produktiven Bereichen macht **Ungleichheiten in der Einkommens- und Vermögensverteilung** bewußt.

Der Bewältigung dieser Probleme wird in Zukunft das besondere Augenmerk der Wirtschaftspolitik gehören müssen.

7.4.1 Grenzen des quantitativen Wachstums

In der wirtschaftspolitischen Diskussion hat man bisher ein Wachstum der Wirtschaft als selbstverständliche Notwendigkeit angesehen. In der Steigerung der Wachstumsrate sah man den Ausdruck der Wirtschaftskraft und des Lebensstandards eines Volkes.

In neuerer Zeit gerät die Forderung nach Wirtschaftswachstum zunehmend in das Kreuzfeuer der Kritik, die sich vor allem aus Gründen des Umweltschutzes gegen ein weiteres quantitatives Wachstum richtet (Abschnitt 7.4.2).

Quantitatives Wachstum bedeutet eine ständige Zunahme an Gütern und Dienstleistungen (Abschnitt 7.3.1). Das Erreichen dieses Ziels ist nur mit Hilfe einer **Vermehrung und Verbesserung des Einsatzes an Produktionsfaktoren** möglich.

Beispiele:
Erweiterte und leistungsfähigere Produktionsanlagen, mehr und ergiebigerer Rohstoff- und Energiestoffeinsatz, mehr Arbeitskräfte und höhere Arbeitsqualifikation der Menschen.

Das Wachstum der Produktionsfaktoren ist auch von der **Verbesserung der Struktur der Volkswirtschaft** abhängig.

Beispiele:
Verringerung und Beseitigung der strukturellen Arbeitslosigkeit durch Anpassung des Bildungs-, Ausbildungs- und Umschulungsangebots an die veränderte Wirtschaftslage, Subventionen für wirtschaftsschwache Gebiete, Umsiedlungshilfen, Investitionshilfen für die Grundstoffindustrie.

Im einzelnen sind für das Wirtschaftswachstum und seine Grenzen folgende Bestimmungsgrößen wirksam:

— Verhalten und Entwicklung der Bevölkerung,

— Kapazität der Produktionsanlagen,

— Rohstoff- und Energieversorgung,

— außenwirtschaftliche Bedingungen und Ergebnisse,

— Maßnahmen zur Verbesserung der Wirtschaftsstruktur.

Verhalten und Entwicklung der Bevölkerung

Im Hinblick auf ein Wirtschaftswachstum sind dabei von Bedeutung
— der Einfluß des Sparens,
— der Einfluß des Beschäftigungsstandes,
— die Bevölkerungsstruktur.

Sparen und Wachstum

Die Ergiebigkeit der menschlichen Arbeit kann durch den Einsatz von technischen Hilfsmitteln beträchtlich gesteigert werden. Die Bildung des dazu notwendigen Kapitals erfolgt über das Sparen. Wenn ein Volk alles verbraucht, was produziert wird, so bleibt nichts zur Finanzierung von Investitionen übrig. Wird dagegen gespart, so kann auch investiert werden.

Ein Wachstum kann jedoch nur erzielt werden, wenn in der Volkswirtschaft insgesamt mehr gespart wird als für die Finanzierung der Ersatzinvestitionen nötig ist (Nettoinvestitionen, Abschnitt 6.2.3).

Wirtschaftswachstum findet also Auftrieb und Begrenzung in der Sparfreudigkeit der Bevölkerung und im ökonomischen Einsatz der gesparten Kapitalien (Investitionsergiebigkeit).

Mangelnde Preisstabilität, welche die Sparerträge verschlingt, schädigt den Sparwillen und ist damit auch eine **Gefahr für das Wirtschaftswachstum.**

Beschäftigungsstand und Wachstum

Bei *Vollbeschäftigung* sind die Arbeitskraftreserven des Volkes ausgeschöpft. Auch wenn Wachstum durch zahlenmäßige Vermehrung der Arbeitskräfte nicht mehr möglich ist, so kann durch Erhöhung der Arbeitsqualität eine Steigerung der Arbeitsergiebigkeit und damit Wachstum erzielt werden.

Erhöhung der Arbeitsqualität setzt eine Weiterentwicklung der beruflichen Qualifikationen voraus.

Arbeitslosigkeit bewirkt eine Verringerung
— des Güterangebots, da nicht das ganze Beschäftigungspotential ausgelastet ist,
— der Güternachfrage, da die Arbeitslosen ein geringeres Einkommen beziehen und damit als Nachfrager teilweise ausfallen.

Möglichkeiten und Grenzen des Wirtschaftswachstums sind also auch durch die quantitativen und qualitativen **Arbeitskraftreserven** des Volkes sowie durch den **Beschäftigungsstand** in der Volkswirtschaft bedingt.

Bevölkerungsstruktur und Wachstum

Eine *Bevölkerungszunahme* kann dann wirtschaftliches Wachstum bewirken, wenn die zusätzlichen Arbeitskräfte angemessen beschäftigt werden können. Die Zahl der Sparer und Verbraucher wird größer. Investition und Konsum dehnen sich aus.

Ein *Bevölkerungsrückgang* hat das Gegenteil zur Folge. Sparvolumen und Güterbedarf nehmen ab.

Wirtschaftswachstum ist also **abhängig von** der Zu- oder Abnahme der **Bevölkerung.**

Auf das Wachstum ist aber nicht nur der Stand, sondern auch der Anteil der erwerbstätigen im Verhältnis zum Anteil der nicht erwerbstätigen Bevölkerung von Einfluß.

Von den ca. 60 Millionen Menschen der Bundesrepublik Deutschland sind nur etwa 26 Millionen erwerbstätig.

Wirtschaftswachstum wird **positiv** beeinflußt, wenn der **Anteil der Erwerbstätigen zunimmt**.

Beispiel: Zunahme der Frauenarbeit in den 60er und 70er Jahren.

Wirtschaftswachstum wird **negativ** beeinflußt durch eine **Abnahme des Anteils der Erwerbstätigen**.

Beispiel: Eine Verlängerung der Ausbildungszeiten mit späterem Eintritt in das Erwerbsleben und das frühere Ausscheiden aus dem Erwerbsleben durch vorgeschobene Altersgrenzen mindern die Zahl der Erwerbstätigen.

Kapazität der Produktionsanlagen

Umfang und Auslastungsgrad der Produktionsanlagen sowie der Stand der technischen Entwicklung, aber auch die Maßnahmen des Umweltschutzes, wirken sich unmittelbar auf das Wirtschaftswachstum aus.

Umfang und Auslastungsgrad des Produktionspotentials

Auskunft über die statistisch geschätzten Werte der Produktionskapazität in der Bundesrepublik Deutschland gibt Bild 81.

Jahre	Kapazität: Gesamtwirtschaftliches Produktionspotential in Preisen von 1976 Mrd. DM	Zunahme gegenüber dem Vorjahr in %	Kapazitätsausnutzung: Auslastungsgrad des Potentials in %
1972	523		99
1973	540	3,3	101
1974	553	2,4	98
1975	565	2,1	95
1976	581	2,8	97
1977	599	3,1	97
1978	615	2,7	97,5
1979	630	2,4	99,5
1980	645	2,4	98
1981	660	2,3	96
1982	657	—0,5	93
1983	670	2,0	96
1984			

Quelle: Jahresgeschäftsberichte der Deutschen Bundesbank

Bild 81

Aus den Zahlen des Bildes ist die Wachstumsverlangsamung in den Jahren 1974 und 1975 ersichtlich, und zwar sowohl aus den Zunahmewerten der Produktionskapazität als auch aus den Auslastungsgraden der Kapazität.

Ab 1977/78 steigt die Kapazität wieder stärker an; der Auslastungsgrad läßt aber erkennen, daß die Produktion dieser Mehrkapazität noch nicht angepaßt werden konnte.

Beispiel: Neuinvestitionen in der Autoindustrie einerseits, schleppender Absatz andererseits. Die Neuinvestitionen sind bedingt durch die Notwendigkeit, benzinsparende Modelle herzustellen; die Absatzflaute ist durch die Benzinverteuerung verursacht.

1981 steigt zwar die Kapazität noch geringfügig, ihre Auslastung aber geht infolge der Wirtschaftsflaute und der vornehmlich auf dem Binnenmarkt sinkenden Nachfrage zurück. 1982 bringt einen Kapazitätsrückgang bedingt durch das außergewöhnliche Ausmaß an Unternehmenspleiten. Ab 1983 nehmen die Kapazität und ihre Ausnutzung wieder zu.

Das Ausmaß des **Wirtschaftswachstums** ist also auch abhängig von der Entwicklung des **Umfanges** und **Auslastungsgrades der Produktionsanlagen**.

Entwicklung des technischen Fortschritts

Nachdem die Bundesrepublik Deutschland in den letzten Jahren den technologischen Vorsprung anderer führender Industrienationen, vor allem der USA, aufgeholt hat, steht sie nun vor der Aufgabe, eigene neue Weiterentwicklungen der Technik zu finden. Sie befindet sich auf dem Weg von der Nachhol- und Nachahmungsphase zur Innovationsphase.

Auf technischem Fortschritt beruhendes **Wirtschaftswachstum** findet aber seine **Grenzen in der Finanzierbarkeit** des Forschungs- und Erprobungsaufwandes.

Erfordernisse des Umweltschutzes

Ein *neuer Kostenfaktor* im technischen Bereich sind in zunehmendem Maße die Erfordernisse des Umweltschutzes. Umweltschutz umfaßt dabei nicht nur die Beseitigung der bestehenden Umweltverschmutzung, sondern auch den zusätzlichen Aufbau eines neuen, gesünderen Lebensraumes mit umweltfreundlicherer Energieverwendung und wasser- und waldwirtschaftlicher Zukunftsvorsorge (Abschnitt 7.4.2).

Der gesetzlich vorgeschriebene Bau von Umweltschutzanlagen in der deutschen Industrie führt zu **Mehrkosten**, die sich im internationalen Wettbewerb nachteilig auswirken. Das quantitative inländische **Wachstum** wird dadurch solange **gebremst**, bis auch jene ausländischen Konkurrenten zu Umweltschutz gezwungen sind, die in der Gegenwart noch wenig oder gar keine Umweltschutzmaßnahmen ergreifen.

Rohstoff- und Energieversorgung

Viele der einmal verwendeten Rohstoffe und Energiestoffe sind für eine Wiederverwendung im Produktionsprozeß (Recycling) nicht mehr brauchbar. Irgendwann werden daher die natürlichen Vorkommen der Erde, Ressourcen (Quellen) genannt, erschöpft sein.

Ein Bericht des 1970 von internationalen Wissenschaftlern in Sorge um die Zukunft der Menschheit gegründeten „Club of Rome" befaßt sich mit der voraussichtlichen Erschöpfung der Rohstoffvorräte der Erde (Bild 82).

Rohstoffe	Kohle	Erdgas	Erdöl	Uran	Eisen	Aluminium	Blei	Kupfer	Silber
in	102	69	48	35	61	79	50	49	40
	Jahren voraussichtlich erschöpft								

Bild 82

Die in Bild 82 aufgeführten Prognosewerte werden zwar vielfach als pessimistisch bezweifelt; sie sind zum Teil auch durch neuere Entdeckung von Vorkommen erheblich erweitert worden. Insgesamt aber dürfte klar sein, daß die natürlichen Vorkommen bei wachsender Weltproduktion und wachsender Weltbevölkerung progressiv abnehmen und in absehbarer Zeit erschöpft sein werden.

Gegenwärtig sind noch alle Stoffe und Energien wie Mineralien, Metalle, Erdöl, Erdgas, Kohle, Elektrizität und Atomenergie in ausreichender Menge zu haben. Ihre Beschaffung auf dem Weltmarkt aber wird immer teurer und ist zudem durch politische Gegebenheiten in den erzeugenden Ländern oft gefährdet.

Der Ausfall oder die Verteuerung eines nur oder vornehmlich durch Import zu beschaffenden Grundstoffes hat unmittelbare Folgen auf die gesamte Produktion eines Industriestaates.

Würde z. B. eine gewisse Zeit kein Erdöl in die Bundesrepublik Deutschland geliefert werden, so würden u. a. der gesamte Kfz-Verkehr und die Kfz-Industrie zusammenbrechen, Teile der chemischen Industrie müßten eingestellt werden. Die Zulieferbetriebe bekämen keine Aufträge mehr, den abnehmenden Betrieben würden notwendige Montageteile und Produktbausteine fehlen: in beschleunigter Folge wäre das ganze produzierende Gewerbe lahmgelegt.

Einen Überblick über die im Jahre 1980 geschätzten Erdölvorräte der Welt verschafft Bild 83.

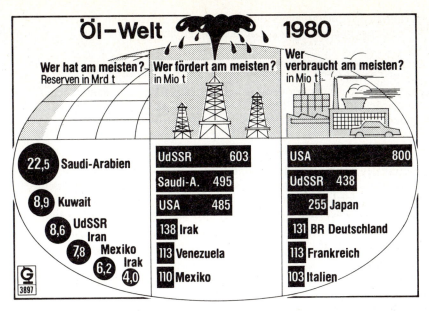

Bild 83

Außenhandel und Wachstum

Für die Bundesrepublik Deutschland ist in diesem Zusammenhang die in den letzten Jahren erfolgte Veränderung ihrer Außenhandelsposition und die Entwicklung der Auslandskonkurrenz wichtig.

Außenhandelssituation

Die Bundesrepublik Deutschland importiert Rohstoffe (Eisen, Buntmetalle, Edelhölzer) und Energiestoffe (Erdöl, Erdgas, Uran) und exportiert hochwertige Fertigerzeugnisse (Maschinen, Medikamente).

Da die Fertigerzeugnisse in früheren Jahren bei niedrigen Importpreisen für Roh- und Energiestoffe zu einem relativ hohen Preis im Ausland abgesetzt werden konnten, ergaben sich weitgehend aktive Handelsbilanzen (Abschnitt 7.2.2), die für die deutsche Industrie Wachstumszunahme und weitere Wachstumsbereitschaft mit sich brachten.

Inzwischen aber ist die außenwirtschaftliche Situation verändert. Die roh- und energiestoffliefernden Länder sind sich ihrer Monopolstellung in der Welt bewußt geworden und fordern immer höhere Preise für ihre Stoffe. Positive Handelsbilanzen sind nur mit rationellstem Arbeitseinsatz und Verwendung hochmoderner Techniken in der Fertigerzeugnisproduktion zu erreichen.

Die erhöhten **Importgüterpreise** üben einen starken Kostendruck auf die Preise der deutschen Fertigwaren aus, erschweren deshalb in Verbindung mit dem vergleichsweise hohen Lohnniveau in der Bundesrepublik Deutschland den internationalen Wettbewerb und wirken sich **hemmend** auf das inländische **Wirtschaftswachstum** aus.

Technischer Fortschritt und Lohnniveau der ausländischen Konkurrenten

Der technische Fortschritt und das Lohnniveau in den Industriestaaten der Welt haben sich unterschiedlich entwickelt.

Die Bundesrepublik Deutschland hat im Laufe der Jahre ein vergleichsweise hohes Lohnkostenniveau erreicht, mit dem sie ihren günstigen Stand auf den Weltmärkten nur solange behauptete, als sie einen technischen Qualitätsvorsprung aufweisen konnte.

Inzwischen haben aber andere Industriestaaten durch Aufholen im technischen Bereich in Verbindung mit geringeren Lohnkosten größere Anteile auf den Weltmärkten erreicht.

Beispiel: Japan konnte in den vergangenen Jahren auf dem Gebiet der optischen Geräte, des Auto- und Motorradhandels einen hohen Marktanteil auch in der Bundesrepublik Deutschland selbst erreichen.

Wachstum findet auf den internationalen Absatzmärkten also dann eine **Grenze**, wenn die **konkurrierenden Länder** bei technologischem und qualitativem Anschluß infolge **geringerer Lohn- und Sozialkosten** billiger anbieten können.

Wirtschaftsstruktur und Wachstum

Der Beitrag der Wirtschaftssektoren und Wirtschaftszweige (Abschnitt 6.4.1) zum Wirtschaftswachstum und damit zum Sozialprodukt ist mengenmäßig unterschiedlich und unterliegt dazu fortlaufenden Änderungen. Der Beitrag einiger Bereiche nimmt verhältnismäßig zu (Dienstleistungsbereiche), der anderer geht zurück (Landwirtschaft):

— In den schrumpfenden Sektoren werden Produktionsfaktoren freigesetzt.
— In den sich ausdehnenden Sektoren werden Produktionsfaktoren verstärkt nachgefragt.

Damit unterliegt die Wirtschaft einem laufenden Strukturwandel, der nur dann ohne Wachstumsverluste bleibt, wenn die in den schrumpfenden Bereichen freiwerdenden Produktionsfaktoren sofort in den sich ausdehnenden Wirtschaftszweigen eingesetzt werden.

Die **Mobilität** (schnelle Verfügbarkeit an anderer Stelle) der Produktionsfaktoren und damit das strukturabhängige Wirtschaftswachstum wird vor allem gefördert durch:

a) die marktwirtschaftliche Grundordnung, welche die Gewerbefreiheit und Freiheit des Marktzutritts begünstigt und damit vom Markt her verlangte Strukturänderungen nicht behördlich unterbindet;

b) die Lenkungsfunktion des Marktpreises, wodurch Produktionsfaktoren aus den schrumpfenden Bereichen abgezogen und in Wachstumsbereiche hineingelenkt werden (Abschnitt 2.3.2);

c) staatliche Investitionen zur Verbesserung der Infrastruktur in jenen Regionen, in denen sich Betriebe ansiedeln wollen;

Unter **Infrastruktur** versteht man die allgemeinen Einrichtungen, die ein Gebiet erst zum geeigneten Wirtschafts- und Lebensraum machen. Dazu gehören Verkehrswege, Wasser- und Energieversorgung, Schulen, Krankenhäuser, Ordnungs- und Verwaltungseinrichtungen, Erholungsgebiete.

d) behördliche Förderung des Arbeitsplatzwechsels mittels Umsiedlungshilfen, Ausbildungs- und Umschulungszuschüssen (Abschnitt 7.4.3).

Die wachstumsbegünstigende schnelle Anpassung an Strukturwandlungen findet dort ihre **Grenze**, wo **selbstversorgerische, soziale und umweltbezogene Zwänge** Vorrang vor der ökonomischen Forderung haben müssen.

Beispiele:
1. Jeder Industriestaat muß zur Vorsorge für Notzeiten teure Eigenindustrien (Kohlebergbau in der Bundesrepublik) sowie eine Land- und Forstwirtschaft in gewissem Umfang beibehalten.
2. Durch Kündigungsschutzgesetze gewährt der Staat den Arbeitnehmern in gewissem Maße Arbeitsplatzschutz.
3. Rentable, aber umweltzerstörende Industrieeinrichtungen (Abwassersystem direkt in den Fluß) werden durch umweltschützende Investitionsauflagen (eigene Klär- und Wiederaufbereitungsanlagen) weniger rentabel und damit weniger konkurrenzfähig. Umweltbelastung begrenzt also quantitatives Wachstum.

Fragen und Aufgaben:
1. Auf welche Weise bringt Umweltschutz qualitatives Wachstum?
2. In welcher Weise hat der Beschäftigungsstand einer Volkswirtschaft Einfluß auf das Wirtschaftswachstum?
3. Wie würde sich eine Verlängerung bzw. eine Verkürzung der Ausbildungszeiten auf das Wirtschaftswachstum auswirken?

4. Inwiefern wirkt sich eine mangelnde Ausnutzung der Produktionsanlagen negativ auf das Wirtschaftswachstum aus?
5. Warum wirken sich die gesetzlichen Umweltschutzauflagen ungünstig auf die internationale Wettbewerbsfähigkeit der deutschen Erzeugnisse aus?
6. Mit welchen Argumenten könnte man die Gewinnung von Atomenergie
   a) befürworten,
   b) ablehnen?
7. Warum ist ein Wirtschaftswachstum in der Bundesrepublik Deutschland auch von den Ergebnissen des Außenhandels abhängig?
8. Warum können manche ausländische Konkurrenten ihre Erzeugnisse auf dem Weltmarkt billiger als die deutschen Produzenten anbieten?
9. Wie wirkt sich Mobilität innerhalb der Wirtschaftsstruktur auf das Wachstum aus?
10. Welche Grenzen sind der wachstumsbegünstigenden Anpassung an Strukturwandlungen gesetzt?
11. Inwiefern kann Know how zu Wirtschaftswachstum führen?
12. Berechnen Sie die prozentualen Änderungen des Außenbeitrags von 1979 (= 100%) bis 1984 anhand der Zahlen in Bild 75.
13. Berechnen Sie die prozentualen Änderungen des Lebenshaltungsindexes bis 1984 bezogen auf den Index des Jahres 1974 = 100%. Die entsprechenden Zahlen finden Sie in Bild 71.

7.4.2 Umweltschutz

Durch die zunehmende Ausnutzung, Beschädigung und Belastung der Natur infolge steigenden Konsums und weiterer Industrialisierung ist die Umwelt als natürlicher Lebensraum des Menschen in gefährlicher Weise bedroht. Aus Verpflichtung für die gegenwärtig lebenden Menschen und die nachfolgenden Generationen ist es notwendig, die bedrohte Umwelt zu schützen.

Die Bundesregierung beschreibt bereits 1971 in ihrem *Umweltprogramm* die Umweltpolitik als »die Gesamtheit aller Maßnahmen, die notwendig sind, um

— dem Menschen eine Umwelt zu sichern, wie er sie für seine Gesundheit und für ein menschenwürdiges Dasein braucht,
— Boden, Luft und Wasser, Pflanzen- und Tierwelt vor nachteiligen Wirkungen menschlicher Eingriffe zu schützen und
— Schäden oder Nachteile aus menschlichen Eingriffen zu beseitigen.«

In dieser Erklärung ist der **Umweltschutz** zum **Gegenstand der Wirtschaftspolitik** und die **Umwelt** zum schützenswerten **Wirtschaftsfaktor** erhoben.

Die Verbesserung der Umweltbedingungen erfordert wirtschaftliche Anstrengungen, die man als *qualitatives Wachstum* bewertet. Gleichwohl schlägt sich die Produktion umweltfreundlicher und umweltförderlicher Güter rechnerisch im realen Sozialprodukt als *quantitatives Wachstum* nieder.

Beispiele:
— Die Bodenseegemeinden erstellten Kläranlagen zur Verbesserung der Wasserqualität des Bodensees. Diese Investition schlägt sich im Beitrag des Staates zur Entstehung des Sozialprodukts quantitativ nieder (Abschnitt 6.4.1).
— Zur Entschwefelung von Industrieabgasen baut ein Industriebetrieb entsprechende Immissionsschutzanlagen. Seine Leistung geht als Beitrag des warenproduzierenden Gewerbes in die Sozialproduktberechnung ein (Abschnitt 6.4.1).

Es wäre demnach ein Irrtum, mit einer Forderung nach Null- oder gar Minuswachstum die Umweltschutzaufgaben bewältigen zu können.

Umweltbelastung und Umweltschutz

Arten der Umweltbelastung	Schutzvorschriften und Gegenmaßnahmen (Beispiele)
Gesundheitliche Beeinträchtigungen durch Schmutz und Lärm **Beispiele:** Ruß und andere Qualm- und Rauchpartikel, Einlässe von Abwässern und Abfällen in Flüsse und Seen verschmutzen Luft, Boden und Gewässer, beeinträchtigen Regen und Grundwasser, nehmen Sonnenlicht, schaffen Smog. Lärm von Motoren, Produktionsverfahren, Haushalten stört die zur Regeneration nötige Ruhe. Schmutz und Lärm beeinträchtigen die Gesundheit, Erholungsbedürftigkeit und Freude an der Natur.	*Gesetze* und Vorschriften *gegen* Schadstoffeingaben in die Umwelt (*Immissionen*) und Abfallabgaben an die Umwelt (*Emissionen*). *Lärmschutzgesetze* und Lärmdämpfungsvorschriften für Motoren. Nachbarschaftsrechte.
Raubbau an der Natur durch — **fortschreitende Zerstörung der lebendigen Erdoberfläche.** **Beispiele:** Übertageabbau von Braunkohle und Torf, Kies, Sand, Ton, Bruchstein, von Erzen und anderen Ressourcen (natürlichen Vorkommen). Planierungen für Straßen, Plätze, Orte, Flüsse. — **zunehmende Vernichtung von Naturlandschaften.** **Beispiele:** Trockenlegung von Moorlandschaften und Abholzung von Wäldern zur Rohstoffgewinnung sowie zur Schaffung von Acker- und Bauland. — **landwirtschaftliche Monokulturen.** **Beispiele:** Einfrucht- und Großfelderwirtschaft (Mais zur Gewinnung von Viehfutter); Boden braucht mehr Kunstdünger, dieser vermehrt schädlichen Nitratgehalt im Grundwasser. Masseneinsatz von Schädlingsbekämpfungsmitteln tötet alles Leben über der Ackerkrume und teilweise auch darin. Moderne landwirtschaftliche Großmaschinen verdichten Ackerboden und schaffen damit Voraussetzungen für Bodenerosion (Zerklüftung und Abschürfung durch Wind und Regen).	*Wiederbelebung* der Übertagegruben durch Auftragung von Humusschichten und Anpflanzungen; Schaffung von Teich- und Seengebieten. Einschränkende Vorschriften für Straßen- und Kanalbau, örtliche *Bebauungsvorschriften*. Anlage vieler kleiner Zwischenbereiche, in denen sich Tier- und Pflanzenleben auf natürliche Weise entwickeln kann (*Biotope*). Einrichtung von *Wasserschutzgebieten* und *Naturschutzzonen* an Flüssen, Seen und in landwirtschaftlich reizvollen Gegenden. *Wasserschutzgesetze* gegen Grund- und Fließwasserverseuchung. Vorschriften zur Anwendung von Schädlingsbekämpfungsmitteln; Ersatz von chemischen durch biologische Mittel (Antilebewesen). *Rekultivierung* von Ackerland in Naturlandschaft.

Verschwendung von Roh- und Energiestoffen durch — **Nur-einmal-Verwendung vieler wiederverwertbarer Rohstoffe.** Beispiele: Papier, Glas, Blech und andere Metallrückstände, Altöle, Gewebe landen vielfach auf der Müllhalde oder in Sondermülldeponien. Man spricht von der »Wegwerfgesellschaft«. — **Verpulverung des Nutzwertes von Energiestoffen.** Beispiele: Hoher Energieverbrauch von überholten technischen Anlagen (Motoren, Heizungen). Kapazitätsmäßig schlecht ausgenutzte Verkehrsmittel (Pkw mit vier Sitzen für nur eine Person).	*Recycling*, d.h. Rückführung zur Wiederverwendung von gebrauchten Gütern in die Produktion neuer Güter. Damit wird eine Verminderung des Rohstoffabbaus zum Nutzen kommender Generationen erreicht. Bessere Energieausnutzung durch verringerten Verbrauch von modernen technischen Anlagen und Kraftmaschinen. Einsatz *alternativer Energien*, die keine Naturvorkommen aufzehren (Wind, Sonnen- und Bodenwärme). Bevorzugung preiswerter Massenverkehrsmittel (Zug und Bus statt Auto).
Umweltzerstörung durch Schadstoffe Beispiele: Ökonomische Tätigkeiten schaffen Stick- und Reizgase (Schwefeldioxid, Stickstoffoxide, Kohlenwasserstoffe), Arten giftigen Staubs (Blei, Kadmium, Thallium, Asbest) und giftige Ab- und Klärwasserbestandteile (Salze, Aluminiumverbindungen, Chlorverbindungen). Über Luft, Regen und Bodenwasser entstehen aus den Schadstoffen Säuren, die die Blätter des Waldes und lebendigen Organismen der Bodenoberfläche abtöten **(Waldsterben)**.	*Immissionsvorschriften* wie z.B. in der »Technischen Anleitung Luft« für Betriebe und Haushalte (Heizungsimmissionen) bezwecken Minderungen der Oxid- und Bleikonzentrationen in Luft, Boden und Wasser. Den gleichen Zweck verfolgen *Abgaskatalysatoren* für Kraftfahrzeuge. *Verkehrsverlagerung* von der Straße auf die Schiene bringt weniger Verschmutzung, Lärm, Naturzerstörung, Unfallgefährdung.
Deponierung von Abfällen Beispiele: Mülldeponien und Müllberge zur Aufnahme von Haushalts- und Betriebsabfällen verschandeln die Landschaft. Oft werden auch gefährliche und giftige Abfallstoffe (Dioxin) leichtfertig gelagert (Giftmüllskandale). Schädliche Abfälle werden in Flüsse und ins Meer eingeleitet oder »verklappt«. Ein besonderes Problem bereitet die Lagerung von radioaktiven Abfällen der Atomkraftwerke, d.h. das Problem der nuklearen Entsorgung.	Gesetzlich geregelt sind die *Ablieferungspflicht* und *Beseitigungspflicht* für Abfälle. Abliefern müssen Betriebe und Haushalte; die Beseitigung (Deponierung, Verbrennung) obliegt der öffentlichen Hand. Die neuerlich immer mehr verlangte *Abfallsortierung* ermöglicht und erleichtert ein gezieltes und effektives *Recycling*. Ehemalige Mülldeponien werden wieder begrünt und in Erholungsanlagen verwandelt.

Bild 84

Instrumente des Umweltschutzes

Umweltschutzauflagen

Der Staat bestimmt bei Strafandrohung durch Gesetze und Verordnungen, welche Immissions- und Emissionswerte bei Produktion und Konsum zu beachten sind.

Beispiele:

— Die Werte der Immissionen, d. h. Schadstoffabgaben an die Umwelt, der Heizungsanlagen von Betrieben und Haushalten sowie der Auspufftöpfe von Kraftfahrzeugen werden laufend überprüft. Eine Überschreitung der erlaubten Werte wird mit der Auflage einer umgehenden Beseitigung des Mißstandes, u. U. mit einer Stillegungsauflage geahndet.

— Haushaltsmüll und Abfälle aus Betrieben, sogenannte Emissionen, müssen in vorgeschriebenen Behältern gesammelt und an die von der öffentlichen Hand bestimmten Abfallbeseitigungs- oder Abfallverwertungsbetriebe abgeliefert werden. Häufig wird dabei eine vorherige Sortierung des Abfalls nach schädlichen Stoffen (Altöl), wiederverwertbaren Stoffen (Metallabfällen) und deponiefähigen Stoffen (Schutt) verlangt.

Finanzierung des Umweltschutzes

Für die Finanzierung des Umweltschutzes können folgende Prinzipien herangezogen werden (Bild 85):

a) **Verursacherprinzip.** Der Verursacher von Umweltbelastungen muß für die Kosten des Umweltschutzes selbst aufkommen, indem

1. er den Umweltschutz *selbst besorgt* und die Kosten dafür tragen muß.

   Beispiele: Kosten für Anschaffung von Müllbehältern, für Sammlung und Sortierung von Abfällen, für Eigentransport von Abfällen zu Deponien, für die Installation von modernen Immissionsschutz- und Wasserkläranlagen, für die Trennung von Regen- und Abwasserableitungen.

2. der Umweltschutz *durch Dritte* (Staat, Gemeinde) *besorgt* wird, die Kosten aber dem Verursacher in Form von Gebühren auferlegt werden.

   Beispiele: Abwassergebühren, Kosten für die öffentliche Müllabfuhr und Mülldeponierung, für Überprüfung von Immissionsgrenzwerten durch Schornsteinfeger und technische Überwachungsstellen.

Eine Umkehrung des Verursacherprinzips ist das **Gutschriftsystem**. Dabei wird mit Anschaffungssubventionen oder Steuergutschriften belohnt, wer von sich aus Umweltschutzmaßnahmen ergreift.

Beispiele: Sonderabschreibungen für umweltfreundliche Renovierungen der Heizungsanlagen, Gutschrift bzw. Erlaß von Kfz-Steuer für Autos mit Abgaskatalysator.

b) **Gemeinlastprinzip.** Kosten des Umweltschutzes werden der Allgemeinheit angelastet, da der Verursacher nicht individuell feststellbar ist oder aus übergeordneten volkswirtschaftlichen Gesichtspunkten nicht allein mit den Kosten belastet werden soll.

Beispiele:

— Kosten für Straßenreinigung und öffentliche Abfallbehälter.

— Ein großes Stahlwerk müßte Konkurs anmelden und alle Arbeitnehmer entlassen, wenn ihm alle Kosten zum Umweltschutz nach dem Verursacherprinzip angelastet würden. Dies würde für die Gegend, in der das Stahlwerk seinen Standort hat, Massenarbeitslosigkeit bedeuten. In diesem Falle kann der Staat einen Teil der Umweltschutzkosten aus Steuermitteln mitfinanzieren.

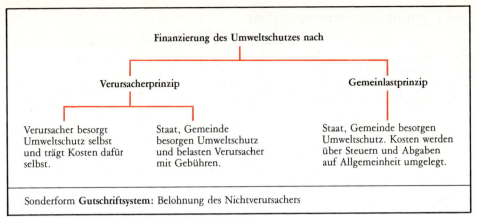
Bild 85

Nach Angaben des Statistischen Jahrbuchs von 1984 wurden in der Bundesrepublik Deutschland 1977 57,2 Mrd. DM, 1981 75,5 Mrd. DM für Maßnahmen des Umweltschutzes investiert. Dies sind ungefähr 4% aller getätigten Investitionen.

Die Güterproduktion wird durch Kosten für den Umweltschutz zwar teurer, die höheren Güterpreise werden aber durch die verbesserte Nutzenziehung aus der Umwelt — auch für künftige Generationen — aufgewogen. Kurzfristig gesehen kann ein einzelnes Land, das eine konsequente Umweltschutzpolitik betreibt, in Wettbewerbsschwierigkeiten gegenüber dem weniger umweltbewußten Ausland und damit auch in landesinterne Beschäftigungsschwierigkeiten geraten. Längerfristig gesehen müssen alle Länder der Erde für einen wirksamen Umweltschutz Sorge tragen; es muß eine Harmonie zwischen Ökologie und Ökonomie, zwischen der Erhaltung von Natur und Leben auf der Erde und der Bewirtschaftung der Erde, gefunden werden.

Fragen und Aufgaben:
1. Inwiefern kann eine Verbesserung der Umweltbedingungen zu Wirtschaftswachstum führen?
2. Nennen Sie die wesentlichsten Umweltbelastungen und mögliche Gegenmaßnahmen des Umweltschutzes.
3. Was versteht man unter
   a) Recycling,
   b) Wegwerfgesellschaft,
   c) Immission,
   d) alternativen Energien,
   e) Auflagen,
   f) Ressourcen?
4. Wie könnte nach Ihrer Meinung auch der einzelne Mensch zum Umweltschutz beitragen?
5. »Raucher sind Umweltverschmutzer« — Nehmen Sie zu dieser Behauptung Stellung.
6. Geben Sie Beispiele an, bei denen die Forderungen von Umweltschützern
   a) gewerkschaftlichen, b) unternehmerischen
   Interessen zuwiderlaufen.
7. Durch welche Gesetze und Vorschriften kann ein wirksamer Umweltschutz erreicht werden?
8. Beschreiben Sie aktuelle Umweltprobleme, die
   a) in Ihrer Wohngegend bestehen,
   b) Sie aus Zeitungsberichten kennen.
9. Wie kann sich der Umweltschutz auf Güterproduktion und Güterpreise auswirken?
10. Nach welchen Prinzipien können Maßnahmen zum Umweltschutz finanziert werden?
11. Der bekannte Maler Oskar Kokoschka urteilte: »Die heutige Gesellschaft übersieht, daß die Welt nicht das Eigentum einer einzigen Generation ist.« Nehmen Sie dazu Stellung.

7.4.3 Strukturelle Arbeitslosigkeit

In modernen Industriegesellschaften tritt die strukturelle Arbeitslosigkeit fast zwangsläufig auf.

Entstehung der strukturellen Arbeitslosigkeit

Wachsender Wettbewerb auf nationaler und internationaler Ebene zwingt die industrielle Produktion zu immer mehr Produktivität, d. h. immer mehr Güterausbringung im Verhältnis zum Faktoreinsatz. Die Folgen dieses Zwangs zeigen sich für die Beschäftigungslage in der Industrie auf verschiedene Art.

a) Infolge steigender Löhne verursacht der Produktionsfaktor Arbeit immer höhere Personal- und Sozialkosten (Bild 86). Aufgrund von Erfindungen können dagegen arbeitssparende technische Anlagen zunehmend kostengünstiger eingesetzt werden. Der Produktionsfaktor Arbeit wird weitgehend durch technische Betriebsmittel substituiert (Abschnitt 1.2.4). Dies gilt besonders in den sogenannten »Schlüsselindustrien« (Maschinenbau, Elektrotechnik, Autofabrikation).

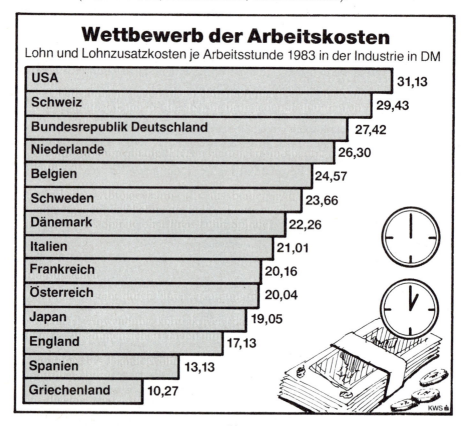

Bild 86

Eine Arbeitsstunde kostet mehr als der dafür ausgezahlte Lohn. Die Nebenkosten eingerechnet — also den Aufwand für bezahlten Urlaub, Sozialleistungen, Gratifikationen, Krankheitstage —, kam die deutsche Industrie 1983 auf durchschnittlich 27,42 DM je Arbeitsstunde. Damit zählt die Bundesrepublik nach den USA und der Schweiz zu den Ländern mit den höchsten Arbeitskosten.

b) Lohnintensive Fertigungen wandern in Niedriglohnländer ab (Textilindustrie nach Fernost). Hochlohnländer verlieren dadurch fortwährend Arbeitsplätze.

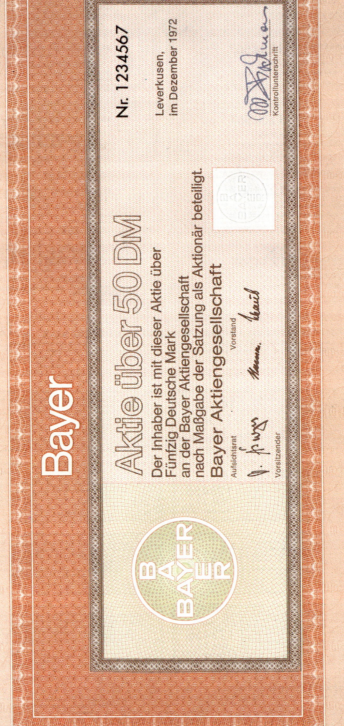

Februar ganzj.   6% Em. 204 Kommunal-Schuldverschreibung   DM 1000,-

WESTHYP

Mündelsicher   Em. 204 Lit. A   Nr. 123456

6% Kommunal-Schuldverschreibung über 1000 DM

Die Westfälische Hypothekenbank Aktiengesellschaft schuldet dem Inhaber dieser Kommunal-Schuldverschreibung Eintausend Deutsche Mark.
Die Kommunal-Schuldverschreibung wird mit 6% jährlich verzinst. Die Zinsen werden zum 1. Februar eines jeden Jahres nachträglich gezahlt. Die Verzinsung endet mit dem Fälligkeitsdatum. Der Inhaber und die Bank können diese Kommunal-Schuldverschreibung nicht kündigen. Die Rückzahlung erfolgt in einer Summe zum 1. Februar 1987; sie wird im Bundesanzeiger bekanntgegeben. Die Einlösung der fälligen Stücke erfolgt wie die Einlösung der Zinsscheine an der Kasse der Bank über sämtliche Kreditinstitute.

Dortmund, im Januar 1978

WESTFÄLISCHE HYPOTHEKENBANK AKTIENGESELLSCHAFT

Aufsichtsrat   Vorstand

Für diese Kommunal-Schuldverschreibung ist die vorschriftsmäßige Deckung vorhanden und in das Deckungsregister eingetragen.

Kontrollunterschrift   Der staatlich bestellte Treuhänder

FEBRUAR 7¼% ANLEIHE VON 1977 GRUPPE A DM 1000

THYSSEN

GRUPPE A Nr. 123456

7¼%
INHABER-TEILSCHULDVERSCHREIBUNG

DM 1000
EINTAUSEND DEUTSCHE MARK

der grundbuchlich gesicherten Anleihe von 1977
der Thyssen Aktiengesellschaft
vorm. August Thyssen-Hütte im Nennbetrag von
Deutsche Mark 150 000 000, eingeteilt in
630 000 Stück Nr. 000 001 - 630 000 zu je DM   100
 42 000 Stück Nr. 630 001 - 672 000 zu je DM 1000
  9 000 Stück Nr. 672 001 - 681 000 zu je DM 5000
zusammengefaßt in 12 Gruppen (A-M) von je DM 12 500 000.

Nach Maßgabe der umstehend abgedruckten
Anleihebedingungen verpflichten wir uns,
dem Inhaber dieser Teilschuldverschreibung
den Betrag von Eintausend Deutsche Mark
mit 7¼ v. H. jährlich zu verzinsen und am
Fälligkeitstag zum Nennwert zurückzuzahlen.
Die Zinsen werden jährlich nachträglich am
1. Februar eines jeden Jahres gezahlt.

Duisburg, im Mai 1977
THYSSEN AKTIENGESELLSCHAFT VORM. AUGUST THYSSEN-HÜTTE
Der Aufsichtsrat   Der Vorstand

Vorsitzender

Für die obige Anleihe haben wir das Amt als Treuhänderin
der jeweiligen Gläubiger nach Maßgabe der Anleihe-
bedingungen übernommen.
Düsseldorf, im Mai 1977
Deutsche Bank
Aktiengesellschaft

Kontrollunterschrift:

1. September   8% Ausgabe 94   DM 1000,-

Hessische Landesbank
- Girozentrale -

Ausgabe 94   Nr. 1234567
Mündelsicher

8% Pfandbrief
über Eintausend Deutsche Mark

1000 DM

Die Hessische Landesbank -Girozentrale- schuldet dem Inhaber dieses Pfandbriefes Eintausend Deutsche Mark.
Dieser Betrag wird nach den umstehenden Anleihebedingungen mit 8% jährlich verzinst und am 1. September 1990 zur Rückzahlung zum Nennwert fällig.
Für diesen Pfandbrief ist die gesetzlich vorgeschriebene Deckung vorhanden und in das Deckungsregister eingetragen.

Frankfurt am Main, im Juni 1980

Hessische Landesbank
- Girozentrale -

Ausgefertigt: Kontrollunterschrift

JANUAR 4½% WANDELANLEIHE VON 1978 DM 50,-

COMMERZBANK
AKTIENGESELLSCHAFT

DM 50,- 4½% Nr. 1234567

WANDELSCHULDVERSCHREIBUNG
ÜBER FÜNFZIG DEUTSCHE MARK

DM **50** DM

DER WANDELANLEIHE VON 1978
IM GESAMTNENNBETRAG VON DM 250 000 000,-

WIR VERPFLICHTEN UNS, DEM INHABER DIESER
WANDELSCHULDVERSCHREIBUNG GEMÄSS DEN UM-
SEITIG ABGEDRUCKTEN ANLEIHEBEDINGUNGEN
DEN BETRAG VON
FÜNFZIG DEUTSCHE MARK
MIT 4½% JÄHRLICH ZU VERZINSEN UND DIESE
WANDELSCHULDVERSCHREIBUNG ENTWEDER AUF
VERLANGEN DES INHABERS NACH MASSGABE DER
ANLEIHEBEDINGUNGEN IN AKTIEN UNSERER GE-
SELLSCHAFT UMZUTAUSCHEN ODER BEI FÄLLIGKEIT
EINZULÖSEN.

FRANKFURT AM MAIN, IM MAI 1978
COMMERZBANK
AKTIENGESELLSCHAFT

KONTROLLUNTERSCHRIFT

c) Arbeitsplatzabbau ist auch in solchen Industriezweigen zwangsläufig, deren Absatz laufend zurückgeht, weil die Nachfrage immer mehr gesättigt ist (Bauwirtschaft) oder weil alternative Produkte den Markt erobern (Öl und Atomenergie statt Kohle, Kunststoffe statt Stahl).

Strukturelle Arbeitslosigkeit wird durch **Wandlungen in der Wirtschaftsstruktur** hervorgerufen.

Arbeitskräfte, die im industriellen Bereich durch Rationalisierung oder Schrumpfung von Wirtschaftszweigen frei werden, müssen Arbeit in anderen Wirtschaftssektoren suchen (Bild 87). Die noch wachsenden Wirtschaftsbranchen, z. B. im Dienstleistungssektor, können jedoch nicht alle frei werdenden Arbeitskräfte aufnehmen, da

— Arbeitnehmer, die in der Industrie ihren Arbeitsplatz verloren haben, nicht ohne weiteres für Arbeiten in anderen Wirtschaftsbereichen geeignet sind,

>   **Beispiele:** Ein arbeitsloser Schlosser kann nicht ohne weiteres Krankenpfleger werden. Eine Montagearbeiterin kann nicht ohne Umschulung als Bürokraft oder gar Sekretärin eingesetzt werden.

— mehr Arbeitskräfte freigesetzt werden als neue Arbeitsplätze entstehen (Bild 87).

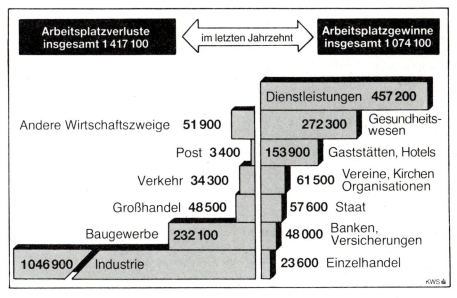

Bild 87

Neben der besonders schwerwiegenden strukturellen Arbeitslosigkeit unterscheidet man weitere Arten der Arbeitslosigkeit, die das Arbeitslosenproblem erhöhen und die Bekämpfung der Arbeitslosigkeit erschweren (Bild 88).

a) **Konjunkturelle Arbeitslosigkeit.** Sie ist bedingt durch den Konjunkturverlauf (Abschnitt 7.2.3) und meist von längerfristiger Dauer.

b) **Saisonale Arbeitslosigkeit.** Sie ist von kurzfristiger Art und entsteht, weil bestimmte Wirtschaftszweige durch Einfluß von Jahreszeit (Saison) und Witterung keine Kontinuität in Produktion und Absatz haben (Hotelgewerbe, Bauwirtschaft).

c) **Friktionelle Arbeitslosigkeit.** Sie beruht auf zeitlichen Verzögerungen (Friktion = Reibung, auch Anpassung) zwischen ständiger Freisetzung und Wiedereinsetzung von Arbeitskräften an anderen Arbeitsplätzen. Sie ist bedingt durch freiwillige (Wunsch des Arbeitnehmers) und erzwungene Stellenwechsel (Kündigung) und kann von kurzfristiger oder längerfristiger Dauer sein.

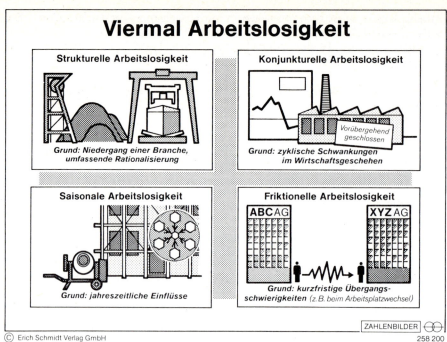

Bild 88

Bekämpfung der Arbeitslosigkeit

Wegen erfolgloser Bemühungen um einen Arbeitsplatz breitet sich unter vielen Arbeitslosen häufig eine »No-future-Mentalität« aus. Sie kann sich in Gefühlen der Minderwertigkeit und des Ausgeschlossenseins, der Hoffnungslosigkeit, der Flucht in Alkohol, Drogen und Kriminalität äußern.

Da Arbeitslosigkeit mit Einkommensverlusten verbunden ist, kann in vielen Haushalten finanzielle Not entstehen.

Daher sind Staat und Tarifpartner zu einer aktiven Beschäftigungspolitik aufgerufen.

Staatliche Maßnahmen zur strukturellen Verbesserung der Beschäftigungslage

a) **Unterstützungs- und Fördermaßnahmen.** Dazu zählen:
- Allgemeine Maßnahmen zur Schaffung eines wirtschaftspolitischen Klimas, das einem Wirtschaftswachstum dienlich ist, Leistungen belohnt und die Investitionsbereitschaft hebt (Abschnitte 7.5, 7.6).
- Förderung von Betriebsgründungen mit Hilfe zinsloser Darlehen.
- Förderung der Forschung im Bereich moderner Technologien (Regelungs- und Steuerungstechniken) und alternativer Energien (Sonne, Wind, Bodenwärme) durch Bundeszuschüsse.
- Verdoppelung der Abschreibungssätze für Betriebs- und Geschäftsgebäude.
- Bezuschussung von Maßnahmen zur Stadt- und Dorfsanierung.

Ein auf die Dauer problematischer Weg ist die Subventionierung von Betrieben, deren Absatzmärkte durch einen chronischen Angebotsüberhang gekennzeichnet sind (Stahlerzeugung, Schiffbau, Landwirtschaft). Eine Unterstützung solcher Betriebe zögert nur den Zeitpunkt der Arbeitslosigkeit mit hohem Aufwand hinaus.

b) **Einschränkende (restriktive) Maßnahmen zur Gewinnung neuer Arbeitsplätze.** Dazu können gehören:
- Allgemeine Herabsetzung des Rentenalters (Altersruhegeld mit dem 62. statt dem 65. Lebensjahr).
- Zuschüsse zu Vorruhestandsprogrammen.

  Beispiele: Der Staat gibt an Arbeitgeber, die Arbeitnehmer nach Vollendung des 58. Lebensjahres in den Vorruhestand entlassen und dafür jüngere Arbeitskräfte einsetzen, einen Zuschuß von 35% zur Vorruhestandsrente, die der Arbeitgeber dem Arbeitnehmer freiwillig bis zur Erreichung des 65. Lebensjahres zahlt.

- Einschränkung der Arbeitserlaubnis für ausländische Arbeitnehmer aus Nicht-EG-Ländern.

c) **Förderung der schulischen und beruflichen Anpassung an die Anforderungen des modernen Berufslebens.** Dazu zählen vornehmlich:
- Staatliche Unterstützung von Umschulungsmaßnahmen für Arbeitslose und für von Arbeitslosigkeit Bedrohte.
- Behördliche Förderung der Mobilitätsbereitschaft (Bereitschaft zum Arbeitsplatzwechsel) mittels Umsiedelungs-, Übergangs- Ausbildungs- und Umschulungszuschüssen (Abschnitt 7.4.1).
- Anpassung der schulischen Ausbildung an neue berufliche Anforderungen (Unterrichtsfächer EDV, Informatik und Textverarbeitung).

Beiträge der Tarifpartner zur Besserung der Beschäftigungsstruktur

a) **Generelle Verkürzung der wöchentlichen Arbeitszeit** (35 statt 40 Stunden). Bei dieser Maßnahme taucht aber das Problem des Lohnausgleichs auf:
- Die Arbeitnehmer fordern für die 35 Stunden den gleichen Lohn, wie sie ihn für 40 Stunden bekamen.
- Aus Unternehmersicht überschießen derartige Lohnforderungen den Arbeitsertrag. Die Arbeitsproduktivität nimmt erheblich ab, die Produkte werden im In- und Ausland nicht mehr wettbewerbsfähig.

b) **Verkürzung der Lebensarbeitszeit** durch Vorruhestandsvereinbarungen. Arbeitnehmer und Arbeitgeber können ein vorzeitiges Ausscheiden älterer Arbeitnehmer tarifvertraglich vereinbaren.

c) **Betriebsorientierte Flexibilität** (Anpassungsfähigkeit) **der Arbeitszeit.** Gemeint ist damit der Abschluß von Arbeitsverträgen auf Zeit und die Aufteilung eines Arbeitsplatzes auf mehrere Arbeitnehmer (job sharing).
- Die Unternehmerseite befürwortet solche Vorschläge, weil sie eine flexible Anpassung der Beschäftigung an den Absatz ermöglichen.
- Die Arbeitnehmer befürchten neben Einkommenseinbußen eine Aufweichung oder sogar Auflösung ihrer in den Gewerkschaften organisierten Macht sowie eine Umgehung von Kündigungs- und anderen Arbeitsschutzgesetzen.

Aufgaben und Fragen:
1. Beschreiben Sie kurz die Ursachen für die Entstehung der strukturellen Arbeitslosigkeit.
2. Die strukturelle Arbeitslosigkeit beruht zu einem wesentlichen Teil auf einer Substitution der Produktionsfaktoren Arbeit und Kapital. Erklären Sie diesen Sachverhalt.
3. In Bezug auf schrumpfende und wachsende Wirtschaftssektoren taucht in den öffentlichen Medien immer wieder der Begriff »Nord-Süd-Gefälle« auf. Was versteht man darunter?

4. Welche Folgen hat die »Abwanderung der Produktion in Niedriglohnländer«
   a) für die deutschen Arbeitnehmer,
   b) für die deutschen Unternehmer?
5. Welche Maßnahmen stehen dem Staat zur Verfügung, um die strukturelle Arbeitslosigkeit zu vermindern?
6. Was halten Sie von einer Verkürzung der wöchentlichen Arbeitszeit auf 35 Stunden
   a) mit Lohnausgleich,
   b) ohne Lohnausgleich?
   Begründen Sie Ihre Meinung.
7. Welche Probleme sind mit einer generellen Herabsetzung des Rentenalters auf 60 Jahre verbunden?
8. Was versteht man unter
   a) Mobilität der Arbeitskräfte,
   b) Flexibilität der Arbeitszeit?
9. Wie unterstützt der Staat betriebliche Vorruhestandsregelungen?
10. Warum ist die staatliche Subventionierung der von Arbeitslosigkeit bedrohten Industriezweige problematisch?

7.4.4 Einkommens- und Vermögensverteilung

Auch wenn man die Vorrangigkeit der wirtschaftspolitischen Ziele des magischen Vierecks anerkennt, so ist doch nicht zu übersehen, daß die moderne Industriegesellschaft neue Probleme aufgeworfen hat. Neben stagnierendem Wachstum, struktureller Arbeitslosigkeit und der Gefährdung der Umwelt ist eine gerechte Einkommens- und Vermögensverteilung immer noch ein ungelöstes Problem.

Einkommen und Vermögen

Einkommen sind die Anteile, die die Einkommensempfängergruppen an dem jährlichen Volkseinkommen beziehen. Sie sind Voraussetzung zur Lebensführung und Vermögensbildung durch Sparen.

Vermögen ist der Bestand an Sachgütern und Forderungen, über den eine Bevölkerungsgruppe zu einem bestimmten Zeitpunkt verfügt. Nach Abzug der Schulden ergibt sich ein *Nettovermögen* bzw. eine *Überschuldung*.

Vermögen kann wiederum Einkommensquelle sein. Da die Anteile am Einkommen und Vermögen des Volkes den Lebensstandard der Bürger wesentlich bestimmen, ist die Verteilung des Einkommens und des Vermögens eine wichtige volkswirtschaftliche Kennzahl.

Man bildet bei der Einkommens- und Vermögensverteilung folgende Gruppen:

a) Einkommensgruppen

Einkommensgruppe	Einkommensart
Unselbständig Erwerbstätige	Lohn, Gehalt
Selbständig Erwerbstätige	Gewinn
Sparer	Zins
Hauseigentümer	Miete

Bild 89

Die Sozialproduktverteilungsrechnung (Abschnitt 6.4.2) verteilt das Volkseinkommen auf
— Einkommen aus unselbständiger Arbeit (Lohn und Gehalt). Ihr Anteil am Volkseinkommen ist die **Lohnquote**.
— Einkommen aus Unternehmertätigkeit und Vermögen (Gewinn, Zins und Miete). Ihr Anteil am Volkseinkommen ist die **Gewinnquote**.

b) Vermögensgruppen

Vermögensgruppe	Nettovermögen bzw. Überschuldung	
Private Haushalte	Nettovermögen:	1 572,4 Mrd. DM
Öffentliche Haushalte	Überschuldung:	315,2 Mrd. DM
Ausland	Überschuldung:	49,3 Mrd. DM
Unternehmer	Überschuldung:	1 295,2 Mrd. DM
Banken und Versicherungen	Nettovermögen:	87,3 Mrd. DM

Bild 90

Verteilung des Einkommens und des Vermögens

Einen Eindruck von der Einkommensverteilung vermittelt Bild 91:

Nettoeinkommen der Erwerbstätigen im April 1982 nach Stellung im Beruf				
Einkommensgruppe	unter 1000 DM	1000 — 1800 DM	1800 — 3000 DM	über 3000 DM
Selbständige	11,2%	18,8%	31,8%	38,2%
Beamte	12,2%	21,3%	42,9%	23,6%
Angestellte	22,1%	33,7%	31,0%	13,2%
Arbeiter	24,0%	48,2%	26,7%	1,1%

Bild 91

Bei der Verteilung des Einkommens ergibt sich das Problem, ob
— gleicher Lohn für alle oder
— gleicher Lohn für gleiche Leistung

die ideale Verteilung wäre.

Eine Gleichverteilung würde dann vorliegen, wenn z. B. 30% der Einkommensbezieher auch 30% des Volkseinkommens beziehen würden. Dementsprechend wäre das Vermögen gleich verteilt, wenn z. B. 50% des Volksvermögens sich in der Hand von 50% der Bevölkerung befinden würden.

Gleichverteilung kann grafisch durch eine Gerade dargestellt werden. Die Abweichung der realen Einkommensverteilung von der Gleichverteilung zeigt Bild 92.

Aus Bild 92 ist ersichtlich, daß 1974 75% der Einkommensbezieher nur etwa 50% des Gesamteinkommens bezogen. Bis 1983 erfolgte eine sichtbare Angleichung: Etwa 68% der Einkommensbezieher bezogen 50% des Volkseinkommens. Je größer der »Bauch« der Kurve ist, desto ungleicher ist die Verteilung.

Ähnlich ungleich ist die Verteilung des Vermögens, da einerseits das Vermögen einer Person und die Art der Vermögensanlage das Einkommen mitbestimmen, andererseits die Einkommenshöhe über die Spartätigkeit die Vermögensbildung beeinflußt.

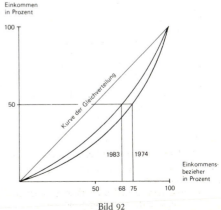

Bild 92

Gleiche Verteilung des Einkommens würde voraussetzen, daß alle Einkommensbezieher eine gleichwertige Leistung erbringen. Dies entspricht aber nicht den wirklichen Gegebenheiten, vielmehr wird eine höhere Leistung auch höher bezahlt. Eine gerechte Einkommensverteilung kann also *nicht* eine gleiche Einkommensverteilung sein. Entsprechendes gilt für die Vermögensverteilung.

Probleme bei der Verteilung des Einkommens und des Vermögens

Ungleiche Verteilung führt immer zu sozialen Spannungen. Eine gerechte Verteilung des Einkommens ist sehr schwierig, weil es keine allgemein anerkannten Maßstäbe für die Bestimmung der Gerechtigkeit gibt. Es ist eine ständige Auseinandersetzung zwischen Arbeitgebern und Arbeitnehmern im Gange, welches Verhältnis zwischen Lohnquote und Gewinnquote richtig ist.

Einkommensverteilung	1982		1983		1984	
	Mrd. DM	%	Mrd. DM	%	Mrd. DM	%
Volkseinkommen	1 223,5	100	1 282,4	100	1 343,1	100
Einkommen aus unselbständiger Arbeit	902,5	**73,8**	921,3	**71,8**	951,1	**70,8**
Einkommen aus Unternehmertätigkeit und Vermögen	321,0	**26,2**	361,1	**28,2**	392,0	**29,2**
Quelle: Monatsberichte der Deutschen Bundesbank						

Bild 93

Wer einen höheren Beitrag zum Sozialprodukt leistet, kann auch einen höheren Anteil am Sozialprodukt verlangen. Daher muß die Einkommens- und Vermögensverteilung ungleich sein. Dennoch gibt es Ursachen im Verlauf der Wirtschaftsentwicklung, die zu einer einseitigen Bevorteilung bzw. Benachteiligung einzelner Bevölkerungsgruppen geführt haben.

— Empfänger höherer Einkommen können leichter Vermögen bilden, Vermögende höheres Einkommen erzielen. So ergibt sich eine kumulative Einseitigkeit der Einkommens- und Vermögensbildung.

— Der Wiederaufbau im Nachkriegsdeutschland erfolgte über die steuerliche Begünstigung von Investitionen und die Steuerfreiheit für nicht ausgeschüttete Gewinne, also durch einseitige Vermögensbildung bei den Unternehmern. Nach Abschluß des Aufbaus ist diese Förderung teilweise weggefallen.

— In der Rezessionsphase muß der Staat unter dem Zwang zur sparsamen Haushaltsführung soziale Leistungen vorübergehend zurücknehmen, Maßnahmen, welche sozial schwächere Bevölkerungskreise in besonderem Maße treffen (Kürzung der Arbeitslosenleistungen, BAföG-Einschränkungen, Renteneinsparungen).

Verteilungspolitik

Die Verteilungspolitik beabsichtigt, Ungerechtigkeiten in der Einkommens- und Vermögensverteilung zu mildern. Sie ist immer nur dann wirksam, wenn die zugeflossenen Einkommensteile gespart und nicht konsumiert werden.

Einkommenspolitische Maßnahmen

a) **Steuerpolitik.** Investitionsförderung durch Sonderabschreibungen; progressiver Steuersatz bei der Einkommensteuer; Unterstützung einkommensschwacher Haushalte durch Freibeträge; Umsatzsteuerentlastung für Kleinunternehmer.

b) **Sozialpolitik.** Die Beitragspflicht bei der Sozialversicherung beginnt erst bei 10% der Beitragsbemessungsgrenze, um die sozial Schwachen zu entlasten; nach Einkommen gestaffeltes Kindergeld; verlängerte Bezahlung des Arbeitslosengeldes für ältere Arbeitslose.

c) **Bildungspolitik.** Staatlich finanzierte Ausbildungs-, Weiterbildungs- und Umschulungsmaßnahmen zur Erlangung höher bezahlter Qualifikationen.

Vermögenspolitische Maßnahmen

Eine neue Vermögensverteilung soll hauptsächlich erreicht werden durch eine andere Verteilung der Vermögenszuwächse zugunsten benachteiligter Gruppen. Wichtige Verteilungsmaßnahmen sind:

— Die gesetzliche Bausparförderung.
   Beispiel: Sonderausgabenabzug oder Prämienbegünstigung.

— Förderung beim Bau von Eigenheimen.
   Beispiel: 7b-Abschreibung, zinsverbilligte Darlehen.

— Förderung der Vermögensbildung in Arbeitnehmerhand.
   Beispiel: Sparzulagen für vermögenswirksame Leistungen; Privatisierung von Bundesvermögen.

Frage und Aufgabe:
1. Was wären die Folgen einer Politik, die die Gleichverteilung des Einkommens als gerecht ansieht?
2. Erklären Sie den Zusammenhang zwischen Einkommen und Vermögen.

7.5 Geldpolitik der Deutschen Bundesbank

Gesetz über die Deutsche Bundesbank (BBankG) vom 26. 07. 57 mit Änderungen

Die Deutsche Bundesbank hat vor allem die Aufgabe, die **Kaufkraft der Währung zu sichern**, d. h. nach Möglichkeit inflatorische Konjunkturüberhitzungen und deflatorische Krisenerscheinungen durch geldpolitische (monetäre) Maßnahmen zu verhindern.

7.5.1 Stellung und Aufgaben der Deutschen Bundesbank

Stellung

Die **Deutsche Bundesbank** ist eine juristische Person des öffentlichen Rechts mit dem Sitz in Frankfurt (Main). Ihr Grundkapital von 290 Millionen DM gehört dem Bund. In jedem Bundesland hält sie eine Hauptverwaltung mit der Bezeichnung **Landeszentralbank (LZB)**, z. B. LZB in Baden-Württemberg. Die Bundesbank ist verpflichtet, unter Wahrung ihrer Aufgaben die Wirtschaftspolitik der Bundesregierung zu unterstützen. An Weisungen der Bundesregierung ist sie jedoch nicht gebunden. Das begründet ihre *autonome* Stellung. Sie wird wegen ihrer Bedeutung gelegentlich auch als »Vierte Gewalt« im Staat bezeichnet. (BBankG § 2, § 12)

Zur Beschlußfassung und Durchführung ihrer Aufgaben hat die Bundesbank folgende Organe:

a) Den **Zentralbankrat** als das **beschließende** Organ. Er bestimmt die Währungs- und Kreditpolitik der Bank, erläßt allgemeine Richtlinien für die Geschäftsführung und kann dem Direktorium und den Vorständen der Landeszentralbanken Weisungen erteilen. Der Zentralbankrat besteht aus dem gesamten Direktorium der Bundesbank sowie den Präsidenten der Landeszentralbanken. (§ 6)

BBankG §7   b) Das **Direktorium** als das **ausführende** Organ. Es ist für die Durchführung der Beschlüsse des Zentralbankrates verantwortlich, leitet und verwaltet die Bank. Das Direktorium besteht aus dem Präsidenten und dem Vizepräsidenten der Deutschen Bundesbank sowie bis zu 8 weiteren Mitgliedern, die vom Bundespräsidenten auf Vorschlag der Bundesregierung für 8 Jahre bestellt werden.

Maßnahmen der Deutschen Bundesbank werden in Monatsberichten und in einem Jahresbericht erläutert und der Öffentlichkeit zugänglich gemacht.

Aufgaben

§ 3   Im Bundesbankgesetz sind der DBBk folgende **Aufgaben** gestellt:

a) **Sicherung der Währung** durch Regelung des Geldumlaufs und der Kreditversorgung der Wirtschaft. Zur Erfüllung dieser Aufgabe gibt ihr das Bundesbankgesetz eine Reihe von Mitteln in die Hand.

b) **Sorge für die bankmäßige Abwicklung des Zahlungsverkehrs** im Inland und mit dem Ausland.

Zur Erfüllung ihrer Aufgaben kann sie folgende **Geschäfte** tätigen:

§§ 19, 22   1. Geschäfte *mit Kreditinstituten und jedermann:*
— Annahme von unverzinslichen Giroeinlagen,
— Ausführung von Einzugs- und anderen Auftragsgeschäften,
— Kauf und Verkauf von Devisen und Edelmetallen,
— Durchführung von Bankgeschäften mit dem Ausland,
— Verwahrung und Verwaltung von Wertpapieren.

§ 19   2. Geschäfte *ausschließlich mit Kreditinstituten:*
— Kauf und Verkauf von Wechseln und Schatzwechseln,
— Lombardierung von Wechseln, Schatzwechseln und bestimmten Festverzinslichen.

§ 20   3. Geschäfte *mit öffentlichen Verwaltungen:*
— Gewährung von Kassenkrediten an den Bund, die Länder, die Bundesbahn, die Bundespost und gewisse Sondervermögen des Bundes innerhalb gewisser Höchstgrenzen (»Kreditplafond«),
— Gewährung von Krediten an den Bund zur Erfüllung seiner Verpflichtungen gegenüber dem Internationalen Währungsfonds, der Weltbank und dem Europäischen Fonds.

§ 21   4. Geschäfte *am offenen Markt* zur Regelung des Geldumlaufs:
— Kauf und Verkauf von Wechseln, Schatzwechseln, Schatzanweisungen und zum amtlichen Börsenhandel zugelassenen Schuldverschreibungen.

Fragen:
1. Warum bezeichnet man die Deutsche Bundesbank als sogenannte »Vierte Gewalt« im Staate?
2. Warum darf der Wirtschafts- und Finanzminister an Zentralbanksitzungen teilnehmen, aber dabei kein Stimmrecht ausüben?
3. Warum nennt man die Deutsche Bundesbank die Bank der Banken?

7.5.2 Geldpolitisches Instrumentarium

Die Bundesbank muß die Entwicklung des Geldvolumens dauernd beobachten und, wenn nötig, zweckdienliche Maßnahmen zur Vermehrung oder Verminderung der Geldmenge ergreifen. Ihre Mittel dazu sind:

Diskontpolitik

BBankG § 15

Man versteht darunter die Erhöhung, Senkung oder auch Beibehaltung des Diskontsatzes zur Beeinflussung der *Nachfrage* nach Kredit. Die Notenbank kauft Wechsel unter Abzug von Diskont an; Geld strömt in die Wirtschaft. Bei Fälligkeit werden die Wechsel von der Wirtschaft eingelöst; Geld fließt an die Notenbank zurück.

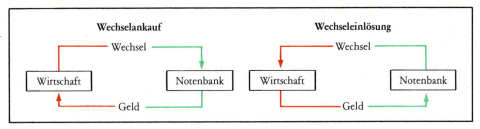

Bild 94

Durch Erhöhung des Diskontsatzes wird der Wechsel- und Geldstrom eingedämmt, weil für manchen der teurere Kredit nicht mehr rentabel ist. Wird der Diskontsatz gesenkt, tritt die umgekehrte Wirkung ein. Stärkeres Anziehen der Diskontschraube zeigt spürbare Wirkungen. Die Liquidität der Unternehmungen wird schlechter; dies führt zu verstärktem Angebot von Gütern und damit zu Preissenkungen.

Da sich nach der Diskontpolitik im allgemeinen das gesamte Zinsniveau richtet, ist sie von wichtiger gesamtwirtschaftlicher Bedeutung. Nicht umsonst wird der Diskontsatz deswegen auch »Leitzins« genannt.

Lombardpolitik

§ 19

Die Notenbank gewährt den Kreditinstituten Lombarddarlehen durch Beleihung und gegen Verpfändung von Handelswechseln, Schatzwechseln und gewissen festverzinslichen Wertpapieren. Durch Erhöhung oder Senkung des Lombardsatzes kann sie die Kreditgewährung und damit den Geldumlauf einschränken oder ausdehnen.

Mindestreservenpolitik

§ 16

Die Kreditinstitute müssen einen bestimmten Prozentsatz ihrer Einlagen bei der Notenbank zinslos anlegen. Diese Zwangseinlagen nennt man *Mindestreserven*, ihre Prozentsätze kurz Reservesätze.

Die Notenbank hat das Recht und die Pflicht, im Bedarfsfall die **Reservesätze** zu **erhöhen** oder zu **senken**. Erhöhung bewirkt unmittelbar eine Drosselung des Kredit- und damit auch des Geldvolumens, weil den Kreditinstituten damit ausleihbare Mittel entzogen werden. Senkung der Reservesätze soll eine Ausweitung des Geldvolumens bewirken. Die Kreditinstitute bekommen freiere Hand in ihrer Kreditgewährung. Reservesatzänderungen wirken schärfer und schneller als Diskontsatzänderungen, weil durch sie das *Angebot* von Geld unmittelbar betroffen wird. Häufig wird die Diskont- mit der Mindestreservenpolitik gekoppelt.

Offenmarktpolitik

§ 21

Die Notenbank ist berechtigt, am »offenen Markt« Wechsel, Schatzwechsel und Schatzanweisungen, Schuldverschreibungen des Bundes und der Länder zu kaufen oder zu verkaufen. Über den Geldmarkt wirkt sie damit auf das Geldvolumen ein. Kauf erweitert, Verkauf drosselt das Geldvolumen, sofern Wertpapierbesitzer Papiere abgeben oder Geldbesitzer solche erwerben. Die Steuerung erfolgt durch Veränderung der Abgabe- und Rücknahmesätze.

Schatzwechsel und Schatzanweisungen sind Zinspapiere des Bundes und werden am Geldmarkt gehandelt.

Zins- und Prozentsätze für geldpolitische Maßnahmen							
Zinssätze	1979	1981	1982	Mindesreserven-prozentsätze	1979	1981	1982
Diskontsätze	3-6%	7,5%	7-5%	Sichteinlagen	14,7%	11,3%	10,1%
Lombardsätze	4-7%	9-12%	9-6%	Termineinlagen	10,3%	8,0%	7,1%
Offenmarktsätze (Jahresnominalsatz)	6%	8,1%	5,1%	Spareinlagen	6,5%	5,0%	4,5%
Quelle: Monatsberichte der Deutschen Bundesbank							

Bild 95

Rediskontkontingente

Der Bestand an Wechseln, die von einem Kreditinstitut eingereicht, aber noch nicht fällig sind, darf den von der Bundesbank festgesetzten Betrag nicht übersteigen. Herabsetzung dieser Summen bewirkt Einschränkung, eine Erhöhung Ausweitung des Kredit- und damit des Geldvolumens.

Gold- und Devisenpolitik

Die Bundesbank vermehrt den Geldumlauf durch Ankauf von Gold und Devisen und vermindert die Geldmenge durch Verkauf von Gold und Devisen.

Geldpolitik der Deutschen Bundesbank	
zur Konjunkturankurbelung	zur Konjunkturdämpfung
Ankauf von Wechseln	Einschränkung des Wechselankaufs
Lombard von Wertpapieren	Einschränkung der Lombardierung
Senkung der Mindestreserven	Erhöhung der Mindestreserven
Ankauf von Wertpapieren	Verkauf von Wertpapieren
Erhöhung des Rediskontkontingents	Senkung des Rediskontkontingents
Ankauf von Gold und Devisen	Verkauf von Gold und Devisen

Bild 96

Fragen und Aufgabe:
1. Warum wirkt sich eine Diskontsatzänderung nicht direkt und sofort auf die Geldmenge aus?
2. Der Diskontsatz der Deutschen Bundesbank wird häufig auch Leitzins genannt. Was besagt diese Bezeichnung?
3. Wie wirkt sich eine Mindestreservesenkung auf die Geldmenge aus?
4. Warum sind die Mindestreservesätze bei Spareinlagen niedriger als bei Sichteinlagen?
5. Welche der folgenden Maßnahmen tragen zu einer Vermehrung des volkswirtschaftlichen Geldvolumens bei?
    a) Viele fällige Steuern werden an das Finanzamt abgeführt.
    b) Die Deutsche Bundesbank gewährt dem Bund Kredit.
    c) Der Bund gibt zur Erzielung von Haushaltseinnahmen eine Bundesanleihe auf dem Kapitalmarkt aus.
    d) Ein Teil der nicht voll übernommenen Bundesanleihe wird von der Deutschen Bundesbank angekauft.
    e) Die Deutsche Bundesbank erhöht den Diskontsatz für den Rediskont von Wechseln.
    f) Die Deutsche Bundesbank senkt die Mindestreservensätze für die Kreditinstitute.

7.6 Staatliche Konjunkturpolitik

Neben der Deutschen Bundesbank muß nach dem Stabilitätsgesetz die **Bundesregierung** auf die Konjunkturentwicklung Einfluß nehmen. Dabei bieten sich ihr im nichtmonetären Bereich fiskalpolitische Möglichkeiten.

7.6.1 Fiskalpolitik

Der Staat ist mit seinen Haushalten ein wichtiger Wirtschaftsbereich. Sein Beitrag zum Sozialprodukt liegt bei etwa 12%. Aus diesem Grund kann der Staat durch gezielte Veränderungen der öffentlichen Einnahmen und Ausgaben die Konjunktur beeinflussen.

> Unter **Fiskalpolitik** versteht man den Versuch, durch gezielte **Veränderungen der öffentlichen Einnahmen und Ausgaben** die **Konjunkturentwicklung zu beeinflussen.**

Beim Einsatz der fiskalpolitischen Mittel treten folgende Schwierigkeiten auf:
— Kurzfristige Eingriffe in den Konjunkturverlauf können das Vertrauen in eine kontinuierliche Wirtschaftspolitik stören.
— Die Einnahmen der staatlichen Haushalte sind selbst konjunkturabhängig.
— Das langwierige Gesetzgebungsverfahren kann zur Folge haben, daß beabsichtigte Maßnahmen verspätet greifen.
— Die Anhäufung einer fiskalpolitischen Manövriermasse ist in einem demokratischen Staat häufig in Gefahr, der wahlpolitischen Ausgabefreude des Parlaments zum Opfer zu fallen.

Wirkungsvolle Fiskalpolitik sollte Innovationen, Investitionen und Leistungen fördern, stärken und belohnen, damit Wachstum gesichert und Arbeitsplätze geschaffen werden.

Fiskalpolitik findet hauptsächlich in der staatlichen Steuer- und Ausgabenpolitik sowie in Subventionen ihren Niederschlag.

Steuerpolitik

Steuern sind die ergiebigste Einnahmequelle des Staates. Aus diesem Grund eignen sie sich als fiskalpolitisches Instrument zur Beeinflussung der Konjunktur.

Über *Steuersenkungen* und *Steuervergünstigungen* (steuerbegünstigtes Sparen, Steuerermäßigung für Investitionen) kann der Staat die Kapitalbildung und damit die Investitionstätigkeit anregen.

StWG
§§ 26 ff

Mittels *Steuererhöhungen* und *Abbau* von Steuervergünstigungen kann der Staat Kaufkraft abschöpfen. Sofern er das mehr eingenommene Geld stillegt, wird das Geldvolumen verringert, das Wirtschaftswachstum gedämpft.

Problematisch bei einer *Steuersenkung* ist die Frage, ob man die Einnahmeausfälle verkraften kann. Steuersenkungen bewirken eine Abnahme des Staatsanteils am Bruttosozialprodukt (Staatsquote). Durch diese Steuersenkung ist eine angebotsorientierte Wirtschaftspolitik möglich.

Bei einer *angebotsorientierten* Wirtschaftspolitik versucht der Staat die Rahmenbedingungen für die Angebotsseite der Wirtschaft, also für die Unternehmen, so zu verbessern, daß in ihnen Konjunkturantriebskräfte freigesetzt werden. Den Unternehmen wird mehr Initiative und Einfallsreichtum zugetraut als dem schwerfälligen und interessenabhängigen Staatsapparat.

Steuersenkungen müssen langfristig nicht zu Mindereinnahmen führen, wenn eine geringere Steuerlast (Einkommensteuer) Leistungssteigerungen und vermehrte Wirtschaftsaktivitäten hervorruft, welche die Steuerausfälle ausgleichen.

Steuererhöhungen bergen die Gefahr in sich, daß die Konjunktur abgewürgt wird. Außerdem sind Regierung und Parlament geneigt, die Mehreinnahmen auszugeben, anstatt sie für schlechtere Zeiten zur Ankurbelung der Konjunktur zu horten (Juliusturm).

Ausgabenpolitik

StWG
§§ 6, 11

Durch *Ausgabenerhöhungen* kann der Staat Nachfrage erzeugen und damit die Konjunktur ankurbeln. Um in einer unterbeschäftigten Wirtschaft den Menschen wieder Arbeit und Einkommen zu geben, kann der Staat als Auftraggeber für Arbeitsprojekte besonders großen Stils, z. B. Straßenbau, auftreten.

Durch *Ausgabenkürzungen* bewirkt er einen Nachfragerückgang und damit Konjunkturdämpfung. Problematisch ist hierbei jedoch die Tatsache, daß ein Großteil der Ausgaben durch Gesetz (Fürsorgeunterstützung, Sparprämien) oder durch Sachzwänge (Verwaltungs- und Rüstungsausgaben) festgelegt ist.

§ 12

Subventionen (Stützungsmaßnahmen)

Durch *gezielte Finanzierungshilfen* können bestimmte Betriebe und Wirtschaftszweige subventioniert (unterstützt) werden. Besonders hervorzuheben sind die Subventionen für den *Wohnungsbau* (über Wohnungsbauprämien) und für die *Landwirtschaft* (zinslose oder geringverzinsliche Kredite, garantierte Abnahmepreise). Diese Unterstützungen sollen vor allem dem Mittelstand dienen.

	Finanzhilfen und Steuervergünstigungen des Bundes (Mio. DM)					
	Finanzhilfen (zinslose Darlehen, verlorene Zuschüsse)			Steuervergünstigungen (degressive AfA, § 7b EStG, § 82a EStDV)		
	1980	1982	1984	1980	1982	1984
Gewerbliche Wirtschaft	4291	3672	4676	4872	5212	6728
Wohnungswesen und Städtebau	2720	3471	3561	2054	2463	3216
Quelle: Leistung in Zahlen vom Bundesministerium für Wirtschaft						

Bild 97

Volkswirtschaftliche Folgen der Subventionen:
— Verbesserung der Wettbewerbslage der Begünstigten,
— Verschlechterung der Wettbewerbslage der nichtbegünstigten Inländer und Ausländer,
— Erhaltung nicht erhaltungswürdiger Unternehmen,
— Verhinderung von Anpassungs- und Rationalisierungsinvestitionen,
— Verhinderung notwendiger Kostensenkungen bzw. Preisanpassungen.

Fragen:
1. Unter welcher Voraussetzung haben Steuererhöhungen eine konjunkturdämpfende Wirkung?
2. Warum subventioniert der Staat den Mittelstand?
3. Nennen Sie Motive für die Gewährung von Finanzhilfen und Steuervergünstigungen des Bundes.
4. Welche Möglichkeiten hat der Staat zur Finanzierung von Staatsaufträgen, wenn das Steueraufkommen nicht ausreicht? Welche langfristigen Konsequenzen können sich daraus ergeben?

7.6.2 Antizyklische Finanzpolitik

Staatliche Konjunkturpolitik müßte antizyklisch sein, d. h. *gegen* den jeweiligen Konjunkturverlauf gerichtet:
— in der Abschwungs- und Depressionsphase müßte der Staat die Antriebskräfte der Wirtschaft verstärken;
— in der Hochkonjunktur müßte er dämpfend einwirken, damit keine inflationäre Konjunkturüberhitzung entsteht.

Um sich antizyklisch verhalten zu können, braucht der Staat die entsprechenden finanziellen Steuerungsmittel. Diese Mittel beschafft er sich

— durch **Bildung einer Konjunkturausgleichsrücklage.**

Zu diesem Zweck müßte der Staat in Zeiten der Hochkonjunktur erzielte Steuereinnahmen ansammeln und »*einfrieren*«, bis eine rückläufige (rezessive) Wirtschaftslage eintritt und die Wirtschaft wieder über Staatsaufträge zum Wachstum *angeregt* werden muß.

— durch **deficit spending**, d. h. durch *Kreditaufnahme*.

Wenn dem Staat in einer Zeit wirtschaftlicher Depression infolge kärglicher Steuereinnahmen die Haushaltsmittel fehlen, kann er sich diese durch *bewußtes Schuldenmachen* bei der Deutschen Bundesbank beschaffen.

Beim deficit spending ist darauf zu achten, daß nicht schon bei einer leichten Schwächung der Konjunktur dieses Mittel angewandt wird, denn allzuschnell könnte der vermehrte Auftragsschub zu Preissteigerungen führen. Außerdem darf das neugeschöpfte Geld nicht in Güterbereichen nachfragewirksam werden, die keine Absatzprobleme haben, denn hier wären neben Preissteigerungen auch Fehlinvestitionen die Folge.

Die langfristig bessere Politik zur antizyklischen Konjunkturbeeinflussung stützt sich auf die Bildung einer Konjunkturausgleichsrücklage, denn sie führt nicht zur Staatsverschuldung. Bei anhaltendem deficit spending dagegen steigt ständig die Staatsverschuldung, so daß die Zins- und Tilgungsleistungen den Haushalt »auffressen« und der Staat zur Finanzierung anderer wichtiger Staatsaufgaben keinen finanziellen Spielraum mehr besitzt. Außerdem führt deficit spending auch zu einer gesamtwirtschaftlichen Geldvermehrung, die später, wenn der Aufschwung wieder eingetreten ist, zu inflationären Tendenzen führen kann.

Staatliche Konjunkturpolitik	
zur Konjunkturankurbelung	zur Konjunkturdämpfung
Steuern senken	Steuern erhöhen
Ausgaben erhöhen	Ausgaben senken
Subventionen gezielt erhöhen	Subventionen gezielt abbauen
deficit spending	Konjunkturausgleichsrücklagen bilden

Bild 98

Fragen:
1. Was bedeutet antizyklische Haushaltspolitik in den verschiedenen Konjunkturphasen?
2. In welchen Konjunkturphasen ist deficit spending berechtigt, in welchen nicht?

7.7 Außenwirtschaftliche Absicherung

7.7.1 Zahlungsbilanz (Abschnitt 7.2.2)

7.7.2 Wechselkurspolitik

Wer im Ausland Güter kaufen will, muß die entsprechenden ausländischen Währungseinheiten erwerben. Wer an das Ausland Güter verkauft hat, erhält dafür ausländische Währung, die von der inländischen Bank in DM umgetauscht wird. Der Preis für die Währungen bildet sich an den Devisenbörsen aus Angebot und Nachfrage nach fremdem Geld; man nennt ihn **Wechselkurs**.

Internationale Währungsordnung

Würde man die Kursbildung vollständig dem Verhältnis von Angebot und Nachfrage auf den Devisenmärkten überlassen, könnten sich bei starken Verschiebungen im Angebots- und Nachfrageverhältnis der einzelnen Währungen erhebliche Kursschwankungen ergeben. Dies würde die Außenhandelspartner verunsichern. Sie hätten keine feste Kalkulationsgrundlage mehr und müßten Kursverluste befürchten, die zwischen Vertragsabschluß und Zahlung eintreten könnten. Knapp kalkulierte Geschäfte würden deswegen unterbleiben und so den Außenhandel behindern. Eine Ausnahme bestünde in der DM-Fakturierung; dies würde aber eine starke DM voraussetzen.

Im Interesse des Außenhandels aller Länder mußte deshalb eine internationale Währungsordnung geschaffen werden. Dies geschah durch den Internationalen Währungsfonds.

Internationaler Währungsfonds (IWF)

Er wurde 1945 durch Übereinkunft von 40 Staaten in Bretton Woods (USA) gegründet. Sitz des Fonds ist Washington. Ihm gehören fast alle Staaten an, ausgenommen die Ostblockländer. Die Ziele des IWF sind insbesondere:

a) **Stabilisierung der Wechselkurse** durch Festsetzung der Währungsparitäten, der Abweichungen davon (Schwankungsbreite) und Zustimmung zu Änderungen der Paritäten.

b) **Gewährung von Devisenhilfen** bei Zahlungsschwierigkeiten eines Mitglieds aus einem Währungsfonds. Dieser Fonds besteht aus Einlagen der Mitglieder in Gold und Währungsbeträgen. Das Fondsvermögen steht allen Mitgliedern als Währungsreserve zur Verfügung.

Stabilisierte Wechselkurse

In Absprache mit dem IWF können Länder miteinander vereinbaren, daß ihre Währungen untereinander nur in einer festgelegten **Bandbreite** schwanken dürfen. Man legt also für jede Währung eine obere und untere Grenze fest. Die rechnerische Mitte dieser Grenze nennt man **Parität**. Ist eine Grenze erreicht, sind die staatlichen Notenbanken verpflichtet, kursregulierend durch Verkäufe oder Käufe der betreffenden Währung am Devisenmarkt aufzutreten. Sie halten damit die Währung in der festgelegten Bandbreite; sie *intervenieren* an den **Interventionspunkten**.

Beispiel:

Die in der Europäischen Gemeinschaft zusammengeschlossenen Länder (außer Großbritannien) vereinbarten am 13. 03. 79 das **Europäische Währungs-System (EWS)**. Ziel des EWS ist die Errichtung einer stabilen Währungszone in Europa. Danach darf der Kurs einer Währung nur um 2,25 % von der festgesetzten Parität nach oben oder unten abweichen.

Stand: 29. 01. 86

Oberer Interventionspunkt: 100 hfl = 90,5322 DM — DBBk verkauft hfl
hfl-Nachfrage > Angebot: Kurs steigt 2,25 %

Währungsparität 100 hfl = **88,5400 DM** — Bandbreite 4,5 %
hfl-Angebot > Nachfrage: Kurs fällt 2,25 %

Unterer Interventionspunkt: 100 hfl = 86,5478 DM — DBBk kauft hfl

An den Interventionspunkten **müssen** die Notenbanken eingreifen.

Grundlage für die Errechnung der Parität ist die **Europäische Währungseinheit (ECU = European Currency Unit)**. Die ECU ist als Währungskorb definiert, dessen Anteile von den Ländern festgelegt wird nach Anteil am innereuropäischen Handel, dem Sozialprodukt und anderen wirtschaftlichen Daten. Alle fünf Jahre erfolgt eine Neufestsetzung. Ein ECU entspricht derzeit 2,16762 DM (Stand 29. 01. 86).

Freie Wechselkurse

Sie entstehen, wenn die Notenbank von ihrer Interventionspflicht entbunden wird. Andauernde Zahlungsbilanzungleichgewichte sind das Anzeichen dafür, daß die Währungsparität nicht mehr stimmt. Zur Vorbereitung einer Paritätsänderung kann es nützlich sein, den Wechselkurs vorübergehend freizugeben. Die Auffindung eines neuen Gleichgewichtskurses wird dadurch erleichtert. Der Wechselkurs wird dann dem freien Spiel von Angebot und Nachfrage ausgesetzt, er »floatet«. **Floating** (engl. = das Treibenlassen) ist die Bildung von Wechselkursen ohne Bindung.

Beispiel: Die EWS-Währungen floaten gemeinsam gegenüber dem US-Dollar.

Änderung der Währungsparität

a) **Aufwertung** ist die Erhöhung des Außenwertes einer Währung. Nach der Aufwertung erhält man für die inländische Währungseinheit mehr ausländische Zahlungsmittel; für den Erwerb ausländischer Zahlungsmittel sind weniger inländische Währungseinheiten aufzuwenden.

Wirkungen: Verbilligte Einfuhr, verteuerte Ausfuhr, u. U. Passivierung der Zahlungsbilanz.

b) **Abwertung** ist die Verminderung des Außenwertes einer Währung. Nach der Abwertung erhält man für die inländische Währungseinheit weniger ausländische Zahlungsmittel; für ausländische Zahlungsmittel sind mehr inländische Währungseinheiten aufzuwenden.

Wirkungen: Verteuerte Einfuhr, verbilligte Ausfuhr, u. U. Aktivierung der Zahlungsbilanz.

Fragen und Aufgabe:

1. Begründen Sie den Gegensatz zwischen Interventionspflicht und Floating.
2. Im Frühjahr 1985 stieg der Kurs des US-Dollars auf 3,40 DM. Während die deutschen Touristen viele USA-Urlaubsbuchungen rückgängig machten, hatten die deutschen Exporteure nichts gegen diesen Wechselkurs einzuwenden.
   Wie erklärt sich dieses unterschiedliche Verhalten?
3. Nennen Sie Gründe für ein fallendes Devisenangebot.
4. Warum legen Importeure und Exporteure Wert auf stabilisierte Wechselkurse?
5. Die Währungsparität für 100 FF sei 32,50 DM. Errechnen Sie die Interventionspunkte.

7.7.3 Außenhandelspolitik

Unter **Außenhandel** versteht man den gewerbsmäßigen Güteraustausch, den Dienstleistungs-, Kapital-, Zahlungs- und sonstigen Wirtschaftsverkehr mit fremden Wirtschaftsgebieten.

Unter **Außenhandelspolitik** versteht man alle Maßnahmen eines Landes bezüglich seiner Wirtschaftsbeziehungen zum Ausland.

Notwendigkeit des Außenhandels

a) **Ungleiche Verteilung der Rohstoffvorkommen auf der Erde.** Das gilt besonders für Kohle, Eisenerz, Buntmetalle, Mineralöl und Uran.
b) **Verschiedenheit der klimatischen Bedingungen.** Sie wirkt sich auf Anbauart und Ernteertrag aus, z. B. bei Weizen, Mais, Baumwolle, Gummi, Kaffee.

c) **Verschiedenheit der Wirtschaftsstruktur.** Industrieländer sind auf Ausfuhr von Fertigwaren und Einfuhr von Rohstoffen und Nahrungsmitteln angewiesen. Bei den Agrar- und Rohstoffländern ist es umgekehrt.

d) **Ungleicher Stand der Technik.** Es gibt Länder, die in gewissen Produktionszweigen einen besonders hohen Leistungsstand erreicht haben (deutsche Photoapparate, Schweizer Präzisionsuhren).

Bedeutung des Außenhandels

Güter, die ein Land besonders gut und preiswert liefern kann, eignen sich für den zwischenstaatlichen Austausch. Das *Ausfuhrland* erhält dadurch zusätzliche Arbeits- und Verdienstmöglichkeiten; Kaufkraft und Lebensstandard der Bevölkerung steigen. Mit den Ausfuhrerlösen können notwendige Einfuhren bezahlt werden. Das *Einfuhrland* bekommt ein reichhaltigeres und oft preiswerteres Angebot. Der zwischenstaatliche Güteraustausch ermöglicht die Arbeitsteilung, den Ausgleich von Mangel und Überfluß zwischen den Ländern und fördert die menschlichen Beziehungen unter den Völkern.

Theorie der komparativen Kosten. Es ist für eine Volkswirtschaft günstiger, sich auf die Herstellung *der* Güter zu spezialisieren, für die sie im *binnen*wirtschaftlichen Vergleich die niedrigeren Produktionskosten aufwenden muß, und andere Bedarfsgüter vom Ausland gegen Ausfuhr der Überschußproduktion einzuführen. Dies gilt selbst für den Außenhandelspartner, der *alle* Güter mit noch niedrigeren Kosten produzieren könnte (Bild 99). **Freihandel** auf der Basis zwischenstaatlicher Arbeitsteilung ist also wirtschaftlicher als staatliche **Autarkie**.

Erzeugnis	Bedarfsmenge	Produktionskosten je Stück Land		Preis je Stück	Gewinn je Stück Land		Gesamtgewinn Land	
		A	B		A	B	A	B
I	je 1000 Stück	8	7	10	2	3	1000 × 2 = 2000	1000 × 3 = 3000
II	je 1000 Stück	9	6	10	1	4	1000 × 1 = 1000	1000 × 4 = 4000
Autarkie: Jedes Land produziert je 1000 St. von Erzeugnis I + II:							3000	7000
Arbeitsteilung mit Freihandel: Beide Länder tauschen 1000 St. ihrer Produktion gegenseitig aus.								
Land A produziert 2000 St. von Erzeugnis I:							2000 × 2 = **4000**	
Land B produziert 2000 St. von Erzeugnis II:								2000 × 4 = **8000**

Bild 99

Bedeutung des Außenhandels für die Bundesrepublik Deutschland

Die Bundesrepublik Deutschland ist ein **rohstoffarmes Land**. Deswegen hat sie sich darauf spezialisiert, Rohstoffe und Waren aus dem Ausland einzukaufen, um sie in verändertem, veredeltem, erstklassigem Zustand (Made in Germany) wieder an das Ausland zu verkaufen. Dadurch hat sich eine hochtechnisierte, aber **exportabhängige Industrie** entwickelt.

Aus diesem Grunde ist die erforderliche Rohstoff- und Warenzufuhr sicherzustellen. Negative Veränderungen in Preis, Menge und Struktur der Importe (Fertigwarenimporte) würden die Produktion und die Bedarfsdeckung der Bevölkerung und damit Arbeitsplätze gefährden.

In einem noch viel stärkeren Maße ist aber auf einen **störungsfreien Export** zu achten (Abbau von Zöllen und sonstigen Handelshemmnissen), denn rund 25% der deutschen Wirtschaftsleistung sind für den Export bestimmt. Mit anderen Worten, jeder vierte Arbeitnehmer produziert für das Ausland und ist damit vom Export abhängig. Die Ausfuhr von Gütern und technischem Wissen (Know-how) ist auch deswegen von großer Bedeutung, weil mit den vereinnahmten Devisen wichtige Importgüter (Öl) bezahlt werden müssen.

Da der Außenhandel für die Bundesrepublik Deutschland existenznotwendig ist, muß die Außenhandelspolitik auf einen Abbau der Außenhandelsbeschränkungen und damit auf eine weitgehende Liberalisierung des Außenhandels hinwirken (Bild 100).

	Außenhandelspolitik	
	Außenhandelsbeschränkung	Außenhandelsliberalisierung
wertmäßig	Zölle	Zollsenkung, Zollabbau, Zollunion, Freihandelszone
mengenmäßig	Einfuhrverbote Ausfuhrverbote Kontingentierung	Einfuhrliberalisierung Ausfuhrliberalisierung Kontingentsbeseitigung
zahlungs- und devisenmäßig	Devisenbewirtschaftung	Devisenfreiheit

Bild 100

Zölle

Zölle sind Abgaben, die der Staat beim Übergang von Waren über die Zollgrenze aus *finanz- und wirtschaftspolitischen Gründen* erhebt. Der Warenverkehr über die Grenze wird zollamtlich überwacht, damit

a) der Zoll und andere Einfuhrabgaben (Einfuhrumsatzsteuer, Verbrauchsteuern) erhoben und

b) Ausfuhrverbote (Embargo) und Beschränkungen für den Warenverkehr beachtet werden.

ZG
§ 1

Arten der Zölle

a) **Nach der Warenbewegung** unterscheidet man:

1. **Einfuhrzölle.** Dies sind Abgaben, die beim Verbringen von Waren in das Zollgebiet erhoben werden. Sie beeinflussen die Menge der Wareneinfuhr. Deshalb kommt ihnen bei Handelsbesprechungen mit anderen Ländern besondere Bedeutung zu. Durch ihre Herabsetzung kann das Steigen der Inlandspreise gebremst werden.

2. **Ausfuhrzölle.** Dies sind Abgaben, die beim Verbringen von Waren aus dem Zollgebiet erhoben werden. Sie sind selten. An ihre Stelle treten meist Ausfuhrbeschränkungen (Kontingentierungen).

b) **Nach dem Zweck** der Zollerhebung sind zu unterscheiden:

1. **Finanzzölle.** Das sind Abgaben, die lediglich die Staatseinnahmen erhöhen sollen. Sie werden bei Gütern erhoben, die sehr begehrt sind und im Inland überhaupt nicht oder nur in geringen Mengen erzeugt werden. Mit einem besonders hohen Einfuhrzoll werden Kaffee, Tee, Tabak, Spirituosen und Parfüme belegt.

2. Schutzzölle. Das sind Abgaben, die bestimmte Produktionszweige wie Landwirtschafts-, Gärtnerei- und Weinbaubetriebe gegen die ausländische Konkurrenz schützen. Durch den Zoll werden die Preise der ausländischen Erzeugnisse an das Preisniveau der entsprechenden inländischen Erzeugnisse angeglichen.

Festsetzung der Zollsätze

a) **Zollautonomie.** Grundsätzlich können die Zollsätze von einem Staat auf Grund seiner **Zollhoheit** *einseitig* in einem Zolltarif festgelegt werden.

b) **Zweiseitige (bilaterale) Staatsverträge.** Im Interesse eines gesteigerten Güteraustausches wird jedoch häufig die Zollautonomie eingeschränkt. Durch staatsrechtliche *Verträge*, Handels- und Zollabkommen genannt, können Zollbefreiungen und Vertragszollsätze für wichtige Austauschgüter, das Meistbegünstigungsrecht des Vertragspartners sowie Einfuhrhöchstmengen (Einfuhrkontingente) bestimmt werden.

Die Meistbegünstigungsklausel besagt, daß ein Land seinem Vertragspartner die gleichen Vergünstigungen gewährt, die es einem dritten Lande jetzt oder später einräumt.

c) **Mehrseitige (multilaterale) Staatsverträge.** Das Streben nach größeren Wirtschaftsräumen führt zum Abschluß *mehrseitiger* Abkommen, die vor allem die *Zollsenkung* und die Aufhebung *mengenmäßiger* Einfuhrbeschränkungen (**Liberalisierung**) zum Ziele haben.

1. **Allgemeine Zoll- und Handelsabkommen** streben die Beseitigung von Handelshemmnissen und die Meistbegünstigung auf breiter überstaatlicher Ebene an (GATT = **G**eneral **A**greement on **T**ariffs and **T**rade).

2. **Zollunionen** sind vertragliche Vereinigungen von Staaten, welche die *Binnenzölle* zwischen den Vertragsländern *abbauen* und die *Außenzölle* gegenüber Drittländern *vereinheitlichen* (EWG).

3. **Freihandelszonen** sind vertragliche Vereinigungen von Staaten, die lediglich die *Binnenzölle abbauen*, aber unterschiedliche *Außenzölle belassen* (EFTA = **E**uropean **F**ree **T**rade **A**ssociation).

Kontingentierung

Unter Kontingentierung versteht man den mengenmäßig festgelegten Rahmen, in dem Import oder Export bestimmter Güter von einem Staat erlaubt sind. Sie stellt also ein Handelshemmnis dar. Gerade durch den erfolgreichen Abbau von Zöllen im Rahmen des GATT, der EG und der Freihandelszonen gewinnen die mengenmäßigen Beschränkungen und bürokratischen Schikanen an Bedeutung. Sie durchkreuzen somit die Ergebnisse der internationalen Liberalisierungsvereinbarungen, um die heimische Wirtschaft einseitig zu schützen. Denn jede Beschränkung führt zur Verknappung des Güterangebots im Inland oder auf den Weltmärkten, damit zu weniger Wettbewerb und letztlich zu einer Verteuerung des Produkts gegenüber dem Verbraucher.

Aufgaben und Fragen:
1. Suchen Sie Branchen, die vom Außenhandel besonders stark abhängig sind.
2. Suchen Sie Vor- und Nachteile für Freihandel und Autarkie.
3. Suchen Sie Beispiele für von Staaten praktizierte Handelshemmnisse.
4. Welchen Einfluß haben GATT, EFTA und EG auf den Außenhandel?
5. Ein Staat überlegt aus beschäftigungspolitischen Gründen die Erhebung von Einfuhrzöllen. Mit welchen Folgen wäre zu rechnen?

Stichwörterverzeichnis

A

Abfalldeponierung 189
Absatz 21
Absätzmärkte 27
Abteilungsversammlung . 89
Abwertung 207
Abzahlungsgeschäft 124
Allgemeine Geschäfts-
  bedingungen 65, 123
Allgemeine Handlungs-
  vollmacht 100
Allgemeine Märkte 29
Allgemeinverbindlichkeit . 81
Alternative Energien 189
Alterssicherung 82
Anfechtung 64
Anfrage 55
Angebot 24, 36, 56
Angebotsmonopol 33, 45
Angebotsoligopol .. 33, 49, 50
Angebotsorientierte
  Wirtschaftspolitik 203
Angebotsregel 39
Anmeldepflichtige
  Kartelle 118
Annahme............... 53
Anorganische
  Zusammenschlüsse 114
Anpassungsfähigkeit 132
Anreizsystem in der DDR . 131
Antizyklische
  Finanzpolitik 204
Antrag 52
Arbeit 15, 133
Arbeitsbereicherung 83
Arbeitserweiterung 82
Arbeitsgerichte 92
Arbeitskampf 83, 85
Arbeitsleistung 15, 137
Arbeitslosengeld 97
Arbeitslosenhilfe 97
Arbeitslosenquote 163
Arbeitslosen-
  versicherung 96, 98
Arbeitslosigkeit 192
Arbeitsmarkt 26

Arbeitsplatzwechsel 82
Arbeitsschutzgesetze 85
Arbeitszeittarif 82
Arbeitszeitverkürzung ... 195
Arglistige Täuschung 64
Artvollmacht 100
Auflagen zum Schutz
  der Umwelt 190
Aufschwung 168
Auftragsunternehmer 98
Aufwertung........... 207
Ausfuhrkartelle 115, 120
Ausgabenpolitik 204
Ausgleichsverfahren 84
Außenbeitrag 145, 153
Außenhandel ... 28, 185, 207
Außenwirtschaftliches
  Gleichgewicht 164, 174, 178
Aussperrung 84
Ausstellung 30
Autarkie............... 208

B

Bandbreite............ 206
Banken................ 143
Bargeld 156
Bedarf 9
Bedarfsdeckung......... 132
Bedürfnisse 9
Beitragsbemessungsgrenze 97
Berufsförderung 97
Berufs- und
  Arbeitsplatzwahl 106
Berufsunfähigkeitsrente .. 97
Beschäftigungs-
  schwankungen........ 163
Beschaffung............ 21
Beschaffungsmärkte 26
Besitz 61
Bestellung 57
Bestellungsannahme..... 58
Betrieb 134
Betriebliche Funktionen .. 21
Betriebsmittel 15, 135
Betriebsrat 89

Betriebsvereinbarung 91
Betriebsverfassung 89
Betriebsversammlung 89
Bilanzierungssystem
  in der DDR 127
Bindungsfrist........... 56
Börse 31
Boom 168
Bruttosozialprodukt 149
Buchgeld 156
Bundeskartellamt 120

D

Dachgesellschaft 116
Darlehensvertrag...... 70, 71
deficit spending......... 205
Deflation 158, 174
Deflationsursachen 160
Depression 168
Deutsche Bundesbank ... 199
Devisenbilanz 165
Dezentralisierter Markt ... 31
Dienstleistungen... 11, 18, 77
Dienstvertrag......... 68, 71
Diskontpolitik 201
Dispositiver Faktor 15, 98, 135

E

EFTA 210
Eigentümerunternehmer . 98
Eigentum 61, 129
Eigentumsübertragung ... 61
Einfuhrkartelle 115, 120
Einigungsstelle 90
Einkaufskontore 115
Einkommens-
  verteilung 181, 196
Einschreibung 30
Einzelarbeitsvertrag 76
Einzelprokura 102
Einzelvollmacht........ 100
Elementarfaktoren ... 15, 135

211

Emissionen 188
Enteignung 109
Entscheidungsfreiheit 132
Entscheidungsprozesse ... 20
Erfüllungsgeschäft 55, 60
Erfüllungspflicht 83
Ersatzlieferung 66
Erwerbsunfähigkeitsrente . 97
Erwerbswirtschaftliche
   Betriebe 13
Erziehungsurlaub 87, 88
Europäische
   Gemeinschaften (EG) .. 210
European
   Currency Unit (ECU) .. 206
Evolutorische Wirtschaft .. 143
Existenzbedürfnisse 9

F

Filialprokura 103
Finanzierung 21, 139
Finanzierung des
   Umweltschutzes 190
Fiskalpolitik 203
Flächenstreik 84
Flexibilität 195
Floating 207
Fortschrittsfunktion
   des Preises 38, 43
Frauenschutz 88
Freie Güter 11
Freie Marktwirtschaft 105
Freihandel 208
Freihandelszone 209, 210
Freizügigkeit 109
Friedenspflicht 83
Friktionelle Arbeitslosigkeit 193
Fürsorge 77
Fusion 117
Fusionskontrolle 120
Fusionsverbot 121

G

Garantie............... 66
GATT 210
Gebietskartell 115, 119
Gebrauchsgüter......... 11
Gehaltstarif 82
Geld.................. 155
Geldkapital 134, 137
Geldmarkt............. 27
Geldpolitik 112, 199

Geldschöpfung 138, 199
Geldstrom 145
Geldtauschwirtschaft 24
Geldwertschwankungen .. 156
Geldwert-
   stabilität..... 155, 158, 173
Gemeineigentum 110
Gemeinlastprinzip 190
Gemeinwirtschaftliche
   Betriebe 14
Genehmigungspflichtige
   Kartelle 119
Generalausnahmeklausel . 118
Gerichtsentscheide 73
Gesamtprokura 102
Gesamtvollmacht 100
Gesamtwirtschaftliches
   Gleichgewicht 172
Geschäftsfähigkeit 54
Geschlossene
   Hauswirtschaft 23
Geschriebenes Recht 72
Gesundheitsschutz 88
Gewährleistungsfristen ... 66
Gewährleistungspflicht... 66
Gewerbefreiheit 106, 111
Gewerkschaften........ 80
Gewinnerzielung 13
Gewinnquote 197
Gewohnheitsrecht 72
Giralgeld 156
Gleichgewichtsfunktion
   des Preises 36, 43
Gleichgewichtspreis 40
Gleichordnungskonzerne . 116
Gold- und Devisenpolitik . 202
Gratifikation 77
Grenzen des
   Wirtschaftswachstums . 181
Grundgesetz 72, 109
Grundprobleme der
   Industriegesellschaft ... 180
Güter 10
Gütermarkt 26
Güterstrom 145

H

Handelsbilanz 165
Handelsverbot 78
Handlungs-
   bevollmächtigter 100
Handlungsvollmacht 100
Handwerk 18
Handwerkskammern..... 80

Harmonie zwischen
   wirtschaftspolitischen
   Zielen 173, 179
Haushalte 142
Haustürgeschäft 124
Hinterbliebenenrente 97
Hochkonjunktur 168
Höchstpreise 112
Holding-Gesellschaft 116
Horizontale Preisbildung . 51
Horizontale
   Zusammenschlüsse 114
Humanisierung
   der Arbeit 82

I

Immaterielle Güter 11
Immission 188
Immissionsschutz 188
Importierte Inflation 159
Individualismus......... 104
Individuelle
   Bedarfsdeckung....... 9
Industrie- und
   Handelskammern 80
Inflation 158, 173
Inflationsursachen...... 158
Informationsfunktion
   des Preises 36, 43
Infrastruktur 186
Input 149
Internationale
   Arbeitsteilung 20
Internationaler
   Währungsfonds (IWF) . 206
Interventionspunkt 206
Investitionen 139, 152
Investitionsgüter 134
Investitionsgüterindustrie . 18
Investitionsgütermarkt ... 27
Irrtum 64

J

Job enlargement 82
Job enrichment 83
Job rotation 82
Job sharing............ 195
Jugendarbeitsschutz 85
Jugendvertretung 89

K

Kalkulationskartell 115
Kapital 133, 136
Kapitalbildung 136

Kapitalmarkt 27
Kartell 114
Kartellrecht 118
Kartellregister 119
Kaufkraft des Geldes 156, 173
Kaufmännischer
  Angestellter 77
Kaufvertrag 55, 58, 71
Know-how 136
Koalitionsfreiheit 80
Kollektive Bedarfsdeckung 9
Kollektiver Wettbewerb .. 131
Kollektivismus 104
Komparative Kosten 208
Konditionenkartelle . 115, 119
Konflikte zwischen
  wirtschaftspolitischen
  Zielen 173, 177
Konjunktur 162, 167
Konjunkturaufschwung .. 168
Konjunktur-
  ausgleichsrücklage 205
Konjunkturelle
  Arbeitslosigkeit 193
Konjunkturdiagnose 167
Konjunkturindikatoren .. 167
Konjunkturkrise 168
Konjunktur-
  krisenkartell 115, 119
Konjunkturmerkmale ... 168
Konjunkturphasen 167
Konjunkturpolitik .. 200, 203
Konjunkturprognose 167
Konjunktur-
  schwankungen ... 162, 167
Konkurrenz 46
Konkurrenzklausel 78
Konsum 142
Konsumgüter 11
Konsumgütermarkt 27
Konsumsteuerung
  in der DDR 130
Kontingentierung ... 209, 210
Kontingentierungs-
  kartell 115, 119
Konzentration 113, 117
Konzern 116
Kooperation 113, 117
Kostendeckung 14
Krankenhilfe 97
Krankenversicherung .. 94, 96
Krisenkartelle 115, 119
Kündigung 78
Kündigungsschutz 87
Kulturbedürfnisse 9
Kurzarbeitergeld 97

L

Lärmschutz 188
Leihvertrag............. 70
Leistungsbilanz 165
Leistungsdifferenzierung . 49
Leistungserstellung 13, 21, 141
Leistungsmotivation 132
Leistungssteuerung
  in der DDR 130
Leistungsverwendung ... 142
Leitender Angestellter ... 77
Leitungsfunktionen ... 22, 98
Lenkungsfunktion
  des Preises 37, 43
Liberalisierung
  des Außenhandels..... 209
Liberalismus 104
Lohnbildung in der DDR . 129
Lohnfonds in der DDR .. 130
Lohn-Preis-Spirale 160
Lohnquote 197
Lohntarif 82
Lombardpolitik 201
Luxusbedürfnisse 9

M

Magisches Viereck 177
Manager 98
Manteltarif 82
Markt 23, 29, 31, 48
Marktautomatismus .. 42, 105
Marktbeherrschende
  Unternehmen 120
Marktformen 31
Marktkonforme
  Preispolitik 111
Marktmacht 32
Marktmechanismus ... 42, 105
Marktpreis 39, 41
Markttransparenz 29, 31
Marktwirtschaft 104
Maximalprinzip........ 12
Mehrleistungslohn
  in der DDR 129
Meistbegünstigung 210
Messe 30
Mietvertrag 69, 71
Minderung............ 66
Mindestpreis 112
Mindestreservenpolitik ... 201
Minimalprinzip 12
Mini-Max-Streik 84
Mißbrauchsaufsicht . 120, 121
Mitarbeiter 99
Mitbestimmung 90, 91

Mitwirkung 90
Mobilität 186
Monopol 32, 45
Monopolkontrolle 112
Monopoloid 33
Monopolpreis 45
Muttergesellschaft 116
Mutterschaftshilfe 97
Mutterschutz 87, 88

N

Nachfrage 24, 35
Nachfrageregel 39
Nachgiebiges Recht 74
Nachtwächterstaat...... 107
Natur 133
Naturaltauschwirtschaft .. 23
Negatives Wachstum 175, 187
Nettoauslandsaktiva 165
Nettosozialprodukt 150
Nominales
  Sozialprodukt 149, 174
Normenkartelle 115, 119
Nichtigkeit 63
Nullwachstum 175, 187

O

Öffentliches Eigentum ... 110
Öffentliches
  Gemeinwesen 13, 144
Öffentliches Recht 74
Ökologie 191
Ökonomie 191
Ökonomisches Prinzip ... 12
Offenmarktpolitik....... 201
Oligopol 32
Oligopoloid 33
Ordnungspolitische
  Maßnahmen 118
Originäre
  Produktionsfaktoren ... 133
Output............... 149

P

Pachtvertrag 69, 71
Parität 206
Plandiskussion in der DDR 128
Planungsinstrumente
  in der DDR 126
Planungsperioden
  in der DDR 127

Planungsphasen
 in der DDR 127
Planungsziele in der DDR   127
Planwirtschaft 104, 125
Polypol 32, 38, 42
Polypoloid 33, 49
Prämienlohn in der DDR . 129
Preis 25, 39
Preisangaben 124
Preisbildung 38, 41
Preisbildung
 in der DDR 129, 130
Preisindex für die
 Lebenshaltung 156
Preiskartelle 51, 115, 119
Preis-Lohn-Spirale 160
Preisnachlässe 122
Preisniveau 156
Preisstabilität 158, 178
Primärsektor 19
Privateigentum 106, 110
Privatrecht 74
Produktion 13, 21, 141
Produktions-
 faktoren 14, 133, 135
Produktionsgüter 11
Produktionspotential 183
Produktionsstufen 18
Produzierte
 Produktionsmittel . 133, 136
Prokura 101
Prokurist 101

Q

Qualitatives Wachstum ... 175
Quantitatives
 Wachstum ... 175, 180, 181
Quotenkartell 115, 119

R

Rabattkartell 115, 119
Rahmentarif 82
Rationalisierungs-
 kartell 115, 119
Rationalisierungsschutz .. 82
Reales Sozialprodukt . 150, 174
Reales Wachstum
 der Wirtschaft 174
Rechte 11, 15
Rechtsfähigkeit 53

Rechtsgebiete 73
Rechtsgeschäfte 52
Rechtsordnung 72
Rechtsquellen 72
Recycling 189
Rediskontkontingent 202
Rente 97
Rentenversicherung ... 95, 96
Ressourcen 184, 188
Rezession 168
Rügepflicht 66

S

Sachen 11
Sachmängel 60
Saisonale Arbeitslosigkeit . 193
Schadenersatz 67
Schlichtung 84
Schwerpunktstreik 84
Sekundärsektor 11, 19
Sicherheitsbeauftragter ... 88
Soziale Frage 108
Soziale Gerechtigkeit 132
Soziale Markt-
 wirtschaft 109, 132
Sozialgericht 97
Sozialisierung 110
Sozialismus 104
Sozialistische
 Planwirtschaft 125, 127, 132
Sozialistischer Wettbewerb 131
Sozialpartner 80
Sozialprodukt 146, 174
Sozialprodukt-Entstehung 146
Sozialprodukt-Verteilung . 150
Sozialprodukt-
 Verwendung 152
Sozialversicherung 93
Sparen 137, 183
Spezialisierungs-
 kartell 115, 119
Staatlicher Preis 42
Staatliche
 Wettbewerbspolitik ... 118
Staatseigentum
 in der DDR 129
Stabilitätsgesetz 171
Stationäre Wirtschaft 142
Sterbegeld 97
Steuerpolitik 198, 203
Streik 83
Struktur der
 Wirtschaft 186, 192
Strukturelle
 Arbeitslosigkeit ... 181, 192

Strukturformen
 des Marktes 32
Strukturkrisenkartell . 115, 119
Substitution 16
Subventionen 204
Sympathiestreik 84
Syndikat 115, 119

T

Tarifautonomie 81, 111
Tariflohn in der DDR 129
Tarifpartner 80, 81
Tarifvertrag 81
Technischer
 Fortschritt 136, 184
Teilautonome
 Arbeitsgruppen 83
Tertiärsektor 19
Tochtergesellschaft 116
Trust 116
Typenkartell 115, 119

U

Überbeschäftigung .. 163, 174
Überbetriebliche
 Arbeitsteilung 17
Übermaßverbot 84, 110
Umweltbelastungen 188
Umweltschutz 180, 187
Umweltschutzauflagen ... 190
Unfallschutz 88
Unfallversicherung 96
Ungleichgewicht der
 Wirtschaft ... 155, 162, 173
Unlauterer Wettbewerb .. 122
Unterbeschäftigung . 163, 174
Unternehmer 98
Unter-
 nehmung . 13, 141, 142, 143
Unterordnungskonzern .. 116
Unvollkommener Markt 33, 48
Urabstimmung 84
Urproduktion 18

V

Verbotsprinzip 118
Verbrauch 152
Verbraucheraufklärung ... 124
Verbraucherschutz 123
Verbraucherverbände ... 124

Verbrauchsgüter 11	Vollmachten 100, 102	Wirtschaftskreislauf 141, 143
Verbundene Unternehmen 115	Vorruhestand 195	Wirtschaftsordnung 104, 109, 126
Vereinigte Unternehmen 116		Wirtschaftspolitik 155
Verfassung 73	**W**	Wirtschaftspolitische Ziele 171
Verfügungsgeschäft 53	Wachstum der Wirtschaft 174, 181	Wirtschaftssektoren 18
Verkaufskontor 115	Wachstumsforderung 175, 187	Wirtschaftsstruktur 186, 192
Verletztenrente 97	Wachstumsgrenzen 180, 181	Wirtschaftsstufen 23
Verlustminimierung 14	Wachstumsmessung 176	Wirtschaftswachstum 174, 178
Vermögensverteilung 181, 196	Währungsparität 206	
Verordnung 72	Waldsterben 189	**Z**
Verpflichtungsgeschäft 52, 55, 60	Wandelung 66	Zahlung 22
Verschmelzung 117	Waren 15	Zahlungsbilanz 164, 165
Verschwiegenheit 77	Warenkorb 157	Zahlungsbilanzausgleich 155, 165, 174
Versorgungsprinzip 14	Warentest 124	Zahlungsbilanzdefizit 166, 174
Versteigerung 30	Warnstreik 84	Zahlungsbilanzüberschuß 165, 174
Verteilungspolitik 198	Wechselkurs 205	Zahlungsbilanzungleichgewichte 164, 174
Vertikale Zusammenschlüsse 114	Wechselseitig beteiligte Unternehmen 116	Zentralbankrat 199
Vertrag 52	Werklieferungsvertrag 68, 71	Zentralisierter Markt 29
Vertragsarten 67, 71	Werkstoffe 15, 135	Zentralverwaltungswirtschaft 104, 125
Vertragsfreiheit 62, 106, 111	Werkvertrag 67, 71	Zeugnis 77
Verursacherprinzip 190	Wertschöpfung 146, 151	Zielharmonie 173, 179
Verwaltungsakt 73	Wettbewerbspolitik 112, 118	Zielkonflikt 171, 173, 177
Volkseigentum in der DDR 129	Wettbewerbsschutz 122	Zölle 209
Volkseinkommen 151	Wettbewerbsverbot 78	Zollunion 209, 210
Volkswirtschaftliche Arbeitsteilung 17	Widerrechtliche Drohung 64	Zugaben 122
Volkswirtschaftliche Gesamtrechnung 133, 146	Willenserklärung 52	Zuteilungsfunktion des Preises 36, 43
Volkswirtschaftsplan in der DDR 127	Willkürverbot 110	Zwingendes Recht 74
Vollbeschäftigung 155, 163, 174, 178	Wirtschaftliches Prinzip 12	
Vollkommener Markt 33	Wirtschaftsausschuß 89	
	Wirtschaftsbereiche 18	
	Wirtschaftsgüter 11	

18. MAI 1988		
	09. MRZ 1991	05. Okt. 1993
29. JUN. 1988	16. JUL. 1991	02. NOV. 1993
27. JUL. 1988	25. Sep. 1991	
	19. Okt. 1991	05. April 1994
-7. SEP 1988	22. Nov. 1991	
23. NOV. 1988		04. Feb. 1992
15. MAI 1990	10. März 1992	
12. Juni 1990	28. Apr. 1992	
25. Juli 1990	09. JUN. 1992	
28. Aug. 1990	04. AUG. 1992	
04. OKT. 1990	01. Sep. 1992	
02. NOV. 1990		
	24. SEP. 1992	
05. DEZ 1990	20. OKT. 1992	
	03. DEZ. 1992	
09. Feb. 1991	05. JAN. 1993	
03. Mai 1991	09. FEB. 1993	
13. Juli 1991	10. MRZ 1993	
28. Aug. 1991	20. APR. 1993	
	19. MAI 1993	
	22. Juni 1993	